Francis J. Gouillart • James N. Kelly

GEMINI CONSULTING

BUSINESS
TRANSFORMATION

- REFRAMING – Visionen und Ziele
- RESTRUCTURING – Prozesse und Infrastruktur
- REVITALIZING – Märkte und Produkte
- RENEWING – Mitarbeiter und Organisation

UEBERREUTER

Die Deutsche Bibliothek – CIP-Einheitsaufnahme

Gouillart, Francis J.:
Business transformation / Francis J. Gouillart ; James N.
Kelly. Gemini Consulting. – Wien : Ueberreuter, 1995
(Manager-Magazin-Edition)
ISBN 3-7064-0156-8
NE: Kelly, James N.:

Alle Rechte vorbehalten
Fachlektorat: Ines Kossin – Gemini Consulting
Originaltitel „Transforming the Organization", erschienen bei
McGraw-Hill, Inc., New York
Copyright © 1995 by McGraw-Hill, Inc.
Umschlag: Kurt Rendl
Copyright © der deutschsprachigen Ausgabe 1995
by Wirtschaftsverlag Carl Ueberreuter
Printed in Austria

INHALT

TEIL 4: RENEWING – ERNEUERUNG *335*

DANKSAGUNG

E s ist nicht einfach, alle Einflüsse würdigen zu wollen, die in die Entstehung von Business transformation eingeflossen sind. Denn das Buch stellt in hohem Ausmaß eine Sammlung vieler kreativer Gedanken und methodischer Ansätze dar, die nicht von uns stammen. Wir haben versucht, die Gedanken anderer in einen gemeinsamen Rahmen zu fügen, und diese Gedanken als Grundlage für unsere eigenen Ansichten zum Thema „Transformation" herangezogen.

C. K. Prahalad von der University of Michigan und Gary Hamel von der London Business School haben auf die Entstehung dieses Buches wahrscheinlich stärkeren Einfluß genommen als irgendwer sonst. Das 4-R-Modell, das die Grundstruktur dieses Buches bildet, wurde weitgehend gemeinsam mit ihnen entwickelt. Dazu kommt, daß die beiden zu einem Zeitpunkt, da alle Welt auf Restructuring setzte, sich vehement für Wachstum und Revitalisation ausgesprochen haben. Die von ihnen entwickelten Konzepte, von der strategischen Intention über Kernkompetenzen bis zu „Stretch" und „Leverage"* (vgl. Kapitel 2 und 8), haben uns von Anfang an begleitet. Der Ausdruck Reframing (Einstellungsveränderung), Gegenstand des ersten Teils des vorliegenden Buches, stammen aus CK's Lehrtätigkeit. CK's bewundernswertes Gefühl für großangelegte Mobilisierungen und seine Fähigkeiten in der Führung von Executive Workshops (beide Gegenstand von Kapitel 1) bleiben für uns ein Vorbild, dem es nachzueifern gilt.

Sehr vielen Dank schulden wir auch der Renaissance Strategy Group of Lincoln in Massachusetts und ihren drei Partnern: David Norton, David Lubin und Harry Lasker. David Norton ist Co-Autor (mit Robert Kaplan) eines Buches, das sich als Meilenstein für unseren Transformationsansatz erwiesen hat: Die Balanced Scorecard (Kapitel 3). Weit über die Scorecard hinausgehend, hat uns David geholfen, unserem gewagten biologischen Modell ein analytisches Fundament zu unterlegen

---

* Die Unternehmen sollen sich „strecken" (to stretch) durch ehrgeizige Zielvorgaben, die sie durch optimalen Ressourceneinsatz unter Ausnutzung von Hebelwirkungen (leverage) erreichen. (Anm. d. Übers.)

und es damit über die Grenzen von Strategie und Maßgrößen auf die Welt der Technologie und des organisatorischen Lernens auszudehnen. David Lubin und Harry Lasker, seine beiden Mitarbeiter, haben gezeigt, wie sich, ausgehend von der Balanced Scorecard, Lernprozesse identifizieren (Kapitel 6) und Lernsysteme zur Unterstützung dieser Lernprozesse errichten lassen (Kapitel 9 und 12). Unseren gemeinsamen Arbeiten entsprangen ein neues Reengineering-Verfahren (das wir „Bio-Reengineering" nannten) und eine völlig neue Sicht auf individuelles Renewing.

Über ihre bahnbrechenden Gedanken auf dem Gebiet der Kundenfokussierung haben auch Michael J. Lanning und Lynn W. Phillips tiefgreifenden Einfluß auf unsere Arbeiten genommen. Die beiden sind Teilhaber bei Lanning, Phillips und Associates. Phillips hat daneben noch einen Lehrauftrag an der University of California, Berkeley, House of Business. Mitte der achtziger Jahre prägten Lanning und Phillips die Konzepte von „Value Proposition" und „Value Delivery System", die sie in der Folge zu ihrer Theorie weiterentwickelt und in ihren Fachkurs „Building Market Focused Organisations" („Aufbau kundenorientierter Organisationen") aufgenommen haben. Wir haben in ihren Kundenfokussierungs-Workshops unter ihrer engagierten Leitung eine Menge gelernt und die Kundenfokussierung zu einem unverzichtbaren Baustein der Transformation gemacht (Kapitel 7).

Professor Venaktraman von der Boston University liefert uns seit langem Anregungen für unsere technologisch-strategisch orientierte Arbeit. Das Kapitel 9, in dem es um Informationstechnologie geht, basiert ausschließlich auf einem Konzept, das er vor einigen Jahren entwickelt hat: die fünf Phasen IT-induzierter Transformation. Wir haben Venkat mit Vergnügen dabei beobachten dürfen, wie er zahllose große Gruppen führender Manager mit seinem technologischen Wissen mitreißen konnte, und betrachten uns als seine bescheidenen Schüler.

Robert Kaplan, Professor an der Harvard Business School, hat zwei wesentliche Beiträge zu diesem Buch geleistet. Zum ersten ist er Co-Autor der beiden überaus einflußreichen Harvard-Business-School-Artikel über die Balanced Scorecard (gemeinsam mit David Norton), und zum anderen ist er wahrscheinlich die führende Autorität auf dem Gebiet des Activity-based Costing, einem weiteren Eckpfeiler des wertschöpfungsorientierten Geschäftsmodells (Kapitel 4). Wir arbeiten mit Bob schon einige Jahre zusammen und lassen uns immer noch von

von seinen Einsichten und seinem absolut unstillbaren Lernbedürfnis verblüffen.

Wir möchten die Gelegenheit wahrnehmen, uns bei Jean-Paul Figer von Cap Gemini Sogeti, unserer Schwestergesellschaft, zu bedanken, für die IT-Beispiele und die Hilfe bei vielen technologischen Fragen (Kapitel 9). Herzlichen Dank auch an Jordan Lewis, der uns gezeigt hat, wie Allianzen genutzt werden sollten (Kapitel 8), und an Phillipe Haspeslagh von Insead sowie David Jemison von der University of Texas in Austin, die uns gelehrt haben, wie Akquisitionen zu managen sind (Kapitel 9). Besonderer Dank auch an Tom Wilson für seine Unterstützung beim Thema „Anreize" (Kapitel 10) und an Bob Frisch von Sears dafür, daß er uns die Sears-Story erzählt hat, sowie für seine Ansichten darüber, wie sich Visionen entwickeln lassen. Wir möchten uns auch bei der Harvard Business Review für die Erlaubnis bedanken, Teile des Artikels von Francis Gouillart und Fred Sturdivant vom Januar/Februar 1994 mit dem Titel „Spend a Day in the Life of Your Consumer" (Verbringen Sie einen Tag im Leben Ihres Konsumenten) abzudrucken.

Unser Herz gehört auch den vielen Firmen, die uns erlaubt haben, ihre Unternehmensgeschichten zu benutzen. Wo immer uns dies erlaubt wurde, haben wir die Namen der beteiligten Personen genannt. In vielen Fällen zeigten sich unsere Klienten zu bescheiden, um ihren Namen mit der Transformation ihrer Unternehmen in Verbindung bringen zu lassen. Wir hoffen, daß sowohl die ans Licht der Öffentlichkeit gebrachten wie auch die im Schatten der Anonymität verbliebenen wissen, daß dies ihr Buch ist.

Was die Firmen betrifft, denen wir den allergrößten Dank schulden, ist CIGNA Property and Casualty ganz besonders hervorzuheben. Gerry Isom, der Präsident des Unternehmens, gestattete uns, ihn und die Transformation seines Unternehmens im gesamten Buch zu verwenden; er ermöglichte dadurch anderen zu erfahren, wie er empfand, und von seinen Erfahrungen zu lernen; zu sagen, daß wir von ihm gelernt haben, ist allerdings eine glatte Untertreibung! Er erlaubte uns, seine Arbeit zu verfolgen und zu protokollieren, lange bevor das Ergebnis seiner Transformationsversuche bei CIGNA P & C bekannt war, einfach im Vertrauen darauf, daß gute Arbeit sich schon lohnen werde. Besonderer Dank gilt Tom Valerio von Cigna, durch den wir unsere Beziehung zu Cigna aufgebaut haben, für seine stetige Unterstützung. Obwohl das Ergebnis der CIGNA P & C-Transformation noch von vielen Ungewißheiten gekennzeichnet ist, lassen sich bereits jetzt immense Fortschritte vermelden.

Unser Dank gebührt auch Ward Jungers und John Downham, Mitarbeiter bei CIGNA P & C, die uns mit ihren persönlichen Geschichten bekannt gemacht haben.

Wir stehen auch in der Schuld unseres Arbeitgebers, Gemini Consulting, für die wertvolle Anregung, dieses Buch überhaupt zu planen und zu schreiben. Dan Valentino, 1992–1995 CEO von Gemini, möchten wir besonders hervorheben, weil er uns gelegentlich von den beträchtlichen Kunden- und Managementverpflichtungen freigestellt hat. Der Reichtum an Erfahrung, den Gemini bei der Transformation von Unternehmen erworben hat, bildet das Rohmaterial, ohne das dieses Buch nicht zustande gekommen wäre.

Unter den vielen Gemini-Beratern, die uns bei der Entstehung wichtiger Buchpassagen geholfen haben, erlauben wir uns die folgenden an dieser Stelle noch einmal hervorzuheben: Peter Migliorato, John Garabedian und das gesamte CIGNA-Team, Kee-Hian Tan (die anonymen Woodbridge Papers), Cathryn Forster und Ellen Hart (Mobilisierung), Nnaoke Ufere und Tonya Brenneman (DuPont), Alan Meekings (Kap. 3, Rolls-Royce und Network South East), Mark Schennum (Rolls-Royce), Bill Beizer (Activity-Based Costing und HEB), Nimi Natan (Service-level-Assessment bei CIGNA), Kees Been und Harry Gumble (Monsanto), Hank Pereth (DuPont Circleville), Duane Dickson (Union Carbide), Bob Fritz, Scott Frederick und Carl Smith (Telefoninstallation), Dar Wiatr (Mervyn's), Gail Breslow (Air Products and Chemicals), Howard Radley (AIB), Bob Frisch (Seats), Ron Konezny und Bill Wallace (Concert), Victor Nau und Franklin Gold (Zeneca), Klaus Baumann und Konrad Reiss (SPAR) und Jean Hoepffner (France Telecom). Besonderen Dank an Ines Kossin für die redaktionelle Bearbeitung der deutschen Fassung in sprachlicher und fachlicher Hinsicht.

Schließlich danken wir ganz besonders den Leuten vom Schreib- und Unterstützungsteam, ohne deren Arbeit dieses Buch nicht möglich gewesen wäre. Unser Informationsteam lieferte konzentrierte und zeitgerecht vorliegende Recherchen. Riccardo Lloyd d'Orsainville und Jaspa de Pastor haben sich mit unseren unrealistischen Erwartungen mit sehr viel Geduld abgefunden. Tom Lloyd und Terry Brown haben unschätzbare Forschungs-, Schreib- und Herausgeberdienste geleistet. In gemeinsamer Arbeit haben sie zahlreiche Rohentwürfe zu einem sinnvollen Ganzen geformt. Peter Bielby hat dafür gesorgt, daß der gesamte Prozeß termingerecht ablief. McGraw Hill war uns beiden ein wunderbarer Partner. Philip Ruppel in den Anfangsphasen und David Conti im gesamten Entstehungsverlauf haben uns mit dem „Coaching" und der Standfestigkeit unterstützt, die zur Fertigstellung dieses Buches erforderlich waren.

Schließlich möchten wir noch unseren Frauen, Laura Gouillart und Francesca Kelly, unseren tiefsten Dank aussprechen. Sie haben sich nicht nur mit unmöglichen Arbeitszeiten und Zeitplänen abgefunden, sondern auch wesentliche eigene Erkenntnisse beigesteuert.

Francis J. Gouillart   James N. Kelly
Cambridge, Massachusetts   London, England

EIN KONZEPTIONELLER RAHMEN FÜR DIE TRANSFORMATION

Heute ein Management-Buch schreiben zu wollen, ist kein leichtes Unterfangen. Angesichts der Fülle an guten und bewährten Büchern im Buchhandel muß man sich doch fragen: „Haben wir wirklich etwas Neues zu sagen?" Nach sorgfältiger Analyse der vorhandenen Literatur sind wir zu dem Schluß gekommen, daß wir tatsächlich in mehrfacher Hinsicht neue Erkenntnisse anzubieten haben.

Der Großteil der Wirtschaftsbücher hat den Schwerpunkt in der Theorie. Die Praxis, die Betrachtung realer Fälle, kommt dabei oft zu kurz. Nach langjähriger Erfahrung mit umfassenden Transformationen großer, weltweit tätiger Unternehmen halten wir die Zeit für gekommen, unser Wissen weiterzugeben. In diesem Buch geht es demnach vorrangig um Praxisberichte aus erster Hand über die Transformation zahlreicher großer Unternehmen aus dem Blickwinkel zweier Insider.

Die meisten Bücher zur Unternehmensführung beschäftigen sich mit isolierten Problemen innerhalb einer Organisation. Oft handelt es sich um sehr spezifische Abhandlungen über einzelne Teilbereiche des Unternehmens und die Probleme, an denen diese leiden. Andere wiederum sind selbstproklamierte „Manifeste", die vorgeben, mit den angepriesenen „Rezepten" – wie eindimensional oder lokal beschränkt diese auch immer sein mögen – ließen sich sämtliche „Krankheiten" eines Unternehmens heilen. Sehr wenige bieten aber einen methodischen Ansatz, der weit genug gefaßt ist, um die Unternehmensorganisation als Gesamtheit zu erfassen.

Unserer Überzeugung nach sind Unternehmen aber als Ganzheit zu betrachten. Einzeltherapien sind deshalb nur unter Berücksichtigung der Konsequenzen für den gesamten „Unternehmenskörper" zulässig. Wir sind auch überzeugt, daß es kein Wundermittel gibt und daß eine einzige Therapie niemals ausreicht, um eine vollständige Heilung herbeizuführen. Darum ist dieses Buch auch dem Gesamtunternehmen gewidmet, nicht einem einzelnen Teil, und deshalb wird in diesem Buch eine ganzheitliche Betrachtungsweise angewendet.

Das vorliegende Buch ist thematisch umfassender und insgesamt breiter angelegt als die meisten anderen Management-Bücher. Wir gehen von „harten" Disziplinen, wie Kundenstudien und Kostenanalyse, zu „weichen" Disziplinen, wie Teambildung und individueller Erneuerung *(Renewing)*. Der Leser begleitet uns von der Restrukturierung mit ihren Herausforderungen und Härten in die anregenden Bereiche des Unternehmenswachstums und der organisatorischen Erneuerung. Das Technische wird mit dem Emotionalen verknüpft, technologische Aspekte werden mit menschlichen Gefühlen verwoben. Sie werden in die höheren Sphären des Managements ebenso vordringen, wie Sie die Erfahrungen und Ängste der Belegschaft miterleben werden. Wir hoffen, daß Sie das Wesen der Transformation in allen ihren Dimensionen *fühlen* werden, damit Sie auf den Tag vorbereitet sind, an dem *Ihr* Unternehmen mit dem Transformationsprozeß beginnt, wenn es nicht ohnedies schon mitten drin steckt.

Wir haben dem Blickwinkel von Führungskräften, in vielen Fällen Unternehmensvorständen[*], absichtlich eine bevorzugte Rolle eingeräumt, weil diese per definitionem den größten Überblick haben. Die Mitglieder dieser obersten Führungsebene tragen Verantwortung für das Wohl des Gesamtunternehmens – und genau darum geht es in diesem Buch schließlich!

Dieses Buch ist eine Synthese unserer Erkenntnisse über das Selbstmanagement von Organisationen. Es stellt den Versuch dar, ein Spektrum normalerweise getrennt betrachteter Disziplinen wie etwa Strategie, Reengineering, Informationstechnologie und Verhaltenspsychologie ganzheitlich zu behandeln. Wir haben von vielen Fachleuten gelernt, und wir hoffen, daß wir ihnen mit diesem Buch angemessen

---

[*] Die amerikanische Originalausgabe fokussiert stark auf den CEO. In der deutschen Fassung wurde CEO wahlweise mit Vorstand, Vorstandsvorsitzender, Unternehmensführer oder Unternehmensführung übersetzt. (Anm. d. Übers.)

Dank sagen. Wir haben den Versuch unternommen, das von ihnen Gelernte in unser eigenes System zu integrieren.

Allerdings hoffen wir auch, daß dieses Buch mehr bietet als eine Sammlung der besten Managementpraktiken. Unsere Absicht ist die Einführung eines neuen Managementkonzeptes – *Business Transformation*.

Die Grundvoraussetzung für das Konzept der Unternehmenstransformation ist die Tatsache, daß die Komplexität eines modernen Unternehmens einer mechanistischen Beschreibung nicht zugänglich ist. Ein Unternehmen ist einem lebenden Organismus vergleichbar: das *biologische Unternehmen!* Wir stellen uns Unternehmen als lebende, mit Willenskraft ausgestattete Wesen vor, wie Menschen, mit einem Körper, mit einem Bewußtsein und einer Seele. Unternehmen werden geboren, sie wachsen, werden krank, erholen sich wieder, werden reifer und schließlich alt. Unternehmen denken, wählen, lernen, arbeiten und fühlen. Jedes Unternehmen ist einzigartig und unverwechselbar; es hat seine Persönlichkeit zum Teil aufgrund freier Entscheidung und zum Teil aufgrund von Umwelteinflüssen entwickelt. Einige sind klüger als andere, manche stärker und schneller, einige sind gesünder, andere sind moralischer ausgerichtet. Viele sind ehrlich und guten Willens. Manche sind Scharlatane ohne moralische Hemmungen. Einige haben eine markante Identität, die auf klar definierten Werten aufbaut. Andere leiden unter einer „Identitätskrise", ihre Grundwerte sind gar nicht vorhanden oder schlecht ausgeprägt. Und Unternehmen sind sterblich wie wir Menschen ja auch – sie können sterben. Aber ihr Tod ist keine unausweichliche Tatsache.

Biologische Organisationen können unserer Ansicht nach so ein langes Leben haben, weil sie fähig sind, all ihre Systeme – in unserem Modell sind es zwölf – durch Ausrichtung auf ein gemeinsames Zielsystem gleichzeitig zu transformieren. Isoliert betrachtet, kann es passieren, daß ein Unternehmen von der Technologie in die eine Richtung gezogen wird, von der Architektur seiner Kernprozesse in eine andere, und von seinem Entlohnungssystem in eine dritte. Die Herausforderung besteht darin, sämtliche Systeme gleichzeitig im Blick zu haben und mit allen gleichzeitig und in gleicher Ausrichtung während der Transformation zu arbeiten. Dieses Buch zeichnet vermutlich als erstes ein Bild davon, wie diese Systeme in erfolgreichen Unternehmen tatsächlich zusammenhängen und wie schlecht abgestimmte Systeme auf eine gemeinsame Linie zu bringen sind.

Aus der Genetik wissen wir, daß der genetische Code, das *Genom,* das jeden Menschen zu einem unverwechselbaren Individuum macht, in jedem seiner Chromosomen enthalten ist – das Große ist im Kleinen, und das Kleine im Großen vorhanden. Auf ähnliche Weise müssen die zwölf Systeme des Unternehmens demselben „genetischen Code" entspringen, so daß jedes System ein folgerichtiger Ausdruck aller anderen ist. Das Business-Transformations-Konzept geht von einem solchen genetischen Unternehmensmodell aus.

Die Unternehmensführer* müssen dafür sorgen, daß für ihre Organisation ein genetischer Code geschaffen und erhalten wird. Das ist ihre neue Rolle: Gentechniker des Unternehmens. Richtig verstanden, gestattet ihnen diese neue Rolle, die Entwicklung aller Organisationssysteme anzuregen, ohne sich um die Details jedes einzelnen kümmern zu müssen.

Die meisten modernen Führungskräfte in der Wirtschaft haben eine mechanische Sichtweise von wirtschaftlichen Abläufen und sind deshalb der Aufgabe in ihrer ganzen Größe noch nicht gewachsen. Nur wenige haben sich eingehender mit Themen wie Prozeßplanung, Shareholder-Value-Analyse** und IT-Strategie beschäftigt. Und eine noch kleinere Zahl kennt die neuesten Konzepte der Teambildung und der individuellen Erneuerung, ganz wenigen sind sie bis ins Detail vertraut. Nur eine Handvoll Leute hat versucht, diese Konzepte miteinander zu verknüpfen, um der Herausforderung einer großangelegten Transformation gerecht zu werden. Wir hoffen, dieses Buch wird ihnen dabei helfen.

VON DER MASCHINE ZUM LEBENDEN ORGANISMUS: EINE NEUE UNTERNEHMENSPHILOSOPHIE

Business Transformation bedeutet eine fundamentale Wende in der Beziehung eines Unternehmens zu Einzelpersonen und zur Gesellschaft. Mit anderen Worten, Unternehmen müssen all ihre Beziehungen neu definieren.

---

* Der Einfachheit halber bleiben wir bei Begriffen wie Unternehmensführer, Mitarbeiter, Arbeiter etc. bei der maskulinen Form in dem Bewußtsein, daß diese sowohl männliche als auch weibliche Vertreter abdeckt. (Anm. d. Übers.)
** In der deutschsprachigen Managementliteratur auch „Unternehmenswert". (Anm. d. Übers.)

Unser Unternehmensmodell stammt aus dem Industriezeitalter und ist demgemäß mechanistisch geprägt. Unternehmen fungierten als Vermittler in einem effizienten Marktsystem, als Teile einer ständig wachsenden, immer komplexer werdenden Maschinerie. Im Kommunikationszeitalter angelangt, sind die Modelle des Industriezeitalters nun an ihre Grenzen gestoßen. Es ist höchste Zeit, unsere mechanistische Sicht unternehmerischer Abläufe durch eine organischere zu ersetzen und die kürzlich entdeckte biologische Natur unserer Unternehmen mit einem neuen Geist zu beleben, der den Wert des individuellen menschlichen Lebens erkennt und dem einzelnen mit Verständnis und Einfühlungsvermögen begegnet.

Wir haben das Industriezeitalter zwar überwunden, aber unser Unternehmensmodell wurzelt nach wie vor darin. Es heißt, die Fähigkeit, die Informationsflut zu bewältigen, sei die Grundlage neuer unternehmerischer Ansätze im Kommunikationszeitalter. Das ist aber noch nicht alles. Die Kommunikationsrevolution ist lediglich Katalysator eines grundlegenderen sozialen und wirtschaftlichen Wandels: Der Trend geht unaufhaltsam in Richtung größerer Vernetztheit. Immer mehr Teile unserer Maschinen haben gelernt, miteinander zu sprechen, so daß Vernetztheit sich zu *dem* dominierenden Charakteristikum des modernen Wirtschaftslebens entwickelt hat. Angesichts dieses Trends muß sich auch die Rolle der Unternehmen in unserer Gesellschaft ändern.

Die Geschichte der Zivilisation – und damit auch der Wirtschaft – ist eine Geschichte zunehmender Vernetztheit. Mündliche und schriftliche Kommunikation entsprachen dem Grad an Vernetztheit, der zur Entstehung unserer frühesten Zivilisation erforderlich war. Gutenbergs Druckerpresse brachte die Vernetztheit auf ein neues Niveau und ermöglichte die Verbreitung von Wissen, das letzten Endes dazu beitrug, die Herrschaft von Kirche und Adel zu untergraben. Die Rechte von Kirche und Monarchen wurden ersetzt durch die Rechte des Individuums. Dies war die Geburtsstunde der demokratischen Bewegung, die in den großen Revolutionen des 18. Jahrhunderts gipfelte.

Das von der industriellen Revolution eingeleitete und bis in unsere Tage reichende Zeitalter wurde hauptsächlich von der Technologie geprägt, wenngleich seine bedeutendsten Manifeste sozialer Natur waren. Es hat uns von schwerer körperlicher Arbeit und Isolation befreit und die Urbanisierung des Lebens bewirkt. Der Lebensrhythmus des Menschen hat sich entscheidend geändert, und da der Geist des Industriezeitalters mechanistisch war, haben auch die von ihm geschaffenen sozialen Institutionen (Bürokratie, Hierarchie, Befehls- und Kontrollsysteme, Spezialisierung) maschinenhaften Charakter. Der Fließbandarbeiter wurde zum Rädchen im großen Getriebe, ohne persönliche Beziehungen zum Unternehmen und oft ohne kommunikative Verbindung zu seinem Umfeld.

Und nun hat das Kommunikationszeitalter das Industriezeitalter abgelöst. Wie frühere soziale Wandlungen erhöht auch diese die soziale Komplexität und führt zu tiefgreifenden gesellschaftlichen Änderungen, an die das Unternehmen – die wichtigste Institution des Industriezeitalters – sich anpassen muß.

Für den einzelnen bedeuten Schrift, Sprache, Druck, Telefon, Radio und Fernsehen technologischen Fortschritt, der die Größe und die Reichweite unserer Netzwerke steigerte. Heute können wir auf Wunsch über Fax, Videokonferenz und Computernetz mit aller Welt in Verbindung treten. Umfang und Komplexität unserer Netzwerke wachsen in einem rasanten Tempo und werden es wohl auch in Zukunft tun.

Was auf der Ebene des Individuums gültig ist, trifft auch auf größere Organisationen zu. Unternehmen bilden Allianzen und Partnerschaften mit ihren Lieferanten und Kunden, werden Teile von Netzwerken, ja sogar von Netzwerken aus Netzwerken. Die physischen und finanziellen Grenzen zwischen den einzelnen Unternehmen verwischen sich mehr und mehr, und auch dieser Trend wird sich aller Wahrscheinlichkeit nach fortsetzen.

Während aber die einzelnen Netzwerke weiter wachsen, und während *Unternehmens*-Netzwerke zu *Wissens*-Netzwerken mutieren, bleibt der Faktor „Mensch" erhalten. Vernetztheit kann ein zweischneidiges Schwert sein; sie führt entweder zu größerer Isolation des einzelnen oder zu einem verstärkten Gemeinschaftssinn, je nachdem, welche Rolle Unternehmen in Zukunft einnehmen wollen.

Pessimistisch gesehen, kann die wachsende Vernetztheit in einer komplexen elektronischen Welt zu einem Verlust echter menschlicher Kontakte führen. Wir verlieren zunehmend unsere Fähigkeit, einander zu spüren und zu berühren. Begegnungen geraten zu Simulationen, von moderner Elektronik ausgeheckt. Wir berühren, riechen oder fühlen die Dinge und die Menschen, mit denen wir zu tun haben, nicht mehr, weil sie ganz einfach nicht da sind! Eine Kreditkarte fühlt sich nicht an wie eine Goldmünze. Mit dem Chef zu telefonieren ist nicht dasselbe wie eine Golfpartie mit ihm am Wochenende. Und der elektronische Austausch von Produktionsplanungen mit einem Lieferanten ist nicht vergleichbar mit einer Besprechung in einer Kneipe bei einem Glas Bier. Wir hatten einmal *körperliche* Erfahrungen am Arbeitsplatz, die uns aber immer mehr abhanden kommen, was wir als Verlust empfinden. Die ökonomische Logik hat das Kommando übernommen. Alte soziale Übereinkünfte sind abgelaufen und werden durch darwinistische Modelle à la „Überleben der Tüchtigsten" ersetzt. Die ländliche Textilfabrik im Süden der Vereinigten Staaten ist nun der Konkurrenz aus Taiwan ausgesetzt. Je umfangreicher das Netzwerk wird, um so ausgeprägter ist das Bedürfnis einer neuen Mitmenschlichkeit, zumal irgendwo da draußen, in der Wüste emotionaler Stille, menschliche Stimmen zu vernehmen sind. Es ist aber auch ein anderes, optimistischeres Szenario denkbar. Ein Szenario, das wir in diesem Buch vertreten. Unternehmen sind sehr wohl in der Lage, die neue Mitmenschlichkeit zu bieten, nach der so viele suchen. Die paternalistische Art und Weise der vorigen Generation, aber auch die Zeiten des garantierten Arbeitsplatzes sind aller Voraussicht nach vorbei. Der Prozeß wird jedoch, wenngleich in anderer Form, stattfinden.

Erfolgreiche Unternehmen werden sich auf Basis eines neuformulierten sozialen Kontrakts eine neue Rolle zulegen. Wir sind überzeugt, daß sie die Verantwortung für die Erneuerung des Individuums übernehmen und dabei dem einzelnen helfen werden, neue Fertigkeiten zu erwerben. Unternehmen werden die Grenzen ihrer Verantwortung neu definieren und sich zuständig fühlen, wie sie mit Ressourcen umgehen oder wie sich ihre Aktivitäten auf die Umwelt auswirken. Wahrscheinlich werden Unternehmen in vielen Ländern eine bedeutende Rolle bei der Reform des Schulwesens spielen und sich in der Lösung wichtiger sozialer Probleme engagieren. Und vor allem werden sie den Menschen, die Teil von ihnen sind, ein neues Selbstwertgefühl vermitteln.

Dieses Buch stellt den ersten Versuch dar, diesen neuen *Unternehmensgeist* zu definieren.

UNTERNEHMENSUMWANDLUNG (BUSINESS TRANSFORMATION)

Unsere Arbeit mit einigen der weltgrößten Konzerne hat uns überzeugt, daß *Business Transformation jetzt die zentrale Herausforderung und*

*die wichtigste, wenn nicht die einzige Aufgabe der Unternehmens-
führung darstellt.*

Das auf den folgenden Seiten vorgestellte Programm der Unterneh-
menstransformation ist kein theoretisches Modell auf der Grundlage ei-
niger neuer Erkenntnisse und Hypothesen; es ist ein praxiserprobtes
System, ein bewährtes und wirksames Instrument zur Entwicklung von
Unternehmen in den unterschiedlichsten Branchen – von der Chemie,
Elektronik, Pharmazie und Autoherstellung zu Telekommunikation,
Luftfahrt, Eisenbahnen und Finanzdiensten.

Es ist lebende Methodologie. Jeden Tag lernen wir mehr über Unternehmenstransformation – darüber, was funktioniert und was uns in
Sackgassen führt; wie Strategien und Visionen auf den einzelnen Ebenen einer Organisation in Aktionsprogramme umgesetzt werden können; und über die Rolle der Unternehmensführung in der Alchemie dieses Umwandlungsprozesses.

Das biologische Modell der *Business Transformation,* das wir in diesem Buch untersuchen werden, hat vier Hauptdimensionen, die wir
„Die vier R der Transformation"* nennen wollen (vgl. Abb. I.1):

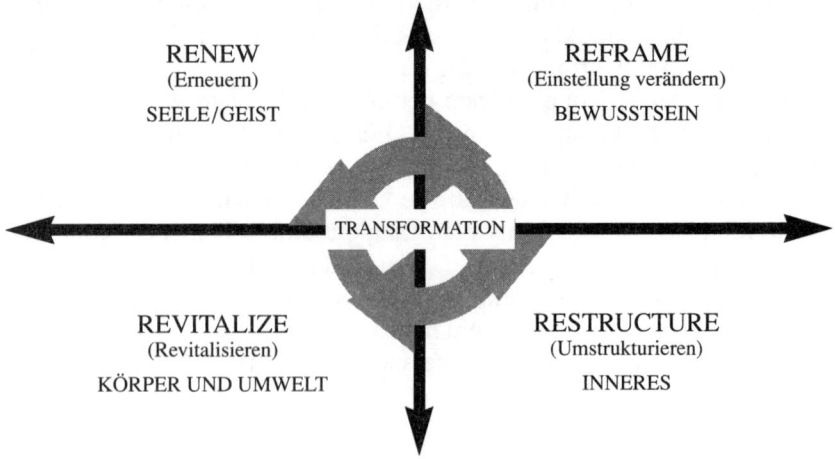

Abb. I.1 *Die vier R der Transformation*

---

* Aus den englischen Begriffen REFRAME, RESTRUCTURE, REVITALIZE UND RENEW abgeleitet. (Anm. d. Übers.)

Reframing   (Einstellungsveränderung)
Restructuring (Restrukturierung)
Revitalizing   (Revitalisierung)
Renewing   (Erneuerung)

Wir definieren Unternehmenstransformation als *die aufeinander abgestimmte Umgestaltung der genetischen Architektur eines Unternehmens, die gleichzeitig – wenn auch mit unterschiedlichen Geschwindigkeiten – in allen vier Dimensionen – Reframing, Restructuring, Revitalizing und Renewing – durchgeführt wird.*

Die vier R sind für das biologische Unternehmen, was die berühmten „drei R" – *Reading, wRiting* und *aRithmetic* (Lesen, Schreiben, Rechnen) – unseren Schülern sind: lebensnotwendige Grundfertigkeiten!

Reframing (Einstellungsveränderung) bezeichnet die Änderung des Selbstbilds des Unternehmens und der Vorstellung von seinen eigenen Möglichkeiten. Sie richtet sich an das *Bewußtsein* des Unternehmens. Unternehmen bleiben oft ganz bestimmten Denkmustern verhaftet und verlieren die Fähigkeit, unverbrauchte Denkmodelle von sich selber und ihrem Entwicklungspotential zu entwerfen. *Reframing* erweitert das Bewußtsein des Unternehmens und erfüllt es mit neuen Visionen und neuer Entschlußkraft.

Restructuring (Restrukturierung) rüstet das Unternehmen, damit es ein wettbewerbsfähiges Leistungsniveau erreicht. *Restructuring* befaßt sich in erster Linie mit dem *Körper* des Unternehmens – das Hauptaugenmerk liegt auf der Wettbewerbsfähigkeit, der Notwendigkeit, schlank und fit zu sein. *Restructuring* ist der Bereich, wo der Lohn am schnellsten, die Schwierigkeiten aber am größten sind. Entlassungen und die damit verbundenen Ängste sind oft unvermeidliche Begleiterscheinungen. Der Lohn allerdings – vorausgesetzt, er wird in Revitalisierung und Neuorientierung investiert – kann diese Wunden wieder heilen oder zumindest deren Folgen mildern. Durch schnelle Gewinne zufriedengestellt, machen jedoch viele Unternehmen bereits bei der Restrukturierung halt. Doch auf Dauer sind nur solche Unternehmen gesund, die ihre Gewinne in langfristigere Transformationsprogramme investieren.

Revitalizing (Revitalisierung) soll Wachstum bewirken, indem *der Unternehmenskörper Verbindungen mit der Umwelt eingeht.* Jeder will wachsen, allein die Quellen des Wachstums sind oft schwer erschließbar, weshalb sich Wachstum im Vergleich zur Umstrukturierung als die größere Herausforderung und der langwierigere Prozeß erweist. Von den vier R ist die Revitalisierung der bedeutendste Faktor, wenn es darum geht, Transformation von bloßer Sanierung zu unterscheiden.

Renewing (Erneuerung) hat mit der menschlichen Seite der Transformation zu tun, mit dem *Geist* und der *Seele* des Unternehmens. Mitarbeiter sollen neue Fertigkeiten erwerben können und neu motiviert werden, damit das Unternehmen insgesamt sich regenerieren kann. Das führt zu einem neuartigen „Metabolismus"*; die rasche Verbreitung von Wissen innerhalb der Firma wird ebenso gefördert wie der Anpassungsreflex an Umweltveränderungen. *Renewing* ist die subtilste und schwierigste, die am wenigsten erforschte und möglicherweise die wirksamste Dimension im Transformationsprozeß.

Unternehmen sind lebende Organismen. Wie der Mensch benötigen auch sie eine ganzheitliche Medizin, nicht eine Behandlung isolierter Organe. Mit diesem Buch wollen wir zeigen, was wir mit unserer praktischen Arbeit bereits gezeigt haben: Das 4-R-Modell ist eine unvergleichlich wirksame Methode, die versteckten Energiereserven eines Unternehmens anzuzapfen und es in etwas weit Besseres umzuwandeln, als es je zu träumen gewagt hat.

VOM CHROMOSOM ZUM BIO-ORGANISATIONSSYSTEM

Die grundlegenden körperlichen, intellektuellen und vielleicht sogar seelischen Eigenschaften jedes Menschen lassen sich zu einem für jeden typischen Genom und dessen Chromosomen zurückverfolgen. Der Aufbau dieses Buches beruht auf unserer Annahme, daß die Bio-Organisation aus 12 „Chromosomen" besteht, und zwar drei für jedes der vier R. Jedes Chromosom bringt ein eigenes *Bio-System der Organisation* hervor, und wir haben jedem dieser Systeme ein eigenes Kapitel gewidmet.

Gemeinsam bilden diese 12 Organisations-Chromosomen die integrierte „Software" zur Steuerung des Lebens der Bio-Organisation.

---

* Stoffwechsel. (Anm. d. Übers.)

Zwar ist es möglich, die Chromosomen und deren zugehörige Systeme unabhängig voneinander zu betrachten, doch keines kann allein aktiv werden. So ist beispielsweise das Mobilisierungs-Chromosom (Kapitel 1) um so aktiver, je stärker die Visions- (Kapitel 2) und Kundenfokussierungs-Chromosomen (Kapitel 7) ihren genetischen Code austauschen. Ebenso muß die Organisationsentwicklung (Kapitel 12) ein Abbild der Firmenvision (Kapitel 2), der Ziele und Maßstäbe des Unternehmens (Kapitel 3) sowie von dessen Prozessen (Kapitel 6) sein. Mit anderen Worten, *jede Zelle der biologischen Organisation trägt den Code bzw. das Genom aller 12 Chromosomen in sich.* Das bedeutet, daß zwar jedes Kapitel dieses Buches nur einem einzigen Chromosom gewidmet ist, eigentlich aber dieselbe Geschichte immer wieder neu erzählt wird – allerdings immer vom Standpunkt eines anderen Protagonisten aus gesehen.

Der Vorstand und sein Führungsteam fungieren als *genetische Architekten des Unternehmens.* Sie kümmern sich natürlich nicht um den Kleinkram des Unternehmensalltags, sondern darum, die richtigen Gene der richtigen Chromosomen zum richtigen Zeitpunkt und am richtigen Ort zusammenzufügen, so daß die 12 Bio-Organisationssysteme optimal interagieren können. Anders formuliert, ist es die Aufgabe der Führungskräfte, die einmalige genetische Architektur der Organisation herzustellen, nicht aber die Konstruktion und Kontrolle jeder einzelnen Zelle im Unternehmenskörper.

Freilich besteht auch für die Führungskräfte die Versuchung, sich auf die Details einzulassen, aber Einzelheiten können den ganzheitlichen Blick auf das Unternehmen verstellen. So sollten beispielsweise Vorstandsmitglieder zwar den Mobilisierungsprozeß planen, nicht aber die Zusammensetzung der einzelnen Teams. Ihre Aufgabe ist es, eine Vision zu schaffen, doch sollten sie es jedem Unternehmensbereich überlassen, eine Strategie zu entwickeln, die mit dieser Vision im Einklang steht. Sie haben operative Strategien zu entwickeln, die Entscheidung über fällige Betriebsschließungen sollten sie aber anderen überlassen. Es ist ihre Aufgabe, den Informationsaustausch zwischen den einzelnen Abteilungen anzuregen, nicht aber, sich mit der Überwachung der konkreten Initiativen herumzuschlagen.

Als genetischer Architekt hat die Unternehmensführung in erster Linie die Aufgabe, den „Code" der Organisation zu programmieren. So gesehen kann jedes Chromosom mit dem zugehörigen Bio-Organisationssystem in eine auf höchster Ebene angesiedelte Führungsaufgabe übersetzt werden (vgl. Abb. I.2 und den folgenden Abschnitt).

Die drei „Reframing"-Systeme

1. *Mobilisierung erreichen.* Sinn der Mobilisierung ist es, die für den Transformationsprozeß benötigte mentale Energie aufzubringen.

Dabei gilt es, Motivation und Engagement zunächst bei dem einzelnen Mitarbeiter zu fördern, um diesen Prozeß dann auf das Team

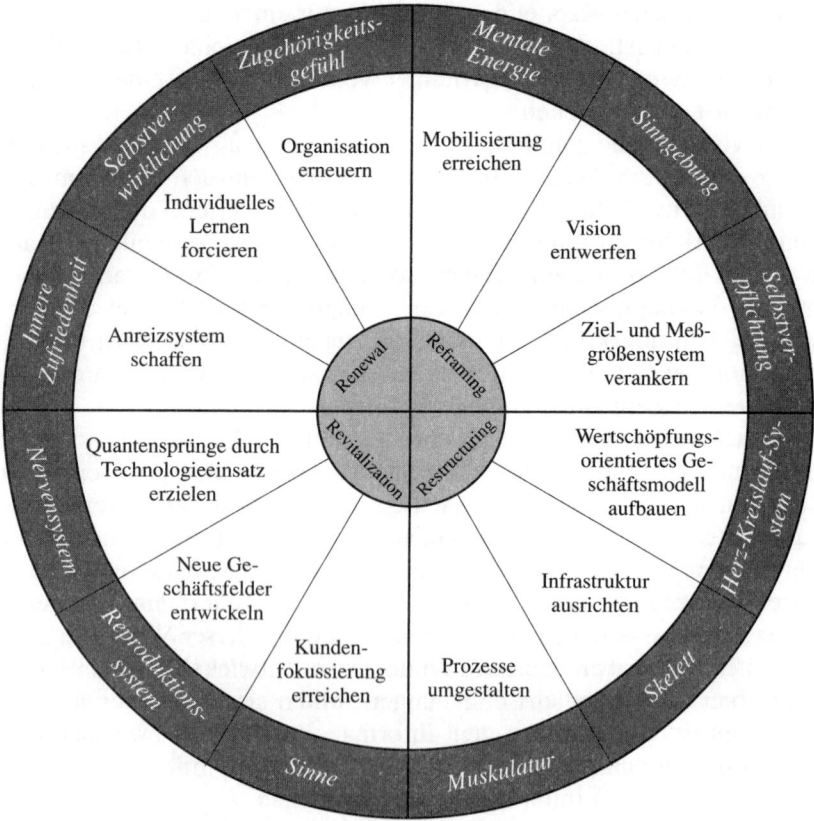

Abb. I.2 *Transformation der Organisation*

und schließlich auf die gesamte Organisation auszudehnen. Auf den Menschen bezogen, aktiviert und befreit die Mobilisierung die „mentale Energie", die für den Transformationsprozeß gebraucht wird.

Als Don Petersen die Mitarbeiterbeteiligung bei Ford einführte und Jack Welch den „Work-Out"-Prozeß* bei General Electric etablierte, taten sie damit nichts anderes, als ihre Unternehmen für größere Veränderungen zu mobilisieren.

Im Zuge unserer Diskussion des Mobilisierungsbegriffes werden wir Jan Timmer beobachten, der seinen gesamten Betrieb bei Philips auf Trab hält, indem er beispielsweise eine riesige, weltweite Videokonferenz abhält – als Symbol für die neue Art des Wettbewerbs. Wir werden auch die Auswirkungen seines „Top-down"-Ansatzes erforschen bis zu einer Kantine-Konferenz irgendwo innerhalb des gigantischen Elektronikkonzerns.

2. *Vision entwerfen.* Mobilisierung schafft in einer Organisation einen Kraftvorrat, sie bereitet ein Unternehmen darauf vor, sich eine bessere Zukunft zu schaffen. Die Vision bietet den gemeinsamen geistigen Rahmen für diese Zukunft. Sie muß herausfordernd sein, ein markanter Sprung weg von der gegebenen Realität; sie muß zur neuen Raison d'être der Firma werden, zum Ziel ihres leidenschaftlichsten Strebens. Auf den Menschen bezogen, bedeutet die Vision „Sinngebung".

Bill Gates' Vision vom Computergeschäft – im wesentlichen also die Einsicht, daß sich die Welt um die Software dreht und nicht um die Hardware – ist ein gutes Beispiel für eine äußerst kraftvolle Vision. Ein anderes wäre Ted Turners Vision eines globalen Nachrichtennetzwerks, die er mit CNN verwirklichte. Und als drittes Beispiel ließe sich etwa Sam Waltons Vision der Discounter anführen, die sich im überwältigenden Erfolg von Wal-Mart manifestierte.

Wir werden die Entwicklung von Visionen anhand von Jerry Blumbergs Bemühungen bei DuPont Nylon untersuchen und dabei den vollkommen neuen Ansatz kennenlernen, den er in ein saturiertes chemisches Unternehmen einbrachte. Wir werden entdecken, wie John Neills Vision der „Schicksalsgemeinschaften" mit Lieferanten und Kunden dazu beitrug, die drittklassigen Unipart-Fabriken in Weltklasseunternehmen zu verwandeln. Und wir werden den CEO John Hall beobach-

---

* Regelmäßige Durchführung von Problemlösungs-Workshops mit Mitarbeitern aus unterschiedlichen Funktionsbereichen. (Anm. d. Übers.)

ten, wie entschlossen er mitten in den Turbulenzen eines Übernahmeversuchs für die Unabhängigkeit seiner Firma Ashland Oil kämpfte.

3. *Ziel- und Meßgrößensystem verankern.* Nachdem das Unternehmen also mobilisiert und mit einer anspornenden Vision ausgerüstet
wurde, müssen die Führungskräfte die Vision in ein System von Meßgrößen und Zielvorgaben umsetzen und die Maßnahmen definieren, die
erforderlich sind, um die Ziele zu erreichen. Auf den Menschen bezogen: Das Ziel- und Meßgrößensystem ist die Voraussetzung für die
„Selbstverpflichtung".

Motorola trieb seine Transformation mittels Qualitätsprogrammen
und Meßgrößensystem an; Xerox verwendete eine Kombination verschiedener „Benchmarks" (insbesondere im Vergleich zu japanischen
Mitbewerbern), sowie ein Qualitätsprogramm zur Wiedergewinnung
seiner Wettbewerbsfähigkeit; und die Transformation bei Taco Bell
baute auf Customer-Service-Meßgrößen.

Bei der Diskussion von Meßgrößensystemen werden wir sehen, wie
Rolls-Royce – finanziell schwer angeschlagen – für sein Comeback ein
gestaffeltes System der Leistungsmessung einführte, wie das Meßgrößensystem zur Transformation einer überaus traditionsverbundenen
Unternehmenskultur beitrug, und wie es den Mitarbeitern gelang, diese
wieder neu zu beleben. Wir werden erfahren, wie Network South East,
ein Tochterunternehmen von British Rail, sich mit Hilfe eines gestaf-
felten Systems zentraler Leistungsindikatoren von einer glanzlosen
Eisenbahngesellschaft in einen kundenorientierten Anbieter von Reise-
dienstleistungen verwandelte.

Die drei „Restructuring"-Systeme

4. *Wertschöpfungsorientiertes Geschäftsmodell aufbauen.* Die Entwicklung eines wertschöpfungsorientierten Modells setzt voraus, daß
ein Unternehmen nach finanziellen Kriterien systematisch von oben
nach unten „auseinandergenommen" wird: Diese Analyse erstreckt
sich von Überlegungen zum Shareholder Value bis zur Prozeßkostenrechnung und zur Wertanalyse interner Dienstleistungen. Das Unternehmen verschafft sich damit einen detaillierten Überblick darüber, wo
und wie in der Firma Wert geschaffen (oder vernichtet) wird. Das wertschöpfungsorientierte Modell ist für den Unternehmenskörper, was das
„Herz-Kreislauf-System" für den menschlichen Körper ist. So wie das

Herz-Kreislauf-System den Körper überall mit Sauerstoff und anderen lebensnotwendigen Nährstoffen versorgt, so transportiert das wertschöpfungsorientierte Modell die Ressourcen dorthin, wo sie innerhalb des Unternehmens am dringendsten benötigt werden.

AT & T, Hanson und Coca-Cola sind Beispiele erfolgreicher Unternehmen, die stark von Shareholder-Value-Kriterien bestimmt sind. Wenn wir die Konstruktion des wertschöpfungsorientierten Modells diskutieren, werden wir sehen, wie Sears die wirtschaftlichen Zusammenhänge besser verstand als der Finanzmarkt; dazu werden wir den verborgenen Wert der vor 12 Jahren von dem Unternehmen gestarteten Strategie aufdecken. Wir werden sehen, wie HEB, ein texanischer Einzelhändler, eine neue Methode für das Handling von Kosmetikartikeln einführte, und wie Monsanto Plastics seine Produktpalette mit Hilfe der Wirtschaftlichkeitsanalyse umstellte.

5. *Infrastruktur ausrichten.* Die Neugestaltung der physischen Infrastruktur eines Unternehmens ist einer der sichtbarsten und aufschlußreichsten Indikatoren für sein Gesamtbefinden und seine strategische Ausrichtung. Sie ist gewissermaßen das „Skelett" der Organisation, das Netzwerk aus betrieblichen Einrichtungen und anderen Anlagen – Werkshallen, Lagerhäuser, LKW, Lastkähne, Maschinen usw. –, von dem die Arbeitsprozesse, die Muskeln eines Unternehmens also, abhängig sind. Die materiellen Vermögenswerte eines Unternehmens sind, wie ja auch die menschlichen Knochen, relativ unbeweglich und fest gefügt; einer Bewegung über ihre festgelegten Grenzen hinaus widersetzen sie sich. Einige gleichen der Wirbelsäule – wenn sie aus ihrem Platz im Gesamtgefüge herausfallen, klemmen sie lebenswichtige Nerven ein und bewirken Schmerzen und teilweise Lähmungen. Andere wiederum können unter Belastung brechen, wodurch ganze Bereiche des Unternehmenskörpers ausfallen. In diesem Fall kann nur eine mechanische Neuanpassung den Heilungsprozeß einleiten.

Johnson Controls und Hewlett-Packard ordnen beispielsweise ihre Anlagen im Sinne ihrer „Schwerpunkt-Fabrik"-Strategie beständig neu.

Bei der Diskussion der Infrastruktur werden wir zeigen, wie Ken Iverson den operativen Bereich bei Nucor neu gestaltet hat. Oder wie Praxair die Spielregeln in der Industriegasbranche durch Lieferung von Vor-Ort-Gasproduktionsanlagen an die Kunden revolutioniert hat. Und wir werden entdecken, wie das Circleville-Werk der DuPont Corporation seine Geschicke in die eigene Hand genommen hat.

6. *Prozesse umgestalten.* In einer Organisation wird die Arbeit über ein komplexes Netzwerk von Prozessen erledigt. Die Arbeitsprozesse sind die eigentlichen Träger des Wirtschaftslebens – in der Bio-Analogie sind sie die „Muskeln". Wie die Muskeln können sie zwar einzeln betrachtet werden, tatsächlich aber sind sie untereinander so vernetzt, daß die Veränderung eines Teiles sich auf alle anderen auswirken kann. Wie die menschlichen Muskeln müssen sie sich immer den an sie gestellten Anforderungen anpassen; und wenn sie nicht ausreichend stimuliert werden, schrumpfen sie. Sind sie jedoch richtig angeordnet und ausgerichtet und werden sie mittels eines integrierten Systems von Zielen und Leistungsvorgaben optimal aufeinander abgestimmt, dann funktioniert die Wertschöpfung derart reibungslos, daß die Grenzen zwischen den Prozessen zu verschwinden scheinen.

Die beiden ersten Gene in der Umgestaltung der Prozesse beinhalten Grundprinzipien des klassischen Reengineering. Das dritte Gen leitet über zum *Bio-Reengineering.*

Die außerordentliche Zeitersparnis, die Hallmark Cards bei seinem Design- und Druckzyklus erreichte, ist eine eindrucksvolle Demonstration der Wirksamkeit des Reengineering. Der Erfolg der *Detroit-Big-Three*-Autohersteller bei der Reduzierung der Modellentwicklungszeit war die Voraussetzung dafür, den Vorsprung der Japaner aufzuholen.

Wir werden in diesem Zusammenhang Telefongesellschaften in ihrem Kampf gegen „undichte Rohrleitungen" beobachten, wenn die Kunden nach einer Dienstleistung verlangen. Außerdem statten wir Union Carbide einen Besuch ab und werden analysieren, wie das Unternehmen nach einem gewaltsamen Übernahmeversuch wieder auf die Beine kam und sich zu einem der bestbewerteten Unternehmen der Wall Street entwickelte.

Die drei „Revitalizing"-Systeme

7. *Kundenfokussierung erreichen.* Revitalisierung bringt Wachstum mit sich, und die Fokussierung auf den Kunden ist ein guter Ausgangspunkt, denn es ist die Befriedigung von Kundenbedürfnissen – oft von neuen, noch latenten Bedürfnissen –, die Wachstum ermöglicht. Kundenfokussierung ist für das Unternehmen, was die „Sinne" für den menschlichen Körper sind: die Verknüpfung von Bewußtsein und Körper mit der Umwelt.

Die Firma Rubbermaid hat eindrucksvoll gezeigt, wie ein Unternehmen in einer so prosaischen Branche wie Gummiartikel dadurch revitalisiert wird, daß es Kundenbedürfnisse identifiziert und schnellstmöglich entsprechende Produkte entwickelt. Ein weiteres Beispiel für kontinuierliche, kundenorientierte Kreativität ist Johnson & Johnson.

In diesem Zusammenhang werden wir sehen, wie die Firma Air Products sich einen neuen Geschäftsbereich erschloß, indem sie auf den Rat des Krankenhauspersonals hörte. Wir werden einen kleinen Einzelhändler, Idylwilde Farms in Acton, Massachusetts, beobachten, wie er seinen Kunden ein sehr verlockendes Angebot macht. Und schließlich geht es noch um zwei Unternehmen aus der Chemiebranche (Nalco und Betz), denen es gelang, die Probleme anderer Unternehmen in eigene Vorteile umzumünzen.

8. *Neue Geschäftsfelder entwickeln.* Wachstum läßt sich auch durch den Aufbau völlig neuer Geschäftsfelder erreichen. Neue Angebote zu entwickeln erfordert freilich die kreative Synthese von Fähigkeiten und Ressourcen, die oft in den unterschiedlichen Zweigen eines Unternehmens verstreut sind. In vielen Fällen werden die Kapazitäten anderer Firmen notwendig sein, aus denen sich strategische Allianzen, Partnerschaften, Fusionen und Firmenübernahmen entwickeln können. Die Einführung neuer Geschäftsbereiche bringt neues Leben in die Organisation, wir vergleichen sie deshalb mit dem menschlichen „Reproduktionssystem".

Canon konnte sein Know-how bei optischen Geräten und Kleinmotoren in eine starke globale Position bei Kopierern umsetzen. NEC war eines der ersten Unternehmen, denen es gelang, die Konvergenzen von Computertechnologie und Telekommunikation zu nützen.

Wenn wir uns mit der Entwicklung neuer Geschäftsfelder beschäftigen, werden wir sehen, wie das gesamte DuPont-Imperium auf einigen wenigen, schwer manipulierbaren Katalysatoren aufgebaut ist. Oder wie Sears sein Kundenwissen zur Einführung seiner *Discover*-Kreditkarte und für seine „Socks and Stocks"-Strategie nutzte. Wir sind dabei, wenn BT (British Telecom) und MCI ihre Kompetenzen vereinen und einem neuen Unternehmen das Leben schenken. Und wir beobachten die mutige Gründung der First Trust Bank als Ergebnis der Fusion zweier Unternehmen vor dem Hintergrund des Nordirlandkonflikts.

9. *Quantensprünge durch Technologieeinsatz erzielen.* Technologie kann oft die Grundlage für neue Formen des Wettbewerbs sein. Gerade die Informationstechnologie kann die in einer Branche herrschenden Spielregeln über den Haufen werfen. Technologie ist dem „Nervensystem" im menschlichen Körper vergleichbar, das alle Körperteile miteinander verbindet und es dem Körper ermöglicht, von der Umgebung erzeugte Sinnesreize aufzunehmen.

Federal Express' Kompetenz im „Package-Tracking"* trug diesem Anbieter einen veritablen Dienstleistungsvorsprung vor der Konkurrenz ein. Und die Tatsache, daß die Versicherungsgesellschaft Progressive Insurance Zahlungsansprüche on line mit mobilen Datenerfassungsgeräten bearbeiten konnte, hat die Wettbewerbsregeln in der Branche gehörig durcheinandergewirbelt.

Wenn wir uns damit beschäftigen, wie Technologien die herrschenden Spielregeln ändern können, werden wir unter anderem erfahren, wie Citibank es seinen Maklern ermöglichte, on line wegen Hypothekendarlehen anzufragen. Oder wie ERAM, ein französischer Schuhdiscounter, seine Lieferanten per Computertechnik vernetzte. Wir werden sehen, wie die Pariser Taxigesellschaft G7 Service in einer traditionellen *Low-Tech*-Branche revolutionierte. Und wir werden entdecken, wie Zeneca mit Hilfe seiner Informationssysteme seine Branche von Grund auf verändert.

Die drei „Renewing"-Systeme

10. *Anreizsystem schaffen.* Belohnungen sind nicht die einzigen, aber dennoch sehr wirksame Motivationen für die Menschen. Sind sie den Unternehmenszielen nicht angemessen, können sie aber auch sehr demotivierend wirken. Das Entlohnungsschema muß risikofreudige Mitarbeiter fördern und jeden ermutigen, seine Zukunft mit der Transformation des Unternehmens zu verknüpfen. Das Anreizsystem ist für die „innere Zufriedenheit" der Mitarbeiter entscheidend.

Die Investmentbanker Goldman Sachs, Coca-Cola im Getränkesektor und Heinz bei Lebensmitteln sind Beispiele für Unternehmen, bei denen die Entlohnung sehr stark an die Leistung gebunden ist.

Im Rahmen unserer Beschäftigung mit Entlohnungssystemen werden wir zeigen, daß die „Balanced Scorecard" die Grundlage jegli-

---

* Fähigkeit, jedes Paket im System jederzeit lokalisieren zu können. (Anm. d. Übers.)

cher Entlohnungsformen ist, und wir werden erfahren, wie Entlohnungssysteme mit den Leistungsdaten der Organisation verknüpft werden können. Wir werden sehen, wie das auf dem Shareholder Value basierende Bonussystem der Lloyds Bank zum Transformationsprozeß des Unternehmens beigetragen hat. Und wir sind Zeugen wie Unipart sein Entlohnungssystem über die Unternehmensgrenzen hinaus einsetzt.

11. *Individuelles Lernen forcieren.* Unternehmenstransformation kann nicht stattfinden ohne die Transformation zahlreicher Mitarbeiter. Die Unternehmen müssen sich zur Entwicklung ihrer Mitarbeiter bekennen, indem sie Anreize zur beruflichen Weiterbildung schaffen und *wechselseitige* Lernprozesse unterstützen. Individuelles Lernen fördert die „Selbstverwirklichung" der Menschen, die das Unternehmen letztlich ausmachen.

Federal Express war sich schon immer des Zusammenhangs zwischen Serviceorientierung seiner Fahrer und Kundentreue bewußt. Kein Wunder, daß man erheblich in die Mitarbeiterausbildung mittels ausgeklügelter elektronischer Lernmethoden investierte.

Wenn wir uns den individuellen Lernprozessen widmen, werden wir uns anschauen, wie Unipart in die Weiterbildung seiner Mitarbeiter investiert, und wie France-Telecom mit dem Problem der Umschulung versetzter Mitarbeiter zurechtkommt.

12. *Organisation erneuern.* Unternehmen müssen ständig bereit sein zu lernen, damit sie sich laufend den wechselnden Umweltbedingungen anpassen können. Die Entwicklung der Organisation fördert „Zugehörigkeitsgefühle" zwischen den Mitarbeitern.

Dow Chemical gehörte zu den ersten Unternehmen, die sich der umstrittenen Matrixstruktur bedienten, hat diese aber inzwischen zugunsten eines Spinnennetzmodells aufgegeben, bei dem sich zu einzelnen Kundenaufträgen in regelmäßigen Abständen multifunktionale Teams bilden, und zwar weitgehend unabhängig von formalen, hierarchisch geordneten Strukturen. Percy Barnevik, CEO bei Asea Brown Boveri, setzt Organisationsplanung im Kampf gegen die Bürokratie ein, um die ABB-Abteilungen möglichst klein zu halten.

Das Thema Organisationsentwicklung wird uns mit dem deutschen Handelsunternehmen SPAR bekannt machen, das sich von einem eher gemächlichen Unternehmen zu einem proaktiven Teilnehmer im Markt entwickelt hat, indem die Leistungskraft des Ladennetzwerkes erhöht wurde. Wir sehen, wie sich die Schwedische Post von einer aufgeblähten Bürokratie ohne Identität zu einem unternehmerisch orientierten Netzwerk von ungefähr 1500 Einzelorganisationen entwickelt hat. Und schließlich werden wir erfahren, wie John Brown, ein wichtiger Baustein der technischen Sparte von Trafalgar House, seine 160 Büros rund um die Welt durch moderne Technologie vernetzt und damit ein „globales Büro mit elektronischen Korridoren" geschaffen hat.

EVOLUTION VON UNTERNEHMEN

Die 12 Bio-Systeme der Organisation existieren nicht isoliert voneinander. Sie sind ständig gefordert, sich Änderungen ihrer Umwelt (etwa neue Konkurrenten und Technologien) und den sich wandelnden Einstellungen der Kunden und staatlichen Regulatoren anzupassen und Anzeichen einer drohenden Vernichtung ihrer Branchen zu erkennen. Die Firma Gestetner wäre beinahe zugrunde gegangen, als der von ihr aufgebaute Hektographiemarkt von der Fotokopie zerstört wurde. Wang wurde bis in die Grundfeste erschüttert, als Allzweck-PCs in den bislang von Wang dominierten Hardwaremarkt für Textverarbeitung eindrangen. Der mechanische „Einarmige Bandit" wurde von Mikroprozessoren und Videospielen aus dem Rennen geworfen.

Umweltveränderungen und deren positive oder negative Folgen im voraus zu erahnen, ist für das Überleben unbedingt notwendig, da sich die biologische Organisation ständig weiterentwickelt. Belohnungssysteme ändern sich, Prozesse werden neu definiert, Visionen werden aufgefrischt. Wir hatten einmal angenommen, die Evolution eines Unternehmens verlaufe in punktuellen Anpassungen zwischen langen statischen Perioden, aber heute ist die Geschwindigkeit der Änderungsprozesse dafür einfach zu hoch. Heute muß sich ein Unternehmen tagtäglich den aktuellen Gegebenheiten anpassen.

In der Natur wird die Evolution von zufälligen Mutationen und natürlicher Auslese gesteuert. In sehr seltenen Fällen passieren dem DNA-Replikationssystem kleine Fehler. Und diese Irrtümer der Natur haben in fast jedem Fall schädliche Auswirkungen, so daß der Mutant meist getötet wird, bevor er sich fortpflanzen kann. Ein unendlich winziger Teil dieser Fehler ist jedoch vorteilhaft, so daß die Abweichung weitergegeben wird. Die Malaria tötet pro Jahr mehr als eine Million Menschen. Hämoglobin S ist ein mutiertes Hämoglobin-Gen, das seinen Träger zufällig gegen Malaria immunisierte. Ein winziger Kopierfehler, gegen alle Wahrscheinlichkeit entstanden, hat Millionen Menschen die Bedrohung durch eine tödliche Krankheit erspart. Ein Unternehmen ist nicht auf derartige Glücksfälle angewiesen. Ausgerüstet mit einer „Landkarte" seines Genoms, können die Führungskräfte an der Unternehmensspitze Prozesse verbinden und die Systeme ändern, um sich den Umweltänderungen anzupassen. Dieses Buch möge ein bescheidener erster Schritt in diese Richtung sein.

Wir stellen vor: Gerry und Karl

Business Transformation reicht als Therapie für das Gesamtunternehmen tiefer und ist umfassender als herkömmliches *Change Management*. Sie funktioniert nur, wenn jeder, vom Vorstandsvorsitzenden bis zum LKW-Fahrer und einfachen Sachbearbeiter, überzeugt werden kann, mitzumachen und sich zu engagieren. Es ist weder ein „Top-down"- noch ein „Bottom-up"-Prozeß; es ist beides gleichzeitig! Einen Teil jedes Kapitels widmen wir den persönlichen Erfahrungen zweier Protagonisten im Transformationsprozeß, um die wesentlichen Punkte zu veranschaulichen.

Aus der Top-down-Perspektive wird uns Gerry Isom zur Seite stehen, eine reale Persönlichkeit, der Präsident des Versicherungsunternehmens CIGNA Property & Casualty. Er wird uns den Transformationsprozeß aus der Sicht des verantwortlichen Unternehmensleiters miterleben lassen. Wir möchten ihm an dieser Stelle noch einmal dafür danken, daß er einwilligte, seine Erfahrungen im Zuge einer bislang erfolgreichen Unternehmenstransformation mit uns zu teilen.

Unser Stellvertreter für die Bottom-up-Perspektive, also für die Sicht der Dinge von weiter unten im Unternehmensgefüge, wird Karl sein, ein fiktiver Produktionsplaner in einer Papierfabrik, die wir Woodbridge Papers nennen wollen. Woodbridge Papers ist zwar ein fiktives Unternehmen, aber die Geschichte seiner Transformation basiert auf einem echten Fall.

Wird Gerry Isom es bei CIGNA Property and Casualty schaffen?

Als Gerry Isom Transamerica verließ, um im März 1993 als Präsident zum Drei-Milliarden-Dollar-Unternehmen CIGNA Property and Casualty (P & C) zu wechseln, war seine Aufgabe schlicht und einfach, die Verluste zu beenden und den „Turnaround" zu schaffen.

CIGNA P & C war in erheblichen Schwierigkeiten. Eine Reihe größerer Katastrophen – vom Erdbeben in San Francisco zu den Hurricans Andrew und Hugo, von den Unruhen in Los Angeles zu den Überschwemmungen im Mittleren Westen – traf mit mangelnder Wettbewerbsfähigkeit und einer (hauptsächlich durch neue Umweltgesetze bedingten) unvorhergesehenen Zunahme der Entschädigungsansprüche zusammen. Die Folge war eine Krise, in der manche schon das Ende des Unternehmens sahen.

Isom fand eine arg ramponierte Firmenkultur vor. Von Arbeitsmoral konnte keine Rede sein, die Versicherungsagenten verließen scharenweise das ihrer Ansicht nach im Sinken begriffene Schiff, und die Firma verlor in erschreckendem Ausmaß wertvolle personelle Ressourcen. Die einzelnen Abteilungen hatten sich voneinander isoliert, der Teamgeist lag – auch in der Chefetage – in seinen letzten Zügen, und das Verhältnis zwischen der P & C-Division und der Muttergesellschaft war, gelinde gesagt, einigermaßen belastet.

Isom war sich der Tatsache bewußt, daß sein Außenseiterstatus Ängste genährt hatte, er würde nun rücksichtslos „ausmisten". Sein erstes Ziel war daher, die Einstellung seiner Mitarbeiter zu ändern *(Reframing)*. Er würde sich beeilen müssen, eine neue Vision zu kreieren und zu kommunizieren, nicht zuletzt, um sich die nötige persönliche Glaubwürdigkeit zu erwerben.

Gleichzeitig wußte er, daß er keine Wahl hatte: Einige der schmerzlichsten Aspekte der *Restrukturierung* ließen sich nicht vermeiden. Es würde umfangreichere Entlassungen geben müssen, insbesondere in der Zentrale in Philadelphia. Einige Geschäftsfelder mußten aufgegeben und die überflüssigen Organisationsbereiche abgebaut werden, darunter zumindest eines der vier U.S. Marketing-Center.

Isom glaubte an *Revitalisierung* als Möglichkeit der Problemlösung: Die Firma mußte auf einen Wachstumskurs zurückgeführt werden. *Restrukturierung* war notwendig, aber nicht ausreichend, das Unternehmen für seine Zukunft zu rüsten. Er wußte aus Erfahrung, daß es den

Mitarbeitern schwerfallen würde, an eine prosperierende Firma zu glauben, während gerade ein großangelegtes Entlassungsprogramm durchgezogen wurde, aber er würde über Investitionen und Expansion sprechen und das Beste hoffen.

Er war auch davon überzeugt, daß der Schlüssel für den langfristigen Erfolg letzten Endes in der *Erneuerung (Renewing)* der CIGNA-P & C-Mitarbeiter liege. Er wollte einige Leute an der Spitze austauschen; der Rest mußte sich von der Vergangenheit verabschieden und sich darauf konzentrieren, aus CIGNA die beste Sach- und Unfallversicherungsgesellschaft in der Branche zu machen. Dies ließ sich nach der Überzeugung Isoms nur dann erreichen, wenn die Fähigkeiten jedes einzelnen Mitarbeiters im Unternehmen gesteigert würden – mit dem Hauptaugenmerk auf den Schadenssachbearbeitern und den Risikoprüfern. Es mußten neue Partnerschaften mit unabhängigen Agenten eingegangen werden, und schließlich mußte jeder einsehen, daß es in dem Geschäft darum ging, neue Märkte und Geschäftszweige schneller zu erschließen als die Konkurrenz – um nicht mehr und nicht weniger, als die Spielregeln der Branche neu zu schreiben.

Die Geschichte der Transformation von CIGNA P & C, die wir in den folgenden Kapiteln erzählen, ist noch nicht zu Ende. Seit Isom die Zügel in die Hand nahm, hat sich CIGNA von einem krisengeschüttelten zu einem durchschnittlichen Unternehmen aufgerappelt. Es gibt eindeutige Zeichen einer Besserung, aber die wirklich schweren Brocken müssen erst noch bewältigt werden.

Die Transformation von Karl, Produktionsplaner bei Woodbridge Papers

Woodbridge Papers ist ein Unternehmen der Verpackungsindustrie mit sechs regional geleiteten Werkniederlassungen in Nordamerika. Die Kunden sind hauptsächlich Druckereien, die Firmen wie etwa Campbell Soup mit Kartons für ihre Dosen und Packungen versorgen. Karl, ein intelligenter, aber zynischer Planer, der sich darauf verlegt hat, seine Zeit bis zur Pensionierung „abzudienen", ist nicht gerade prädestiniert als Held eines Transformationsprogramms.

Obwohl Woodbridge Marktführer ist, hat man in letzter Zeit Marktanteile an einen Konkurrenten, Mountain View Paper, verloren, der den Druckereien wesentlich kürzere Lieferzeiten bietet.

Zu einem guten Teil hängt die Zeitspanne von Auftragseingang bis zur Auslieferung von Karls Planung ab. Wer wirklich wissen will, was mit seiner Bestellung los ist, der ruft bei Karl an. Der hat sich in einer stillen Ecke des Betriebes versteckt, möglichst weit weg von den neugierigen Augen der Unternehmensleitung und den gelegentlich erscheinenden wichtigtuerischen Unternehmensberatern.

„Mobilisierung – sehr witzig", murmelt er, als er die neueste Ankündigung von oben liest. So weit kommt es noch, daß er sich für eine dieser neuen „Task forces" meldet, die man jetzt aufbauen will. Er tut die ganze Angelegenheit als Kinderei ab.

Eine Menge von Mitteilungen und Memos über eine neue „Vision" ist in letzter Zeit umgegangen, und wie man Service und Lieferzeiten in Zukunft mehr Beachtung schenken werde. Karl sitzt gähnend ganz hinten in einer Personalversammlung, in der das „Visions-Video" vorgeführt wird, eine Produktion der Abteilung Unternehmenskommunikation. Das geht bei ihm zum einen Ohr rein und zum anderen wieder raus! Nicht daß er dumm wäre, unser Karl – er kann bloß in all den hochgestochenen Worten absolut nichts finden, was Hand und Fuß hat.

Er ist Produktionsplaner. Seine Aufgabe ist es, Produktionspläne zu erstellen und diese auch zu erfüllen. Dafür wird er bezahlt, und dafür holt er sich den gelegentlichen Bonus. Er macht seine Arbeit gut, und er weiß, daß es todsicher im Chaos endet, rasche Lieferungen zu versprechen, ohne sicher zu sein, die Termine auch erfüllen zu können. Der Plan, Lieferzeit zu kürzen, ist ihm sehr suspekt, warum sollte er ihn also unterstützen? Niemand bewertet seine Leistung danach!

Was Karl *liebend gerne* wüßte: „Wieviel kostet das jedesmal, wenn er von einer Charge Papier zur nächsten umschaltet. Er möchte die grundlegenden wirtschaftlichen Zusammenhänge seines Jobs kennen. Aber diese Information existiert einfach nicht. Einmal sind ein paar Jungspunde aus der Zentrale gekommen, um so etwas wie „Prozeßkostenrechnung" einzuführen. Sie waren der Meinung, das sei eben genau, was er immer schon gewollt habe. Er hat aber nie mehr was gehört von den Leuten.

Karl hat auch klare Ansichten darüber, was machbar ist und was nicht. Er hat sich beispielsweise seine Meinung zur *physischen Infrastruktur* gebildet. Es ist ihm niemals gelungen, die Chefs davon zu überzeugen, die Papiere bereits im Werk auf Länge und Breite zuzuschneiden. Statt dessen schicken sie halbfertige Ware zu einem 100 Meilen entfernten Lagerhaus in Chicago, wo die Produkte seiner Firma zusammen mit denen zweier anderer Unternehmen auf Maß geschnitten werden. Papierrollen gehen verloren, die Leute vergessen, die Maße anzugeben, LKWs rutschen im Winter von den vereisten Straßen des Mittleren Westens. Mit anderen Worten, es geht eine Menge Zeit drauf für das Suchen von Rollen im Bestandssystem und in den Transportbüchern. Auch diese Kosten würde Karl mal gerne schwarz auf weiß sehen.

„Glatte Verschwendung!" hat Karl sich immer wieder aufgeregt. „Laßt mich das Papier als letzten Produktionsschritt schneiden, und ich garantiere eine Verbesserung der Situation." Aber diese Entscheidungen liegen beim Produktionsleiter in der Zentrale, und der hat nicht einmal eine Ahnung, daß das Papier überhaupt zugeschnitten wird. „Was soll's", resigniert Karl, „ich habe jahrelang darauf hingewiesen, und keiner hört auf mich."

Obwohl er als etwas störrisch und übellaunig bekannt ist, wird Karl eingeladen, an der Neugestaltung der Arbeitsprozesse mitzuwirken – der Woodbridge-Version der neuen Reengineeringwelle. Seine Kollegen ersuchen ihn, seine Bemühungen in den Bereichen Kundendienst und Transport zu verstärken, zumal sie schließlich alle Teil des „Auftragsabwicklungsprozesses" seien.

Gestern hatte man sogar Kunden im Werk. Das nennt man offenbar eine *Kundenfokussierungs*-Initiative. Ganz interessant, die Leute mal zu Gesicht zu bekommen, die das Zeug kaufen. Sie erklärten, was sie mit dem Papier alles anstellen, und was schieflaufen kann, wenn sie es bedrucken. „Bearbeitbarkeitsprobleme", nennen sie das.

Die Marketingabteilung und die Kunden, die nach dem von Karl bestimmten Rhythmus tanzen, betrachten Produktionsplanung als Schwarze Magie und Karl als den dazugehörigen Hexer. Gelegentlich kommt zwar ein Aufschrei aus der Zentrale, wie lange es dauert, das Zeug zu produzieren, aber Karl rückt ihnen mit ein paar ausgewählten Grundsatzbemerkungen zur Produktionsplanung in der Papierbranche den Kopf schon wieder zurecht. Wenn sie sich allzusehr aufregen, oder wenn sich der Vorstandsvorsitzende einmischt, läßt er sie schon mal seine Planung durcheinander bringen.

Aber jetzt, wo er die Kunden persönlich getroffen hat, wird er sich deshalb mehr Gewissensbisse machen.

Was Karl noch zusätzlich Kopfschmerzen bereitet, sind diese Probeläufe, die sie immer dann inszenieren, wenn neue Papiersorten *erfun-*

den werden. Sind zwar nur ganz winzige Durchgänge, aber sie werfen die gesamte Arbeitsplanung total über den Haufen. Die Techniker hängen stundenlang an den Maschinen, nehmen Proben, prüfen irgendwelche Meßinstrumente und analysieren das Abwasser. „Gebt mir meine Maschine zurück!" jammert Karl dann still in sich hinein. „Ich muß meine Arbeit machen."

Und das neue SAP-Programm ...? „Eine passende Abkürzung",* denkt Karl bei sich. Es handelt sich um eine entsprechende Standardsoftware, die sie mit allen möglichen wichtigen Daten versorgen würde, einschließlich konsolidierter Prognosen für alle Geschäftsbereiche zur Erleichterung der Planung. Doch Karl weiß es natürlich besser: „Wo du Müll reingibst, kommt auch Müll raus!" Das Programm produziert doch nur Hundefutter in einer eleganten Verpackung ... Die Maschinenzeit-Standards nach Papiersorte sind fünf Jahre lang nicht aktualisiert worden, und sie sind in der Zwischenzeit so hoffnungslos ungenau, daß Kapazitätsprognosen um bis zu 50 Prozent danebenliegen können. Karl weiß, daß er besser dran ist, wenn er sich auf seine Erfahrung verläßt.

Es wäre ja gewiß ein Vorteil, wenn man Karls Erfahrung und seine Planungsmethoden in das Programm einbringen würde und wenn seine Zahlen den Kapazitätsplanern für Transport und Materialbeschaffung zur Verfügung stünden – aber niemand hat sich die Mühe gemacht zu verstehen, was Karl da anzubieten hätte. Das SAP-Implementierungsteam hat ihn einmal besucht, aber die waren zu sehr damit beschäftigt, ihn in ihre Pläne einzubauen, daß sie nicht mal hörten, was er zu sagen hatte.

Karl weiß, was von ihm erwartet wird. Er ist jedenfalls direkt dem Werksleiter unterstellt, und Karl weiß auch, wie sein Boß *entlohnt* wird – nach den Kosten pro Tonne und nach Durchsatz (wieviel Kilo an Waren er jeden Monat zum Fabriktor rauskarrt). „Laßt mich mit euren Lieferzeiten in Ruhe", wehrt Karl ab, „ich helfe meinem Boß, die Maschinennutzung zu maximieren, das ist alles."

Doch auch Karl würde liebend gerne neue Kenntnisse und Fähigkeiten erwerben, an seiner eigenen „Erneuerung" mitwirken. Er besuchte einen Kurs in Buchhaltung für Nicht-Buchhalter am örtlichen College. Er hat viel gelernt, wird aber nie was damit anfangen. Er hat

---

* Anspielung auf amerik. *sap*, umgangssprachlich für „Trottel". (Anm. d. Übers.)

auch Kurse in SAP besucht. Das war schon relevanter, zumal man die SAP-Software damals im Werk einführte, aber er hat sich irgendwie im technischen Teil verloren. Außerdem wird er das Programm ohnedies nur verwenden, wenn es sich nicht vermeiden läßt.

Karl hat – wie zu den meisten anderen Themen – auch ausgeprägte Ansichten zu *organisatorischen* Fragen. Seit Jahren wird die Zentralisierung der Planung aller sechs Werke hin- und hergeschoben. Jedes Werk hat seinen eigenen Karl, und er, unser Karl, kennt sie alle. Sie sind Kumpels, treffen einander einmal im Jahr, telefonieren ein paarmal im Monat und haben eine gemeinsame Abneigung gegen einen Typen in der Zentrale, der sich „Zentraler Planungsmanager" nennt.

Im Gegensatz zu den Karls dieser Welt wechseln die „Zentralen Planungsmanager" ziemlich oft, und jeder will die Sache ganz anders als seine Vorgänger angehen. Karl kennt die Argumente für eine Zentralisierung: Woodbridge könnte werkübergreifend optimieren. So könnte das eine Werk Aufträge vom anderen übernehmen, wenn dieses gerade nicht einsatzbereit oder überlastet ist, und die Werke könnten gemeinsam als Netzwerk arbeiten, anstatt als isolierte Einheiten.

Karl hat auch darauf eine Antwort: Sie haben's versucht, und es hat sich nicht bewährt! Es hat deshalb nicht funktioniert, weil es, wenn's hart auf hart geht, auf rasche Entscheidungen ankommt, und das geht halt nur mit einem Verantwortlichen vor Ort.

So hält sich Karl in seinem Bunker verschanzt. Und wer ihn in seinem Fuchsbau ausräuchern will, wird mit erheblichem Widerstand zu rechnen haben!

REFRAMING – EINSTELLUNGS- VERÄNDERUNG

In dem Film *Moscow on the Hudson* kommt eine Szene vor, in welcher der Protagonist, gespielt von Robin Williams, in einem Supermarkt einen kleineren Nervenzusammenbruch erleidet. Der gerade aus der Sowjetunion in die USA immigrierte Mann schlendert einen Gang entlang, der links und rechts von Regalen mit Kaffee, Seife, Toilettenpapier, Dosennahrung usw. eingesäumt ist – also von Dingen, die in seiner Heimat durchweg als Luxusprodukte galten. Und all dies wird nicht nur angeboten, sondern es gibt von allem gleich mehrere Marken. Die schiere Vielfalt der Wahlmöglichkeiten überwältigt ihn derart, daß er weinend zwischen den Regalen zusammenbricht. Später erklärt er einem Freund, daß sie in Moskau, wo es nichts gab, gelernt hatten, „ihr Elend lieb zu gewinnen". Bittere Ironie des Lebens, daß der Verlust des Elends genauso schmerzen kann wie der Verlust einer Liebe.

Das ähnelt zunächst in vielem dem Prozeß der Transformation. Die Unternehmen verlassen den sicheren Hafen und steuern unerforschtes Territorium an. Auch wenn die Dynamik des Erfolgs uns schließlich erfaßt und in sichere Höhen trägt – anfangs ist das alles gar nicht so lustig. Es gilt, Mauern aus Abwehr und Verdrängung zu durchbrechen, alte Werte müssen über Bord geworfen und neue angenommen werden. Und das tut in der Regel weh, zumal die Festungsmauern massiv sind und aus dem zähen Werkstoff menschlicher Gefühle und Vorurteile bestehen.

Beim *Reframing* kommt es nun darauf an, diese Mauern zu durchbrechen und sich seelisch-geistig darauf vorzubereiten, über diese Grenzen hinauszugehen. *Reframing* hat mit dem Bewußtsein eines Unternehmens zu tun, mit einem grundlegenden Wandel der Motivation einer Firma, der Veränderung ihrer Beurteilungskriterien und der Werte, die ihrem emotionalen Wohlbefinden zugrunde liegen. Hunderttausende Menschen müssen dazu gebracht werden, sich einen neuen Denkrahmen zuzulegen, obwohl sie dazu tendieren, im Status quo zu verharren. Es geht schließlich um nicht mehr und nicht weniger als darum, Vertrauen in die Ergebnisse einer massiven Veränderung zu schaffen, zu einem Zeitpunkt, da eben diese Ergebnisse per definitionem noch unbekannt sein müssen.

Gewiß keine einfache Aufgabe. Nur wenige von uns sind von Natur aus Forscher. Und noch weniger sind so ohne weiteres bereit, die sichere Gegenwart für die Hoffnung einer besseren Zukunft aufs Spiel zu setzen. Zufriedenheit finden wir innerhalb der Grenzen vorhandener Privilegien, Kunden, Budgets und Verantwortungsbereiche – und zwar so sehr, daß wir zu Kämpfern für das Bestehende werden. Das „Jetzt" ist vertraut, das Tempo ist kontrollierbar, und die Menschen können sich in Relation zu diesem Tempo definieren. Die Dinge sind nun mal ganz gut so, wie sie sind.

Auch die *Familie* verfestigt unseren Widerstand gegen Veränderungen. Wir werden fast alle zu Konservativen, wenn wir an unsere Ehepartner denken, an unsere Kinder, an deren finanzielle Zukunft und an unser Bedürfnis, von unseren Angehörigen respektiert und geschätzt zu werden. Wozu sollen Sie riskieren, eines Tages nach Hause zu kommen und Ihrer Familie erklären zu müssen, daß Sie jetzt nicht mehr Abteilungsleiter sind, daß man Sie statt dessen gebeten hat, die Umsiedlung einer wichtigen Betriebsanlage nach Georgia zu leiten oder die Umgestaltung der Auftragsabwicklung in Angriff zu nehmen? Und wenn dies auch einer echten Beförderung gleichkäme – würde man das bei Ihnen zu Hause auch so sehen?

Und was ist, wenn Sie aus einer Neuordnung der Organisation als Verlierer aussteigen – zurückgestuft oder gar überflüssig geworden sind? Und was, wenn nicht? Transformation ist harte Arbeit – lange Arbeitszeiten, mehr Reisen, an den Wochenenden oft von der Familie getrennt, neue Verantwortung, neue Vorgesetzte, neue Feinde. Warum sollten Sie etwas unterstützen, wovor Sie sich mit gutem Grund fürchten?

Dazu kommt noch, daß Transformation unweigerlich bedeutet, daß jemand anderer Ihnen sagt, daß Sie sich ändern müssen. Und dies bedeutet doch nichts anderes, als daß Ihre bisherige Arbeit in irgendeiner Form falsch, irgendwie unzulänglich war. Ob die Leute aus dem eigenen Unternehmen stammen oder von außen kommen – warum sollten Sie jemandem vertrauen, der zu seinem Lebensunterhalt Ihre Sorgen ausschlachtet, dessen Aufgabe darin besteht, Ihr Scheitern zu definieren? „Wer glauben die eigentlich, daß sie sind?" murmeln Sie in sich hinein. „Und warum fangen die ausgerechnet bei mir an? Da ließen sich doch bestimmt bessere Angriffspunkte finden, Abteilungen, die schlechter dastehen!"

Die nachträgliche verstandesmäßige Rechtfertigung emotional begründeter Handlungen ist eine oft sehr erfolgreich eingesetzte Technik. Es ist ja relativ einfach, zahlreiche Argumente gegen Veränderung zu sammeln. Doch stellt sich bald heraus, daß diese Argumente nur scheinbare Gründe für die Beibehaltung des eingeschlagenen Kurses sind – in Wirklichkeit dienen sie dazu, sich ein Urteil über die herrschenden Zustände zu ersparen und auch den Vergleich damit, wie die Dinge sein könnten und sein sollten. Doch während sich die Beurteilung der Lage unendlich lange hinausschieben läßt, entkommt man den Konsequenzen dieser Vermeidungsstrategie auf Dauer nicht. Wie wir Menschen, so müssen auch Unternehmen sich entscheiden, ob sie ihr Schicksal selber in die Hand nehmen oder riskieren wollen, daß jemand anderer über sie bestimmt.

In diesem Sinne ist *Reframing* ein Akt der Übernahme unternehmerischer Selbstbestimmung, das Vorspiel zur Freisetzung des in den meisten großen Organisationen schlummernden Veränderungspotentials. Wir haben es mit der selbstauferlegten Aufgabe zu tun, die „conventional wisdom" (bestehende Denkweisen, Einstellungen oder Paradigmen) des Unternehmens aufzubrechen, die nützlichen Elemente herauszufiltern, nach Bedarf neues Material einzubringen und einen neuen Denkrahmen für das Unternehmen zu schaffen.

Reframing wird von drei Chromosomen und deren zugehörigen Bio-Systemen der Organisation determiniert, denen drei Kapitel von Teil eins gewidmet sind. Das erste, in Kapitel 1 beschrieben, behandelt die umfassende Mobilisierung, die zur Transformation eines gesamten Unternehmens erforderlich ist. Mobilisierung aktiviert die mentale Energie, die nötig ist, um die Menschen in einem Unternehmen während des Transformationsprozesses zu motivieren. Während dieser Phase müssen die Menschen – vom Topmanager bis zum Arbeiter in der Werkshalle – die mit Veränderungen einhergehenden Widerstands- und Verweigerungsinstinkte überwinden. Hier beginnen sie dem Versprechen einer besseren Zukunft erstmals Glauben zu schenken, wie immer diese Zukunft auch aussehen mag.

Das zweite *Reframing*-Chromosom, beschrieben in Kapitel 2, hat mit dem Schaffen der Vision zu tun, die das Unternehmen mit genug Entschlußkraft wappnet, um die neugefundene Motivation über die Zeit hinweg zu bewahren. Die Vision macht das Versprechen einer besseren Zukunft greifbar. Die Menschen können sich jetzt etwas darunter vorstellen; etwas, das ihnen erreichbar erscheint und das sie näherkommen sehen, während sie sich kontinuierlich ändern.

Das dritte *Reframing*-Chromosom, das in Kapitel 3 beschrieben wird, handelt von der Verankerung des Ziel- und Meßgrößensystems. Es ist schwer, Mitarbeiter zu einer Änderung ihres Verhaltens zu bewegen, solange sie nicht mit eigenen Augen die Auswirkungen ihrer neuen Verhaltensweisen sehen. Meßgrößen ermöglichen uns, Ursache-Wirkungs-Hypothesen zu überprüfen und auf rationaler Ebene zu verifizieren, ob wir uns auf dem Weg zu besserer Leistung befinden.

Die Reihenfolge der Kapitel impliziert eine bestimmte Handlungsabfolge. Dies ist durch den Aufbau eines Buches bedingt, entspricht aber nicht unbedingt einer tatsächlichen Transformations-Chronologie. Transformation muß sich gleichzeitig ereignen, wenn auch mit unterschiedlichen Geschwindigkeiten und den unterschiedlichsten Dimensionen angepaßt. Möglich, daß die Reihenfolge, in der wir die drei *Reframing*-Systeme einführen, letztlich ungewöhnlich erscheint. Insbesondere könnte es logischer erscheinen, mit einer Vision zu beginnen und einen Mobilisierungsprozeß um diese herum aufzubauen. Allein, die Saat der Vision kann nur auf fruchtbarem Boden gedeihen. Die Mobilisierung stellt eine kritische Vorbereitungsphase dar, in welcher der „psychische Boden" des Unternehmens gelockert und angereichert wird; es entsteht ein Umfeld, in dem die neue Vision aufblühen kann.

Die komplexe Handlungsabfolge im Verlauf des *Reframing* ist ganz und gar nicht unveränderlich, und es gibt viele Kombinationsmöglichkeiten, die letztlich alle drei Komponenten vereinen. Wie die Menschen, so beschreiten auch Unternehmen unterschiedliche Wege im Veränderungsprozeß, auch wenn sie dasselbe Ziel vor Augen haben. Möglicherweise ist keiner dieser Wege besser als der andere – sie sind alle mit Hindernissen gepflastert, weshalb es unweigerlich zu Fehlern kommen muß. In diesem Sinne spielt auch die Reihenfolge keine Rolle. Und überdies ist die Wahrscheinlichkeit von Neuentdeckungen im unerforschten Gelände zumeist am größten.

MOBILISIERUNG ERREICHEN

D ie Transformation wird im Intellekt des einzelnen entworfen, aber erst im Bewußtsein des gesamten Unternehmens nimmt sie Gestalt an. Sie basiert auf einer freien Entscheidung, auf einem bewußten Willensakt, zunächst eines einzelnen, dann mehrerer und vieler, und schließlich der kritischen Masse, die vonnöten ist, um radikale Veränderungen zuwege zu bringen. Im Unterschied zu der einfachen *Veränderung*, die sich auch von selbst ereignen kann, ist die *Transformation* das Ergebnis anhaltender, unternehmensweiter Motivation und des Engagements für ein gemeinsames Ziel. *Mobilisierung* ist das Instrument, mit dem diese gemeinsame Motivation und dieses Engagement erzeugt werden.

Das Mobilisierungs-Chromosom steuert den Prozeß zur Erzeugung der mentalen Energie, die den Transformationsvorgang antreibt. Dabei werden Motivation und Engagement von der Ebene des einzelnen auf die Teamebene und schließlich auf die gesamte Organisation ausgeweitet. Beim Aufbau des Mobilisierungssystems wird von ganz oben in der Unternehmenshierarchie nach ganz unten und von ganz unten nach ganz oben gearbeitet. Vier Gene gibt es im Mobilisierungs-Chromosom, die die genetischen Architekten des Unternehmens vor vier Kern-Führungsaufgaben stellen:

1. *Führungspersönlichkeiten entwickeln.* Die verantwortlichen Leiter des Transformationsprozesses bestimmen im wesentlichen dessen Kurs. Daher ist die Zukunft des Unternehmens stark von der Auswahl der Führungspersönlichkeiten und den Methoden zur Heranbildung zukünftiger Führungspersönlichkeiten abhängig. Der Leiter eines Un-

ternehmens fungiert als Vorbild, und er verpflichtet seine oberste Führungsmannschaft zu derselben Funktion. Diese Führungskräfte wiederum fördern die für den Transformationsprozeß wesentlichen Führungsqualitäten auf einer unteren Managementebene und so weiter, wodurch ein Top-down-Fluß von Verantwortung, Motivation und Engagement erzeugt wird, der die gesamte Organisation erfaßt. Die wenigsten Menschen sind von vornherein fähig, solche Prozesse zu steuern; die meisten müssen in ihre Rolle erst hineinwachsen. Zur Unterstützung stehen Techniken zur Verfügung, um sich die benötigten Führungsqualitäten leichter anzueignen. Unternehmensführer stützen sich beispielsweise oft auf einen persönlichen Coach und Vertrauten. Auf Gruppenebene müssen sich leitende Manager bisweilen in sogenannte „Valley-of-Death"-Zusammenkünfte stürzen, um den Transformationsprozeß anzukurbeln.

Ein intensives Führungskräfte-Meeting außerhalb der Unternehmensräumlichkeiten – ein sogenanntes *Offsite* – ist ein hochwirksames Instrument, um die Aufmerksamkeit des leitenden Managements auf die Transformation zu konzentrieren. Solche *Offsites* bieten auch das ideale Forum zur Ernennung der Transformationsleiter, die gemeinsam in Form eines *Lenkungsausschusses* den Transformationsprozeß vorantreiben. Der Lenkungsausschuß besteht normalerweise aus der Unternehmensleitung, d. h. aus ungefähr vier bis acht Leuten. Er hat die Aufgabe, den gesamten Transformationsprozeß zu steuern, Hindernisse auf diesem Weg zu beseitigen und die Energie, die Motivation und das Engagement zu verkörpern, die auf den unterschiedlichen Organisationsebenen benötigt werden. Jedes Mitglied übernimmt die persönliche Verantwortung für einen bestimmten Aspekt des Tranformationsprogramms und für die damit verbundenen Resultate.

2. *Unternehmensweite, interaktive Kommunikation forcieren.* Nachdem die Führungsebene mobilisiert worden ist, wird die Basis angegangen. In dieser Phase wird ein breit angelegter Kommunikationsprozeß forciert, der das gesamte Unternehmen in das Programm einbezieht. Hilfsmittel wie *Town-Meetings* unterstützen den Unternehmensführer, eine gut sichtbare Rolle an der Spitze einzunehmen und so klar zum Ausdruck zu bringen, daß er persönlich hinter den Transformationsprogrammen steht. Der Schwerpunkt liegt hier eher auf der Breiten- als auf der Tiefenwirkung. Interaktion lautet das Stichwort.

Auf niedrigeren Organisationsebenen spielen die an den Transformationsprojekten aktiv beteiligten Mitarbeiter eine wichtige Rolle in der Kommunikation. Sie können sich am besten entfalten, wenn sie vorübergehend (sprich einige Monate bis zu eineinhalb Jahren) von ihren bisherigen Aufgaben freigestellt und als *Vollzeit-Transformations-Agenten* eingesetzt werden. Man wird für diese Aufgaben leistungsstarke Mitarbeiter heranziehen, die hohe Anerkennung genießen und auf die die Leute hören. Gerade weil es sich aber um Spitzenkräfte handelt, gibt es des öfteren Widerstände, sie von ihrem angestammten Arbeitsbereich abzuziehen. In solchen Fällen kann der Unternehmensführer eine eindrucksvolle symbolische Geste setzen, indem er bei den Vorgesetzten interveniert, um die Leute loszueisen. Wenn einmal 30, 100, 300 oder noch mehr der begabtesten Leute für Transformationsaufgaben abgestellt werden, entgeht die Bedeutung der Angelegenheit auch den anderen Mitarbeitern auf allen Ebenen nicht mehr!

3. *Funktionsübergreifende Arbeitsteams fördern.* Die „Bottom-up"-Komponente der Mobilisierung beginnt durch die Arbeit einer relativ großen Zahl kleiner Gruppen – sogenannte *funktionsübergreifende Arbeitsteams* – zu wirken, die sich auf die Lösung konkreter Probleme konzentrieren. Diese Teams haben ihre eigene Dynamik und benötigen ein sorgfältiges Management. In jedem Team arbeitet ein Vollzeit-Transformations-Agent mit, der die horizontale und vertikale Koordination zwischen den einzelnen Teams übernimmt und damit die Integration der Teamarbeit in das gesamte Transformationsprogramm.

Die Zusammensetzung des Teams ist entscheidend. Es kommt insbesondere auf den funktionsübergreifenden Charakter der Gruppen an, um durch den größeren Überblick neue Erkenntnisse zu gewinnen. Nur derart vielfältig besetzte Teams haben das detaillierte *spezifische* Wissen, um Handlungsschritte festzulegen, die zu meßbaren Erfolgen führen. Die Handlungsschritte selber werden dann vielfach von *Sub-Teams* ausgeführt, die von Mitarbeitern der funktionsübergreifenden Arbeitsteams gesteuert werden.

Da die konkreten Projektaufgabenstellungen von funktionsübergreifenden Arbeitsteams bearbeitet werden, fungiert der Lenkungsausschuß hauptsächlich als Katalysator, indem er gegenüber der gesamten Organisation fortwährend sein Vertrauen in den Teamprozeß ausdrückt, auf meßbare Arbeitsergebnisse besteht und erste Erfolge entsprechend kommuniziert.

4. *Individuen auf den permanenten Wandel vorbereiten.* Da sich Transformation im Kopf des einzelnen vollzieht, muß der Blickwinkel des Unternehmens letzten Endes auf den einzelnen Mitarbeiter gerichtet sein. Ihm muß geholfen werden, die zahlreichen Änderungen anzunehmen und sich ihnen anzupassen. Die Individuen müssen sich einem *emotionalen Wandel* unterziehen, ehe es zu den großen Änderungen auf Unternehmensebene kommen kann. Mit anderen Worten, eine kritische Masse von Leuten muß eine *persönliche Transformation* erfahren haben, wenn die Transformation des Unternehmens Aussicht auf Erfolg haben soll. Diese persönliche Transformation kann durch *Coaching* und *Feedback* gefördert werden.

Um den einzelnen Mitarbeitern auf ihrem Weg durch den Transformations-Zyklus zu helfen, muß sich die Unternehmensführung möglichst offen und zugänglich geben und anschaulich demonstrieren, wie das Ergebnis einer erfolgreichen persönlichen Transformation aussehen könnte. Das mag bedeuten, daß die Leute häufiger und offener ihre Wünsche und Bedürfnisse, Enttäuschungen und Erfolgserlebnisse miteinander teilen und auch die bislang sorgfältig gehüteten Freiräume persönlicher Bequemlichkeiten aufgeben.

Wenn Mobilisierungsbemühungen scheitern, liegt es gewöhnlich an dem Unvermögen der Führung, alle vier Gene in den Prozeß einzubringen. Viele Unternehmen verlassen sich beinahe ausschließlich auf die „Top-down"-Komponente, auf Executive-Workshops und Teambildung. Solche Versuche müssen wegen mangelnden Interesses der Basis schieflaufen. Andere wiederum konzentrieren sich nur auf die Rekrutierung der „Truppen" nach dem „Bottom-up"-Prinzip. Da wird eine Task force nach der anderen ausgesendet, um sich um „Total Quality" zu kümmern oder die Betriebsabläufe völlig isoliert voneinander umzugestalten. In der Regel produzieren solche Bemühungen uneinheitliche und widersprüchliche Ergebnisse, oder es werden über die Maßen ehrgeizige Empfehlungen erarbeitet, die mangels Führung und Unterstützung von oben keine Chance haben, umgesetzt zu werden.

Der Schlüssel zur erfolgreichen Mobilisierung liegt darin, eine Bewegung an der Basis zu schaffen, die vom mittleren Management getragen wird, das wiederum vom leitenden Management geführt und gecoacht wird, das seinerseits von dem Vorstandsvorsitzenden gesteuert wird. Es ist weder ein Top-down- noch ein Bottom-up-Prozeß, sondern beides zugleich, für und mit der Mitte arbeitend. Als Ergebnis dieses

Mobilisierungsprozesses befindet sich die Organisation in einem ziel-orientierten Aktivierungszustand mit einem Höchstmaß an Motivation, Engagement und Handlungsbereitschaft – gesteuert von dem Mann oder der Frau an der Spitze des Unternehmens.

FÜHRUNGSPERSÖNLICHKEITEN ENTWICKELN

Kennern einschlägiger Business-Klischees ist der folgende Satz aus der Rede des Vorstandsvorsitzenden auf den jährlichen Aktionärsversammlungen gut bekannt: „An unsere Mitarbeiter, ohne die all dies nicht möglich gewesen wäre." Solche Aussagen wirken ziemlich saft- und kraftlos, so als wäre sich der Redner zwar bewußt, daß Menschen irgendwie eine wichtige Rolle für den Erfolg eines Unternehmens spielen, er aber nicht die richtigen Worte dafür findet.

Vorstandsvorsitzende können sich eine derart verschwommene Aussage nicht leisten, zumal eine Unternehmenstransformation ohne die Transformation der Arbeitsgewohnheiten eben jener Mitarbeiter nicht denkbar ist. Das mag einigen selbstverständlich erscheinen, sie bereitet aber dennoch vielen Managern Kopfzerbrechen. Es ist nicht einfach, den Emotionen der Gruppe vor einer eleganten Business-Lösung Vorrang einzuräumen. Stimmt die Analyse, mögen manche denken, werden die Leute sowieso den Wert der Methode erkennen, und der Wandel wird sich mit Sicherheit einstellen. Die Analyse behält die Oberhand über die Emotionen.

Diese eigentümliche Tendenz, die unternehmerische Welt als Insel der reinen Vernunft in einem Meer aufgewühlter Emotion zu sehen, wird auf die Dominanz der linken analytischen Gehirnhälfte zurückgeführt. Menschen, bei denen die linke Gehirnhälfte dominiert, gehen gerne davon aus, die ganze Welt denke mit der linken Gehirnhälfte – die Vernunft und die Ergebnisse klaren Denkens brauchten denn auch keinen Fürsprecher außer sich selbst. In der harten Wirklichkeit sieht es freilich viel eher so aus, daß wir es mit einer großen Anzahl „Rechtshirndenkern" zu tun haben. Und eines ist unbestreitbar: Von ihrem Beitrag hängt der Erfolg ab! Diese Realität zu akzeptieren ist für die Unternehmensführung Grundvoraussetzung, um sich auf die Mobilisierungsreise zu machen.

Der Adler ist gelandet

Im März 1993 begann Gerry Isom als neuer Präsident des Versicherungs-unternehmens CIGNA Property and Casualty. Nachdem er sich mit sei-ner neuen Umgebung in Philadelphia vertraut gemacht hatte, begab er sich unverzüglich auf eine zweiwöchige Rundreise, so daß viele in Phila-delphia schon dachten, er habe es sich nach kurzer Zeit anders überlegt. „Ich wollte die Dinge mit eigenen Augen sehen", erinnert sich Isom heute. „Dieser erste Eindruck erwies sich für mich als entscheidend. Ich konnte mir ziemlich rasch ein Bild von der Situation machen."

Zuallererst machte Isom sich an den Aufbau eines Führungsteams. Dies hatte seine erfreulichen und seine weniger erfreulichen Seiten. Als positiv konnte er die motivierten, kooperationsbereiten Mitarbeiter verbu-chen, die ganz einfach, wie er sich ausdrückt, „nach Führung lechzten".

„Ich hatte mehrere Zweistundenbesprechungen mit Mitgliedern des früheren Führungsteams", erinnert er sich. „Im allgemeinen können sie recht gut erkennen, wer's schaffen wird, und wer nicht. Viele von ihnen waren ganz ausgezeichnete Leute, bereit, die Ärmel hochzu-krempeln und gespannt auf die Veränderungen, die da kommen mochten. Und viele von ihnen wußten genau, was zu tun war."

Es gab aber auch eine ganze Menge Ärger. Bei seinem ersten Auf-enthalt in Tampa Bay fielen ihm die ineffektiven – und in manchen Fäl-len ausgesprochen absurden – Risikoprüfungs-[*] und Preisgestaltungs-praktiken auf. Er erkundigte sich bei einem der Manager, die ihn auf seiner Rundreise begleiteten, ob das eben Beobachtete der allgemeinen Praxis entspreche.

„Ja, so läuft das bei uns", antwortete ihm dieser mit etwas banger Stimme.

Isom verwies, ausgehend von seiner eigenen Versicherungserfah-rung, auf die Fehler der Methode. Er erklärte dem Manager detailliert, wie er sich die Sache vorstelle, und versuchte ihm mit großer Geduld nahezubringen, welche Richtung einzuschlagen sei.

Während ihres nächsten Aufenthalts, diesmal in Sacramento, fand wieder die gleiche Diskussion statt. Da man in diesem Büro nach der-selben fehlerhaften Methode vorging, setzte Isom seinem Kollegen er-neut auseinander, wie er die Risikoprüfung haben wollte. Dabei be-

---

[*] Deutsche Übersetzung des englischen Begriffs „Underwriting". (Anm. d. Übers.)

merkte er, daß die neue Methode den Kollegen offenbar überforderte; dieser Zug fuhr zu schnell für ihn. Auch der Manager selbst hatte erkannt, daß er wohl an Grenzen gestoßen sei. Er sah Isom offen an und sagte: „Ich werd's nicht schaffen, oder?" Als Isom dies vorsichtig bestätigte, wirkte er beinahe erleichtert. Der Manager reichte bald darauf seine Kündigung ein.

Gerry Isom ist kein gefühlskalter Mensch. Er erinnert sich, wie es ihn damals berührt hat, als die mehrwöchigen Bemühungen, für seinen Kollegen unter den neuen Bedingungen einen Platz zu finden, ihr Ende fanden. „Letzten Endes", so Isom, „hat das Unternehmen diesem Mann einen denkbar schlechten Dienst erwiesen, indem es ihn mit Verantwortung belastete, der er nicht gewachsen war. Unter solchen Umständen ist es immer besser, die Angelegenheit möglichst rasch zu bereinigen. Sowas darf nicht lange mitgeschleppt werden."

Kurze Zeit später konzentrierte Isom sich darauf, das Verhältnis zwischen der Property & Casualty Division und dem Mutterkonzern neu zu gestalten.

„Trotz allseits herrschender guter Absichten", kommentiert Isom seine ersten Eindrücke, „hatte sich zwischen der Division und der Konzernmutter eine eigentümliche Dynamik entwickelt. Insbesondere die Aufgabe der P & C-Finanzabteilung erschien recht zweideutig. Zum einen war sie dafür verantwortlich, das P & C-Management mit den notwendigen Finanzdaten zu versorgen, und dazu ist eine Finanzabteilung ja in der Regel auch da. Andererseits hatten die Leute in der Abteilung es sich zur Gewohnheit gemacht, die von ihnen intern verteilten Informationen zu filtern und ausgewählte andere Daten ohne Wissen des P & C-Managements an die Muttergesellschaft weiterzuleiten."

Isom griff die Angelegenheit sofort auf. Die Unternehmensleitung bei CIGNA war ebenso überrascht wie zuerst Isom. Mit ihrer Unterstützung installierte Isom ein neues Finanzteam. Allmählich begann sich eine neue Vertrauensbasis zu entwickeln.

Im Mai 1993 erhöhte Isom im Zuge seines Reorganisationsprogramms die Zahl der P & C-Divisionen von zwei auf drei.

„Ich mußte die Verhältnisse klären", sagt er. „Das Bild war zu verschwommen."

Von Transamerica, seinem ehemaligen Arbeitgeber, brachte Isom zwei seiner leitenden Manager mit, Dick Wratten und Bill Palgutt, beide mit reichlich Underwriting-Erfahrung. Ihnen vertraute er die Führung von zwei der drei neugebildeten Divisionen an. Interessanterweise sind Wratten und Palgutt ganz andere Charaktere als Isom. Wratten ist ein intuitiv entscheidender, mit allen Wassern gewaschener Manager, der einem in die Augen schaut und sofort erkennt, welches Versicherungs-risiko man darstellt. Palgutt wiederum ist vom Typ her Analytiker, ständig auf der Suche nach neuen, kreativen Ideen, um sie gleich dar-auf auszuprobieren. Isom wird oft als Mischung aus den beiden be-schrieben, den Pragmatismus Wrattens mit der konzeptionellen Tief-gründigkeit Palgutts vereinend.

Inzwischen war Isom intensiv damit beschäftigt, mit einigen Mit-gliedern des alten Managementteams eine neue partnerschaftliche Be-ziehung aufzubauen.

„Das war entscheidend", erklärt Isom, „denn Sie können nicht eine ganze Mannschaft mit Leuten von außen aufbauen. An dieser Stelle stie-ßen Jim Engel, Leiter der Schadensabwicklungsabteilung, Dennis Kane, Leiter der dritten Unternehmens-Division, und Rich Franklin, Chef-Underwriter für Wratten, zu uns. Zwei Stunden mit Engel genügten, und ich wußte, wir waren Partner. Kane traf ich am Dallas Airport, und mir war sofort klar, daß er der richtige Mann am richtigen Platz war. Und was Franklin betrifft – der geriet immer ganz aus dem Häuschen, wenn ich ihm bei unseren Rundreisen meine Vorstellungen von Risikoprüfung auseinandersetzte. Ich wußte, daß er ein gewaltiger Gewinn sein würde."

Isoms Team war jetzt beinahe komplett. Von Juli bis September 1993 war er damit beschäftigt, Segmentierungs- und Preiskalkulations-methoden umzustellen, wobei es zu einigen dramatischen Umstruktu-rierungsmaßnahmen kam (mehr davon später). Im Oktober 1993 war die Phase 1 der Transformation abgeschlossen. Zwei Aufgaben standen im Mittelpunkt: ein neues Führungsteam aufbauen und die Talfahrt stoppen. Isom war bereit, den nächsten Schritt in Angriff zu nehmen: die umfassende Mobilisierung.

DIE SUCHE NACH EINEM PERSÖNLICHEN COACH

In ihrer Führungsrolle sind die Frauen und Männer an der Spitze von Unternehmen oft einsame Menschen. Gelegentliche Anregungen durch einen Zeitungsartikel, einen Mitarbeiter oder den Rat eines Freundes mögen zwar vorkommen, zu mehr reicht es aber selten. Sie fühlen sich verpflichtet, ihre Emotionen streng zu zügeln – in Krisensituationen immer cool bleiben, immer einen optimistischen Eindruck machen. Obwohl sie vielleicht gesellig sind, haben sie wenig Gelegenheit, mit jemanden vertraulich über ihre Probleme zu sprechen. Enge Mitarbeiter eignen sich nicht als offene und ehrliche Gesprächspartner, da sie ihre eigenen Ziele, ihre eigene Agenda haben oder manchmal sogar Teil des Problems sind. Im Normalfall ist auch der Lebenspartner nicht das ideale Gegenüber, weil dessen emotionale Beteiligung eine nüchterne, sachliche Beurteilung der Situation unmöglich macht.

Viele Unternehmensführer holen sich Trost und Zuspruch nicht bei ihrer „rechten Hand" im Unternehmen, sondern bei einer Vaterfigur, einem erfahrenen „Coach", mit dem sie Probleme ohne Einschränkung und Tabus besprechen können. Der Coach kann ein Bekannter sein, der in einer ganz anderen Branche eine ähnliche Position einnimmt, aber auch ein professioneller Berater, ein Universitätsprofessor oder der Aufsichtsratsvorsitzende. Wir haben es mit einer intimen Beziehung zu tun, die von beiden Seiten mit großer Sorgfalt zu behandeln ist. In manchen Fällen kann der Coach eine Art „Guru" werden, der fast soviel Macht wie der Unternehmensführer erwirbt und sich damit Türen zu machiavellistischem Einfluß öffnet.

Andererseits kann dieser Coach Mut machen und den letzten Anstoß geben, um den Sprung in das tiefe Wasser der Transformation zu wagen. Schließlich steht ja nicht weniger als die Karriere des Unternehmensführers und die Zukunft eines Unternehmens auf dem Spiel. Und Leiter von Unternehmen haben, wie die meisten Menschen, eine Vorliebe für das Sichere, das Normale, den Status quo. Vielleicht ist das auch der Grund dafür, daß sie sich Transformationsprogramme zumeist entweder am Beginn oder am Ende ihrer Laufbahn in einem Unternehmen zutrauen. Anfangs haben sie einen unverstellt frischen Blick auf die Dinge und mögliche Veränderungen, und gegen Ende des Karriereabschnitts beginnen sie, an ihr Vermächtnis und ihren Platz in der Unternehmensgeschichte zu denken.

In beiden Fällen sind sie motiviert durch den Wunsch, ein Zeichen zu setzen, den Dingen eine Wendung zum Besseren zu geben. Unglücklicherweise werden die meisten Verantwortlichen im Wirtschaftsleben von anderen Motiven angetrieben. Viel zu viele Vorstandsvorsitzende werden nicht von dem Bedürfnis nach positivem Wandel geführt, sondern eher von dem Wunsch, Unannehmlichkeiten zu vermeiden – die Zurückweisung durch den Vorstand, die Unzufriedenheit der Aktionäre, ein verstimmtes Führungsteam usw. Dieser Führungstyp braucht gelegentlich einen heilsamen Schock, der ihm klarmacht, daß es schmerzhafter sein wird, *keine* Änderungen durchzuführen.

IN DAS TAL DES TODES

Eine wirksame Methode, das leitende Management zu aktivieren, ist ein zwei- oder dreitägiger Führungskräfte-Workshop. Solche Workshops, die üblicherweise außerhalb des Firmengebäudes stattfinden, wollen wir hier als „Valley-of-death"-Erfahrung bezeichnen.

Der Zweck ist brutal: Die Führungskräfte werden so lange gequält, bis sie davon überzeugt sind, daß *alles* besser ist als der Status quo. Wie weit die Teilnehmer in dieses „Tal" hineingeführt werden, hängt davon ab, wie verfahren der Karren bereits ist. In den wirklich ernsten Fällen haben diese Workshops rein gar nichts Höfliches oder Angenehmes mehr an sich, zumal die Selbsterkenntnis sich im allgemeinen erst bei hohem „Leidensdruck" einzustellen pflegt.

Ein typischer Workshop beginnt ruhig und wird zunehmend intensiver. Am ersten Tag lädt der Unternehmensleiter einen – oft unternehmensfremden – Referenten ein, der anhand interessanter Fälle oder Denkmodelle demonstriert, wie große Unternehmen zu ihren Erfolgen kommen und woher sie ihr Wachstum beziehen. Es geht darum, die rationale, linke Seite des Hirns der Teilnehmer zu aktivieren.

Schon am zweiten Tag wird das Leben der Teilnehmer ordentlich durcheinandergewirbelt. Plötzlich geht der Vorstandsvorsitzende zum Angriff über, indem er die wichtigsten Managementprozesse des Unternehmens kritisiert, die Geschichte des Unternehmens analysiert, die Managementkultur in Frage stellt und sich kritisch über die Finanzdaten ausläßt. Das Schiff liegt im Trockendock, die faulen Planken liegen frei. Der Unternehmensführer ist rücksichtslos genau, und mit seinen Anklagen trifft er immer den wahren Schuldigen, sich selbst nicht ausgenommen. Die Anschuldigungen sind relevant und tun persönlich weh. Die Anwesenden fühlen sich zunehmend unbehaglich, der Verstand des Unternehmens wurde angeklagt, vor Gericht gestellt und verurteilt. Schwer angeschlagen steht er da und wartet auf die Strafe.

Der dritte Tag beschert die Begnadigung. Die Teilnehmer kennen nun die harte Realität und machen sich daran, nach Lösungen zu suchen, nach Plänen, die sie mitnehmen und nach denen sie handeln werden. Höchste Zeit, unmittelbare Ergebnisse zu erzielen.

Das Ausmaß der Brutalität in dem beschriebenen Verfahren hängt davon ab, wie ernst die Probleme sind und wie gründlich sie verdrängt worden sind. Manchmal sind die Probleme derart dringlich, daß man schon am ersten Tag einen regelrechten Sprung ins „Tal des Todes" wagen muß. Einmal wurde in so einem Fall der Workshop mit einem Dia begonnen, das die Titelseite eines bekannten Wirtschaftsmagazins zeigte. Das Magazin war ein Jahr vorausdatiert und berichtete vom Untergang des Unternehmens ...

In einem anderen Fall widersetzte sich ein Manager gleich zu Beginn und verweigerte seine Teilnahme. Seiner Ansicht nach war der Workshop nichts anderes als eine lächerliche Kinderei. Der Vorstandsvorsitzende entließ den Mann auf der Stelle und gab damit eindrücklich zu verstehen, daß er über die Teilnahme keine Diskussionen duldete. Manchmal bedarf es tatsächlich derartiger Maßnahmen, um zu verhindern, daß ein Workshop zu einer Schlammschlacht zwischen Leuten mit unversöhnlichen Standpunkten verkommt.

Eine von Vorstandsvorsitzenden oft erfolgreich angewandte Vorgehensweise ist es, einen Außenstehenden hinzuzuziehen, der die Rolle eines „Corporate Raiders" spielt. Dieser stellt sich vor die Gruppe und erklärt detailliert und formell, wie er das Unternehmen mittels eines feindlichen Übernahmeangebots „auszuräumen" gedenkt. Die verwendete Munition ist die „Shareholder Value Analysis", aber die Vorstellung ist natürlich nur gespielt. Jerry Blumberg, der Präsident der Nylon Division bei DuPont, hat diesen Darsteller „Louis the Liquidator" genannt und sich seiner bei verschiedenen Gelegenheiten bedient. Wir werden zu Jerry Blumberg und seiner Vision für DuPont Nylon im nächsten Kapitel zurückkehren.

Es ist schwer zu glauben, wie sonst so nüchterne Manager in solchen Sitzungen, die manchen wie alberne Rollenspiele vorkommen mögen, plötzlich in Weißglut geraten können. Wenn Louis the Liquidator angreift, geraten die Manager außer sich – sie stellen die Daten in Frage und schlagen zurück. Sie verspritzen Gift und Galle, um den garstigen Angreifer auf Distanz zu halten. Der Typ soll am besten geteert und gefedert das Weite suchen, und manchmal haben sie das Bedürfnis, das gleich selbst zu besorgen. Nicht selten kommt es vor, daß Louis the Liquidator die Stadt im Schutz von Leibwächtern verlassen mußte.

Ein anderer Ansatz richtet sich direkt an den Vorstandsvorsitzenden: „Es ist hundert Jahre später, und Sie liegen schon geraume Zeit im Grab. Sprechen wir also einmal über das Vermächtnis, das Sie hinterlassen haben. Was? Sie haben nie etwas von Martin Van Buren gehört, oder von James Monroe? Das waren *Präsidenten* der USA, aber kaum jemand kennt heute noch ihre Namen. Warum sollte sich also irgend jemand darum scheren, daß Sie den besten Kundendienst in der Kosmetikindustrie aufgebaut haben?"

In einem davon abgeleiteten Ansatz werden die Führungskräfte aufgefordert, sich vorzustellen, wie das Unternehmen und ihre Rolle darin von ihren Müttern gesehen wird. (Diese Übung wird wohl einige interessante Telefongespräche am Feierabend nach sich ziehen!) Damit wird dieses Konzept aus dem rein beruflichen Kontext ins allgemein Menschliche übertragen. Mütter haben in den seltensten Fällen tieferen Einblick in die Firmen, die von ihren Söhnen und Töchtern geleitet werden. Sie kennen den Firmennamen und wissen, daß die Stelle gut bezahlt wird, aber damit hat sich's in den allermeisten Fällen auch schon. So manche verunsichert es sehr, wenn sie entdecken, daß ihre beruflichen Leistungen in der großen weiten Welt gar keine besondere Rolle spielen und schon gar nicht bei den eigenen Müttern. Andere wiederum werden sich ärgern, wenn sie einsehen müssen, daß ihre angeblich so genial einfachen Lösungen ihren Müttern gar nicht so leicht zu erklären sind.

Eine andere Fragetechnik, die manchen nahegeht, ist die folgende: „Sagen Sie mir, was Sie über das Unternehmen dachten, als Sie mit 25 Jahren dafür zu arbeiten begannen. Und nun sagen Sie mir, was Sie jetzt darüber denken." Die Befragten erinnern sich, wie sie mit fünfundzwanzig der Meinung waren, die Firma sei flexibel, dynamisch und voller Entwicklungschancen. Dann richten sie ihren Blick auf die Gegenwart und sprechen von starrer Bürokratie und wie schwer es ist, irgendwas zu bewegen.

Eine Variation desselben Themas stellt folgende Frage an die Manager dar: „Was würden Sie Ihrem Sohn oder Ihrer Tochter antworten, wenn er bzw. sie sich um einen Job in Ihrem Unternehmen bewerben möchte?" Nach ehrlicher Erforschung ihres Gewissens werden manche antworten: „Ich würde ihnen abraten. Wir haben kein Ziel vor Augen, also was soll's?"

Die Erfahrung im „Tal des Todes" trägt dazu bei, dem Führungsteam eines Unternehmens die Realitäten der Gegenwart vor Augen zu führen. All die Mühen, die mit der Erhaltung des Status quo einhergehen, werden konkret und real – gewissermaßen in den Eingeweiden – erlebt. Manchmal reicht dies aus, die Topleute zum Handeln anzustacheln.

UNTERNEHMENSWEITE INTERAKTIVE KOMMUNIKATION FORCIEREN

Die Mobilisierung einer kleinen Gruppe von Führungskräften in der Ledersesselklasse ist zwar ein verheißungsvoller Start, aber auch nicht mehr. *Alle* müssen mobilisiert werden, und die Verantwortlichen großer Unternehmen stehen daher vor der Aufgabe, einige tausend Leute zu erreichen, aus denen das Unternehmen besteht.

Philips, der niederländische Elektronikgigant, hat die Kunst der unternehmensweiten interaktiven Kommunikation unter Führung seines Vorstandsvorsitzenden Jan Timmer gelernt.

Dafür wurden die 150 Topmanager des Betriebes gewonnen. Sie wurden auf den grundlegenden Zweck der Transformation eingeschworen: die Revitalisierung und Erneuerung eines Unternehmens, das schon mit einem Fuß im Grab steht. Die 150 neuen Zeloten gingen hinaus in den Konzern und ließen sich auf umfassende Diskussionen mit den tausend wichtigsten Managern der nächsten Führungsebene ein. Die Botschaft wurde in der Folge auf die dritte und vierte Ebene weitergetragen, immer mit Hilfe von interaktiven Diskussionen.

Als Krönung des Programms und zur Feier seines einhundertsten Firmenjubiläums organisierte Philips einen interaktiven Dialog, an dem sämtliche Mitarbeiter beteiligt waren: ein elektronisches „Town Meeting" von gigantischen Ausmaßen. Als Geburtstagsgeschenk wurde Philips von der Telefongesellschaft kostenlos Zeit für eine simultane, weltweite Videokonferenz zur Verfügung gestellt. Zehntausende versammelten sich in Kongreßhallen, um an dem großartigen Ereignis teilzuhaben.

Die Veranstaltung wurde mit der Professionalität einer TV-Show abgewickelt und hatte eine außerordentliche Mobilisierungswirkung.

Obwohl die Zahl der Teilnehmer riesig war, erkannten die Leute, daß das schiere Überleben des Unternehmens eine komplette Umstellung der Arbeitsweisen von Philips und seinen Mitarbeitern verlangte. Die Mitarbeiter in der Abteilung für elektronische Bauteile erkannten, worauf es den Kollegen in der Fernsehgeräteabteilung ankam und wie sie diesen helfen konnten. Die Mitarbeiter in der Montage realisierten mit einem Mal, welchen Beitrag sie zu bestimmten Projekten leisten konnten, beispielsweise im Rennen um die erste wirtschaftlich vertretbare Version des High-Definition-TV (HDTV). Ganz von selbst erkannten die Mitarbeiter in allen Bereichen des Konzerns, daß solche Projekte nur durch das Zusammenwirken der Fähigkeiten aller Divisionen möglich sind.

Die Menschen waren angesichts der Notwendigkeit, das Philips-Erbe zu erhalten, sichtlich gerührt, und das Ereignis endete mit dem Versprechen eines kreativen Durchbruchs. Es folgten zahlreiche Problemlösungssitzungen in den verschiedenen Ländern, Werken und Vertriebszentren. Schließlich bekannten sich Management und Belegschaft sämtlicher Konzernbetriebe zur neuen Philips-Vision und handelten auch dementsprechend. Später erstreckte Philips seine Mobilisierung auf Zulieferer und Partnerunternehmen, die einen signifikanten Anteil an der Wertschöpfung haben.

Erfolgreiche Mobilisierungsveranstaltungen führen die Mitarbeiter durch dieselben *Reframing*-Zyklen wie zuvor die Führungskräfte. Bestehende Denkmuster und Einstellungen werden aufgebrochen und neue geschaffen, wobei die Mitarbeiter dieselben rationalen, emotionalen und politischen Wandlungen erleben wie die Leute in den Chefetagen. Und wie ihre Vorgesetzten fühlen sie sich anfangs vielleicht demoralisiert und verärgert. Doch wenn sie spüren, daß die Transformation in Reichweite liegt, werden die ersten Schritte einfacher.

Wenn Kantinen strategische Bedeutung erlangen

Um eine bessere Vorstellung von großangelegter Mobilisierung zu erhalten, werden wir uns nun in eines der „Town Meetings" bei Philips „einschalten". Man muß wissen, daß die Firma damals in einer sehr prekären Lage war. Der einem gnadenlosen Konkurrenzkampf ausgesetzte und unter mangelnder Liquidität leidende Konzern hatte bereits einige Unternehmen verkauft und begonnen, Mitarbeiter abzubauen. Mißtrauen und Verzweiflung schafften dicke Luft im Hause Philips, und die Leute waren alle sehr angespannt.

Eines Abends wurden ungefähr 100 Leute in die Kantine eines der Konzernbetriebe eingeladen. Die Versammlung stand unter dem Vorsitz des Divisionmanagers, des Werkleiters und eines Moderators; sie erklärten, das Topmanagement habe ein Aktionsprogramm zur Kostensenkung eingeleitet. Änderungen von oben nach unten reichten aber nicht, hieß es. Jedermann müsse einbezogen werden, und diesem Zweck dienten diese „Town Meetings". Die Teilnehmer wurden aufgefordert, offen ihre Meinung zu sagen. Kein Thema sei tabu. Alle Fragen würden beantwortet.

Der Divisionmanager eröffnete die Veranstaltung mit einer kurzen Ansprache. „Town Meetings sind eine sehr alte Idee", sagte er. „Wenn es in einem Dorf eine Krise gab, kamen die Leute zusammen und sprachen darüber. Man sagte mir, Sie würden nicht völlig verstehen, was derzeit bei Philips vor sich geht. Ich werde versuchen, Ihnen die Situation zu erklären. Wir sind wie ein Ehepaar, das sich finanziell übernommen hat. Wir haben bereits eine Hypothek aufgenommen und waren gezwungen, weitere Geldmittel auszuleihen, um durchzukommen. Jetzt reicht unser Einkommen nicht mehr für die monatlichen Zahlungen. Wir sind finanziell und emotional angeschlagen."

Soweit der Manager, der sich setzte und um Fragen bat.

„Könnte man sich im Konzern jemals vorstellen, unser Werk zu schließen und unser Produkt von woanders zuzukaufen, etwa aus dem Fernen Osten?" fragte einer der Anwesenden.

Einen Augenblick herrschte Stille. „Nein, das glaube ich nicht", antwortete der Werkleiter. „Philips kann sich nicht vollständig vom Fernen Osten abhängig machen. Wie gesagt, ich kann's mir nicht vorstellen, aber es ist natürlich möglich, daß neue Verhältnisse diese Einschätzung in Zukunft ändern."

„Soll das heißen, daß man im Fernen Osten einfach noch nicht über ausreichende Kapazitäten verfügt?" schaltete sich ein zynischer Teilnehmer ein. „Das wird sich aber in einigen Jahren ändern. Was wird dann aus uns?"

„Das liegt außerhalb meines Einflußbereichs", erwiderte der Werkleiter, der sich bemühte, seine Verärgerung über die unterstellte Unehrlichkeit zu unterdrücken. Glücklicherweise meldete sich jetzt ein zuversichtlich gestimmter Teilnehmer mit einer positiven Bemerkung zum selben Thema zu Wort.

„Wir wissen alle, daß Kunde (X) mit uns Qualitätsprobleme hat. Dennoch bezieht das Unternehmen 50 Prozent seines Bedarfs von uns. Was wäre, wenn wir kontinuierlich zufriedenstellende Qualität liefern könnten?"

Nachdem diese Überlegung Platz gegriffen hatte, kam von ganz hinten im Raum eine anscheinend triviale Frage: „Können wir in der Kantine wieder warmes Essen und saubere Tische haben?"

Der Werkleiter begrub sein Gesicht in seinen Händen. Die Firma kämpfte ums Überleben, und hier wurde über warme Mahlzeiten in der Kantine diskutiert! Er wünschte sich, im Erdboden zu versinken! Aber er hatte versprochen, jede Frage zu beantworten! So lauteten die Spielregeln.

„Mein Gott, das war so schrecklich teuer", sagte er. „Kann mir jemand sagen, wieviel wir im Jahr für die Kantine ausgegeben haben?"

„Hunderttausend Dollar pro Jahr", meldete sich ein Manager.

„Die Entscheidung ist uns nicht leicht gefallen", sagte der Werkleiter, „aber wir kamen zu dem Entschluß, daß wir uns die Sache nicht leisten konnten. Das Geld wurde woanders viel dringender benötigt."

„So darf man uns aber nicht behandeln", protestierte ein anderer. „Sie wollen, daß wir ein Team sind, und dann fällen Sie einseitig Entscheidungen, die unser tägliches Leben betreffen. Wir mochten diese Kantine!" Die Atmosphäre war aufgeheizt. Es war klar, daß hier mehr auf dem Spiel stand als das vordergründige Thema. Der ganze Raum war beteiligt.

„Warum läßt man uns für die Mahlzeiten nicht einfach mehr bezahlen? Wir übernehmen einfach einen Teil der Kosten", schlug jemand vor.

„Ja, daran haben wir auch gedacht", antwortete der Werkleiter, „aber die festen Kosten bleiben dennoch. In drei oder vier Monaten kommen Sie drauf, daß ein Sandwich von zu Hause wesentlich billiger ist. Die Umsätze in der Kantine werden zurückgehen, und die Fixkosten bleiben."

Daß er die Leute nicht von dem verdammten Kantinenthema abbringen konnte, machte ihn zunächst einigermaßen nervös. Doch etwas später, während einer Kaffeepause, überlegte er sich die Sache. Als er das Podium wieder betrat, wandte er sich mit folgenden Worten an die

Versammlung: „Ich möchte nochmals auf die Kantine zu sprechen kommen. Während der Umstrukturierung unterschätzten wir den Wert, den die Kantine für Sie hat, und vielleicht haben wir tatsächlich nicht alle Möglichkeiten ausgeschöpft. Wenn Sie einen Vorschlag haben, wie wir die Kantine auf erschwingliche Art betreiben können, werden wir das versuchen. Cornelius (einer der redegewandteren Mitarbeiter) wird den Vorsitz über ein Team von vier bis fünf Leuten übernehmen. In zwei Wochen wird uns die Gruppe einen Bericht und eine Empfehlung vorlegen, falls vorhanden. Dann werden wir allgemein verkünden, was geschehen wird."

Das einfache Versprechen einer Lösung für ein eigentlich unbedeutendes Problem bewirkte eine generelle Einstellungsänderung. Noch am selben Abend sprach man über die Bedeutung von Probeläufen im Vergleich zur regulären Massenproduktion. Man diskutierte die Notwendigkeit und Finanzierung von intensiverer Weiterbildung, die die Mitarbeiter auf komplexere Produkte und Produktionssysteme vorbereiten sollte. Und man einigte sich darauf, daß es sinnvoll sei, die Marketinganstrengungen auf vier Hauptkunden zu konzentrieren.

Der Divisionmanager und der Werkleiter hatten einen partnerschaftlichen Geist geweckt, entstanden aus ihrem gemeinsamen Auftritt in einer Werkkantine. Zwischen den Mitarbeitern wurden stärkere Bande geknüpft – noch anfällig, aber vielversprechend.

Eine Brown-Paper-Messe bei CIGNA P & C

Wir schreiben Oktober 1993, und Gerry Isom ist seit sechs Monaten an der Arbeit. Sein Führungsteam ist größtenteils etabliert. „Jetzt ist es Zeit, die Maschine einen Gang höher zu schalten", wie Isom sich ausdrückt, und die umfassendere Aufgabe einer Mobilisierung der gesamten Organisation in Angriff zu nehmen. Als erstes initiiert er eine unternehmensweite Informationskampagne via Rundschreiben, Reden und Videos, dazu zahlreiche Arbeitssitzungen. Doch das reicht nicht. Der Orkan, den Isom in der Philadelphia-Zentrale entfesselt hat, ging an den weit entfernten Schadensabwicklungs- und Marketingbüros spurlos vorüber.

Er beschließt, zu radikalen Mitteln zu greifen. Er wird die gesamte Belegschaft auffordern, an der Umgestaltung aller wichtigen Prozesse in der Firma mitzuwirken – dazu wird er eine als „Brown Paper"-Methode bekannte Technik benutzen, die er kurz zuvor kennengelernt hat. Die Methode ist alles andere als kompliziert – es handelt sich im wesentlichen um nichts weiter als ein großes Prozeßflußdiagramm, das von einem funktionsübergreifenden Team aus Leuten, die an dem Prozeß beteiligt sind, auf einem Bogen Packpapier (engl. Brown Paper) rekonstruiert wird.

Heute wird Isom erfahren, wie es geklappt hat. Er hat alle Teams eingeladen, ihre Brown Paper in der großen Kantine zu präsentieren und ihre Erkenntnisse mit den anderen Mitarbeitern zu diskutieren.

„Ein wenig nach rechts!" ruft ein Schadenssachbearbeiter den Leuten aus der Gruppe zu, die sich gerade bemühen, das sechs Meter lange Packpapier an der Kantinenwand zu befestigen. Verziert mit farbigen Post-it™-Aufklebern, Kästchen und Linien, erinnert es Isom an einen chinesischen Drachen.

„Das ist also einer der Schadensabwicklungsprozesse?" will Isom von dem Schadenssachbearbeiter wissen.

Der müde aussehende Mann nickt zustimmend. „Jawoll – wir haben die halbe Nacht damit verbracht, das Ding fertig zu kriegen. Das hier stellt den Abwicklungsprozeß in der Abteilung für Arbeitsunfallentschädigungen dar." Die Begeisterung des Mannes straft die Ringe unter seinen Augen Lügen.

„Wären Sie so freundlich, mir den Ablauf zu erklären?" bittet Isom.

„Wir arbeiten in dieser Reihenfolge", legt der Mitarbeiter gleich los: „Die roten Flaggen zeigen auf, was mit dem Prozeß nicht stimmt. Sehen Sie diese da? Es dauert manchmal bis zu drei Monaten, bis wir über einen Anspruch informiert werden. Bis dahin hat der Policeninhaber längst alle Rechtsanwälte und Ärzte mobilisiert, die er finden konnte, und wir haben kaum noch Chancen, durch rasches Zahlen eine vernünftige Regelung zu erreichen. Dann sind wir längst schon in zähe Rechtsstreitigkeiten verwickelt, aus denen wir alle nur als Verlierer aussteigen – ausgenommen die Rechtsanwälte", fügt er mit einem Lächeln hinzu.

Im ganzen Raum müssen so an die 30 weitere Papierbogen an den Wänden hängen. Es sieht aus wie ein Werk von Christo. In diesem Fall ist das verhüllte Baudenkmal der dritte Stock des Hauptgebäudes der CIGNA-Versicherung am Liberty Place 2, Philadelphia.

Trotz der Begeisterung des Schadensbearbeiters wird Isom ein wenig nervös. Die Vorstellung scheint nicht allzuviele Leute auf den Plan zu rufen. Obwohl alle Mitarbeiter der Niederlassung zur Teilnahme eingeladen wurden, ist kurz vor dem geplanten Beginn um zehn Uhr kaum jemand zu sehen. Was tun, wenn niemand auftaucht? Um Viertel nach zehn erscheinen drei Leute aus der Verwaltung. Sie bleiben eng zusammen, offenbar ein wenig eingeschüchtert von den Veränderungen in ihrer Kantine. Verstohlen bewegen sie sich von Wand zu Wand, in ihren Blicken ein Ausdruck von „Laßt mich in Ruhe, ich schaue mich nur um." Eine Viertelstunde später bricht einer von ihnen, ein Mann mittleren Alters, das Schweigen. Sie stehen vor dem Brown Paper, auf dem das neue Produktentwicklungsverfahren dargestellt ist, und zwar an dem Teil, der die Geschichte eines erfolglosen Versuches zeigt, ein neuartiges Versicherungsprodukt für Golfplätze zu entwickeln.

„Daran kann ich mich erinnern", wendet er sich an die verantwortliche Kollegin. „Aber ganz richtig ist das nicht. Schau'n Sie mal, hier", sagt er und deutet auf den Schadensabwicklungsbereich, „wir haben die eingehenden Schadensmeldungen nicht bewertet. Aber genau da hätte man das Entscheidende lernen können. Auf dem Golfplatz kann ja so allerhand passieren. Jemand kann von einem Golfball getroffen werden oder sich den Knöchel verstauchen, ein Blitz kann einschlagen, oder du kriegst versehentlich einen Golfschläger ins Gesicht. Ich kann mich erinnern, als einer der Pros mit der Kasse abgehauen ist. Der hatte Spielschulden oder eine Geliebte oder sowas ..."

Isom hört zu. Dieser Typ scheint ja ein wandelndes Lexikon der Golfplatzversicherung zu sein. Das Brown Paper ruft alte Emotionen wach, Erinnerungen an einen erfolglosen unternehmerischen Versuch. Isom fragt sich, wie man dieses Wissen nützen könnte.

Als hätte er Isoms Gedanken erraten, fährt der Mitarbeiter fort: „Wenn wir bloß so schlau gewesen wären, dieses Wissen zum Zeitpunkt der Schadensmeldung in einen Computer einzugeben, den wir mit der Risikoprüfung vernetzt hätten. Wir hätten eine Golf-Schadensbibliothek aufbauen können und wären weltweit die Experten für Golfplatzversicherungen geworden. Heute hätten wir ein Juwel von einem Spezialprodukt! Das Golfplatzgeschäft wäre fest in unserer Hand."

Die Kollegin reicht ihm ein gelbes Post-it™ und fordert ihn auf, seinen Kommentar zu notieren, den Zettel an die richtige Stelle zu kleben und seinen Namen und seine Durchwahl auf das Packpapier zu schreiben.

Isom kann's nicht glauben. Der Mann hat eben ein perfektes Beispiel für die Umsetzung einer Spezialisierungsstrategie geliefert, wie Isom sie als Zukunftsorientierung der CIGNA P & C formuliert hat! Gegen halb elf füllt sich der Raum. Vor praktisch jedem Brown Paper haben Debatten begonnen. Isom fühlt sich besser. Er geht ruhig herum, bleibt gelegentlich stehen, um Fragen zu beantworten oder sich Vorschläge anzuhören, achtet jedoch sorgfältig darauf, in dieser Phase keine Urteile abzugeben.

Um halb zwölf ist der Raum voll. Plötzlich teilt sich die Menge, und die angeregten Gespräche setzen für einen Augenblick aus. Alle Köpfe drehen sich Richtung Eingang, denn soeben betritt Bill Taylor, Präsident der CIGNA-Muttergesellschaft den Raum, schlendert herum, schüttelt Hände und stellt Fragen.

Bald sind Isom und Taylor von Mitarbeitern eingekreist, die die finanziellen Auswirkungen der auf den verschiedenen Papierbogen entworfenen Ideen zu analysieren versuchen. Man könnte sich 1 bis 2 Millionen Dollar an Zinsen ersparen, wenn man die Gelder über Schließfächer kassierte, anstatt auf die Wertstellung von Schecks warten zu müssen. 3 bis 4 Millionen ließen sich einsparen, wenn die Ansprüche an die Rückversicherer schneller beantragt würden, und 6 bis 7 Millionen durch die einfache Gewährleistung, daß Telefonanrufe von Agenten, die Prämienangebote einholen wollen, in jedem Fall sofort entgegengenommen werden. Durchweg einfache, klar auf der Hand liegende Maßnahmen – aber zusammengenommen würden sie Einsparungen von knapp 100 Millionen Dollar bringen!

Von den Transformations-Agenten wird das als „Business Case" bezeichnet. Aber die scheinen ja wirklich für alles einen Namen zu haben, besonders für das Offensichtliche.

Hundert Millionen Dollar reichen nicht aus, das Unternehmen zu sanieren, aber sie markieren einen guten Anfang. Und darüber hinaus haben einige Mitarbeiter Ideen, wie man das Firmenergebnis aktiv verbessern könnte. Vor Begeisterung ganz aus dem Häuschen, kämpfen sie sich ihren Weg durch bis zum Boß, um ihm zu erklären, was man anders machen könnte. Es ist ein ganz neues Gefühl, sowohl für den P & C-Präsidenten als auch für den Vorstandsvorsitzenden. Zum ersten Mal sind sie sicher: Die Transformation hat begonnen!

FUNKTIONSÜBERGREIFENDE ARBEITSTEAMS FÖRDERN

Individuen sind, auf sich allein gestellt, immer enge Grenzen gesetzt. Einer vom Typ „einsamer Wolf" ist kaum ein idealer Transformationsagent. Alleine fällt es auch schwerer, motiviert zu bleiben. Die Menschen holen sich Energie voneinander, und aus diesem Grund sind Teams so enorm wichtig.

Transformationen bringen normalerweise die Entstehung zahlreicher funktionsübergreifender Arbeitsteams mit sich, die jeweils für einen bestimmten Teil des Änderungsprogramms zuständig sind. Eine große Transformation kann gleichzeitig 20 bis 30 Haupt-Teams umfassen, von denen jedes wiederum eine Reihe von „Sub-Teams" steuern kann. Das Team „Auftragsabwicklung" könnte beispielsweise verschiedene Sub-Teams einsetzen, die sich um die einzelnen Schritte in diesem Prozeß kümmern, also etwa um Bestelleingang, Produktionsplanung, Produktion, Transport und Fakturierung.

Der Schlüssel für den Erfolg funktionsübergreifender Arbeitsteams liegt dabei weniger in den Arbeiten der einzelnen Gruppen als vielmehr in der Koordination und Integration zwischen den verschiedenen Teams. Gut eingesetzt und mit ausreichenden Ressourcen versehen, sind solche funktionsübergreifenden Teams in der Regel auch erfolgreich. Wenn die Vorgaben vage sind, wenn sich ihre Aufgaben mit denen anderer Teams überschneiden oder wenn ihnen zuwenig Ressourcen zugeteilt werden, entwickeln sich die Teams zu Mühlsteinen am Hals des Unternehmens.

Mehr Mut durch das Team

Ein Mann, den wir Merv Previn nennen wollen, ist Leiter der versicherungsmathematischen Abteilung einer großen Versicherungsgesellschaft und eines der zwölf Mitglieder des Leitungskreises der Sparte „Lebensversicherungen". Kürzlich wurde er – nicht ganz freiwillig – auch zum „Sponsor" des Reengineering-Teams für den gesamten Finanzbereich in der Firmenzentrale ernannt. Er weiß, was das bedeutet – nämlich Kostensenkungen –, und ist von dem, was da auf ihn zukommt, nicht gerade begeistert.

Der höflich-bescheidene Brillenträger neigt dazu, Konfrontationen auszuweichen. In Besprechungen meldet er sich nur zurückhaltend zu

Wort, in Angelegenheiten, über die ohnedies Einigkeit herrscht; dabei hält er sich stets streng an die Fakten und vermeidet jede Aussage, die man ihm als Meinungsäußerung ankreiden könnte.

Sein Leben ist die Analyse, früh kultiviert während seiner Studienzeit in Wharton (Texas) und zur Meisterschaft gebracht in seiner zwanzigjährigen Laufbahn als Versicherungsmathematiker. Durch seine dicke Brille erkennt er zwar oft seine engsten Mitarbeiter im Aufzug nicht, aber irgendwie schafft er es immer wieder, sofort die relevanten Zahlen auf einer Kalkulationstabelle zu erkennen, zur Not auch quer über den Raum hinweg.

Zu seinen Untergebenen ist er freundlich, beinahe väterlich. Er verbringt viel Zeit mit jüngeren Mathematikern und bleibt gelegentlich abends länger, wenn sich die Versicherungsmathematiker zu einer Plauderstunde zusammenfinden. Bei diesen Gelegenheiten blitzt auch des öfteren sein sonst eher unterdrückter sarkastischer Witz auf. Doch nur wenige Leute außerhalb seiner Abteilung kennen diese menschlichere Seite, weshalb er sich den Ruf eines rational denkenden Zahlenmenschen erworben hat. Diese Einschätzung seiner Kollegen macht ihn traurig, aber er hat nie versucht, sie zu ändern. Versicherungsmathematiker, meint er, können es sich nicht leisten, emotional zu wirken.

Als man in der Sparte „Lebensversicherung" eine größere Transformation startet, wird Merv unruhig. Es geht ihm alles zu schnell. Es bleibt kaum Zeit, die Zahlen durchzurechnen. Das stürmische Vorgehen der Transformations-Agenten, deren Gier nach sofortigen Ergebnissen, setzt die Abteilung zunehmend unter Druck. Er versucht, sich am Prozeß zu beteiligen, aber seine Analysen sind durch eine gewisse Distanz zu den Vorgängen gekennzeichnet. Er bezeichnet sie als „Übungen" und vermeidet es geschickt, den einzelnen Abteilungen Realkostenziele zuordnen zu müssen, indem er sich hinter aggregierten Daten und „Vollzeit-Äquivalenzzahlen" verschanzt.

Im Laufe der Zeit erhöht sich der Druck von oben. Der Präsident fordert seine direkten Mitarbeiter auf, Vorschläge für mögliche Kostensenkungen und Personaleinsparungen zu machen. Er will Taten sehen. Die Spannung steigt mit jeder Sitzung. Einige von Mervs Kollegen schlagen als „Downsizing-Strategie" vor, „jeden fünften Versicherungsmathematiker zu erschießen".

Ein junger Bursche, den wir Paul Jones nennen wollen, Mitarbeiter im Rechnungswesen und Merv in großer Loyalität verbunden, ist Mit-

glied des Teams geworden, das für das Reengineering des Finanz-
bereichs verantwortlich ist. Diese Position hat ihn zum unbestrittenen
Experten für alle Fragen in Zusammenhang mit dem „Business Case"
und finanziellen Zielsetzungen gemacht. Nach allem, was er im Team
gelernt hat, ist eigentlich nur ein Schluß zulässig: Merv steht auf der
Kippe. Doch im Unterschied zu den anderen im Team, die Merv einfach nur kritisieren, versucht er, sich an Mervs Stelle zu versetzen,
sich den zermürbenden Zwiespalt vorzustellen, in dem dieser sich
befindet. Paul Jones beschließt, das Problem mit Merv privat zu besprechen.

Er beginnt mit Gesprächen unter vier Augen, die für beide ziemlich
angespannt verlaufen. Jones fühlt sich wie ein Sohn, der seinem Vater
ungebeten Ratschläge erteilt. Merv fragt sich, ob sein junger Schüler
etwa zum Feind übergelaufen ist. Anfänglich ist die Stimmung also alles andere als locker, aber mit der Zeit beginnt Merv zu erkennen, daß
Paul ihm wirklich helfen will.

„Merv, du mußt anders an die Dinge rangehen", meint Jones. „Mach
Schluß mit den öden Analysen und all dem rationalen Zeug. Mach dich
bemerkbar. Mobilisiere deine Truppen. Greif nach den Sternen, und
das Unmögliche wird Wirklichkeit."

Manchmal erschrickt Jones selbst über seinen Predigertonfall. Was
für Worte kommen da aus seinem Mund? Vielleicht ist er ja auch bloß
reif für den Exorzisten? Aber nein – er hat schon recht! Es gilt, eine
Aufgabe zu erledigen, und harten Entscheidungen ist mit reiner Ana-
lytik oft nicht beizukommen.

Es hat allerdings nicht den Anschein, als ließe Merv sich zum Ein-
lenken bewegen. Er bleibt standfest bei seiner Überzeugung: „Ich sehe
einfach keine Möglichkeit, Kosten in diesem Ausmaß einzusparen. Das
ist schlicht ein Ding der Unmöglichkeit."

Doch kurz nach Weihnachten beruft Merv ein Team-Meeting ein.
„Ich bin hier, um reinen Tisch zu machen", hebt er an. „Ich weiß, daß
die meisten von euch der Meinung sind, ich wäre davor zurück-
geschreckt, in dieser Downsizing-Angelegenheit die Führung zu übernehmen." Sie beobachten ihn mißtrauisch und machen sich auf eine
neuerliche Schmährede gefaßt, in der er erklärt, warum die Einsparungen unmöglich sind. „Ich habe mich entschieden – ..." Da hält er mitten im Satz inne, und man merkt, wie schwer ihm diese Entscheidung
fällt.

„Was halten Sie von mir?" fragt er. „War ich im Irrtum, habe ich
Fehler gemacht? Sind Sie der Meinung, ich nehme meine Verantwortung nicht wahr?"

Ein eigentümlich mutiger Akt für einen derart introvertierten Mann.
Kaum vorstellbar, daß Merv Previn diese Frage einem engen Freund
stellen würde, ganz zu schweigen einer Gruppe untergebener Mitarbeiter in der Firma. Paul Jones ist betroffen. Alle spüren, daß etwas Wichtiges in der Luft liegt.

Er will Feedback – und er bekommt es, auf konstruktive, hilfreiche
Art und Weise. Das Team war bereit gewesen, ihn anzugreifen. Nun hat
es völlig umgeschwenkt: Es möchte diesem Mann helfen, sein Problem
zu lösen, ihn dabei unterstützen, sich den Notwendigkeiten der Realität
zu stellen.

Merv hört zu. Schließlich fährt er fort: „Ich habe mit meinen unmittelbaren Mitarbeitern gesprochen", sagt er, „und sie sind einverstanden …"
Das Team erkennt die Handschrift Paul Jones'. Er war auf allen Ebenen
in der versicherungsmathematischen Abteilung aktiv und hat Mervs eigene Manager dazu gebracht, ihn auch von ihrer Seite unter Druck zu
setzen. Sie wissen, daß Mervs Beschützerinstinkt ihnen gegenüber zwar
gut gemeint und schätzenswert ist, aber keine Berechtigung mehr hat.
Sie wollen gar nicht mehr beschützt werden. Sie wollen die Dinge voranbringen und endlich aufhören, in der Vergangenheit zu leben.

„Wir sind bereit, uns zu einer Reduzierung der Gesamtkosten um
30 % zu verpflichten", sagt Merv schließlich, seinen Blick auf den Boden gerichtet. Eine gewaltige Zahl, viel größer, als sie gehofft hatten.
In dem wahrscheinlich schwierigsten Augenblick seiner beruflichen
Laufbahn hat Merv Previn wirkliche Führungsqualitäten bewiesen. Zu
seinem eigenen Erstaunen fühlt er sich sofort viel besser. Er weiß
plötzlich, daß er auf dem richtigen Weg ist. Er steht auf, schüttelt jedem Mitglied des Teams die Hand und verläßt den Raum.

INDIVIDUEN AUF DEN PERMANENTEN
WANDEL VORBEREITEN

Wir haben die Botschaft der Führung gehört: Aufrufe zum Wandel,
Visionen von einem „ruhmreichen Morgen mit Gesang und Tanz von
der Chefetage bis in die Werkhallen". Schließlich haben die Generäle

das Kommando doch noch übernommen. Jetzt steht dem Sieg nichts mehr im Wege!

Leider ist die Sache nicht ganz so einfach, Siege werden nicht von Generälen errungen, sondern von den Offizieren, Gefreiten und einfachen Soldaten. Sie liegen in den Schützengräben, wenn die Anführer das Kommando übernehmen. Oft sind sie schlecht ausgerüstet und weichen dennoch keinen Millimeter zurück. Sie sehen Blut, Gedärme und Gehaltsschecks, aber kein ruhmreiches Morgen. Sie haben zu viele Offiziere kommen und gehen sehen, zu viele Schlachten gekämpft und verloren, um freiwillig die Barrikaden zu stürmen und mit der Transformation anzufangen.

Dann kam es zum Wandel. Aber die Transformation einer Organisation kann nicht beginnen, ehe nicht die Menschen in ihr transformiert sind. Sie müssen mit Kopf und Bauch die Transformation bejahen und bereit sein, die Sache in Angriff zu nehmen.

Karls persönliche Transformation beginnt

Karl, unser Produktionsplaner bei Woodbridge Papers, schert sich keinen Deut um „Transformation". Er hat alles schon erlebt, und er hat gelernt, aus der Schußlinie zu bleiben. „Auch das wird vorübergehen", lautet sein Motto.

Doch vor kurzem nahm ihn ein Werkmeister, ein alter Kumpel, in der Kantine zur Seite und überzeugte ihn, daß diesmal alles anders sein würde. Sie sprachen, bis alle anderen wieder an die Arbeit gegangen waren, und sie kritzelten kleine Entwürfe auf Servietten. Karls Freund war als Vollzeit-„Change Agent" im Transformationsprojekt tätig und war in der Zwischenzeit ziemlich gut informiert. Da er dem „Big Boß" alle zwei oder drei Wochen Bericht erstatten mußte, wußte er genau Bescheid darüber, was so lief.

Der Werkmeister hat einige Vorstellungen über die Zukunft des Werks und will sich jetzt Unterstützung für seine Pläne sichern. Er läßt Karl wissen, daß der Betrieb flexibler sein müsse, insbesondere in der Produktionsplanung, und daß er dafür Karls Hilfe brauche.

Karl kann dem Werkmeister vertrauen. Er mag ihn trotz seiner verrückten Ideen, und daher ist er schon mal bereit, ihm einen Gefallen zu tun. Er ist zwar jünger als Karl, aber schon eine Weile im Betrieb, so daß er sich auskennt. Also hört Karl ihm zu – mit großen Vorbehalten zwar und gelegentlichen Rückfällen in seine alte Abwehrhaltung – aber immerhin: Er hört zu! Und plötzlich fühlt er sich in die Sache einbezogen. Es ist auf einmal nicht mehr so, daß er einem kalten, mechanischen Unternehmensprogramm aus dem Wege geht; zwei Kumpels sitzen ganz einfach beisammen, plaudern ein wenig und haben so ihre Gedanken, wie man die Dinge besser machen könnte. Und irgendwie gehört das doch alles zu diesem Ding, das sie „Transformation" nennen. Karl spürt, wie sein früherer Zynismus ihn verläßt.

Der Werkmeister trifft sich nun regelmäßig mit Karl, wodurch sich ihr Vertrauensverhältnis verstärkt. Der Werkmeister meint, Karl solle sich doch mal um bessere Kontakte zu den Leuten von der Transportabteilung bemühen. Vielleicht ist es doch nicht der optimale Weg zu einer Verkürzung der Abwicklungszeiten, ihnen bloß alle zwei Wochen ein Memo zu senden, in dem ihre Inkompetenzen aufgelistet sind. Die Transportleute beanspruchen ein Drittel der Auftragsabwicklungszeit, so der Werkmeister. Und ob ihm das gefällt oder nicht – Karl und die Transportleute sind zusammengewachsen wie siamesische Zwillinge, also bleibt ihm gar nichts anderes übrig, als sich mit ihnen abzugeben. Karl hebt seine Hände über den Kopf und ergibt sich in sein Schicksal.

Es ist, als hätte Karl einen persönlichen Trainer zur Seite, jemanden, an den er sich ratsuchend wenden kann; und er nimmt den Rat an. Bald gelingt es Karl, seinen Blickwinkel schrittweise zu erweitern, und er baut eine echte Partnerschaft mit den Kollegen vom Transport auf. Lieferzeiten bekommen Priorität für ihn, und er beginnt auch einen Gedankenaustausch mit den Produktionsplanern in anderen Werken, wodurch sich die Beziehung zu ihnen deutlich verbessert. Ein Netzwerk von Planern entsteht, und Karl, der sich führend daran beteiligt, wird bald zu einem entscheidenden Knotenpunkt in diesem Netz.

Der Vorstandsvorsitzende von Woodbridge hat ohne Karls Wissen von den Vorgängen Notiz genommen. Er beobachtet die Geburt einer „Führungspersönlichkeit", also einer personellen Ressource von unschätzbarem Wert für jedes Unternehmen. Er braucht solche Menschen, die bereit sind, die Transformationsmaßnahmen in ihrem Bereich mit Elan voranzutreiben. Karl ist zu einem kleinen Feuer geworden, das sich langsam auszubreiten beginnt. Mehrere davon können nach und nach ein ganzes Unternehmen entflammen – die entfachte Energie wird den Motor der Transformation zum Laufen bringen.

Der individuelle Veränderungszyklus

Nun, da Karl „mit von der Partie" ist, wird allerhand auf ihn zukommen, obwohl ihm das noch gar nicht bewußt ist.
Vielfach wurden Parallelen beobachtet zwischen den emotionalen Zyklen, die Menschen aufgrund gravierender Änderungen ihres Umfelds erleben, und denjenigen, die sie im Angesicht von Krankheit und Tod durchmachen. Und so wie sich Beratung für Schwer- oder Todkranke empfiehlt, so nützlich kann sie für diejenigen sein, die sich mit einer Transformation konfrontiert sehen.
Die Kübler-Ross-Studien über Menschen, die mit der Gewißheit ihres baldigen Todes zurechtkommen müssen, offenbaren ein emotionales Grundmuster, das mit Verdrängen beginnt und über Zorn, Feilschen, Depression schließlich zur Akzeptanz führt.
Karl handelt eindeutig nach diesem Muster. „Nein, hier ist alles o. k.," läßt er den Change Agent zunächst wissen. „Sprich mal mit den Transporttypen – dort liegt Dein Problem. Die sind sowas von inkompetent!" (Verdrängen)
Dann ärgert Karl sich über viele Leute, und am meisten über diese Transformations-Agenten. „Warum hackt Ihr auf mir herum?" regt er sich auf. „Was hab' ich Euch bloß getan?" (Zorn)
Kurze Zeit später beruhigt er sich, weil er weiß, daß es keinen Sinn hat. Trotzdem will er die Diagnose noch nicht hinnehmen. „Die Dinge sind nicht so arg, wenn man's genau betrachtet", beteuert er und zieht ein Bündel handgeschriebener Memos und Notizen aus der Tasche. „Ich hab' in all den Jahren ein paar ganz interessante Dinge gemacht. Schaut mal. Was haltet Ihr davon?" (Feilschen)
Als nächstes wird er weinerlich. Keine gereizten Widerreden mehr, und kein Feilschen und Verhandeln – nur das Gefühl, daß seine Welt zusammenbricht. „Nie hätte ich gedacht, daß es so weit kommen könnte", murmelt er, den Tränen nahe. (Depression)
Schließlich fügt er sich ins Unvermeidliche. „Ich werde tun, was zu tun ist", sagt er mit Entschlossenheit. (Akzeptanz)
Karl braucht in jeder Phase des Zyklus Hilfe, weil er erstens die meiste Zeit über leidet und erst dann zum Wandel bereit ist, wenn der Schmerz nachläßt, und weil er zweitens jederzeit in Gefahr ist, an irgendeinem Punkt im Prozeß steckenzubleiben. Und jedesmal, wenn Sie eine Schlüsselfigur wie Karl verlieren, verliert die Transformation

an Schwung. Mit anderen Worten: Unternehmen können es sich nicht leisten, unterwegs allzu viele Karls zu verlieren. Dies zu verhindern ist Aufgabe der Unternehmensführer. In diesem Fall kommt ihnen beinahe die Rolle von Missionaren zu, die versuchen, so viele Menschen wie möglich aus dem Leidenszyklus zu befreien. Je mehr von ihnen durchkommen, desto besser die Chancen auf eine erfolgreiche Transformation.

Es kann sich als nützlich erweisen, diesen emotionalen Zyklus des Wandels vorher zu erklären. Wenn die Menschen wissen, welches Auf und Ab ihnen bevorsteht, werden sie eher durchhalten.

Der emotionale Änderungsprozeß birgt – unangenehm, aber wahr – noch eine Gefahr in sich: Einzelpersonen, die in Teams arbeiten, können zwar radikalen Wandel bewirken, aber währenddessen können sie das Gefühl bekommen, sie würden damit ihre eigene Zukunft und die ihrer Kollegen aufs Spiel setzen.

Diese Befürchtungen sind nachweislich unbegründet, zumindest was die eigene Karriere des Transformations-Agenten betrifft. Es ist vielmehr so, daß diejenigen, die den Transformationsprozeß aktiv voranbringen, ihn auch fast immer heil überstehen. Dafür gibt es einen ganz einfachen Grund: Transformations-"Talent" ist äußerst selten und wertvoll. Einen erfolgreichen Transformations-Agenten zu entlassen, wäre gleichbedeutend mit der Entlassung Ihres Arztes, weil er Sie geheilt hat. Ein Engagement im Wandlungsprogramm wird mit viel größerer Wahrscheinlichkeit Ihre Karriere fördern als behindern.

Dasselbe gilt allerdings nicht für die Freunde und Kollegen in der Firma. Es liegt in der Natur der Sache, daß Transformations-Agenten, einschließlich der Unternehmensführer, Entscheidungen und Verfügungen treffen müssen, die sich auf die Menschen in ihrer unmittelbaren Umgebung auswirken. Unter diesen Umständen beweist man am ehesten Verbundenheit und Solidarität mit seinen Freunden und Kollegen, indem man dem Beispiel von Karls Freund folgt und alles unternimmt, sie davon zu überzeugen, im Transformationsprozeß mitzumachen. Wer sich nicht überzeugen läßt, muß die Konsequenzen seiner Gleichgültigkeit tragen.

DIE VISION ENTWERFEN

Auf den Straßen von Manhattan würde man sie wohl für verrückt erklären. Doch bei den Olympischen Winterspielen sind die an Bäumen lehnenden Slalomläufer ein durchaus üblicher Anblick, wie sie mit geschlossenen Augen ihre Hände wie zu warm gekleidete, exotische Tänzer hin- und herschwenken. Dabei sind sie alles andere als verrückt. Sie machen nichts anderes, als sich im Geiste den idealen Kurs vorstellen – eine Übung, deren Wirksamkeit bewiesen ist. Der Olympionik zeigt sich – mehr als in körperlicher Tüchtigkeit und im Siegeswillen – in seiner mentalen Konzentration.

Auch Unternehmen brauchen mentale Konzentration und Sinngebung, womit wir auch schon beim Aufgabenbereich des zweiten Chromosoms angelangt sind: *die Vision entwerfen*. Die Mobilisierung schafft Potential in einer Organisation; sie bereitet diese darauf vor, eine bessere Zukunft zu schaffen. Eine Vision liefert den umfassenden geistigen Rahmen, der dieser Zukunft Form und Gestalt gibt. Das Visions-Chromosom hat drei Gene, die die Unternehmensführung vor die drei folgenden Hauptaufgaben stellen:

1. *Strategische Intention und Ausrichtung entwickeln.* Eine strategische Intention ist die Vorstellung des ultimativen Sinns und Zwecks eines Unternehmens, analog der Verinnerlichung der idealen Slalomroute. Sie stellt die Ambition dar, in der sich analytische, emotionale und politische Elemente vereinen. Auf der analytischen Ebene basiert die strategische Intention auf einer nüchternen Diagnose der Wettbewerbssituation des Unternehmens hinsichtlich seiner Kunden- und

Kostenstruktur. Auf der emotionalen und politischen Ebene steht die strategische Intention als Symbol für das gesamte Unternehmen, sie ist das „Banner", um das sich die Leute scharen werden.

Wie beim Menschen, so ist auch beim Unternehmen die Selbstwahrnehmung immer etwas eingeschränkt. Durch die Entwicklung einer strategischen Intention hat die Unternehmensführung die Chance, ein neues Selbstbild zu entwerfen, das eigene Betätigungsfeld auszudehnen, die Spielregeln im Unternehmen neu zu definieren. Die Welt ist voller Chancen für den kreativen Strategen. Oder wie Ray Charles sagt: „Jeder Traum, der was taugt, ist ein wenig verrückt."

Dies ist die Domäne des Unternehmensführers, wo er der Unternehmensgeschichte seinen Stempel aufdrückt. Es sind zwar kollektive Prozesse, die die Menschen um eine strategische Intention versammeln, doch die Intention entspringt der Kreativität ihres Anführers und wird von ihm in die Organisation hineingetragen.

2. *Erwartungen aller Interessengruppen erfassen und priorisieren.* Wer ein Unternehmen gemäß seiner strategischen Intention weiterbringen will, muß die Erwartungen aller beteiligten Interessengruppen in Einklang bringen – egal, welche Ansprüche oder welche Vorstellungen hinsichtlich der Ressourcen und ihres Einsatzes im Unternehmen sie haben. In einer Marktwirtschaft hat natürlich der Aktionär wesentlichen Einfluß, aber auch Kunden, Konkurrenten, Mitarbeiter, Behörden, Lieferanten, Kommunen, Lobbies und viele andere Faktoren wirken sich auf die täglichen Entscheidungen des Managements aus.

Die Aufgabe der Führung besteht darin, das Unternehmensschiff durch die Untiefen all dieser Interessen zu navigieren, in beständig wechselnden Wassern mit mangelhaft definierten Fischereirechten. Eine eindeutige Formulierung dessen, was das Unternehmen für die einzelnen Interessengruppen erreichen will – durch eine Erklärung wie etwa Johnson & Johnsons Firmencredo und das tägliche Verhalten der Unternehmensführung –, ist für die Kommunikation der Firmenprioritäten äußerst hilfreich.

3. *Gemeinsame Werte etablieren.* Grundlage jeder strategischen Absicht und Maßstab für den Ausgleich der Einzelinteressen ist ein System von Werten und Überzeugungen. Werte und Überzeugungen bestimmen – durch ihre Existenz oder ihr Fehlen – die Entscheidungen im unternehmerischen Alltag. Die Führung hat dafür zu sorgen, daß

diese nicht widersprüchlich, sondern einheitlich und aufeinander abgestimmt sind.

Diese Grundwerte definieren die *nicht zur Disposition stehenden Verhaltensweisen* eines Unternehmens und sind Markierungen für die Fahrt durch Grauzonen. Sie liefern die „Do's" und die „Dont's", das „Immer-unter-allen-Umständen" und das „Niemals-unter-keinen-Umständen". Sie sind die Essenz der Unternehmenskultur. Werte halten ein Unternehmen zusammen und geben ihm Spannkraft. Sie sind der Ausdruck seiner „Persönlichkeit", von der seine Attraktivität für Mitarbeiter, Kunden und alle anderen abhängt, die über das Wohlergehen der Firma mit entscheiden. Die Veröffentlichung der Grundwerte ist eine gute Idee, aber wirklich zählt nur, diese tagaus, tagein zu *leben!*

Diese Vision zu schaffen, ist für die Unternehmensführung eher eine künstlerische als eine wissenschaftliche Herausforderung, denn das Zusammenspiel der drei Visions-Gene ist kompliziert und einer streng analytischen Definition nicht zugänglich. In den meisten Fällen findet man die strategische Intention erst allmählich, nach vielen wiederholten Versuchen; die plötzliche Erkenntnis ist eher die Ausnahme. Während die Intention langsam Form annimmt, ähnelt der Ausgleich der Interessen einem Schachspiel, bei dem sich die Regeln nach jedem Zug ändern. Bei vielen in die Unternehmenskultur eingebetteten „Werten" könnte sich herausstellen, daß sie gar keine echten Werte sind, sondern bloß an der Unternehmensenergie zehren und den Wandlungsprozeß behindern. Und gut verankerte Werte zu ändern, ist nie einfach.

Eine Vision zu schaffen ist von entscheidender strategischer Bedeutung. Schon während des kreativen Prozesses nach strategischer Präzision zu streben, kann sich allerdings als verhängnisvoller Fehler erweisen. Präzision kommt später dran, bei der Definition der Kundenfokussierung (Kapitel 7) oder der Entstehung neuer Geschäftsfelder (Kapitel 8). Das Schaffen einer Vision hat zu gleichen Teilen analytische wie emotionale Komponenten – deshalb ist dieser Prozeß nicht programmierbar. Es verhält sich wie beim Wein – Worte können eine Vision zwar im einzelnen beschreiben, entscheidend ist aber das Geschmackserlebnis.

EINE STRATEGISCHE INTENTION UND AUSRICHTUNG ENTWICKELN

Die strategische *Intention* ist der Kern der Vision. Dabei handelt es sich im Grunde genommen um das „Lebensziel" der Firma, um ein zentrales Motiv, das nicht nur die Vorstellung von dem gesamten Unternehmen einfangen soll, sondern darüber hinaus dazu beiträgt, die Grenzen so weit wie möglich nach außen zu verschieben. Dieses Konzept des „Stretch" ist das Sine qua non der strategischen Intention.

Es gibt zahlreiche klassische Beispiele für strategische Intentionen: das Streben von AT & T nach universaler Telefonversorgung; die Absicht von Coca-Cola, sein Produkt auf der ganzen Welt für jedermann „in Reichweite" zu plazieren; der Wunsch Pepsis, Coca-Cola zu übertrumpfen; oder Toyotas Plan, „Benz zu schlagen". Manche Intentionen sind finanziell ausgerichtet, wie die Zielsetzung Eastman Chemicals', ehemals Teil des Kodakimperiums, von einem 3-Milliarden-Unternehmen bis zum Jahr 2000 zu einem 20-Milliarden-Unternehmen zu wachsen. Die Intentionen anderer Unternehmen wiederum sind subjektiver, stärker kundenorientiert, wie das Versprechen von British Airways, die beliebteste Fluglinie der Welt zu werden, zu einem Zeitpunkt, als sie zweifellos zu den unbeliebtesten gehörte.

Wo immer aber der Schwerpunkt liegt, eine effektive strategische Intention hebt ein Unternehmen aus dem grauen Mittelmaß heraus und reißt die vermeintlich unüberbrückbaren Schranken des Machbaren nieder. Sie ist einerseits ehrgeizig genug, um nachhaltige Anstrengungen herauszulocken, und andererseits auch wieder so realistisch, um als Quelle für Fokussierung und Motivation zu dienen.

Das ist ein hoher Anspruch an eine einfache Botschaft und ein noch höherer an deren Verfasser. Tatsächlich liegt die Hauptaufgabe der Unternehmensführung nicht so sehr in der Formulierung der Intention, als vielmehr darin, diese mit Leben zu erfüllen. Es ist so, wie manche Bildhauer behaupten: Die Vision existiert bereits, liegt irgendwo im Unternehmen verschüttet und wartet nur darauf, von einer gestaltenden Hand ans Tageslicht gebracht zu werden. In der Regel fängt alles mit einer „stummen Vision" an, einer im Geiste des Unternehmensführers entstehenden Hypothese – alles andere als eine blitzartige Eingebung aus heiterem Himmel. Dann macht er sich – ohne viel Aufhebens – an verschiedene Experimente, um die Intention zu testen, um zu prüfen, ob sie die Herzen und Köpfe der betroffenen Menschen begeistern kann. Nach wiederholten Anläufen nimmt die Intention allmählich konkrete Formen an. Wenn die Leute mit ihr konfrontiert werden und dabei „Na klar!" ausrufen, ist es Zeit, sie im Unternehmen und vor der Welt als Fait accompli vorzustellen.

Es gibt kein Standardmuster zur Entwicklung einer strategischen Intention, kein Zehnpunkteprogramm mit Erfolgsgarantie. Es lassen sich allerdings einige allgemeine Richtlinien festhalten:

Mutig sein. Es hilft nichts: Die strategische Intention braucht Mut und gute Nerven. Als Alfred Hitchcock einmal gefragt wurde, warum einer seiner Helden nicht die Polizei rief, nachdem er etwas Verdächtiges bemerkt hatte, antwortete er: „Weil's langweilig ist." Und langatmige Platitüden über Shareholder Value, Kundendienst, Qualität oder Umweltverantwortung sind eben auch kein Stoff für mitreißende Visionen.

Zu viele Topmanager schonen sich und ihr Unternehmen allzusehr und träumen bloß davon, in der oberen Liga ihrer Branche mitzuspielen oder einer der drei oder vier Besten zu sein. Selten kommen sie auf die Idee, den Wettbewerb einmal zu vergessen oder daß Branchenführer zu sein nicht das Ziel ist, sondern nur ein Mittel. Oder daß sich mit einer Revolution glatt der Spitzenplatz erobern ließe. „Zu den besten zehn Prozent gehören" hat einfach nicht dieselbe Qualität wie „Put a Coke within arm's reach of every citizen in the world".

Weiträumig denken ... Will eine Eisenbahngesellschaft ihren Pendler-Kunden ausgezeichneten Service bieten? Na klar! Aber eine derartige Feststellung ist für eine strategische Intention viel zu eng gefaßt. Eine strategische Intention könnte etwa so aussehen: *Die Eisenbahn soll für Pendler das bevorzugte, landgebundene Verkehrsmittel zwischen Heim, Büro und Flughafen in den großen Ballungsgebieten werden.* Eine strategische Intention muß die Geschäftstätigkeit als Ganzes umfassen, und mehr: Sie muß sich für eine Ausdehnung in völlig neue Geschäftsbereiche eignen!

... aber nicht zu weit. Es ist aber auch möglich, den Ehrgeiz zu weit zu treiben. Man muß sich zum Beispiel fragen, ob Bell Atlantic und

Southwestern Bell als integrierte Anbieter auf dem Markt für Kommunikation und für Unterhaltungselektronik je den großen Durchbruch schaffen werden. Die technologischen Trends deuten ohne Zweifel auf das Zusammenwachsen dieser beiden Märkte hin, was strategische Intentionen rund um diese Konvergenz anregt. Heißt das aber nun, daß der Aufbau eines einzelnen, monolithischen Unternehmens auch der richtige Weg ist? Und wenn dies der Fall ist – wird den Telefongesellschaften die erfolgreiche Integration von Kabel-TV-Gruppen und Filmstudios gelingen? Visionäre Führung heißt, die Grenze zwischen gesundem Wagemut und großzügiger Denkweise auf der einen und Übertreibung und Hybris auf der anderen Seite zu erkennen.

Vorausschauend denken. Eine strategische Intention holt die Zukunft in die Gegenwart. Am besten blickt man am Anfang 5 bis 10 Jahre voraus und arbeitet sich in die Gegenwart zurück. Wenn Eastman Chemicals im Jahr 2000 ein 20-Milliarden-Dollar-Unternehmen sein will, wo müssen sie 1998, 1996 usw. stehen? In der Zukunft zu beginnen, ermöglicht eine radikale Loslösung von der Gegenwart, was die Tür für unverzüglichen, tiefgreifenden Wandel öffnet. Die konventionelle Vorgehensweise, nämlich in der Gegenwart zu beginnen, kann ein Unternehmen zwar auch in die Richtung der Intention bewegen, aber in der Regel zu langsam. Man neigt in diesem Fall dazu, kleine Veränderungen zu konzipieren, bei denen zu viel konserviert und zu wenig geändert wird. Der revolutionäre Schwung geht verloren.

Ist die strategische Intention erst einmal etabliert, wird sie zum obersten Führungsprinzip. Es ist Aufgabe des Topmanagements, sich nach der strategischen Intention auszurichten und als Vorbild zu dienen. Einfach ist dies in keinem Fall. Manchmal ist es angesichts bestehender Führungsstrukturen geradezu unmöglich. Sir Colin Marshall fand es zum Beispiel bei British Airways notwendig, die große Mehrheit seines Führungsteams auszuwechseln. Er brachte neue Leute von innerhalb und außerhalb des Unternehmens ein. Viele hatten zwar wenig Ahnung von Fluglinien, verstanden dafür aber eine Menge von Marketing, und hatten – was noch wichtiger war – das richtige Bewußtsein, um die strategische Intention von British Airways zu verwirklichen. Wenn verantwortliche Manager, die nicht an die Vision glauben, in ihren Positionen belassen werden, verlieren über kurz oder lang auch andere ihren Glauben.

Die Kronjuwelen von DuPont

Nylon ist eines der wichtigsten Produkte auf der Welt, mit dem buchstäblich Milliarden Menschen in Berührung kommen. Das 1930 in den DuPont-Labors entwickelte Material hat nicht nur Frauenbeinen neuen Glanz verliehen, sondern darüber hinaus die gesamte Bekleidungs- und Autoreifenindustrie sowie zahllose andere Branchen revolutioniert. Seit DuPont vor mehr als einem halben Jahrhundert seine erste Nylonproduktionsanlage in Seaford, Delaware, errichtete, haben sich Nylon und verwandte Produkte zu den Kronjuwelen in der hochklassigen Produktfamilie DuPonts entwickelt. Nylon allein ist für mehr als 4 Milliarden des für 1994 auf 37 Milliarden Dollar geschätzten DuPonts-Umsatzes verantwortlich. Von den 114 000 Mitarbeitern des Giganten in aller Welt sind 19 000 mit Nylon beschäftigt.

Im Jahr 1992 zeigten sich allerdings Anzeichen einer gewissen Ermüdung des Nylongeschäfts bei DuPont. Die Umsätze stagnierten, die Gewinne gingen zurück, und die Wachstumsaussichten waren auch nicht gerade rosig. Dafür war nicht nur die Rezession in Europa verantwortlich; das gesamte, einst so stolze Unternehmen litt unter einem allgemeinen Mangel an Vitalität. Während die Nylonumsätze sonst überall kräftig stiegen, verlor DuPont Boden an die Konkurrenz. Ed Woolard, Chairman bei DuPont, bereitete die Situation genug Kopfzerbrechen, um Jerry Blumberg, einen Manager mit viel Erfahrung im Chemiegeschäft zu holen und mit der Sanierung des gesamten Fasergeschäfts zu betrauen.

Der Fasersektor umfaßte außer Nylon auch Lycra®, Dacron® und andere Geschäftsbereiche. Blumberg hatte unter anderem längere Zeit in Tokio das Asiengeschäft für DuPont geleitet. 1990 kehrte er als Senior Vice President in die Zentrale nach Wilmington zurück, wo er die Verantwortung für Unternehmensplanung und Personal übernahm. Zu dieser Zeit war es ihm gelungen, DuPonts Gemeinkosten um 1 Milliarde Dollar zu senken. Sein Managementstil besticht durch Bescheidenheit, Tatkraft und die Konzentration auf den Shareholder Value.

Als er 1992 die Führung im Fasersektor übernahm, verschaffte er sich zuerst einen Überblick über die Situation in den einzelnen Sparten seines Portfolios. Bald stellte sich heraus, daß Nylon der Bereich war, dem die größte Aufmerksamkeit gewidmet werden mußte. Als Jerry die verschiedenen Bereiche unter die Lupe nahm, wurde er von den Leuten ebenfalls kritisch begutachtet. Sie sahen in ihm einen Außenseiter, vor allem was das Nylongeschäft betraf, hatte er seine DuPont-Erfahrung doch hauptsächlich im Chemiebereich erworben. Die Nylon-Mitarbeiter, daran gewöhnt, für ein Spitzenprodukt in einem Spitzenunternehmen zuständig zu sein, waren einigermaßen verwirrt und enttäuscht, daß ausgerechnet sie die Erwartungen nicht mehr erfüllen konnten. Keine leichte Zeit für Woolard, Blumberg und die Arbeiter und Angestellten der Nylonsparte. Nylon brauchte eine neue Vision, eine neue strategische Intention.

Jerry war klar, daß eine Komponente dieser Vision Wachstum sein mußte. Er hatte miterlebt, wie sich in den achtziger Jahren viele Unternehmen mit Downsizing zugrunde richteten, und war daher überzeugt, daß man die Krise bei Nylon nicht allein mit Sparmaßnahmen bewältigen könne. Daher wollte er zuerst einmal herausfinden, wo die Dinge im argen lagen. Er übernahm die Leitung einer umfassenden Analyse des Nylongeschäfts, durchgeführt von einer Gruppe, deren Mitglieder aus allen geographischen, funktionalen und operativen Bereichen DuPonts kamen und aufgrund ihrer Intelligenz, Erfahrung und Objektivität ausgewählt wurden. Zweck der Analyse war eine realistische Einschätzung der aktuellen und zukünftigen Erfordernisse eines „gesunden Geschäfts", das sich durch Effizienz und Wachstum auszeichnen würde.

Das Team kam zu der Erkenntnis, daß tatsächlich bedeutende wettbewerbsbezogene, operative, kulturelle, organisatorische und strategische Leistungsdefizite vorlagen, und zwar sowohl im Hinblick auf die aktuellen als auch auf die zukünftigen Anforderungen an das Nylon-Geschäft. Die Ergebnisse der Untersuchung stießen bei den Nylon-Mitarbeitern auf Ablehnung, zumal viele meinten, in ihrem Geschäftsbereich sei alles in Ordnung. Der Widerstand, die Realität zu akzeptieren, war stärker, als man gedacht hatte.

Auf Basis dieser Fakten entwickelte Blumberg eine neue strategische Intention für das Unternehmen. Er war überzeugt, daß DuPont in jeder denkbaren Hinsicht das weltbeste Nylonunternehmen sein müsse. Und dies war für Jerry keine Sonntagsrede! Daß er auch *meinte,* was er sagte, zeigte sich, als die Vision in einem intern zirkulierenden Dokument auftauchte, das die Zukunft des Nylonsektors skizzierte.

Blumberg ist ein leidenschaftlicher Wachstumsapostel. Und er ist der Meinung, daß der wichtigste Wachstumsimpuls in der Nähe zum

Kunden liegt. Das Nylongeschäft war seiner Ansicht nach eingeschlafen, weil das Unternehmen sich als Rohstoffproduzent verstand, nicht als Problemlöser für Kunden und die Kunden dieser Kunden. Dabei kann es mit einer Vielzahl an Technologien aufwarten, die dem Kunden intelligente Wahlmöglichkeiten bieten. Warum sollen sich die Kunden, so eine Idee Blumbergs, nicht ihren Teppich auf dem Computerschirm selbst entwerfen – Farbe, Muster, Stärke und Material, exakt nach ihren eigenen Vorstellungen? Sie würden dabei von Experten on line beraten. Schon am nächsten Tag würden die Kunden ihren Teppich frei Haus geliefert und verlegt bekommen, und dies mit einer hundertprozentigen Service- und Entsorgungsgarantie.

Er betrachtet diese Art der Geschäftstätigkeit als neues Paradigma, bei dem Unternehmen Allianzen und Partnerschaften eingehen, die für beide Seiten fruchtbar sind. Demgegenüber kritisiert er die ausschließlich kostenorientierten Modelle, wie sie heutzutage von so vielen Firmen angewendet werden. „Der Vertrieb von Teppichen zum Beispiel ist eine Schande", sagt er. „Die Erfolgsgeschichte von Nylonprodukten wird in den Läden nie erzählt. Drei von zehn Kunden gehen in ein Teppichgeschäft mit der festen Absicht, einen Stainmaster®-Teppich (DuPont-Marke) zu kaufen – die sind dauerhaft, schmutzabweisend und pflegeleicht. Aber nur einer von zehn verläßt das Geschäft mit so einem Teppich. Warum? Weil die bestehende Vertriebskette auf möglichst niedrige Preise ausgelegt ist, was sich als selbstmörderisch erweist. Dabei kann jeder nur verlieren. Der Kunde bekommt nicht, was er gesucht hat. Der Teppichhersteller wird in ein Geschäft mit erbärmlichen Margen gezwungen, und wir, die Faserproduzenten, müssen den Wettbewerb in einer kapitalintensiven Branche allein über den Preis führen." Blumberg und DuPont haben sich entschlossen, dieses antiquierte Modell zu ändern. Sie wollen die gesamte Wertschöpfungskette beleben, so daß in jeder Phase mehr Wert produziert und weitergegeben wird.

Blumberg ist auch zu der praktischen Einsicht gelangt, daß eine Vision nur dann greifen wird, wenn sich das Unternehmen zu realen Projekten entschließt und dabei die Vision im Auge behält. Zur Verwirklichung der strategischen Intention startete er unverzüglich eine größere Transformation, die er als „*Generation*-Programm" bezeichnete und an den Parametern Gesundheit, Wachstum und Vitalität ausrichtete. Der Name war freilich zweitrangig für den methodischen Ansatz, den er in Zusammenarbeit mit Woolard und dem Führungsteam für Nylon ent-

wickelte. Er erkannte, daß es entscheidend sein würde, die zu erwartenden Widerstände gegen Veränderungen zu überwinden, und beschloß,
Generation als Top-down-Programm zu beginnen. Es stand viel auf
dem Spiel. Mitarbeiter, Wertpapieranalytiker und die Medien beob-
achteten die Vorgänge sehr aufmerksam. Würden Blumberg und sein
Nylon-Führungsteam es schaffen?

Zu sagen, das *Generation*-Programm sei über alle Erwartungen hinaus erfolgreich gewesen, ist eine glatte Untertreibung. Der Erfolg des
Nylon-*Generation*-Programms hat DuPont für immer verändert. Viele
Wertpapierexperten schreiben den steilen Anstieg der DuPont-Aktien-
kurse – nahezu 30 Prozent – dem Turnaround auf dem Fasersektor zu,
insbesondere im Nylonbereich. Nylon erzeugte 1993 einen Cash-flow
von mehr als 400 Millionen Dollar, und in den ersten neun Monaten
des Jahres 1994 weitere 120 Millionen Dollar. Die Gewinne erreichten
Rekordhöhen; es wurden vor allem zahlreiche Wachstumsmöglichkeiten geschaffen, die das Nylongeschäft DuPonts zunehmend beleben.
Wie war dieser eindrucksvolle Erfolg des *Generation*-Programms möglich?

Blumberg sieht klare und eindeutige Gründe für die rekordverdächti-
gen Leistungen. Grundlegend war nach seinen Worten die Tatsache,
daß „Ed Woolard während des gesamten Programms voll hinter uns gestanden hat". Das Nylon-Führungsteam auf Kurs zu bringen war anfangs nicht einfach. Blumberg erinnert sich: „Als wir *Generation* begannen, hatten einige der Nylon-Manager Schwierigkeiten, sich mit
den neuen Arbeitsrealitäten anzufreunden. Meine Aufgabe bestand zu
diesem Zeitpunkt darin, ihnen klarzumachen: Entweder sie unterstützen das Programm, oder sie stehen nicht weiter im Weg. Mir war bewußt, daß wir diese Phase möglichst rasch hinter uns bringen mußten.
Wir hatten ganz einfach keine Zeit für ausufernde Debatten, die nichts
weiter bringen würden als allgemeinen Aufruhr. Wir hatten glaubhafte
Ergebnisse zu bringen, und dies am besten schon gestern! Zwischen-
durch kamen wir uns alle vor wie in einem Affenkäfig. Aber glücklicherweise war allen bald klar, daß ein gesundes, wachsendes Unternehmen eine viel bessere Alternative ist, als an den Zuständen vor Beginn
von *Generation* festzuhalten: an chronischer Umsatzschwäche, einem
zu hohen Mitarbeiterstand und einer ineffektiven Organisation."

Laut Blumberg lag eine der größten Herausforderungen darin, allen
Mitarbeitern die Notwendigkeit von Änderungen klarzumachen und

ihre Unterstützung zu gewinnen. Als Teil der Mobilisierung startete er daher gemeinsam mit dem Nylon-Führungsteam ein „Gesundungs"-Programm, in das alle 19 000 Mitarbeiter des Nylonsektors eingebunden wurden. In der Führungsphase von *Generation* wurden die Mitarbeiter aufgefordert, alle wichtigeren Initiativen bei Nylon daraufhin zu untersuchen, ob sie mit den Zielen des *Generation*-Programms übereinstimmten. Das Ergebnis: 160 der 800 laufenden Initiativen wurden gestoppt. Das half dem Unternehmen, 14 Millionen Dollar an Kosten zu vermeiden. Ein vielversprechender Start!

Die frühen Mobilisierungsanstrengungen konzentrierten sich auf die Frage, welches Ausmaß an internen Dienstleistungen zur Unterstützung eines „gesunden" Nylongeschäfts erforderlich wäre. Die Nachforschungen ergaben, daß der für interne Dienstleistungen erforderliche Arbeitsaufwand drastisch reduziert werden konnte. Als Konsequenz wurden 4 000 Beschäftigte abgebaut. „Das war der schmerzhafteste Teil des gesamten *Generation*-Programms", erinnert sich Blumberg. „Die Kündigung von Mitarbeitern nimmt man bei DuPont nicht auf die leichte Schulter."

Jeder der 26 größeren Produktionsstandorte wurde nach zwei Kriterien untersucht: Die erste Frage war, ob die einzelnen Betriebe nach optimalen Leistungsstandards arbeiteten. Nachdem durch den Abbau von Barrieren der Weg für externe Prüfungen frei war, konnten signifikante Verbesserungen auf operativer Ebene erzielt werden. Noch mehr ließ sich herausholen, als man die Leistung der gesamten Nylonproduktionskapazitäten aus globaler, strategischer Sicht analysierte. Es stellte sich heraus, daß beträchtliche Überkapazitäten bestanden. Die Folge: Mehrere Werke wurden verkleinert, und ein Betrieb wurde komplett geschlossen.

Die Mobilisierung war dabei kein singuläres Ereignis; aber es gab eine kritische Periode, die Blumberg als „Augenblick der Wahrheit" für *Generation* bezeichnet. Im Sommer 1993 startete das Führungsteam – frustriert wegen des geringen Fortschritts – eine Initiative, die später „90-Tage-Krieg" genannt wurde, um das Unternehmen zur Annahme der neuen Realitäten zu zwingen. Im Zuge dieses Programms wurden reale, greifbare Ziele festgelegt und spezifische Aktionspläne, exakt definierte Verantwortlichkeiten und regelmäßige Fortschrittskontrollen für alle Nylonabteilungen eingeführt. Rückblickend meint Jerry, daß diese Intervention das Führungsteam bei Nylon zusammengeschweißt hat, hinsichtlich des emotionalen Engagements und der Einschätzung, was *Generation* für die Zukunft des Nylongeschäfts bedeutet. Wachstum und Gesundheit sind für Blumberg Synonyme. Zentraler Bestandteil seiner Vision ist es, das Nylongeschäft bis zum Jahr 2000 zu verdoppeln. Dies bedeutet zwar nur ein reales Wachstum von 10 Prozent in den nächsten sechs Jahren, stellt aber dennoch eine fundamentale und radikale Transformation des Nylonsektors dar, der in den letzten fünf Jahren praktisch bei einem Nullwachstum steckengeblieben war. Wachstum fordern und aufrechterhalten sind Fähigkeiten, die Blumberg und das Führungsteam unbedingt in der Kultur eines erneuerten Nylon-Business verankern wollen.

Um das neuerwachte Wachstumsinteresse des Unternehmens von Anfang an zu stärken, organisierten Jerry und das Führungsteam eine globale „Ideenmesse", bei der Hunderte von Mitarbeitern aus allen Bereichen des Nylonsektors und aus anderen Sektoren zusammenkamen. Eine Reihe von Brainstorming-Sitzungen befaßte sich damit, wie das Nylongeschäft expandieren könne, und setzte erstaunliche Kreativitätspotentiale frei, die sich in über 400 durchführbaren Ideen niederschlugen. Für zehn Projekte wurde vom Nylon-Führungsteam gleich ein Budget bereitgestellt und der Weg zur Realisierung freigegeben. Die Projekte umfassen eine große Bandbreite von neuen Möglichkeiten, die im Nylon-Sektor begeistert aufgenommen wurden. Zu den meistversprechenden Ideen gehört ein Pilotprojekt im Bekleidungsgroßhandel, das ebenfalls die Vision DuPonts veranschaulicht, über die gesamte Wertschöpfungskette hinweg mehr Wert zu produzieren.

Blumbergs Meinung nach ist die Bekleidungsindustrie in derselben Kostenfalle wie die Teppichbranche. Ein Bekleidungshersteller holt sich die Spezifikationen vom Einzelhändler, entwirft das Stück ohne Verständnis für das Material und die Eigenschaften der verfügbaren Stoffe, schreibt den Auftrag irgendwo in einem Niedriglohnland im Fernen Osten aus und vergibt ihn an einen der Bieter. Die fertigen Kleidungsstücke werden per Schiff geliefert; bis sie im Laden des Einzelhändlers landen, vergehen viele Wochen. Jeder hofft, die Nachfrage möglichst genau zu prognostizieren – kein Kinderspiel in der unbeständigen Modebranche –, weil der Einzelhändler andernfalls vor leeren Lagern steht, und Wochen, wenn nicht Monate warten muß, bis er diese wieder auffüllen kann. Und wie ist das mit anderen Farben, neuen Stoffeigenschaften oder maßgeschneiderter Kleidung mit Hilfe moderner Technik? Das alles ist unter den herrschenden Bedingungen in der Bekleidungsindustrie zu vergessen. DuPont allerdings hofft, die Chancen für derartige Novitäten zu steigern. Mehr Effizienz und Wachstum zu erzielen bedeutete eine Veränderung der Organisationsstruktur. Blumberg erinnert sich daran als eine der größten Herausforderungen. DuPont integrierte sämtliche Nylon-Organisationen weltweit in einer einzigen flachen und fokussierten Organisation. Vor *Generation* existierte Nylon in Form individueller, halbautonomer „Inseln". Die Einzelunternehmen entwickelten Nylonzwischenprodukte und Nylonendprodukte zur Herstellung von Reifen, Teppichen, Textilien und anderen Erzeugnissen. Jede Einheit verwaltete ihr eigenes Betriebsvermögen und entwickelte Organisationen zur Bearbeitung der unterschiedlichen Märkte in der ganzen Welt. Dies hatte eine „Silostruktur" zur Folge, die sinnvolle Kooperationen behinderte. Die diesen Inseln überlagerten autonomen Querschnittfunktionen wie Forschung und Entwicklung, Personal und Technik machten die Dinge noch komplexer.

Generation mobilisierte die Mitarbeiter von Nylon, ein integriertes Unternehmensmodell zu entwerfen, das es nie zuvor gegeben hatte. Die Organisation wurde angeregt, Planung und Durchführung ihrer kundenbezogenen Aktivitäten aus einer breiten Perspektive zu sehen. Heute trifft das Management seine Entscheidungen über Investitionen, Ressourcennutzung, Wachstum und das operative Geschäft aus einer „Nylon-Gesamtperspektive". Die unmittelbar auf den Märkten operierenden Teams sind befugt, Wachstumsmöglichkeiten aggressiv zu verfolgen und im Dienste des Kunden im gesamten Nylonbereich frei zu agieren. Das Führungsteam hilft der Organisation, die für ein wachstumsorientiertes Unternehmen erforderlichen Fertigkeiten und Kenntnisse zu entwickeln. Bei seinen Bemühungen, neue Wege zur Befriedigung der Kundenbedürfnisse einzuschlagen, kommt es Nylon ganz besonders auf *Renewing (Erneuerung)* der Mitarbeiter an. Jedem ist jetzt bewußt, daß die Verwirklichung der Vision die stete Weiterentwicklung von Fähigkeiten und Kenntnissen verlangt. Als Ergebnis der beschriebenen Bemühungen gibt es heute eine einzige Nylonorganisation, die die zahlreichen auf den Märkten operierenden Teams unterstützt; die Arbeits- und Lernprozesse laufen interaktiv ab und nicht mehr in Form von Mitteilungen zwischen den einzelnen „Nylon-Inseln".

Blumbergs Vision für die Nylonabteilung erschöpfte sich aber nicht in den „Gesundungs-Aktivitäten". Er rief in einer frühen Phase des *Generation*-Programms eine Aktion ins Leben, die er als „Blueprinting" bezeichnete. Mit dieser Planungs- und Konzeptionsinitiative wollte Blumberg erreichen, daß sich die besten und kreativsten Köpfe des Unternehmens zusammensetzten und Möglichkeiten überlegten, wie sich die breit angelegte Vision über Wachstum und Gesundheit der Organisation in der Praxis umsetzen ließ. Das daraus entstandene *Blueprint* stellt eine Art Landkarte für alle Mitarbeiter dar, auf der sie sich beim Aufbau des zukünftigen DuPont Nylon-Geschäfts orientieren können.

Ein funktionsübergreifendes Team, bestehend aus den besten und intelligentesten DuPont-Leuten und dem Nylon-Führungsteam, entwickelte und dokumentierte einen umfassenden Entwurf über die Zukunft des Nylongeschäfts. Das nach sechsmonatiger, kompromißloser Planungsarbeit vorgelegte Ergebnis ist ein dickes Dokument mit dem Titel *DuPont Nylon Blueprint for Health and Growth,* in dem die Modelle, Anforderungen und Pläne für die Zukunft des weltbesten Nylonunternehmens enthalten sind. Blumberg ist überzeugt, daß dieser Blueprinting-Prozeß mehr als alles andere dazu beigetragen hat, den Mitarbeitern das Gefühl zu geben, für die Zukunft des Nylonsektors bei DuPont direkt mitverantwortlich zu sein. Das Führungsteam und die Blueprinting-Teams arbeiteten in einem offenen, oft turbulenten Prozeß zusammen. Alle Teile der Organisation konnten mitmachen. Das Ergebnis ist ein Plan, der dem Nylongeschäft bereits jetzt zu Rekordgewinnen verholfen hat.

Ist der Job erledigt? Blumberg lacht: „Wir sind uns alle bewußt, daß wir eben erst begonnen haben. Zu unseren Grundüberzeugungen gehört, daß wir immer wieder von neuem lernen müssen, wie wir den Kundenbedürfnissen in aller Welt am besten gerecht werden. Hundertprozentig werden wir das nie hinkriegen, weil die Dinge ständig im Fluß sind und sich auch in Zukunft von heute auf morgen ändern werden. Ich glaube, wir haben kapiert, daß die Notwendigkeit, unser Unternehmen zugunsten optimaler Kundenzufriedenheit zu wandeln, eine tragende Säule für die Gesundheit unseres Unternehmens darstellt. Wenn es sowas wie eine lernende Organisation gibt, dann hat das Programm *Generation* uns alle in diesem Sinne zu mobilisieren vermocht. Wir haben jedenfalls die Absicht, die Grundelemente von *Generation* (der Realität ins Auge sehen; Mobilisierung; Zukunftsplanung mittels

Blueprinting; Realisierung unserer Ziele; effektives Lernen und Entwicklung hoher organisatorischer Geschwindigkeit) als Instrument zur Anpassung an die Kundenbedürfnisse auch in Zukunft beizubehalten. Da wir uns nun einmal zum Prinzip Wachstum bekannt haben, werden wir von jetzt an den *Generation*-Wachstumsprozeß allen unseren Aktivitäten zugrunde legen.

Die Zukunft von CIGNA Property and Casualty wird neu definiert

Zwischen März 1993, seiner Ankunft bei P & C, und Oktober 1993, als er seine Haupt-Mobilisierungsinitiative startete, war Gerry Isom ein sehr beschäftigter Mann. Wir haben in Kapitel 1 gesehen, wie er in diesem Zeitraum sein Führungsteam zusammenstellte. In dieser frühen Phase hat er außerdem die Vision entwickelt, wie CIGNA P & C einmal sein soll. Am 31. Juli 1993 hielt er eine längere Rede vor seinen Topmanagern, in der es insbesondere um die schwierige Frage ging: „Kann CIGNA P & C sich selbst aus dem Graben, in dem das Unternehmen sich befindet, wieder herausbuddeln?"

Bis dahin hatte er seine Zuhörer schon gut kennengelernt, und dementsprechend baute er seine Ansprache auf. Er begann mit einigen Analyseergebnissen, die er mit geradezu chirurgischer Präzision darlegte, um sich in einem nächsten Schritt auf die emotionale Ebene zu begeben und schließlich in einem begeisternden Schlußakkord zu enden. Isom zeigte auf, daß P & C den Turnaround schaffen konnte, da bekanntlich einige Konkurrenten mit Sach- und Unfallversicherungen gutes Geld verdienten. Er bekannte sich dazu, die Firma in die Gewinnzone zurückzuführen, wenn ihm nur jeder nach besten Kräften zur Seite stünde. Er stieß auf spontane und überwältigende Unterstützung.

Isoms Vision umfaßte einen fundamentalen Wechsel vom „Generalisten" zu einem „Spezialisten" unter den Versicherern. Ein Generalist ist im wesentlichen nichts anderes als eine Schadensabwicklungs- und Risikoprüfungsfabrik, die ihren Agenten Produkte und Dienstleistungen zur Verfügung stellt. Cincinnati Financials etwa nimmt Kontakte zu Agenten auf und verläßt sich ganz auf diese, wenn es darum geht, auf welche Versicherungsrisiken man sich einlassen und welche man besser der Konkurrenz überlassen soll. Ein Spezialist wählt demgegenüber ganz spezifische Risikoarten aus, die er zu versichern bereit ist. Er konzentriert sich auf besondere Geschäfts- oder Kundenseg-

mente – spezifische Gruppen von Endverbrauchern von Versicherungs-
produkten –, deren Risiken einzig diese Versicherungsgesellschaft ver-
läßlich einzuschätzen gelernt hat. Auf Basis dieses Know-hows werden
Versicherungsagenten für eine Partnerschaft gewonnen, um jenen Endverbrauchergruppen optimalen Service zu bieten.

Eine Versicherungsgruppe, die sich – um ein Beispiel zu nennen –
hochspezifisches Know-how auf dem Gebiet der Weinproduktion ange-
eignet hat, wird höchstwahrscheinlich auf diesem Sektor geringere Verluste hinnehmen müssen als eine andere Gesellschaft mit wenig oder
gar keiner Erfahrung auf diesem Gebiet. Sie kann besser einschätzen,
was schieflaufen kann, etwa die Wahrscheinlichkeit eines Ernteausfalls
oder eines verunglückten Gärungsprozesses. Des weiteren kann so ein
Unternehmen aufgrund seiner Spezialisierung seine Kunden besser beraten, wie sie ihr Risiko vermindern können. Ein Vertreter der Versicherung könnte etwa einen Weingarten inspizieren und dem Winzer
dabei nützliche Informationen über neuentwickelte Pestizide oder
Frostschutztechniken geben. Im Weinkeller kann man auf so einfache
Dinge wie fehlende Feuerlöscher hinweisen oder auf schwerer erkenn-
bare Mängel, wie beispielsweise schlechte Beleuchtung am Arbeitsplatz. Seine einzigartigen Fachkenntnisse ermöglichen dem spezialisierten Versicherer, die Risiken seiner Kunden vollständig zu erfassen
und gezielte Ratschläge zu deren Reduzierung zu geben. Aus all dem
folgt, daß Spezialversicherer in der Regel die kostengünstigsten und
die begehrtesten Anbieter in ihren Bereichen sind.

„Der Sach- und Unfallsektor ist eine schwammige Angelegenheit",
stellt Isom fest, „und nicht jedem ist das klar. Im Unterschied zur Lebensversicherung, bei der man auf der Grundlage von Sterblichkeits-
tafeln und anderer Instrumente alles zuverlässig voraussagen kann, erfordert der Sach- und Unfallsektor immer auch eine persönliche Einschätzung des Risikos, das man bei der Bearbeitung winziger Markt-
segmente übernimmt. Aus diesem Grund sind erfahrene Risikoprüfer
so wichtig."

Isom wußte, daß die erfolgreichsten Unternehmen im Sach- und Un-
fallbereich Spezialisten waren, angefangen bei AIG und Chubb, und er
wollte CIGNA möglichst rasch in diese Richtung bewegen. Das Problem war, daß man in der Vergangenheit keine einheitliche Strategie
verfolgt hatte. Während man angeblich eine Spezialisierungsstrategie
verfolgt hatte, ließ man sich in der Praxis auf so viele unterschiedliche

Segmente mit jeweils eher dürftigem Engagement ein, daß man de facto erst recht wieder beim Generalistentum anlangte. Daraus folgte, daß den Agenten nicht klarwar, welche Risiken CIGNA P & C nun tatsächlich versichern wollte. Man war verunsichert über CIGNA's „Appetit", wie es im Versicherungsjargon heißt.

Die Agenten waren aber nicht nur verwirrt, viele waren auch vom Verhalten CIGNA's befremdet, das sie als arrogant wahrnahmen. Bei der Umsetzung der neuen Segmentierungsstrategie etwa zeigte CIGNA ein augenscheinliches Desinteresse, die Agenten einzubeziehen. „Wir brauchen euch eigentlich gar nicht", schien die Botschaft zu lauten. „Ihr seid irrelevant, weil wir uns auch direkt an den Policeninhaber wenden können." Diese Haltung und das sinkende Dienstleistungsniveau gegenüber den Agenten veranlaßte viele gute, unabhängige Vermittler, auf CIGNA P & C als Hauptpartner zu verzichten. Gleichzeitig liefen die besten angestellten Agenten zur Konkurrenz über. Dies bescherte CIGNA doppelten Ärger. Die unabhängigen Agenten hatten ihr Vertrauen in das Unternehmen verloren und entschieden sich immer seltener für CIGNA. Und im internen Betrieb war man mit einer Mannschaft relativ unerfahrener Agenten zurückgeblieben, die der Firma die Treue hielten und eine Menge schlechter Risiken an Land zogen.

„Die Beziehungen zu den Agenten waren noch schlechter, als ich angenommen hatte", gestand Isom später ein. Nachdem er diese Zusammenhänge erkannt hatte, wollte Isom ein hundertprozentiges Bekenntnis zur Spezialistenstrategie mit engen Partnerschaften mit unabhängigen Agenten und einer umfassenden Qualifizierungsoffensive für die eigenen Leute. Um dieses Spezialisierungskonzept zu verwirklichen, formulierte er eine vorläufige finanziell orientierte strategische Intention: sich unter den besten 25 Prozent der Branche zu etablieren, gemessen an der „Combined Ratio", der im Versicherungswesen üblichen Kennzahl für die Rentabilität.

Kritiker werden einwenden, diese Vision sei weder besonders originell – schließlich sagen fast alle Versicherungsunternehmen, daß sie lieber Spezialisten als Generalisten sein wollen – noch übermäßig mitreißend – unter die besten 25 Prozent in einer Branche zu kommen, ist nicht extrem ehrgeizig. Doch vor dem Hintergrund der damaligen finanziellen Lage CIGNAs handelte es sich doch um ein ziemlich hochgestecktes Ziel, wenn es auch – gemessen am gesamten Sach- und Unfallversicherungsmarkt – recht bescheiden klang.

Wie auch immer, Isoms Vision rüttelte das Unternehmen allmählich aus seiner langanhaltenden Lethargie wach. Zum ersten Mal seit langer Zeit kam wieder Hoffnung auf bei CIGNA P & C.

ERWARTUNGEN ALLER INTERESSENGRUPPEN ERFASSEN UND PRIORISIEREN

Wir alle haben schon Unternehmensvisionen wie diese gelesen: „Wir werden der beste Anbieter von Produkten und Dienstleistungen in allen Märkten sein, auf denen wir vertreten sind; Bestleistungen zum Nutzen unserer Aktionäre, Kunden, Mitarbeiter und unserer Mütter erbringen; im übrigen werden wir jeden reich, gesund und glücklich machen, während wir gleichzeitig die Kundenbedürfnisse im Auge behalten und außerdem noch jede Menge Spaß haben."

Zugegeben, dieses Beispiel ist schon ein wenig übertrieben, aber viele Visionen klingen in diese Richtung. Oft haben sie sogar eine ähnliche Struktur: Zuerst eine Reihe mutig-verwegener Statements, gespickt mit blumigen Adjektiven wie *vorzüglichst, exzellent* und *Weltklasse;* dann ein vager Bezug darauf, wie die Firma im Wettbewerb bestehen – oder „siegen" – will; drittens eine Huldigung an die *Interessengruppen* – Aktionäre, Kunden, Mitarbeiter und Mutti; viertens eine Erklärung großartiger, altruistischer Absichten, wie man die Welt zu einem besseren Ort machen wolle, allerdings prompt eingeschränkt durch das Versprechen, die Kundenfokussierung nicht zu vernachlässigen; und schließlich vielfach ein kurzer Hinweis auf den Faktor *Spaß!*

Ein guter Ausweg aus dieser Banalitätenfalle ist es, sich für jede Interessengruppe der Firma zu überlegen, wie man ihr nützen kann. In den meisten Unternehmen werden die einzelnen Interessengruppen von eigenen, fest definierten Funktionsbereichen betreut. Dies ist auch gut so, solange es funktioniert. Doch genauso wie Kriege eine viel zu ernste Angelegenheit sind, um sie den Militärs alleine zu überlassen, kann die Unternehmensführung es nicht zulassen, daß das gesamte Beschaffungswesen der alleinigen Kontrolle der Einkaufsabteilung unterliegt oder daß Marketing und Vertrieb das alleinige Sagen in der Kundenbetreuung hat. Aus diesem Grund ist es auch wichtig, daß sich die Führungsteams die Entscheidungsautorität im Management der Interessengruppen vorbehalten. Es liegt am Führungsteam, die Grundregeln für das Verhalten gegenüber den Interessengruppen festzulegen und die Philosophie auszuformulieren, auf der die Beziehungen zu den Gruppen beruhen sollen. Das Ziel ist, das gesamte Unternehmen – also nicht bloß einzelne, isolierte Funktionsbereiche – für ein erfolgreiches Management der Erwartungen von Aktionären, Kunden, Lieferanten und natürlich Mutti zu rüsten.

Uniparts interessengruppen-orientierte Vision

Die Unipart-Unternehmensgruppe in Großbritannien formuliert ihre Vision sogar explizit auf ihre Interessengruppen bezogen. Die Vision selbst ist schlicht, auf den ersten Blick vielleicht zu stark vereinfachend, aber sie hat ganz wesentlich dazu beigetragen, den für den Unternehmenserfolg unabdingbaren Grad an Motivation, Engagement und Entschlossenheit zu schaffen.

Das Unternehmen wurde 1987 gegründet. Es ist das Resultat eines Buyouts der ehemaligen British Leyland, bestehend aus einer erfolgreichen Marketingdivision und einem drittklassigen Produktionsbetrieb. Unter dem Konzernchef John Neill hat es sich seither zu Europas führendem unabhängigem Anbieter von Fahrzeugteilen mit einem Jahresumsatz in Höhe von 1,1 Milliarden Dollar (23 Prozent Exportanteil) entwickelt.

Unipart besteht aus mehreren Einzelunternehmen. Unipart DCM liefert „Demand Chain Management Services" an mehrere führende Autoproduzenten. Unipart International entwickelt und vermarktet „markenunabhängige" Ersatzteilsortimente für den Kfz-Reparaturmarkt unter dem Markennamen Unipart. Unipart Industries (inklusive Oxford Automotive Components, Premier Exhaust Systems and Advanced Engineering Systems) produziert Originalteile für Honda, Land Rover, Rover, Saab und Toyota. Unipart besitzt dazu noch UniqueAir, einen Anbieter von Mobiltelefondiensten; UIT, ein Unternehmen der Informationstechnologie; und Complete Communications, ein Unternehmen im elektronischen Unterhaltungsbereich.

Die Unipart Vision ist in neun Grundsätzen zusammengefaßt (vgl. Abbildung 2.1). Die Mehrzahl der Unternehmen läßt es bei etwas Ähnlichem wie der Unternehmensmission bewenden, von der sich laut Neill die anderen acht Grundsätze herleiten lassen. Unipart hingegen hat sich zu einer detaillierteren Formulierung seiner Vision entschlossen – mit ausdrücklicher Ausrichtung auf die wichtigsten Interessengruppen. Den Unipart-Leuten (und all jenen, die die Firmengruppe gut kennen) sind diese Punkte inzwischen vertraut, und darüber hinaus auch noch andere „Denkwerkzeuge", die eine Schlüsselrolle in Neills unermüdlichem Bekehrungseifer einnehmen.

Abb. 2.1 *Uniparts Traum in neun Teilen*

---

1. Group Mission Statement[*]

The Unipart Group of Companies aims to be an enduring upper-quartile-performing company, in which stakeholders are keen to participate, performing principally in the automotive-related market by:

– Pursuing our values

– Ensuring the continuing relevance and synergy of the divisions' missions

– Creating an environment within which the divisions can and do pursue their mission

2. Group Philosophy

To understand the real and perceived needs of our customers better than anyone else, and to serve them better than anyone else.

3. Group Corporate Goal

To make the Unipart logo the mark of Outstanding Personal Customer Service.

---

[*] Wir haben die Unipart Vision Statements bewußt im englischen Originaltext gelassen, um jegliche Verfälschung oder Verwässerung durch sprachliche Übertragung auszuschließen. Die unmittelbare Wirkung des Originaltextes und seines speziellen „spirits" erschien uns wichtig! (Anm. d. Übers.)

4. Lifetime Customer Relationships

We will strive to build lifetime relationships with our customers, and we realize that to do so, we will need to harness the intellectual energies and creativity of all our stakeholders, based on long-term, shared-destiny relationships.

5. The Supplier Partnership

We see our suppliers as stakeholders, and are increasingly working in partnership with them, continuously striving to make our total enterprise activities, from raw material to the end-user, as lean and efficient as possible through a process of continuous mutual learning and up-skilling, underpinned with the confidence of a long-term relationship.

6. The People Commitment

We will strive to create a community of employee stakeholders who are committed to the company, the customer, quality, and continuous improvement.

7. Interdependence with the Community

We realize that the vitality of the communities in which we trade and from which we recruit is crucial to our prosperity, and we will lead or participate in our community, sometimes in partnership with others, for our mutual long-term benefit.

8. Unipart's University's Vision

To build the world's best lean enterprise.

9. Unipart University's Mission

To train and inspire people to achieve world-class performance within Unipart and amongst its stakeholders.

Uniparts neun Erklärungen verkörpern den Geist und die Vision, aus denen Unipart seine Sinngebung bezieht; sie betonen das eindeutige Bekenntnis zu „Schicksalsgemeinschaften", was nichts anderes heißt als langfristige Partnerschaften mit seinen Interessengruppen. Die Aussagen sind einheitlich; alle sind von der Mission ableitbar, und sie sind verknüpft mit und werden unterstützt von einer reichhaltigen und aktiv geförderten Unternehmensphilosophie. (Mehr über den Interessengruppenansatz von Unipart erfahren Sie in Kapitel 10).

Übermäßige Fokussierung auf eine Interessengruppe

Ohne klare Definition der Interessengruppen und der philosophischen Grundlagen, wie z. B. von Unipart, tendieren Unternehmen oft zur übermäßigen Konzentration auf eine einzelne Interessengruppe, zumeist auf den Aktionär. Eine derartige Überbetonung kann für die Mitarbeiter anspornend sein und sich positiv auf die Leistung auswirken, führt aber in der Regel langfristig zu Problemen.

RHM, das britische Mühlen- und Backunternehmen, hat sich zum Nachteil von Mitarbeitern, Zulieferern und Kunden 10 Jahre lang einseitig auf den Shareholder Value konzentriert. Das hat zwar die Erträge markant gesteigert, doch als die Gewinne zurückgingen, wurde das Unternehmen übernommen. RHM hat es an der Vision gefehlt, insbesondere hinsichtlich der Steuerung seiner Beziehungen zu den Interessengruppen. Es blieb stur dem alten Befehls- und Kontrollmodell verhaftet und beschränkte seine Änderungsbemühungen auf den Shareholder Value. Die Folge war, daß das Unternehmen gegen eine Wand lief. Niemand wurde mobilisiert, Transformationen blieben aus.

Aber auch eine ausschließliche Beschränkung auf die Steigerung der internen Effizienz – die sich oft in einer obsessiven Beschäftigung mit Qualität und Reengineering zeigt – kann zu Problemen führen. IBM hatte lange eine prozeßdominierte Kultur, und es hieß, das Unternehmen leide an übermäßiger Innenschau. Der Fall der Wallace Corporation, die innerhalb weniger Jahre nach dem Gewinn des Baldridge Awards*

---

[1] Jährlich verliehener Preis der U.S.-Regierung an herausragende Unternehmen. (Anm. d. Übers.)

vor dem Bankrott nach Chapter 1* stand, ist ein weiterer Beleg für diesen Sachverhalt. Es gibt Firmen, die sich in ihrer einseitigen Ausrichtung wie Alkoholiker benehmen und von ihrer Obsession zur Zerstörung getrieben werden. Sie schotten sich gegenüber ihrer Umwelt ab und werden immer schwächer. Auch große Unternehmenskonzerne, wie Xerox oder Motorola in ihrer Qualitätsbesessenheit, oder DuPont mit seinem Sicherheitsprogramm, entwickeln in ihrer Begeisterung gelegentlich irrationale Züge und verschließen sich dem kritischen Einfluß anderer Interessengruppen. Wenn es einer Firma ausschließlich und alleine auf ihre innere Gesundheit ankommt, läuft sie Gefahr, vollständig geheilt das Zeitliche zu segnen.

Über Raubtiere und Shareholder Value bei Ashland Oil

Einseitige Fokussierung auf einzelne Interessengruppen ist also bestimmt keine gute Idee; und dennoch muß man sich darüber im klaren sein, daß Unternehmen und Einzelpersonen, die vom Shareholder Value besessen sind, zu gefährlichen Räubern werden können. Insbesondere „Raider"** und LBO-Spezialisten*** bauen ihre Erfolge darauf auf, daß sie Unternehmen auseinandernehmen können, die mehrere Interessengruppen befriedigen.

Die Unternehmensführung macht sich natürlich immer Sorgen um den Shareholder Value und prüft täglich mehrmals die Kursentwicklung an der Börse. Aber wer sich *ausschließlich* um das Wohl der Aktionäre kümmert, der wird einen angeschlagenen Unternehmensteil, der nur noch Verluste bringt, einfach verkaufen, anstatt ihm neue Wachstumsimpulse zu geben. Die eher „ins Blaue" hinein gestarteten Forschungs- und Entwicklungsprogramme würden wahrscheinlich nicht mehr finanziell unterstützt, und wegen der Entlassung von 3000 Leuten würde man sich in der Konzernzentrale auch keine grauen Haare wachsen lassen.

---

* Nach US-amerikanischem Recht: Rechtsschutz für ein Konkursunternehmen mit der befristeten Möglichkeit der Konkursabwendung bei Vorlage eines entsprechenden Finanzplans. (Anm. d. Übers.)

** Von „to raid", zu deutsch: plündern. (Anm. d. Übers.)

*** LBO: Leveraged Buy Out, also fremdfinanzierter Kauf eines Unternehmens. (Anm. d. Übers.)

Wie Raubtiere in der freien Wildbahn, so suchen sich auch „Raider" die Langsamen oder Schwachen aus. Es kommt also darauf an, stark und schnell zu sein – sicherzustellen, daß der Unternehmenswert sichtbar ist und sich im Aktienkurs ausdrückt.

Mitte der achtziger Jahre war die Ashland Oil Corporation Gegenstand eines Übernahmeversuchs der kanadischen Belzberg-Familie. Ashland Oil war – und ist noch immer – ein um ein Raffinerieunternehmen aufgebautes, diversifiziertes Firmenkonglomerat mit Niederlassungen hauptsächlich in Kentucky und Ohio. Zu jener Zeit gehörten zu Ashland Oil auch Valvoline Motor Oil (eine der drei führenden Marken in den USA), die erfolgreiche Ladenkette SuperAmerica, eines der größten Asphaltunternehmen der Vereinigten Staaten, eine kleinere Öl- und Gasgesellschaft, ein Chemiebetrieb für Spezial- und Standardprodukte, Amerikas zweitgrößte Vertriebsorganisation für Chemieprodukte, zwei Kohlenunternehmen und zur Abrundung noch eine Maschinenbaufirma.

Der Angriff Belzbergs war ein traumatisches Erlebnis, und es bedurfte der Geistesgegenwart von CEO John Hall, um Ashland da halbwegs heil durchzubringen. Die erste Runde ging an Ashland-Oil, da sich der Gesetzgeber in Kentucky einschaltete und ein Gesetz erließ, das Unternehmen in Kentucky (und damit auch Ashland Oil) wirksam vor feindlichen Übernahmeversuchen schützte.

Hall wußte jedoch, daß sie nur eine Gnadenfrist erreicht hatten. Echte Raubtiere würden zu guter Letzt einen Weg finden, legislative Hindernisse zu umgehen. Das langfristige Problem war nicht aus der Welt geschafft – und er war im Nachteil. Wie die meisten Manager seiner Generation war er mit den Übernahmetechniken der Raider nicht vertraut. Er war ausgebildeter Ingenieur und ein geschickter Verhandlungspartner mit einem guten Geschäftsinstinkt. Doch ohne genaue Kenntnis der Übernahme-Spielregeln und der Investmentbanking-Tricks stand er der Attacke aus Kanada ziemlich hilflos gegenüber. Aber er war bereit zu lernen und nahm unverzüglich sein Studium zum Thema „Shareholder Value" auf.

Nach der Konsultation von Harvard-Professoren und Investmentanalysten kam er zu der Erkenntnis, daß der Aktienkurs tatsächlich zu niedrig angesetzt war, wodurch Ashland sich einer Übernahmegefahr aussetzte. Ihm war klar, daß es höchste Zeit war zu handeln, und jetzt wußte er auch, was zu tun war. Er startete ein Aktienrückkaufpro-

gramm, finanziert durch den umfangreichsten Mitarbeiterbeteiligungs-
plan in der Geschichte. Er verkaufte die Maschinenbaufirma und einen
Teil des Kohlenunternehmens über eine öffentliche Ausschreibung.
Gleichzeitig brachte er den Gesetzgeber in Kentucky dazu, ein Gesetz
zu verabschieden, demzufolge Belzberg erst ab einem Aktienanteil von
80 Prozent die Konsolidierung vollziehen konnte. Nach den Standards
moderner, wertorientierter Umstrukturierung mögen dies kleine Schritte
sein, doch für ein konservatives, paternalistisches Unternehmen aus Kentucky gehörte schon einiger Mut dazu. In der Unternehmenszentrale
hatte man das Gefühl, als würde die Vogelmutter die Küken aus dem
Nest werfen, bevor diese fliegen konnten.

Der Aktienkurs schnellte sofort in die Höhe – eine Folge der stärkeren Konzentration auf den Aktionär. Und vor allem war jeder Division
der Firma und jeder Abteilung in der Zentrale nun klar, daß sie ab jetzt
ihre Existenz rechtfertigen mußten. John Hall hatte ein eindeutiges Signal gesetzt, den Shareholder Value ab nun nicht mehr zu vernachlässigen. Die paternalistische Tradition der Firma hatte ausgedient. Jeder
im Unternehmen würde zur Wertschöpfung beitragen – oder die Konsequenzen ziehen müssen.

Weitere Interessengruppen

In der Vergangenheit haben sich die Firmen um ihre Konkurrenten, ihre
Zulieferer, die Kunden und um die staatlichen Regulatoren gekümmert
– dies ist zumindest die Liste, die Michael Porter Mitte der achtziger
Jahre veröffentlichte. Doch es gibt daneben noch weitere Interessengruppen, und immer mehr Unternehmen beziehen deren Bedürfnisse
ebenfalls in ihre Visionen ein. Dieser Ansatz führte zu der Entwicklung
des „*Stakeholder*-Modells", das die Firmen als integrativen Teil des sozialen Gefüges definiert.

Ben und Jerry's, ein Eiscremeproduzent in Vermont, ist so ein Unternehmen: Es kann als ökologisch und sozial bewußt beschrieben werden, gewissermaßen als späte Inkarnation der Hippiebewegung. Es
werden zum Beispiel ausschließlich natürliche Produkte verwendet,
und bis vor kurzem war das Verhältnis zwischen dem Gehalt des CEO
und dem des rangniedrigsten Mitarbeiters auf 7 : 1 festgeschrieben. Als
die Firma sich allerdings nach einem neuen CEO umsehen mußte, war
man gezwungen, dieses Fairness-Prinzip aufzugeben.

Ein weiteres Beispiel ist Tom's of Maine, eine Zahnpastafabrik. In einem von multinationalen Konzernen wie Procter & Gamble, Lever Brothers und SmithKline Beecham's dominierten Markt mischt Tom's of Maine mit – geleitet von einer Vision, die auf einer Gesundheits- und Umweltphilosophie basiert. Und auch die Konfektionsfirma Esprit legt ebensoviel Gewicht auf soziales Bewußtsein wie auf den Börsenkurs. Das britische Kosmetikunternehmen Body Shop International schließlich vermarktet geschickt sein Umweltbewußtsein gut sichtbar – sehr zum Vorteil der Aktionäre.

Aller Wahrscheinlichkeit nach werden Unternehmen in Zukunft eine dominantere Rolle in Bereichen spielen, die bis jetzt dem Staat vorbehalten waren. Angesichts der wachsenden Unzufriedenheit mit ausufernden Staatsausgaben und Verschwendung von Steuergeldern werden sich die Menschen verstärkt dem privaten Sektor als Hoffnungsträger für eine bessere Gesellschaft zuwenden. Die Revitalisierung der Innenstädte und das Schul- und Ausbildungswesen gehören zu den aussichtsreichsten Kandidaten für vermehrtes privatwirtschaftliches Engagement (vgl. dazu auch Kapitel 12).

GEMEINSAME WERTE ETABLIEREN

Haben Sie schon bemerkt, daß sich gute Unternehmen fast immer durch ein solides Wertesystem auszeichnen? In vielen Fällen liegt die Stärke eines Unternehmens nicht so sehr in seiner Strategie, ja nicht einmal unbedingt in seinen Produkten, sondern hauptsächlich in seiner Verhaltensweise.

Disney ist dafür ein klassisches Beispiel. Sie können jetzt natürlich all die großartigen Leistungen Disneys aufzählen: die Themenparks, die Filme, die Zeichentrickkunst – das wirklich Wunderbare an Disney sind aber die Leute und die Freude, die sie mit ihrer Arbeit weitergeben. Einer der Autoren war einmal mit seiner Familie im EuroDisneyland (trotz seiner finanziellen Probleme bietet EuroDisney dasselbe Leistungsniveau wie die restliche Disneywelt). Seine Frau und er stellten sich in einer Warteschlange vor einer Cafeteria an und versuchten, so gut es ging, zwei Tabletts mit Essen, einen Kinderwagen und das dazugehörige Baby zu jonglieren, während sie auch noch auf ihr zweites

Kind achtgeben mußten. Ehe sie sich versahen, kam plötzlich eine junge Dame hinter der Theke hervor und bot an, das Baby samt Kinderwagen zu einem Babysitz an einem der Tische zu bringen. Eine ganz einfache Sache – und dennoch: Diese Freundlichkeit alleine lohnte schon den Besuch bei EuroDisney!

Wo hat diese freiwillige, echte Fürsorglichkeit ihre Wurzeln? Sicher nicht in einer Unternehmensrichtlinie, in der den Mitarbeitern vorgeschrieben wird, Eltern mit einem Lächeln im Gesicht an ihre Tische zu geleiten und ihnen auch noch das Baby samt Wagen abzunehmen. Und die junge Dame hat für ihre Hilfsbereitschaft bestimmt auch keinen Extrabonus erhalten. So wird eben bei Disney gearbeitet! Dieses Verhalten ist in die Grundwerte des Unternehmens eingebettet – es hat mit den Leuten zu tun, die bei Disney eingestellt werden, und auch mit der Ausbildung, die sie erhalten. Ob in Frankreich, Japan oder den USA – der unverwechselbare, in den Unternehmensgenen verankerte Impetus für perfekten Disney-Service ist überall in der Welt spürbar.

Werte machen die „Persönlichkeit" des Unternehmens aus. Als erworbene Eigenschaften erzeugen sie gemeinsam mit den genetisch ererbten Charakterzügen der Bio-Organisation eine „Persönlichkeit", von der jeder innerhalb und außerhalb des Unternehmens berührt wird. So wie die Eltern den stärksten Einfluß auf die Entwicklung des Wertesystems ihrer Sprößlinge ausüben, gehen in einem Unternehmen die stärksten Impulse von der obersten Führungsebene aus. Es liegt in ihrer Verantwortung, dem Unternehmen die richtigen Werte einzupflanzen. Sie sind wesentlicher Bestandteil der Firmenkultur, die über Sieg oder Niederlage eines Unternehmens entscheiden kann.

Anders als strategische Intentionen und Interessengruppenpläne, die für viele Mitarbeiter außerhalb des Topmanagements oft von geringer Bedeutung sind, betreffen Werte alle Personen, ob sie nun innerhalb oder außerhalb des Unternehmens stehen. Das Wertegerüst eines Unternehmens kann Kunden und Lieferanten anziehen oder abschrecken. Werte können einen Anreiz bilden, als Mitarbeiter in die Firma einzutreten, oder können den Anstoß zur Kündigung geben; sie nehmen Leute in einflußreichen Stellungen für oder gegen das Unternehmen ein – etwa Gesetzgeber, Beamte in der öffentlichen Verwaltung usw.; und sie regen Allianzen und Partnerschaften entweder an oder verhindern diese. Kurz gesagt, sie repräsentieren die Essenz des Unternehmenscharakters und sind der Schlüsselfaktor seiner Persönlichkeit.

Jedes Unternehmen hat eine Persönlichkeit. Citibank ist beispiels-weise als aggressives Unternehmen mit einem starken Glauben an technologischen Fortschritt bekannt – dadurch ist es mehr für dynami-sche, risikofreudige Menschen attraktiv und weniger für Leute, die mehr Wert auf Sicherheit legen. Merrill Lynch ist ebenfalls eine ag-gressive Firma, bekannt dafür, ihre leistungsstarken Mitarbeiter sehr gut zu bezahlen, was die Rekrutierung begabter Leute erleichtert. In der vergleichsweise gemächlichen und konservativen Versicherungs-branche ragen Prudential und AIG als dynamische Innovatoren heraus. New York Life hat demgegenüber in den achtziger Jahren aus seiner Verschlafenheit eine Tugend gemacht. Nachdem sie den Zusammen-bruch der Junk-Bond- und Immobilienmärkte, (auf denen New York Life sich nicht engagiert hatte) ohne Schrammen überstanden hat, kann sich die Gesellschaft heute als stabile, zuverlässige Institution präsen-tieren.

Die meisten Telefongesellschaften unterliegen nach wie vor dem Wertesystem des ehemals reglementierten Umfelds und pflegen ihr Netzwerk und ihre Beziehungen zu den gesetzgebenden Institutionen. Nur wenige haben den Sprung in die Wildnis der Reglementierungs-freiheit geschafft. Einige sind gar nicht bereit, ihre Werte und Persön-lichkeiten an die sich ändernden Zeiten anzupassen. MCI wiederum hinterläßt allmählich eher den Eindruck eines Investmentbankers als den eines Telekommunikationsunternehmens – was die Partnerschaft mit BT (ehemals British Telecom), dem gesetzten, lange Zeit staatlich reglementierten britischen Telekommunikationskonglomerat unter kul-turellem Aspekt sehr interessant macht.

Eine strategische Intention liefert das zentrale Bild einer Vision, das Abbild der angestrebten Zukunft. Das Management der Interessengrup-pen stellt sicher, daß auf der Reise zur Vision niemand zurückbleibt. Werte bilden das Band, von dem alle Beteiligten unterwegs zusammen-gehalten werden.

Die Entstehung von Werten bei CIGNA P & C

Gerry Isom gab seine neue Vision für CIGNA P & C Ende Juli 1993 bekannt. Kurz danach setzte er ein weiteres Zeichen.

Als alter Hase in der Branche wußte er, daß der Versicherungs-bereich von analytischen Konstrukten und mathematischem Denken beherrscht wurde. Es war ihm klar, daß er – wenn sein Transformationsversuch erfolgreich sein sollte – der analytischen Seite seiner Firma gerecht werden und ein konzeptionell ausgefeiltes Bild seiner Vision vorlegen mußte. Er erledigte diese Aufgabe durch ein Führungskräfte-Meeting, einen Brief an die Manager und eine Kommunikationskampagne. Der Menschenkenner Isom war sich aber auch im klaren, daß die Vision neben aller analytischen Korrektheit auch die Herzen der Mitarbeiter ansprechen mußte. Dazu war seiner Ansicht nach die Ausarbeitung eines Wertesystems notwendig, mit dem sich das gesamte Unternehmen identifizieren konnte.

Zuerst begann er den Dialog mit seinem Führungsteam, dann weitete er diesen bei zahlreichen Besuchen vor Ort auf die gesamte Firma aus. Die in Erscheinung tretenden Werte kamen aus allen Bereichen. Isom gefiel das. Was die Werte betraf, war er überzeugter Eklektiker.

„Konzentration aufs Geldverdienen", hieß das erste Prinzip; ein einfacher Grundsatz, den die Firma scheinbar vergessen hatte. Dieser Grundsatz rechtfertigte unternehmerisches Wagnis, solange man wußte, was man tat. Dieser Grundsatz löste auch mannigfache Diskussionen aus, wie sich in der Versicherungsbranche überhaupt Geld verdienen läßt.

„Die Kultur ist der schwierigste Teil", meint Isom. „Wir hatten eine prozeßorientierte Kultur im Gegensatz zu einer gewinnorientierten. Die Leute erstellten und versandten Berichte, ohne einen Gedanken daran zu verschwenden, warum sie das taten. Das haben wir alles geändert."

Im Versicherungsgeschäft hat Geldverdienen viel mit dem Wettgeschäft gemein – es kommt darauf an, sich die besseren Chancen zu sichern. Das Risiko muß über eine möglichst große Zahl gut erfaßter Versicherungsnehmer verteilt werden, um eine statistisch voraussagbare Entwicklung der Schadensansprüche zu erhalten. Einige CIGNA-Manager hatten dieses einfache Prinzip offenbar vergessen. Sie prüften eine Kundenakte und stellten fest, daß es in den letzten Jahren kaum Schadensfälle gab. Sie hatten Angst, Geschäft zu verlieren, und ignorierten die Tatsache, daß statistische Profile sich auf Durchschnittswerte beziehen, nicht aber auf die Wirklichkeit, und beeilten sich, die Prämien zu senken, um das laufende Geschäft zu sichern. Dies wiederholte sich so oft, bis es schließlich zu einer Verschiebung des Wahrscheinlichkeitsprofils kam. Letztes Endes trafen die Schadensmeldungen aber ein, und mit der Rentabilität war's vorbei.

„Kooperation quer durch alle Geschäftseinheiten" lautete ein weiterer Wert. Er unterstützte das Spezialistendenken durch die Anerkennung selbständiger Geschäftseinheiten, stellte aber gleichzeitig die Forderung auf, Ressourcen und Informationen bereichsübergreifend zu teilen. Den Risikoprüfern kam dies sehr gelegen, weil damit ihr spezifisches Know-how legitimiert wurde. Es war auch ein Signal an die Leute in der Schadensabteilung und der allgemeinen Verwaltung, daß auch unter dem neuen Regime genug Platz für gemeinsame Ressourcen war. Dieser Wert gilt auch für die neue Beziehung, die Isom zum Konzern herstellen möchte, und zwar eine, die sich durch Vertrauen und Eigenverantwortlichkeit auszeichnet anstatt durch Mikromanagement und beständige Kontrolle.

„Sowohl P & C als auch der Konzern hatten schlechte Gewohnheiten angenommen", klagt er. „Wir hatten verlernt, uns gegenseitig zu vertrauen, und spielten Katz und Maus miteinander. Heute rufe ich einfach an, wenn ich etwas brauche, und die Leute bemühen sich wirklich, mir behilflich zu sein. Und sie halten es genauso."

Ein weiterer neuer Wert lautete „Serviceorientierte Beziehungen zu den Produzenten herstellen" (unter „Produzenten" versteht man in der Versicherungsbranche die unabhängigen Agenten und Makler, die als Vermittler zwischen Policeninhabern und Versicherer agieren). Für einen Außenstehenden mag dies selbstverständlich, ja banal erscheinen, doch CIGNA P & C hatte seine Produzenten tatsächlich vernachlässigt, und der Wert dieser Beziehung mußte explizit bestätigt werden. Dazu ergaben sich interessante Fragen, was bei einer Sach- und Unfallversicherung unter „Service" zu verstehen sei.

„Berufliches Selbstbewußtsein stärken" gehörte ebenfalls zum Wertekatalog – und dies gewiß nicht zu Unrecht! Unter Beschuß durch die Muttergesellschaft, Bewertungsagenturen und Börsenanalysten, fühlte sich die Division wie eine Truppe von Invaliden. Für Isom war es ein sehr befriedigender Augenblick, als sich einige Monate später dieses Selbstbewußtsein zu regen begann. Die Ergebnisse begannen bereits sich zu verbessern, als ein junger Underwriter zu einem Mitglied des President's Executive Council (PEC) sagte: „Sehen Sie, daß wir Geld verloren haben, lag nicht an unserer Dummheit – wir waren nur schlecht geführt!"

Ein Wert, den Isom zwar niemals öffentlich artikuliert hat, dessen Gültigkeit er aber täglich aufs neue unter Beweis stellt, ist der Glaube an die Technologie. Da er der Ansicht ist, Versicherung sei ein Informationsspiel, sind Technologie und ihr Einsatz von entscheidender strategischer Bedeutung. Isom zeigt sich in höchstem Maße an allen technologischen Neuerungen interessiert, die einen freieren Informationsfluß zwischen Maklern, Risikoprüfern und Schadensbearbeitern ermöglichen. Und er hat seine Bereitschaft zu bedeutenden Investitionen in diesen Bereich unter Beweis gestellt.

Er ist auch ein überzeugter Verfechter des Prinzips der Delegation von Verantwortung. Er ist gerne bereit, die allgemeine strategische Ausrichtung der Firma von oben herab zu definieren, wie er es bei der Spezialisierungsstrategie getan hat, doch er hält sehr wenig davon, irgend jemandem etwas aufzuzwingen. Gnadenlos ist er nur in seinen Erwartungen; und er versucht immer wieder, mit neuen Ansätzen zum Ziel zu kommen, bevor er aufgibt.

„Meine Aufgabe ist eigentlich ganz einfach", so Isom. „Ich fliege in 10 000 Meter Höhe und beobachte, wie ein Puzzle zusammengesetzt wird."

Keiner dieser Werte ist ausgesprochen neu oder überraschend. Eigentlich sind sie für eine Sach- und Unfallversicherung selbstverständlich und plausibel. Trotzdem waren sie bei CIGNA P & C verloren, vergessen oder erstickt worden, und es bedurfte Isoms Energie, sie wieder an die Oberfläche zu holen. So simpel sie erscheinen mögen, sind sie einerseits doch spezifisch genug, um die Fehler der Vergangenheit zu lokalisieren, und andererseits unbestimmt genug, um ihnen durch Detaillierung Substanz zu verleihen.

Die Entwicklung der CIGNA-P & C-Werte ist nicht abgeschlossen. Jeden Tag finden in irgendeiner Ecke des Unternehmens Diskussionen über die Bedeutung der einzelnen Werte statt. Vielfach wird behauptet, diese Diskussionen wiederholten immer das gleiche und brächten wenig neue Erkenntnisse. Doch Isom weiß, daß der Entwicklungsprozeß dieser Werte und die geistige Beschäftigung mit ihnen genauso wichtig sind wie ihr Inhalt selbst. Und er vergißt nie, mit neuen Mitarbeitern über diese Werte zu sprechen.

Manchmal macht man ihm Vorwürfe wegen seines missionarischen Eifers. „Sie verstehen nicht", entgegnet er dann lachend, „genau das macht mir Freude an meinem Job."

Karl und die Vision und Werte bei Woodbridge

Wir haben Karl verlassen, als er sich – angeregt durch seinen Freund, den Werkmeister – allmählich für das geplante Transformationsprogramm zu erwärmen begann. Die Sache fing an, ihn zu interessieren, und er wurde langsam bereit, sich darauf einzulassen. Seither sind die Dinge erschreckend konkret geworden. Karl ist nun an der Spitze eines Teams, das für die Neugestaltung der gesamten Auftragsabwicklung in allen Werken zuständig ist! Eine große Sache ist das für Karl, zumal er ja nur einer von sechs Produktionsplanern ist, und die Auftragsabwicklung vom Bestelleingang bis zur Warenauslieferung umfaßt schon wesentlich mehr als die einfache Planung. Er hat nun vorübergehend Gestaltungsmöglichkeiten in Bereichen erhalten, von denen er so gut wie nichts weiß, etwa Auftragseingang und Transport.

Karl kann nicht sagen, warum sie ausgerechnet ihn genommen haben. Einer der Transformations-Agenten sagte: „Weil Sie eine natürliche Kooperationsfeindlichkeit besitzen." Einer seiner Kollegen meinte, man habe Karls Nominierung so formuliert: „Wenn du diesen Miesepeter zum Mitmachen bringst, haben wir's geschafft." Doch Karl kann nicht glauben, daß dies der wahre Grund ist. Er ist neugierig und – seien wir ehrlich – mehr als nur ein wenig geschmeichelt.

„Wo soll ich anfangen?" fragt sich Karl. Er weiß, daß in der Auftragsabwicklung so viel schiefläuft, daß es zum Haareraufen ist. Vielleicht wäre sein Team mit der „Sortierung eines Müllhaufens" noch besser bedient gewesen.

Plötzlich hat er eine Idee. „Na klar, ich fang' mit der Vision an! Die Vision ist doch der Ausgangspunkt von allem." Er beschafft sich also ein Exemplar des *Woodbridge Papers Mission Statements* und liest mit Andacht:

Wir werden in Nordamerika Marktführer sein bei der Produktion und Lieferung von bedrucktem Verpackungspapier aufgrund einzigartiger Servicequalität und eines Kostenvorteils, bedingt durch *Economies of Scale*.

Große Worte! Mal sehen, denkt er bei sich. „Service" – das hat etwas mit Auftragsabwicklung zu tun. Und „Economies of Scale" – das könnte in Richtung Zentralisierung des Abwicklungsprozesses deuten.

Aber im Grunde ist das alles viel zu vage. Karl braucht etwas, an dem er sich festhalten kann.

Karl kommt zu dem Schluß, daß das *Mission Statement* zwar nicht allzu nützlich sein wird, die Werte in der Firma aber doch in einem Wandel begriffen sind. Die Sache mit dem „Teamwork" wird offenbar ziemlich ernst genommen, und es wird ihm gar nichts anderes übrig bleiben, als mit seinem Projekt einen Beitrag zu leisten. Er hat eine Reihe von Besprechungsterminen mit den Planern der anderen Werke festgelegt, und dann sind die dran, sich etwas zu überlegen. Der Vice President für Produktion ist ihr „Sponsor", was nichts anderes bedeutet, als daß er jeden zweiten Tag anruft und sich nach den erzielten Fortschritten erkundigt.

Man hat ihnen sogar eine „Moderatorin" geschickt, die sich um Telefongespräche und Teamsitzungen kümmert. Sie geht ihm ab und zu ganz schön auf die Nerven mit ihrem „Prozeß"-Gerede. Wie man eine Sitzung abhält, wußten sie auch, bevor diese junge Dame aus der Zentrale auftauchte. Was soll also das Getue mit Terminplänen, Tagesordnungspunkten, Zeitbudgets und all der andere Humbug?

Gelegentlich schimpft sie mit ihm sogar. Sie macht das zwar in spaßigem Tonfall, aber trotzdem: Sie schimpft ihn aus! Oder wenn er beispielsweise über die Transportleute zu fluchen beginnt, dann macht sie immer so ein mißbilligendes Gesicht. In letzter Zeit hat er das Fluchen ein wenig eingeschränkt, zuckt nur mehr angewidert mit den Schultern. Und eines muß man der Lady ja zugestehen: Sie nimmt ihm eine ganze Menge lästiger Arbeit ab – setzt die Sitzungen für ihn fest, stellt Informationen zusammen und sorgt dafür, daß jeder weiß, worum es in der Sitzung gehen wird. Ihre Prozeßbesessenheit hat immerhin zu mehr Disziplin geführt, die ihnen hilft, mit der Arbeitslast zurechtzukommen.

Eines der interessantesten Dinge für Karl war die Entdeckung, daß das Gespräch mit den Kollegen in der Tat nützlich sein konnte. Erst gestern hat der kanadische Produktionsplaner während einer Besprechung erwähnt, er habe kein Zinnoberpapier mehr. In Karls Werk hatten sie aber eben einen Zinnoberlauf abgeschlossen und noch Papier übrig, also sorgte Karl dafür, daß der Posten umgehend nach Kanada geliefert wurde. Und der Mann in Chicago sagte ihm, daß man mit „Heißschneiden" (Schneiden des Papiers unmittelbar neben der Papiermaschine, wenn es noch warm ist) deutlich bessere Ergebnisse erzielt habe als mit der alten Technik. Karl nahm sich vor, das so bald wie möglich auszuprobieren.

Außerdem macht es Spaß, mit anderen, die dasselbe machen, über den Job zu quatschen. Er ertappt sich jetzt sogar dabei, daß er sich auf die Besprechungstermine richtiggehend freut. Klar, daß er nach wie vor darüber murrt, aber das liegt mehr daran, daß er seinem Ruf als „Miesepeter" gerecht werden muß. So schnell streift ein Karl seine alte Identität dann doch nicht ab, oder?

ZIEL- UND MESSGRÖSSEN-SYSTEM VERANKERN

Niemand mag Heuchler, heißt es. Ein Heuchler bekennt sich verbal zu bestimmten Prinzipien, handelt aber nach ganz anderen, oft von hinterhältigen Motiven getrieben. Im Gegensatz dazu erfreuen sich integre Personen allgemeiner Wertschätzung. Integre Personen „walk the talk"; ihre Handlungen sind auf Ziele gerichtet, die Zielen dienen, die wiederum einem übergeordneten Wertesystem entsprechen. Der Scheinheilige fühlt sich seinen verkündeten Werten offenbar nicht verpflichtet. Der Integre aber sehr wohl! Den Unterschied erkennen wir, indem wir die Übereinstimmung von Handlungen, Zielen und Werten messen.

Auch ein Unternehmen kann bigott sein. Es kann eine inspirierende Vision und ein Wertesystem formulieren und seine Handlungen dennoch an vollkommen anderen Standards ausrichten. Im Unterschied zum Menschen jedoch steckt bei Unternehmen selten Berechnung dahinter. Ihnen fehlt vielmehr ein einheitliches, integriertes Ziel- und Meßgrößensystem, das für die Umsetzung von Visionen und Werten in Handlungen erforderlich ist, die das Unternehmen in die richtige Richtung lenken.

Im Idealfall sind sowohl das menschliche als auch das unternehmerische Leben Abfolgen zielorientierter Handlungen, und der Erfolg wird anhand der Zielerreichung gemessen. So wie die menschliche Integrität von der Übereinstimmung zwischen Handlungen und Zielen abhängt, so ist es auch im unternehmerischen Bereich. Und wie eine integre Persönlichkeit Zeugnis ihres ehrlichen Engagements ablegt, indem sie das

Erreichte an den vorher festgeschriebenen Zielen mißt, so ist es auch bei der Bio-Organisation.

Das aufrechte Bekenntnis der Bio-Organisation zu ihrer Vision und ihren Werten manifestiert sich in ihrem Meßgrößensystem. Der Aufbau dieses Systems ist Aufgabe des dritten Unternehmens-Chromosoms. Das Meßgrößen-Chromosom hat vier Gene, die den folgenden vier Aufgaben für die Gen-Architekten des Unternehmens entsprechen:

1. *Top-level-Ziele und Meßgrößen entwickeln.* Ein physikalisches Meßgrößensystem ist auf einer Reihe von Standardeinheiten aufgebaut, die allgemeine Attribute unterschiedlicher Körper wiedergeben: Meter für das Längenmaß, Kilogramm für die Masse, Liter für das Volumen, Sekunden für die Zeit und so weiter. Ebenso ist ein Unternehmens-Meßgrößensystem auf einer Gruppe von Maßeinheiten aufgebaut, die allgemein Leistungsattribute aus unterschiedlichen Perspektiven repräsentieren.

Die „Balanced Scorecard" (BSC) ist ein Modell eines solchen Meßgrößensystems. Sie bietet die Möglichkeit, die Vision eines Unternehmens in ein System von Zielen und Meßgrößen auf hohem Niveau zu übersetzen, das als Maßstab für alle anderen Messungen herangezogen wird. An das Unternehmen werden von einem übergeordneten Standpunkt aus die folgenden Fragen gestellt: „Wie soll das Unternehmen aus Kundensicht aussehen? Wie aus dem finanziellen Blickwinkel (der Perspektive der Aktionäre)? Wie unter internem Produktionsaspekt? Und wie unter dem Gesichtspunkt von Innovation und Lernprozessen?" Innerhalb jedes dieser Bereiche wird eine Gruppe strategischer Ziele geschaffen, denen entsprechende Zielmeßgrößen zugeordnet werden. Im Idealfall sieht es so aus, daß die Vision der Firma dann verwirklicht ist, wenn die strategischen Ziele erreicht sind.

Da sie sämtliche unternehmensrelevante Perspektiven in einem ausgewogenen Verhältnis berücksichtigen, sind diese „strategischen Vektoren" geeignet, der Unternehmensführung die „Instrumententafel" zur Verfügung zu stellen, mit der sie die Auswirkungen von Aktivitäten und Initiativen im gesamten Unternehmen abschätzen kann. Im Idealfall können sogar kleine, örtlich begrenzte Initiativen, die von ihren eigenen Zielen und Meßgrößen geleitet werden, mittels einer Kausalkette auf ihre Auswirkungen auf die an der Spitze etablierten Unternehmensziele und Meßgrößen hin untersucht werden. Auf diese Weise erzeugen

die vom Management anfangs erarbeiteten Ziele und Meßgrößen die
motivierende Kraft und den Integrationsrahmen für die Aktivitäten des
gesamten Unternehmens. Die Aufgabe der Führung besteht hier darin,
die BSC oder ein gleichwertiges Instrument – und damit das Steue-
rungsmodell für den gesamten Transformationsprozeß – zu schaffen.

2. *Abhängigkeit zwischen den Zielgrößen identifizieren und Maßnahmen priorisieren.* Wie die Millionen vergessener Neujahrsvorsätze beweisen, bleiben Ziele und Vorhaben so lange leere Worte, bis ihnen
konkrete Handlungen folgen. In diesem Schritt trifft die Führung Vor-
bereitungen für konkrete Handlungen, indem sie die Kausalzusammenhänge oder *Abhängigkeiten* zwischen den Zielgrößen auf oberster
Ebene identifiziert. Wenn die Zielgrößen korrekt formuliert sind,
herrscht innerhalb der BSC ein ständiger Fluß. Lern- und Innovationsziele wirken sich auf operative bzw. Prozeßziele aus. Das Erreichen
von operativen bzw. Prozeßzielen zieht positive Kundenreaktionen
nach sich, und hohe Erfolgsquoten bei Kundenzielen führen zu positiven finanziellen Ergebnissen.

Einer der Schlüssel zur Gesundheit eines Unternehmens liegt in der
Logik, daß „Backroom"-Indikatoren in „Frontroom"-Finanzerfolge
umgewandelt werden. Dieser Zusammenhang liefert die konzeptionelle
Grundlage für den Aufbau einer unternehmensweiten Hierarchie aus
Kausalpfaden, die es beispielsweise ermöglicht, die finanziellen Auswirkungen einer Reduktion der Auftragsbearbeitungszeit von 30 auf
3 Tage zu ermitteln. Der Aufbau logischer Abhängigkeiten zwischen
den Top-level-Zielen ermöglicht tiefere Einsichten in die Kausalbeziehungen, die die Leistung des Unternehmens determinieren. Wenn sich
die Kausalpfade untereinander verbinden und vernetzen, entsteht ein
Geflecht *metabolischer Pfade** über alle 12 Bio-Systeme der Organisation hinweg. Dadurch können die Verantwortlichen die Auswirkungen
geplanter Initiativen im Modell durchspielen oder die Fortschritte bereits laufender Initiativen verfolgen und diese schließlich mit High-
level-Zielen aller vier Dimensionen der BSC verknüpfen.

Dieses Geflecht aus Abhängigkeiten ist in der Regel eine außerordentlich wertvolle Mobilisierungsübung für die Unternehmensführung.
Die einzelnen Mitglieder des Führungsteams erhalten so die Möglich-

---

* Analogie mit dem Stoffwechsel, der Nahrung in Energie umwandelt. (Anm. d. Übers.)

keit, ihre eigenen geistigen Modelle der Funktionsmechanismen im Unternehmen vorzustellen und gleichzeitig von den Kollegen und Kolleginnen zu lernen. Es wird ein gemeinsamer Bezugsrahmen geschaffen, um die Komplexitäten des Transformationsprozesses zu durchdenken und zu planen.

3. *Bottom-up Business Case für den Wandel erstellen.* Während das Führungsteam das obere Ende des Meßgrößensystems konzipiert, zahlt es sich aus, bereits jetzt Teams vor Ort arbeiten zu lassen. Sie sollen die Verbesserungsmöglichkeiten im operativen Tagesgeschäft identifizieren und potentielle Vorteile quantifizieren. Normalerweise liefert das Führungsteam die operativen Grobziele, beispielsweise die Kosten um 300 Millionen Dollar zu senken. In Zusammenarbeit mit den Teams vor Ort kommt es in der Folge darauf an, Optimierungspotentiale zu identifizieren, die zu unmittelbaren Ergebnissen führen können. Diese Erkenntnisse gehen ein in den *Business Case für den Wandel.*

Die Entwicklung des Business Case erfordert den Aufbau eines Bottom-up-Systems von Meßgrößen und Zielen, obgleich der Schwerpunkt nicht notwendigerweise auf der Konzeption eines Meßgrößensystems liegt. In erster Linie geht es darum, Begeisterung zu entfachen und die Ressourcen zu finden, mit denen die Transformation vorangetrieben werden kann, nicht um die Verknüpfung der Bottom-up-Meßgrößen mit denen auf Top-level. Dies kommt erst zu einem späteren Zeitpunkt dran.

Der Business Case ist geeignet, die Leute mitzureißen. In der Regel kennen die beteiligten Mitarbeiter viele der Probleme schon seit Jahren, hatten aber nie die Befugnis, etwas dagegen zu unternehmen. Jetzt können sie nicht nur Lösungen empfehlen, sondern außerdem die dazugehörigen finanziellen Auswirkungen aufzeigen. Dies steigert natürlich das Vertrauen darin, daß nun endlich Maßnahmen ergriffen werden. Wenn die Leute darüber hinaus Prozesse verbessern dürfen, die mehrere unterschiedliche Funktionsbereiche umfassen, fördern sie nicht selten gänzlich neue, unkonventionelle Arbeitsmethoden zutage und erzeugen damit noch weiterreichende Nutzenpotentiale, als ursprünglich erwartet. Das Topmanagement hat in dieser Phase die Aufgabe, Handlungsbereitschaft zu demonstrieren und das Team zu ermuntern, möglichst bald erste Ergebnisse zu erzielen.

4. *Top-down- und Bottom-up-Meßgrößen verbinden.* Der letzte Schritt beim Aufbau eines Meßgrößensystems besteht in der Verbindung der Top-down- und der Bottom-up-Meßgrößen. Wenn die Meßgrößen und Ziele auf allen Firmenebenen relevant sein sollen, müssen sie in eine Serie von Key Performance Indicators (KPI), d. h. *zentrale Leistungs-indikatoren* umgesetzt werden, die jeweils an einen spezifischen Prozeß gebunden und eindeutig mit den höher angesiedelten, strategischen Meßgrößen verknüpft sind. Dieser Prozeß wird in moderierten Workshops durchgeführt, in denen die Mitarbeiter auf kreative Art die detaillierten Abhängigkeiten und Verbindungen zwischen ihren situationsgebundenen Meßgrößen und den in der Balanced Scorecard enthaltenen Top-down-Meßgrößen nachzeichnen.

Dieser „Mapping"-Prozeß besteht darin, kausale Abhängigkeiten der Lower-level-Ziele von den High-level-Zielen und letztlich von den Meßgrößen der BSC abzuleiten. Das Ergebnis ist ein integrierter „Baum" oder eine Hierarchie von Meßgrößen, die Initiativen und Aktionen auf allen Unternehmensebenen mit der BSC verknüpft.

Die Unternehmensführung spielt an dieser Stelle die ausschlaggebende Rolle, indem sie einen regelmäßigen systematischen Kontrollprozeß leitet, in dem die Leiter von Initiativen auf allen Unternehmensebenen zusammenkommen. Sie bewerten die Fortschritte und stellen sicher, daß alle Initiativen durch ihre Ziele und Meßgrößen aufeinander abgestimmt sind.

TOP-LEVEL-ZIELE UND MESSGRÖSSEN ENTWICKELN

Angesichts schwindender Wettbewerbsfähigkeit suchen die meisten Firmen nach einem Weg, durch Prozeßneugestaltung Verbesserungen zu erzielen. Sie haben dafür ein variantenreiches Menü an Aktionsmöglichkeiten zur Auswahl: „Prozeßoptimierung", „Restrukturierung", „Reengineering", „Radikales Neudesign". Einige Varianten des Reengineering-Themas sind ja sehr effektiv, aber sie alle gehen von der Annahme aus, daß wir genau wissen, was wir da eigentlich umgestalten wollen. Keine gibt uns darüber Aufschluß, welche Prozesse neu gestaltet werden sollen, oder welche zuerst drankommen.

In der Reengineering-Literatur widmete man sich beispielsweise sehr ausführlich der Umstellung der Lieferantenbuchhaltung bei Ford in den frühen achtziger Jahren. Indes erhebt sich natürlich die Frage, warum man bei Ford ausgerechnet zu einer Zeit, als man größte Schwierigkeiten hatte, marktgerechte Fahrzeuge herzustellen, der Kreditorenbuchhaltung Priorität einräumte!

Die Balanced Scorecard gibt der Unternehmensführung den Kompaß in die Hand, den sie zur Auswahl, Priorisierung und Überwachung von Initiativen benötigt, und sie gewährleistet, daß die anstehenden Initiativen zur Prozeßumgestaltung den langfristigen strategischen Endzielen des Unternehmens dienen. Der Start größerer Initiativen aufs Geratewohl wird ausgeschlossen; die Wahrscheinlichkeit wird minimiert, daß Menschen und Ressourcen verschwendet werden, weil sie womöglich an den falschen Problemen arbeiten oder isoliert mit der Verbesserung einzelner Abläufe beschäftigt sind, während die Wettbewerbsfähigkeit des Unternehmens beständig abnimmt. Wer sich kopfüber in eine umfangreichere Prozeßumgestaltung stürzt, handelt wie ein Chirurg, der schon nach dem Skalpell greift, ehe er das Problem des Patienten diagnostiziert hat.

Karl leidet an Schizophrenie

Karl wachsen die Dinge ein wenig über den Kopf. Eine große Sache ist das, die Neugestaltung der Auftragsabwicklung bei Woodbridge, und er ist nicht sicher, ob er es schafft.

Im letzten Kapitel gab er sich gerade Mühe, sich aus der offiziellen Vision des Unternehmens Inspirationen zu holen, doch die bombastischen Allgemeinplätze boten ihm wenig Hilfe. Jetzt ist Karl bereit, sich um 180 Grad zu drehen. Wenn schon die Vision nichts taugt, dann wird er eben – ganz pragmatisch – am anderen Ende anfangen, dort wo's wehtut. Er wird sozusagen nach der Arztmethode verfahren, nach der Devise „Wo tut's uns denn heute weh?" Er spricht dazu mit verschiedenen Leuten und befragt sie zu den Herausforderungen in der Auftragsabwicklung, die Woodbridge ihrer Meinung nach meistern muß.

Dabei erfährt er, daß Woodbridge in der Tat Marktführer in seiner Branche ist, mit einem Marktanteil von nahezu 50 Prozent. Viele befürchten allerdings einen Verlust dieser Führungsposition, und ihr Pessimismus wird durch den schrittweisen Rückgang des Marktanteils in den letzten fünf Jahren bestätigt. Von Mountain View, dem Drittgrößten am Markt, scheint die größte Gefahr auszugehen. Die Leute sagen, Mountain View biete besseren Service, insbesondere bei den Lieferzeiten. Am besorgniserregendsten jedoch ist die Tatsache, daß Woodbridge nicht in der Lage war, das gesteckte Ziel von 25 Prozent „Return on Net Assets" (RONA)* in den letzten fünf Jahren zu erreichen, was den leitenden Angestellten empfindliche Bonusverluste bescherte. Na, wenn *das* kein Problem ist!

Aber was tun? Karl erinnert sich an einen Zeitungsartikel über einen Affen, der mit Wurfpfeilen Aktien auswählte und so mehr Erfolg hatte als ausgekochte Wallstreet-Profis. So will er die Themen auswählen, denen er sich widmen wird. Irgendwo im Zentrum der Dartsscheibe sind die „Service-Themen", was immer das auch heißen mag. Service scheint das Hauptproblem zu sein, insbesondere die Frage der Lieferzeiten. Das scheint der Problembereich Nummer eins zu sein, und er hat die Verantwortung dafür geerbt.

Aber er braucht mehr Informationen. Das hat er schon auf dem College gelernt: Wenn du nach der Aufarbeitung von hundert Seiten Studienmaterial noch Zweifel hast, verlange einfach „mehr Informationen", und der Lehrer wird dich davonkommen lassen.

„Wie erkenne ich, was eine gute und was eine schlechte Leistung ausmacht?" fragt er sich.

Karl entscheidet sich für eine „Benchmarking"-Studie. Wie man hört, hat Mountain View das auch gemacht. Er ruft fünf Unternehmensberatungen an und fragt, ob sie mal vorbeikommen könnten für eine „Benchmarking"-Studie des Servicebereichs bei Woodbridge. Und alle sagen begeistert zu! Man zeigt ihm Unmengen von Daten, die man ihm gegen ein angemessenes Honorar gerne zur Verfügung stellen wollte. Ein Festival der dunklen Anzüge und der bunten Folien, L. L. Bean, Xerox, Honda, Mrs. Field's Cookies, Disney, Taco Bell! Eine Orgie von „Best Practice"-Beispielen im Servicebereich. Zwei Firmen bieten ihm gar Datenbanken, die er am Woodbridge-Computer selber durchackern kann. Für dreißigtausend Dollar kann er eine Kopie des Auftragsabwicklungszyklus eines führenden Produktionsbetriebes komplett mit sämtlichen Meßgrößen und Werksplan erwerben. Für weitere zehntausend Dollar bekommt er auch noch die technischen Pläne der F-16.**

---

* Rendite auf Nettoaktiva. (Anm. d. Übers.)
** Amerikanisches Kampfflugzeug. (Anm. d. Übers.)

Karl versteht jetzt, wie Firmen der Spitzenklasse ihren Service managen, aber er muß besser über seine eigene Branche Bescheid wissen: Packpapier. Insbesondere Mountain View liegt ihm im Magen, der Konkurrent, der ihnen Marktanteile abknöpft. Also nochmal zurück zu den „Benchmarks", aber diesmal auf die eigene Branche konzentriert. Karl erhält ein recht verschwommenes Bild. Einerseits ist Mountain View eindeutig besser hinsichtlich der Zeitspanne vom Auftragseingang bis zur Lieferung: sie benötigen für die Herstellung und Auslieferung des bestellten Papiers nur 10 Tage, im Vergleich zu 30 Tagen bei Woodbridge. Das erscheint Karl ganz beträchtlich. Und in punkto Reaktionsfähigkeit hat Mountain View ebenfalls die Nase klar vorne: Die Firma wird von den Kunden als besonders „flexibel", „entgegenkommend" und „angenehm" beschrieben, während man für Woodbridge Bezeichnungen wie „arrogant" und „steif" findet.

Andererseits hat Woodbridge ein weitaus größeres Produktionsprogramm als Mountain View. Die Produktpalette von Woodbridge umfaßt 440 Posten, die von Mountain View nicht mehr als 125. Karl weiß nicht, ob das nun gut oder schlecht ist, und er zieht etwas verwirrt die Stirn in Falten. Karl scheint einfach nicht rauszubekommen, was die wesentlichen Elemente der Auftragsabwicklung bei Woodbridge sind. Das Dilemma ist angesichts des umfangreichen Produktionsprogramms besonders gravierend. Einerseits nimmt er an, daß das Programm zu breit ist, und findet viele Lieferfristprobleme in dieser Tatsache begründet. Zu Hause schreibt Karl eines Abends folgendes auf sein Flip-chart:

> Unser Produktprogramm ist zu breit. Dadurch werden Produktion und Logistik behindert. Unsere Auftragsabwicklung wird verlangsamt, und unsere Kosten steigen. Auch unsere Reaktionsfähigkeit wird eingeschränkt. Aus diesem Grund ist es Konkurrenzunternehmen möglich, in ausgewählte Produktbereiche einzudringen und uns Marktanteile zu entreißen. Deshalb haben wir auch unser Return on Net Assets nicht erreicht.

Kein schlechtes Szenario. Und nicht ohne eine gewisse Eleganz, außerdem schlüssig und mit einem Schuß Dramatik. Und auch das Rezept versteht sich von selbst: Programmbereinigung! Her mit der Schere! Vereinfachen, entschlacken – das ist die Devise! Er geht zu Bett mit der Vorstellung französischer Parks mit sauberen Alleen und zierlich beschnittenen Hecken.

Um vier Uhr früh wacht Karl schweißgebadet auf. Und was, wenn das breite Produktprogramm in Wahrheit eine gute Sache ist? Wenn die Kunden das schätzen, ja davon abhängig sind? Karl reißt die Flipchart-Seite vom Vorabend runter und beginnt zu schreiben:

Unser Produktprogramm ist breit, und das ist uns ganz recht so. Es unterscheidet uns von der Konkurrenz. Wenn wir einen Weg finden, mit der Komplexität unseres Produktprogramms in Herstellung und Vertrieb umzugehen, werden wir unseren Marktanteil zurückerobern und unsere finanziellen Ziele erreichen.

Na ja, denkt Karl, das ist zwar kein voll ausgearbeitetes Szenario, aber immerhin ein heroischer Ausgangspunkt. Der Schluß ist ansprechend, aber der Mittelteil ist bestenfalls als spekulativ zu bezeichnen. Karl hat keine Ahnung, mit welchem Aufwand Betriebsabläufe angepaßt werden müssen, um eine Verkürzung der Lieferfristen zu erreichen, wenn man gleichzeitig das weltweit umfassendste Produktangebot beibehalten möchte. Aber es ist zumindest eine Idee. Diesmal träumt er von einem Amazonasurwald mit dichter Vegetation und gigantischen Bäumen.

Karl wird gewissermaßen schizophren. Verwirrt stellt er fest, daß er sein gesamtes Unternehmen zwei sehr unterschiedliche strategische Pfade entlangführen könnte: der erste kostenorientiert mit Standardprodukten, der zweite leistungsorientiert mit differenzierten Produkten. Er, Karl, Produktionsplaner in einem von sechs Woodbridge-Werken, sieht sich plötzlich den Schlüssel zum Königreich in Händen halten. Und er kann sich fürwahr eine angenehmere Situation vorstellen.

Eine Balanced Scorecard erstellen. Wenn er es auch nicht weiß, so zerbricht sich Karl doch über eine der größten Herausforderungen für das Topmanagement den Kopf: herauszufinden, welche Handlungsalternativen es gibt, und die möglichen Konsequenzen zu antizipieren.

Um ein echter Unternehmensdoktor zu werden, muß Karl zwei Dinge lernen. Erstens muß er erkennen, auf welche Meßgrößen es wirklich ankommt und wo die „Durchschnittswerte" dafür liegen. Der Arzt weiß, daß die Körpertemperatur wichtig ist und daß diese etwa 36,5 Grad betragen sollte; liegt sie wesentlich darüber oder darunter, so ist der Patient in Gefahr. Gleichermaßen ist der Blutdruck ein guter Indikator für den Gesundheitszustand eines Menschen. Wir wissen, daß dieser unter 100 Millimeter auf der Quecksilbersäule beim systolischen und unter 160 beim diastolischen Druck bleiben sollte. Zweitens muß Karl über die Kausalzusammenhänge im Unternehmenskörper Bescheid wissen. Es ist eine Sache zu wissen, daß die Körpertemperatur um die 36,5 Grad betragen sollte, und eine zweite zu erkennen, daß die Temperatur 42 Grad beträgt, weil der Patient Malaria hat. Wenn Karl den Zusammenhang zwischen Malaria und Körpertemperatur nicht durchschaut, wird er kein übermäßig erfolgreicher Arzt sein.

Die Balanced Scorecard (BSC) soll die Standardwerte für die Gesundheit des Unternehmens liefern und dazu das Instrument, mit dem sich Leistungsdefizite bis zu ihren Wurzeln zurückverfolgen lassen. Sie wurde ursprünglich von Robert Kaplan und David Norton entwickelt. Kaplan ist Professor an der Harvard Business School, und Norton leitet die Renaissance Strategy Group in Lincoln, Massachusetts, eine rasch wachsende Consultingfirma.

Mit Hilfe der BSC läßt sich eine Vision oder High-level-Strategie in Ziele und Meßgrößen für vier unterschiedliche Interessengruppen übersetzen (vgl. Abb. 3.1). Auch wenn Vision und Strategie feststehen, zieht die bei der Entwicklung der BSC aufgewendete Disziplin oft eine Neubewertung beider nach sich. Die BSC besteht aus einer Reihe logisch verknüpfter Ziel-Meßgrößen-Paare (im BSC-Jargon: *strategische Vektoren*), die sich aus vier Perspektiven ergeben.

1. *Die Aktionärsperspektive,* formuliert in Form finanzieller Ziele („Return on Net Assets", Eigenkapitalrentabilität, Effektivverzinsung usw.).

2. *Die Kundenperspektive,* formuliert anhand von Kundenzielen (Marktanteil, Wiederkaufsrate, Zahl der Beschwerden oder Warenrücksendungen usw.).

3. *Die interne produktionstechnische Perspektive,* formuliert in Form von operativen bzw. Prozeßzielen (Auftragsabwicklungszeit, Produktentwicklungszeit, Kosten pro Produktionseinheit usw.).

4. *Die Perspektive* zukünftiger Fähigkeiten, formuliert als Lern- und Innovationsziele (Anteil der aus den eigenen Reihen besetzten Po-

STRATEGIE

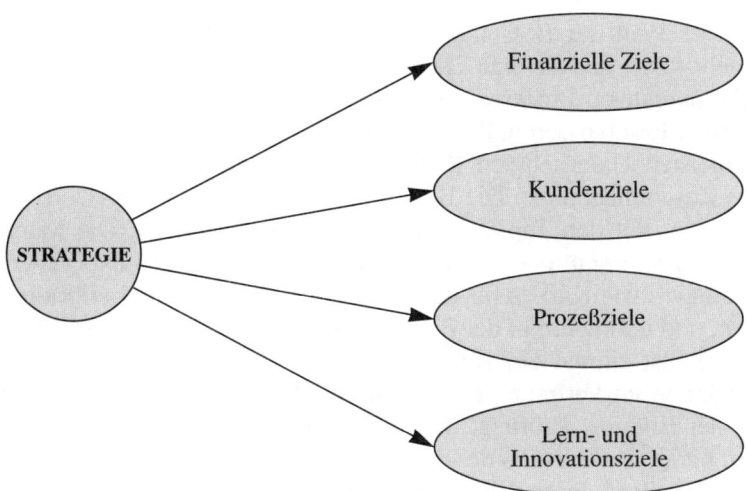

Abb. 3.1 *Die Balanced Scorecard*
(Quelle: The Balanced Scorecard, David Norton, Renaissance Strategy Group, Lincoln, MA, und Robert Kaplan, Harvard Business School).

sitionen, Anzahl der Teilnehmer an Qualifizierungsmaßnahmen, Zeitraum zwischen Job-rotations usw.).

Im Kontext der zwölf Bio-Systeme der Organisation macht die BSC das Meßgrößensystem zum Rückgrat der Transformation und zum Instrumentenbrett, mit dessen Hilfe diese gelenkt wird. Wenn das unternehmerische Meßgrößensystem an der BSC ausgerichtet wird, kann die Unternehmensführung Kausalpfade von Top-level-Zielen und Meßgrößen bis hinunter zu den grundlegenden Systemen und Prozessen ziehen.

Beim Verfolgen dieser Pfade, kann die Unternehmensführung eine ganze Reihe von Verbesserungsinitiativen identifizieren und diese priorisieren, und zwar nicht nur unter logischem Aspekt, sondern auch hinsichtlich ihrer Auswirkung auf die Unternehmensgesamtleistung.

ABHÄNGIGKEITEN ZWISCHEN DEN ZIELGRÖSSEN IDENTIFIZIEREN UND MASSNAHMEN PRIORISIEREN

Der echte Wert der BSC liegt weniger im Prozeß der Zielsetzung, als vielmehr darin, daß sie eine Theorie von Ursache und Wirkung liefert, in der die operativen Prozesse, die Kultur und die Kundenziele mit den finanziellen Ergebnissen und letztlich mit der Strategie verknüpft werden. Den meisten Unternehmen fehlt die klare Kenntnis der Ursache-Wirkungs-Zusammenhänge. Die BSC gibt ihnen die Mittel zur Hand, sie zu entwickeln, mit den Top-level-Zielen als Ausgangspunkt. Die Manager bilden Hypothesen oder veranstalten „Was-wäre-wenn-Experimente", ganz ähnlich wie Karl es für das Produktprogramm von Woodbridge getan hat, und definieren in der Folge den Kausalpfad, um deren Gültigkeit zu testen. Ist einmal ein zuverlässiges Kausalsystem entdeckt, können Maßnahmen im Vertrauen auf erwünschte Ergebnisse getroffen werden. Nach der Bildung, Prüfung und Validierung einer Reihe solcher Hypothesen bildet die Kausalkette im Laufe der Zeit eine Reihe metabolischer Abhängigkeitspfade, und allmählich entsteht ein Modell des Zusammenspiels der 12 Bio-Organisations-Systeme in all seiner Komplexität.

Die BSC weist eine inhärent logische Struktur auf. Im allgemeinen wirken sich die Lern- und Innovationsziele auf die operativen Meßgrößen aus; operative Leistungen erzeugen positive Ergebnisse im Kundenbereich, und positive Kundenergebnisse führen wiederum zu verbesserten Finanzdaten (Abb. 3.2). Im Frühstadium der Transformation wird die spezifische Bedeutung dieser Logik für das einzelne Unternehmen jedoch nur selten offensichtlich. In der Anfangsphase konzentrieren sich die leitenden Manager auf die Definition der Kausalabhängigkeiten zwischen High-level-Zielen zur Vorbereitung der nachfolgenden Detailuntersuchungen.

Anhand der BSC erkannte die Führung von Rockwater Oil Services, einer Division von Halliburton, daß diejenigen Betriebsbereiche, die die meisten Verbesserungsvorschläge des Personals hervorbrachten, gleichzeitig auch die höchsten Kundenzufriedenheitswerte erzielten. Außerdem entdeckte man bei Rockwater, daß die höhere Zufriedenheit der Kunden diese dazu veranlaßte, die Rechnungen schneller zu bezahlen, was die Summe der offenen Forderungen verringerte. Geringere Außenstände bedeuteten, daß weniger Kapital im Unternehmen gebunden war, und damit eine höhere Kapitalrendite.

ZIELSETZUNGS-METHODIK   +   **MODELL ZUR DEFINITION**
VON URSACHEN UND
WIRKUNGEN
IN IHREM UNTERNEHMEN

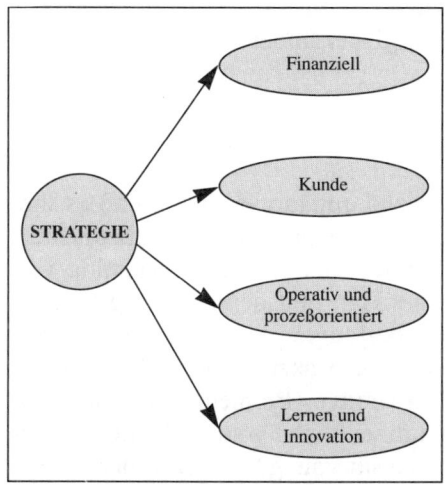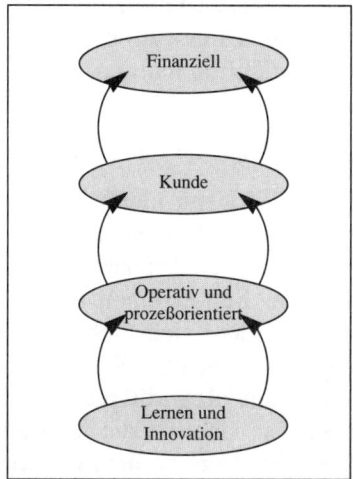

Abb. 3.2 *Allgemeines Flußdiagramm der Balanced Scorecard*
Quelle: The Balanced Scorecard, David Norton, Renaissance Strategy Group, Lincoln, MA, und Robert Kaplan, Harvard Business School

Ehe man sich's versah, hatte man demnach bei Rockwater einen Zusammenhang zwischen der Anzahl von Vorschlagszetteln in einem Briefkasten und der Kapitalrendite hergestellt! Eine neue Unternehmenstheorie war geboren: Füllen Sie den Vorschlagskasten – und werden Sie reich! Nun, vielleicht nicht ganz so einfach, aber die Firma startete dann immerhin Programme zur Mitarbeitereinbindung in der Zuversicht, daß sie das finanzielle Ergebnis des Unternehmens verbessern können.

Intelligente Unternehmen haben gelernt, zwischen Vorlauf- und Rückschauindikatoren zu unterscheiden. In der Medizin wäre hoher Blutdruck beispielsweise ein Rückschauindikator, weil Sie nicht viel dagegen unternehmen können, wenn Sie nicht wissen, wodurch der Hochdruck ursprünglich ausgelöst wurde. Ihr Salzkonsum und die Zahl der mit sportlicher Betätigung verbrachten Stunden hingegen sind Vorlaufindikatoren, auf die Ratschläge und Maßnahmen (etwa Reduzierung der Salzaufnahme) gegründet werden können.

Die meisten Unternehmen verlassen sich ausschließlich auf die – meist finanziellen – Rückschauindikatoren, wodurch sie in vielem einem Autofahrer ähneln, der ununterbrochen in den Rückspiegel blickt. Nur wenige Unternehmen haben auch nur eine Vorstellung davon, wie Lern- und Innovationsziele aussehen, dabei finden sich gerade hier oft die Vorlaufindikatoren.

Erstellung einer CIGNA-P&C-Scorecard

Ende 1993 war Gerry Isom zunehmend enttäuscht davon, daß es ihm offenbar nicht gelang, seine Spezialisierungsstrategie durchzuziehen. Beinahe neun Monate waren seit seiner Ankunft in Philadelphia vergangen. Ihm erschien alles so sonnenklar, und dennoch verging kein Tag, an dem sich nicht von neuem bestätigte, daß seine Underwriter nach wie vor dieselben schlechten Risiken akzeptierten. Der strategische Wandel wurde beargwöhnt. Ein weiteres Problem stellte die Zentrale dar, da sich die Verwaltung immer mehr vom Außendienst abkoppelte. Isom wollte die optimale „Abstimmung" zwischen den Unternehmensbereichen, und er wollte sie bald!

„Wir hatten für alles unsere Meßgrößen", sagte er, „tausend Mikromanagement-Meßgrößen. Wie konnte sich die Situation mit all diesen Meßgrößen so verschlechtern?"

Er wußte, daß die Vereinfachung des Meßgrößensystems von entscheidender Bedeutung war. Ein einziges System von High-level-Zielen würde geeignet sein, jedermann auf die richtige Fährte zu bringen. Er war fasziniert von der BSC-Methode und schlug dem President's Executive Council (PEC) vor, eine solche Scorecard zu entwerfen. In den nächsten drei Monaten, von Dezember 1993 bis Anfang März 1994, wurde an der Scorecard gearbeitet (Abb. 3.3). Die anfangs skeptischen PEC-Leute konnten sich für das Verfahren bald erwärmen und entwickelten ein Zielgerüst.

Auf finanziellem Gebiet entschied man sich für vier Hauptmeßgrößen. Die wichtigste war der *Shareholder Value,* da CIGNA, die Muttergesellschaft, nicht mehr zusehen mochte, wie ihre P&C-Tochter im Unternehmensportfolio Werte vernichtete. Den Shareholder Value sah man hauptsächlich von der sogenannten *Combined Ratio* bestimmt (Äquivalent der Umsatzrendite in der Industrie; es werden sämtliche Kosten zusammengerechnet – einschließlich der underwriting-bedingten Verluste und Aufwendungen – und durch die im selben Zeitraum verdienten Prämien dividiert). Die *Combined Ratio* wurde somit zur zweiten Meßgröße. Diese wurde sodann in ihre Bestandteile aufgeteilt, die *Loss Ratio* und die *Expense Ratio*, die zur dritten und vierten finanziellen Meßgröße avancierten.

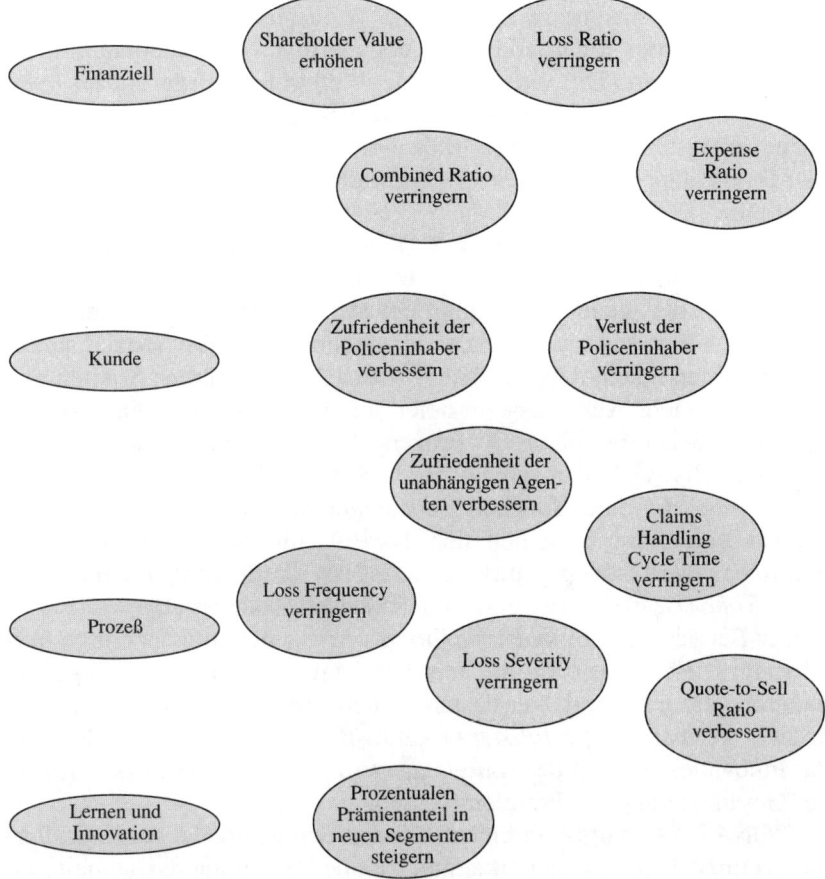

Abb. 3.3 *Die Balanced Scorecard bei CIGNA P&C – vereinfachte Darstellung*

Quelle: The Balanced Scorecard, David Norton, Renaissance Strategy Group, Lincoln, MA, und Robert Kaplan, Harvard Business School

Nach einigen hitzigen Debatten über die Frage, wer nun eigentlich der Kunde sei – der Versicherungsagent oder der Policeninhaber –, einigte man sich darauf, daß beide als solche zu betrachten seien und setzte drei entsprechende Meßgrößen ein. Die in regelmäßigen Kontrollen erfaßte *Zufriedenheit des Policeninhabers* war die erste und wichtigste. In einer Pilotstudie hatte CIGNA eruiert, in welchem Verhältnis die Zufriedenheit der Kunden zu deren (Gegenstand eines Entschädigungsanspruchs bildenden) Verlusten stand, ob diese nun bei CIGNA, bei einer anderen Versicherung oder überhaupt nicht versichert waren. Die entsprechende Meßgröße wurde als *Gesamt-verlust der Policeninhaber* bezeichnet und als zweite Kunden-Meßgröße eingeführt. Dritte Meßgröße wurde die *Produzentenzufriedenheit* (von Agenten und Maklern), ermittelt in Form einer Produzentenumfrage.

Der operative Bereich war auf Underwriting und Entschädigungsansprüche konzentriert. Im Underwriting wählte man die *„Quote-to-Sell Ratio"* als wichtigste Meßgröße, also die Zahl der ausgestellten Policen in Relation zu der Zahl der angebotenen. Ein spezialisiertes Unternehmen macht Angebote nur in seinen ausgewählten Sparten und wird darin mehr Abschlüsse erzielen als ein Generalist. Während ein Spezialist so an die 20 bis 30 Prozent der Angebote realisiert, schafft ein Generalist vielleicht nur um die 5 Prozent. Das Vertragsabschlußziel wurde auf eine Spezialistenstrategie abgestimmt. Bei der Anspruchsbearbeitung entschied sich das PEC für drei Meßgrößen: *Loss Frequency* (Verlusthäufigkeit), *Loss Severity* (Verlusthöhe) und *Claims Cycle Time* (Bearbeitungszeit pro Schadensersatzanspruch).

Der Bereich *Lernen und Innovation* verursachte anfangs einige Verwirrung. Die Gruppe erkannte aber bald, daß ein Spezialist sich gerade dadurch auszeichnet, daß er beständig neue Segmente entdeckt, auf die er sich – genau! – *spezialisieren* kann. Bei CIGNA P&C wollte man die Innovation anhand des *Anteils der Prämien in neuen Segmenten* an der Gesamtsumme der Prämien messen.

CIGNA P&C hatte nun eine Balanced Scorecard. Es verging allerdings einige Zeit, bis man erkannte, welche Bedeutung das gemeinsam Erreichte für das Unternehmen hatte. Oberflächlich betrachtet, hatten sie eine Liste von High-level-Zielvorgaben erstellt. Sah man genauer hin, wurde deutlich, daß CIGNA P&C begonnen hatte, potentiell divergierende Blickwinkel in Einklang zu bringen und damit einen Konsens herzustellen. Die Schlachtlinien zwischen alten und neuen Mannschaften verschwanden, und die Wände zwischen operativen Geschäftsbereichen und den Verwaltungsfunktionen wurden sukzessive niedergerissen. Beide Hindernisse hatten der Implementierung der neuen Strategie Isoms im Wege gestanden. Jetzt wuchs das Team zusammen, und endlich schien auch die Strategie zu greifen.

Nachdem sie sich auf die wesentlichen Meßgrößen geeinigt hatten, mußte der PEC das Ganze zu einem Bericht zusammenfassen. Anfang März 1994 war man bereit, das Papier zu „veröffentlichen" (vgl. Abb. 3.4).

Die Abhängigkeiten im finanziellen Bereich waren offensichtlich. Die Loss Ratio und die Expense Ratio lagen eindeutig der Combined Ratio zugrunde, und das Interesse, das Investoren und Börsenanalysten für die Combined Ratio zeigten, prädestinierte diese zu einem brauchbaren „Stellvertreter" für den Shareholder Value. Aber wie kam die Loss Ratio zustande? Nun, über die Loss Frequency und die Loss Severity natürlich!

Es hatte auch den Anschein, als würde sich die Claims Handling Cycle Time auf die Loss Severity auswirken und damit auf die Loss Ratio. Nach hitziger Debatte kamen die PEC-Mitglieder zu dem Schluß, daß rasch erledigte Anspruchsfälle die Kunden zufriedenstellten, was die Gefahr endlos verschleppter Rechtsstreitigkeiten und damit auch potentiell wesentlich höherer Verluste verminderte. Viele im PEC hatten diesen Zusammenhang seit langem intuitiv verstanden, aber jetzt waren sie imstande, die logische Abhängigkeit zwischen der Geschwindigkeit der Schadensabwicklung und der Verlusthöhe nachzuweisen. Es bildeten sich neue Abhängigkeitsketten, die sich auf die Gesamtstrategie der Firma auswirkten.

Die Quote-to-Sell Ratio schlug natürlich ebenfalls auf die Loss Ratio durch, denn wenn Sie auf einen Sektor spezialisiert sind, verstehen Sie die potentiellen Risiken besser als der Generalist. Wer aber die Risiken besser versteht, wird sich vor den schlechten hüten und gleichzeitig dafür sorgen, bei den Abschlüssen die Wahrscheinlichkeit auf seiner Seite zu haben. Dies müßte auch vom Kundenstandpunkt aus zu günstigeren Preisen führen. Deshalb müßte sich also eine hohe Quote-to-Sell Ratio in einer geringeren Loss Ratio auswirken.

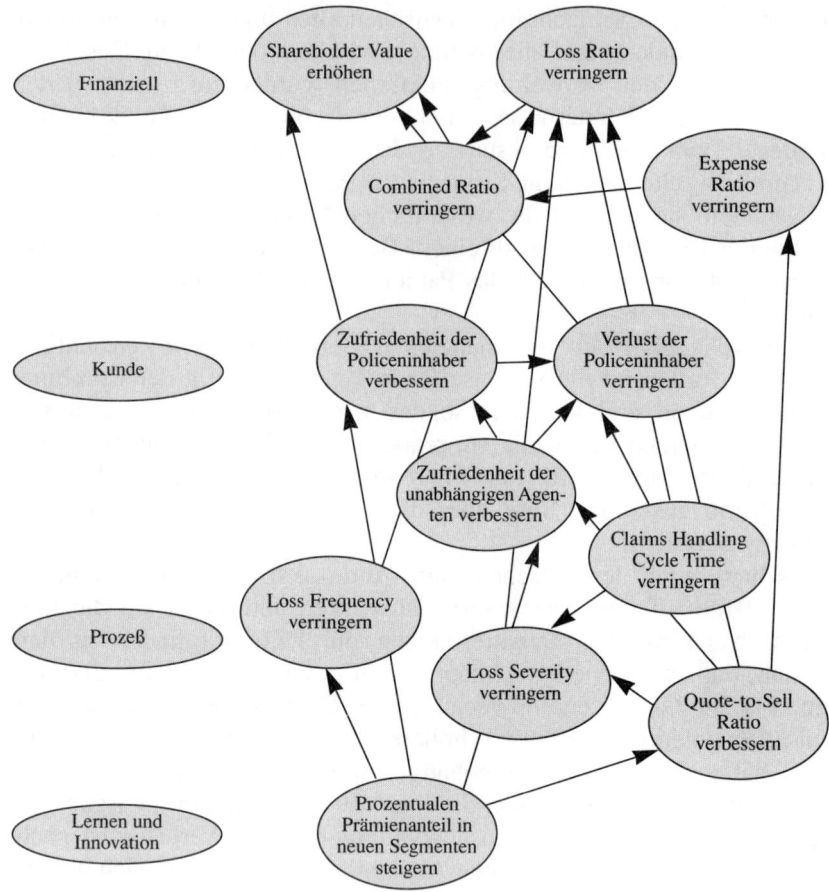

Abb. 3.4 *Verknüpfte Meßgrößen in der Balanced Scorecard bei CIGNA P&C – vereinfachte Darstellung*

Quelle: The Balanced Scorecard, David Norton, Renaissance Strategy Group, Lincoln, MA, und Robert Kaplan, Harvard Business School

Interessanterweise fand sich der bedeutendste Einflußfaktor bei den Lern- und Innovationszielen, also ausgerechnet in dem Bereich, der anfangs für die größte Verwirrung im PEC-Team gesorgt hatte. Die inneren Wirkungszusammenhänge in der CIGNA-P&C-Scorecard zeigten, daß der Sektor *Lernen und Innovationen* die Grundlage für operative Verbesserungen bildete, die ihrerseits höhere Kundenzufriedenheit mit sich brachten und sich letzten Endes in finanziellen Vorteilen für die Firma niederschlugen. Der Anteil an Prämien in neuen Segmenten geriet mit einemmal zum Fundament des gesamten Gebäudes. Diese Kennzahl wirkt sich auf die Verlustzahlen aus – wenn Sie ein neues Segment auf der Grundlage Ihres Wissensvorsprungs einführen, werden Sie mit größerer Wahrscheinlichkeit gute Ergebnisse darin erzielen – und ermöglicht Zufriedenheit von Produzenten und Endverbrauchern. Wie ließe sich eine Partnerschaft mit Agenten und Policeninhabern auch besser etablieren als durch den Aufbau eines neuen Segmentes, das an den Bedürfnissen einer neu identifizierten Endverbrauchergruppe ausgerichtet ist?

Es bedurfte langwieriger Gespräche, um sich darauf zu einigen, wie die einzelnen Meßgrößen miteinander verknüpft waren. Am interessantesten an der Diskussion waren die unterschiedlichen Ansichten, wie in der Sach- und Unfallversicherungsbranche Wert geschaffen wird. Jedes Abhängigkeitsverhältnis wurde durchdiskutiert, und schließlich gelangte man in jedem einzelnen Fall zu einem Konsens. Ein Mitglied der PEC-Gruppe gestand, daß er sich nach jeder Sitzung „geistig geschlaucht fühlte, aber jedes Mal ein Stück klüger und seinen Kollegen enger verbunden".

Wie wir später in Kapitel 6 sehen werden, wird CIGNA P&C die in der Balanced Scorecard ermittelten Abhängigkeitsverhältnisse dazu verwenden, die grundlegenden Informationsflüsse oder *Lernschleifen* zu konzeptionieren, die zur Erhaltung der Wettbewerbsfähigkeit erforderlich waren. Schließlich plante Isom den gesamten Transformationsweg auf der Grundlage der neuentwickelten Balanced Scorecard.

BOTTOM-UP-BUSINESS CASE FÜR DEN WANDEL ERSTELLEN

Bis hierher war der Aufbau des Meßgrößensystems Aufgabe der Führungskräfte, wurde also unter einem Top-down-Gesichtspunkt vollzogen. Die Erarbeitung der High-level-Ziele und Meßgrößen der BSC ist zwar unverzichtbar, aber doch Managementsache und nicht Motivationsinstrument für die Mitarbeiter in den Fabriken oder im Kundendienst. Den Beschäftigten der mittleren und unteren Ebenen fällt es oft nicht leicht, einen direkten Zusammenhang zwischen ihrer Arbeit und, sagen wir mal, dem Shareholder Value oder sogar der Kundenzufriedenheit zu erkennen.

Was bei den Leuten Begeisterung auslöst, ist die Chance, sich in ihrem engeren, vertrauten Wirkungsfeld auf die Jagd nach Verbesserungsmöglichkeiten zu machen. In vielen Fällen sind Mitarbeiter in den unteren Ebenen der Unternehmenshierarchie schon seit Jahren frustriert, weil sie Probleme erkannt haben, um die sich weiter oben kein Mensch zu kümmern scheint. Oft haben sie in ihrer Position in der Firma kein anderes Mittel zur Verfügung, als sich zu beschweren oder bestenfalls mal einen Vorschlag zu machen. Jetzt erhalten diese Leute endlich die Gelegenheit, selbst nach Lösungen für die Probleme zu suchen.

Stecken Sie kreative und wohlwollende Menschen zusammen mit ein paar Kollegen in einen Raum und geben Sie ihnen die Freiheit, ganz ohne organisationsbedingte Beschränkungen darüber nachzudenken, wie die Dinge sein *sollten,* und Sie werden staunen! Wenn eine solche Gruppe sich mit der Neuplanung der täglichen Arbeitsabläufe befaßt, insbesondere mit Prozessen, die sich auf mehrere Abteilungen erstrecken, die normalerweise nur spärlich miteinander kommunizieren, fördert sie häufig faszinierende neue Lösungen zutage, die dem Unternehmen entsprechende Vorteile bringen.

So ein Bottom-up-Programm kann nur erfolgreich sein, wenn es unter der Ägide der Firmenleitung läuft. Allerdings unterscheidet sich der Standpunkt der Führungskräfte naturgemäß von dem der Belegschaft. Die Führungskräfte sprechen in der Sprache der Strategie und des Geldes; die Belegschaft die Sprache der Arbeit, Maschinen und Produkte. Um die Unterstützung des Managements zu gewährleisten, ist eine Übersetzung notwendig. So wie strategische und finanzielle Zielsetzungen auf ihrem Weg nach unten in relevante Einzelziele und Meßgrößen übersetzt werden müssen, müssen lokal erarbeitete Verbesserungsvorschläge als finanzieller Nutzen faßbar sein, der sich bis hinauf zu den großen Top-level-Zielen verfolgen läßt. Diesen Zweck erfüllt ein Bottom-up Business Case für den Wandel.

Ein Beispiel: Anstatt vorzuschlagen, „der Leiter des Ersatzteillagers sollte mehr Kompressoren vorrätig halten, damit die Produktion nicht angehalten werden muß, wenn der Kompressor ausfällt", wird das Team dem Management die Kosten vorrechnen, die ein mehrstündiger Produktionsausfall verursacht, weil man den neuen Kompressor erst am anderen Ende der Stadt besorgen muß. Auf diese Weise bekommt eine abstrakte Wunschliste eine finanzielle und damit sehr konkrete Dimension; sie wird zu Geld, und Geld ist ja, wie auch das Management weiß, etwas sehr Reales. Wenn er seinen Vorschlag nach finanziellen Kriterien rechtfertigen kann, wird sich der Lagerleiter damit auch durchsetzen, ohne lange über Dinge wie Shareholder Value nachdenken zu müssen.

Der Vorteil der Nutzen-Quantifizierung von Bottom-up-Verbesserungen liegt weniger in der analytischen Qualität der Methode als vielmehr in deren Motivationsleistung. Es ist einfach reizvoller, sich an eine Aufgabe zu machen, weil sich ein meßbarer Erfolg erzielen läßt, als lediglich deshalb, „weil sie halt getan werden muß". Oft wird die Bedeutung eines Business Case nach etwa einem Drittel des Transformationswegs zunehmen. Wenn der Anfangsenthusiasmus nachzulassen beginnt und das Führungsteam hier und da auf zähen Widerstand stößt, beziehen viele Führungskräfte neue Kraft aus ihrem ursprünglichen Business Case.

Ein Business Case hat zudem den Vorteil, den Verantwortlichen die Gewähr zu geben, daß ihre Transformationsanstrengungen zu greifbaren Ergebnissen führen werden. Das Transformationsteam braucht auch nicht das blinde Vertrauen des obersten Managements, sondern kann die Kosten seines Projekts ruhigen Gewissens als Investition in die Zukunft des Unternehmens präsentieren.

Im fortgeschrittenen Transformationsprozeß läßt der Bedarf nach einem rigorosen Business Case allerdings tendenziell wieder nach. In den Frühphasen konzentriert sich ein Business Case auf die Identifikation und Quantifizierung kurzfristiger Optimierungspotentiale. Den wichtigeren und langfristigeren Nutzen aus einer umfassenden Business Transformation kann er per definitionem nicht erfassen. Dieser ergibt sich aus der Veränderung der strategischen Variablen, wie beispielsweise Zielkundenwahl, Infrastruktur oder Basistechnologie. Bis dahin hat das Management aber in der Regel ohnedies genug Ergebnisse in der Tasche und kann sich hinsichtlich der Kosten-Nutzen-Kalkulation für jede einzelne Investition eine etwas entspanntere Haltung leisten. Nachdem einmal eine breitere Vertrauensgrundlage geschaffen worden ist, kann der anfänglich installierte „Benefit Tracking"-Mechanismus, der die Nutzenrealisierung im Zeitablauf kontrolliert, in dem normalen Planungs- und Budgetierungsprozeß aufgehen, und die Ziele und Meßgrößen des BSC können an seine Stelle treten. Die systematische Verbesserung ist nunmehr Bestandteil der normalen, alltäglichen Managementpraxis. Mitarbeiter auf allen Ebenen verstehen ihren Beitrag zur Wertschöpfung!

Rolls-Royce Motor Cars schlägt zurück

In nahezu jedem von uns ruft der Name Rolls-Royce bestimmte Emotionen wach, auch wenn nur die wenigsten den Kauf eines Rolls-Royce-Gefährts jemals ernsthaft in Betracht ziehen werden. Vielleicht liegt es an der Symbolkraft der geflügelten „Emily", die hoch über der Motorhaube schwebt, oder an der schieren Exklusivität der Rolls-Royce- und Bentley-Marken. Möglich, daß uns der unvergleichliche Fahrkomfort anspricht oder der Respekt vor der einzigartigen Tradition, die Fahrzeuge mit wertvollem Leder, glänzenden Walnußarmaturen und versilberten Kühlergrills auszustatten. Es könnte aber auch alles zusammen sein, als Inkarnation der wortgewandt formulierten Vision des Firmengründers Henry Royce:

> Strive for perfection in everything we do. Take the best that exists and make it better. When it does not exist, design ist. Accept nothing nearly right or good enough.

Es erscheint irgendwie ungehobelt, Rolls-Royce-Fahrzeuge aus der geschäftlichen Perspektive zu betrachten und nicht ausschließlich unter ästhetischen Gesichtspunkten. Und dennoch stand das Unternehmen vor drei Jahren ganz nahe am Abgrund, als die Zahl der verkauften Wagen innerhalb eines Jahres um mehr als 60 Prozent zurückging – eine Folge der Rezession des Jahres 1991.

„Im Laufe des Jahres 1991", erzählt Peter Ward, Chairman und Chief Executive, „hat es uns wirklich erwischt." Die Firma rutschte in die roten Zahlen, und man mußte ihre finanzielle Kapazität, neue Modelle zu entwickeln, gelinde gesagt, in Frage stellen. Das stolze Unternehmen war in Gefahr, völlig von der Bildfläche zu verschwinden.

Nur zwei Jahre später präsentierte sich das Unternehmen in völlig anderem Licht. Man machte wieder Gewinne, und das Entwicklungsprogramm für neue Modelle war besser als je zuvor. Der Turnaround bei Rolls-Royce läßt sich vielleicht am besten als das Ergebnis von zwei sich gegenseitig verstärkenden Maßnahmen beschreiben: die Einführung von Meßgrößen und der damit ausgelöste kulturelle Wandel.

Wenn Sie die „Change Leaders" bei Rolls-Royce Motor Cars nach der Rolle von Meßgrößen im Transformationsprozeß fragen, erhalten Sie die Antworten in Form von Leistungsdaten. Das Break-even Umsatzvolumen wurde auf die Hälfte reduziert. Der Zeitaufwand für die Produktion eines Fahrzeugs wurde um nahezu 70 Prozent verkürzt. Der Zeitaufwand zum Bau eines Motors schrumpfte von 30 auf 3 Tage! Sogar die Zeit, die für das manuelle Polstern eines Rücksitzes aufgewendet werden muß, konnte von 27 auf 9 Stunden verkürzt werden. Der Lagerumschlag wurde mehr als verdoppelt. Die Zeit bis zur Marktreife eines neuen Modells ging um 50 Prozent zurück, ebenso die Entwicklungskosten. Der Kundendienst, der immer schon einen hervorragenden Ruf hatte, garantiert heute die weltweit kürzesten Reaktionszeiten.

Konfrontiert mit dieser Faktenlawine, stellen wir uns die Frage, wie es zu dieser radikalen Meßgrößenorientierung gekommen sein mag. Wir wissen, daß Gehälter und andere finanzielle Anreize weder die einzige noch die wichtigste Motivation für menschliche Einsatzbereitschaft sind. Viel wichtiger ist das Gefühl, etwas Sinnvolles zu tun und damit Erfolg zu haben. Dieses Gefühl verschaffte sich Rolls-Royce Motor Cars durch Festsetzung von expliziten, ehrgeizigen Zielen und kontinuierliche Erfolgsmessungen und -meldungen. Jedes Top-level-Ziel wurde von einem der Direktoren unterstützt, der die Verantwortung für dessen Verwirklichung übernahm. Der Produktionsdirektor beispielsweise war dafür verantwortlich, die Herstellungsdauer zu verkürzen und die Produktivität zu steigern.

Die Top-level-Ziele wurden ziemlich ehrgeizig formuliert. So nahm man sich etwa im Produktionsbereich vor, die Herstellungsdauer eines Fahrzeuges um über zwei Drittel zu verkürzen, wodurch das Unternehmen von seiner „Produktion auf Lager"-Politik *(make-to-stock)* abrücken und zu einer „Produktion auf Bestellung"-Politik *(make-to-order)* übergehen konnte. Das „Change Team" zerlegte diese Gesamtvorgabe in eine Abfolge kleinerer, auf die unterschiedlichen Phasen der

Produktion und der Montage bezogener Subziele und teilte die Jahres-
ziele in Zwischenziele für spezifische Vierteljahres-Zeitfenster auf.

Nach dem Funktionsprinzip der Balanced Scorecard auf oberer Managementebene entwickeln die Leute im Betrieb Hypothesen, wie sich die
Arbeitsabläufe und Methoden verbessern lassen, und testen diese in der
praktischen Anwendung. Für jede Leistungsvorgabe (das „Was") entwickeln sie eine klar definierte Maßnahme bzw. ein Maßnahmenpaket
(das „Wie"). Auf allen Ebenen müssen die Leute erklären können, wie
sie ihre Ziele erreichen wollen, auch wenn sie nur eine grobe Vorstellung
davon haben, was in der Praxis funktionieren könnte. Teams testen ihre
Ideen in der praktischen Anwendung, und sie lernen während der Ausführung immer noch dazu. Die Ergebnisse werden mit den „Key Performance Indicators" (KPI) verglichen und allgemein verkündet. Um aus
den allerorts erzielten Fortschritten zu lernen und um die unterschiedlichen Initiativen einander anzupassen, nehmen Vertreter aller Organisationsebenen an regelmäßigen Reviewmeetings teil. All die Meßgrößen
und Zielvorgaben haben ohne systematische Kontrolle der Fortschritte
bei der Erfüllung der KPI-Ziele wohl wenig Sinn (kein Realisierungs-
druck, kein motivierendes Feedback, keine nützlichen Lernerfahrungen).

Wie Rolls-Royce Motor Cars demonstriert, sind Meßgrößen vor allem ein Instrument des kulturellen Wandels. Die Transformationsreise
in der Crewe-Fabrik begann als Bottom-up-Verbesserungsprogramm.
Durch die Konzentration auf Meßgrößen, Ziele und offene Kommunikation entwickelte sich die Angelegenheit bald zu einem transparenten
Programm mit Aktionen, Terminplänen und Fortschrittsberichten auf
Wandplakaten überall im Werk. Durch offene Kommunikation und den
Kontrollmechanismus wurden die Bottom-up-Initiativen mit den Top-
down-Zielen und Meßgrößen verknüpft. Alle – von ganz oben bis ganz
unten – waren jetzt in die systematische Kontrolle der Leistungsverbes-
serungen einbezogen.

Als spezialisierter Hersteller am Automobilmarkt, wie er sich derzeit
präsentiert, kann sich Rolls-Royce nach wie vor nicht in Sicherheit
wiegen. Die Kosten für die Entwicklung neuer Modelle stellen beispielsweise eine besondere Herausforderung dar. Doch die Zukunft
sieht jetzt um einiges erfreulicher aus als noch vor nicht allzu langer
Zeit. Ein neues, faszinierendes und gleichzeitig ansteckendes Selbst-
vertrauen hat sich im Unternehmen breitgemacht. Mit der Zeit, und je
öfter die Leute an den Turnaround Anfang der neunziger Jahre denken,

desto stärker wird die Rolle der Meßgrößen – wie sie eingesetzt wurden und der von ihnen ausgelöste Lernprozeß und kulturelle Wandel – als entscheidender Faktor für den Erfolg der Transformation erkannt.

TOP-DOWN- UND BOTTOM-UP-MESSGRÖSSEN VERBINDEN

Das Meßgrößensystem hat zu diesem Zeitpunkt an beiden Enden Gestalt angenommen. Das Führungsteam hat eine Reihe von Top-down-Meßgrößen und deren wichtigste Abhängigkeiten skizziert. Am anderen Ende haben Teams damit begonnen, Verbesserungsmöglichkeiten in unterschiedlichen Bereichen zu sammeln und diese in einen Business Case zu übertragen. Jetzt müssen noch die Bottom-up- und Top-down-Meßgrößen miteinander systematisch verknüpft und Kontrollstrukturen eingeführt werden. Diese Vorgänge erfordern natürlich eine besondere Aufmerksamkeit.

Um optimale Ergebnisse zu erzielen, müssen drei aufeinander bezogene Komponenten des Meßgrößensystems systematisch verknüpft und integriert werden: die Meßgrößen selbst, die Verbesserungsinitiativen und das Kontrollverfahren. Eine der wirkungsvollsten Methoden zur Herstellung dieser Verbindungen ist der Entwurf von *KPI*-Bäumen*. Ein KPI-Baum ist eine Hierarchie von Meßgrößen, in der jeder Indikator von einem Schlüsselfaktor der Unternehmensperformance abgeleitet ist. So wie das bekannte Fischgrätendiagramm den Ursachen eines spezifischen Problems nachspürt, so identifiziert der KPI-Baum die Kausalfaktoren für Unternehmensleistung und Verbesserung. Wenn die High-level-KPIs eines Unternehmens seine Balanced Scorecard konstituieren, dann stellen die KPI-Bäume ein „ausgewogenes Fischgrätendiagramm" von Kausalpfaden dar, die Top-down und Bottom-up verbinden.

Im Idealfall wird eine gut geplante und ausreichend mit Ressourcen unterstützte Verbesserungsinitiative an den einzelnen strategischen Geschäftszielen gemessen; anhand des systematischen Kontrollverfahrens werden die Ergebnisse im Zeitablauf verfolgt und die unterschiedlichen Maßnahmen einander angepaßt. In der Realität beginnt man den Aufbau eines Gerüsts von KPI-Bäumen und Kontrollstrukturen am be-

---

* Key Performance Indicator. (Anm. d. Übers.)

sten wie ein Puzzlespiel, indem man mit den offensichtlichsten und einfachsten Elementen beginnt. Und um nützliche und meßbare Erfolge zu verzeichnen, muß nicht unbedingt das ganze Bild zusammengesetzt sein. Der Mensch lernt durch sein Handeln, durch Versuch und Irrtum. Wenn man später auf einen strengeren Planungs- und Kontrollprozeß übergeht, können sich aus der Erfahrung wieder neue Erkenntnisse und Zielsetzungen ergeben und den Weg für kontinuierliche Verbesserungen frei machen.

Viele Unternehmen kämpfen mit „Implementierungsproblemen" in dem Sinne, daß sie unfähig sind, ihre strategischen Pläne in koordinierte Aktionen umzusetzen. Was not tut, ist ein systematischer Umsetzungsprozeß, um sich – von oben nach unten in der Hierarchie – auf die Maßnahmen zu konzentrieren, die erforderlich sind, um die Schlüsselziele eines Unternehmens zu erreichen. Von einem effektiven Management eingesetzt, bieten KPI-Bäume und eine systematische Kontrolle einen gut funktionierenden Kreislauf aus Planung, Zielsetzung, Erfüllung und Kontrolle, so daß getrennte Initiativen zu einem integrierten Ganzen verschmelzen und organisationelles Lernen und die permanente Transformation eines Unternehmens gefördert werden.

Die Entwicklung von KPI-Bäumen erleichtert auch die Delegation. Die Notwendigkeit, Verantwortung auf tiefere Unternehmensebenen zu verlagern, wird augenscheinlicher; in der Folge wird ein Prozeß angeregt, der von einem Manager einmal als „kontrollierte Verantwortungsdelegation" bezeichnet wurde, aber auch als „regulierte Selbstbestimmung" firmieren könnte. Die Arbeit mit KPI-Bäumen fördert außerdem die unabhängige Initiative, weil die einzelnen Teams ihre eigenen Handlungsprioritäten im Kontext der Gesamtstrategie des Unternehmens sehen können.

Weg mit der „Misery Line"

Im Januar 1992 wurde John Nelson zum Managing Director von Network SouthEast (NSE) ernannt, der größten Unterorganisation von British Rail, die pro Tag mehr Passagiere befördert als sämtliche Fluglinien der Welt zusammen. Angesichts der Größenordnung der Aufgabe beschloß Nelson, als erstes ein umfassendes Meßgrößensystem einzurichten. Er erhoffte sich davon, den gewaltigen Unternehmenskomplex besser in den Griff zu bekommen und eine tragfähige Motivationsplattform für den seiner Meinung nach erforderlichen Transformationsprozeß zu schaffen. Gemeinsam mit seiner Führungscrew machte er sich daran, eine Balanced Scorecard für NSE auszuarbeiten.

Erwartungsgemäß bildete die Pünktlichkeit der Züge eine der wichtigsten Kundenerwartungen – vom geschäftlichen Standpunkt aus betrachtet, reichte die Bedeutung der Pünktlichkeit noch weiter. Nelson und sein Managerteam sahen in größerer Pünktlichkeit die grundlegende Vorbedingung für eine Auslastungssteigerung außerhalb der Stoßzeiten. Die Auslastung in Stoßzeiten war weitgehend durch das Beschäftigungsniveau in London vorgegeben, folglich stellte das Reiseaufkommen außerhalb der Spitze die wichtigste Einnahmenvariable dar. Für die Auslastung außerhalb der Stoßzeiten legten Nelson und sein Team eine Zielvorgabe von 25 Prozent Wachstum vor. Da sie davon ausgingen, daß pünktlicher, zuverlässiger Service die Erfüllung dieses Umsatzwachstumsziels fördern würde, legten sie ein Parallelziel fest: Die Züge durften in 92 Prozent der Fälle maximal fünf Minuten von der offiziellen Ankunftszeit abweichen. Aus dieser Forderung wurde in der Folge ein KPI-Baum für Pünktlichkeit abgeleitet (vgl. Abb. 3.5).

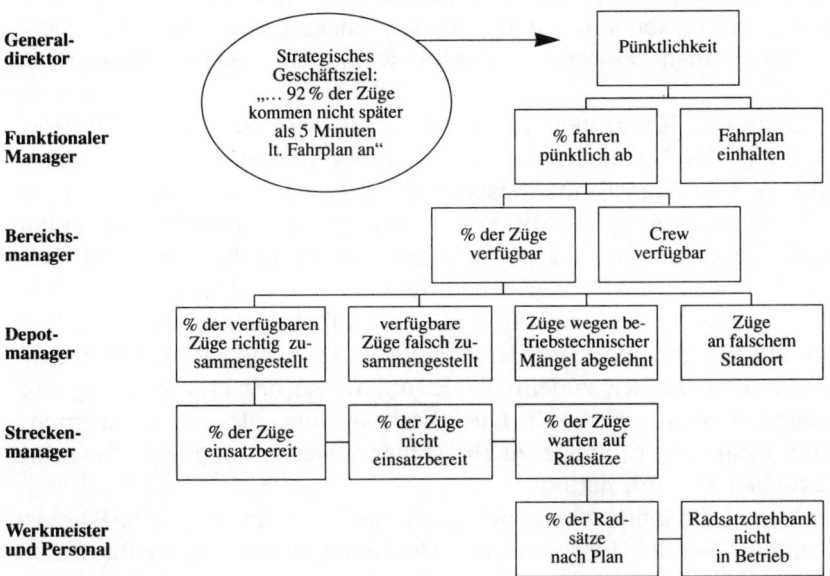

Abb. 3.5 *Repräsentativer „KPI-Baum" – British Rail/Network SouthEast*

Nachdem die Schlüsselfaktoren für die Pünktlichkeit identifiziert worden waren, konnte NSE die auf dem Top-Level entworfene Pünktlichkeitsmeßgröße auf die unterschiedlichen Ebenen des Unternehmens herunterbrechen. Zuerst stellte man fest, welcher Anteil an Zügen planmäßig fuhr; dann untersuchten die NSE-Leute, wie groß der Anteil jener Züge war, die in der richtigen Zusammenstellung zur Verfügung standen, bis man einige Ebenen weiter unten an eine Meßgröße gelangte, die über die Ausfallzeiten einer Räderdrehbank in der Betriebswerkstätte Auskunft gab. Zum ersten Mal bekamen die Arbeiter an der Räderdrehbank, die viele Schritte vom Endverbraucher entfernt arbeiteten, eine Ahnung, wie sich ihre Leistung auf die Erfüllung einer grundlegenden, kundenorientierten Top-level-Zielvorgabe auswirkte: auf die Zugpünktlichkeit.

Der gesamte Weg bis hinauf zur NSE-Schaltzentrale war nunmehr durch logische Abhängigkeiten verkettet – dank eines umsichtigen Einsatzes von Meßgrößen hatte sich ein intelligentes System herauskristallisiert. Die Arbeiter konnten Arbeitsabläufe planen und in die Tat umsetzen, die Ergebnisse ihrer Aktionen überprüfen und schließlich die Auswirkungen der erzielten Verbesserungen nicht nur auf ihren eigenen Bereich, sondern auf das System insgesamt beobachten. Dieser virtuose „Plan-Do-Review"-Zyklus wurde zur neuen Lebensart bei NSE.

Doch das Meßgrößensystem ist nur die eine Seite der NSE-Story. Was sich für Nelson wie ein permanenter Job anließ, sollte sich zur Mutter aller Transformationsprojekte auswachsen, nachdem sich die britische Regierung für die Privatisierung von British Rail (BR) entschieden hatte. Die Karten wurden neu gemischt! Ab April 1994 würde es keine NSE mehr geben. Es ging jetzt nicht mehr nur darum, die betrieblichen Abläufe in einem öffentlich-rechtlichen Umfeld zu optimieren und die Geschäftsergebnisse fundamental zu verbessern, sondern es mußten zudem die Erfordernisse der Privatisierung vorweggenommen werden. Die Verbesserung des Unternehmensführungsprozesses wurde zu einer integrativen Komponente der erforderlichen Transformation.

Als unabhängige Unternehmenseinheit verzeichnete NSE einen Bruttoumsatz in Höhe von 1,7 Milliarden Dollar, beschäftigte über 38 000 Mitarbeiter, besaß 7 000 Fahrzeuge, ließ während der Stoßzeiten alle 11 Sekunden einen Zug in London einfahren und war das am intensivsten genutzte Eisenbahnnetz Europas. Der Betrieb einer Eisenbahn spielt sich in einem komplexen Netzwerk unbeweglicher Anlagevermögenswerte ab. Jeden Tag werden Millionen von Schnittstellen zwischen Zügen, Gleisen und Signalen wirksam; und da die Gleise nun mal fest angebracht sind, wirkt sich ein Fehler in einem Teilbereich gleich auf das gesamte System aus.

Es wäre falsch anzunehmen, daß erst die Aussicht auf Privatisierung das damals staatliche Unternehmen aus seiner Gleichgültigkeit gerissen habe. Die Ursprünge der NSE-Transformation – aus einem Teufelskreis von Verfall und Niedergang in einen Zyklus permanenter Verbesserung – liegen vor der Ende 1992 beschlossenen Privatisierung.

Die Mitte der achtziger Jahre durchgeführte Reorganisation von BR hatte die Rahmenbedingungen geschaffen. Die alten Regionalstrukturen und funktionalen Verantwortlichkeiten wurden von einer modernen Matrixorganisation überlagert, wodurch Ansätze zu autonomen, kundenorientierten Betriebseinheiten entstanden. 1990/91 legte man mit dem *Organizing for Quality Program* die beiden Strukturen zusammen. Zum ersten Mal hatten die Divisionsdirektoren unmittelbare Kontrolle über ihre eigenen Bereiche. „Ich wußte", erinnert sich Geoff Harrison-Mee, damals Direktor der NSE-SouthEastern-Division, „daß der ganze Laden mir überlassen war."

„*Organizing for Quality* hat mit den Regionen und den technischen Einflußsphären aufgeräumt und eine echte Unternehmenskultur geschaffen", fügt er hinzu.

Doch Nelson selbst war sehr beunruhigt über das Ausmaß an Sorgen und Befürchtungen in der NSE-Belegschaft, das die Privatisierungsentscheidung hervorgerufen hatte. „Ich war verantwortlich dafür, den Eisenbahnmanagern und dem übrigen Personal das Rüstzeug mitzugeben, um die Chancen der Privatisierung zu nutzen. Das war mein persönliches Ziel. Die Leute gehen jetzt nicht mehr davon aus, daß die Verhältnisse ewig währen. Dieses Stabilitäts- und Sicherheitsdenken gehört der Vergangenheit an, und es war in Wahrheit schon immer eine Illusion.

Wir haben uns mittlerweile an rasche, radikale Änderungen gewöhnt. Die letzten zehn Jahre, und besonders die letzten zwei oder drei Jahre, sind beispiellos in der Unternehmensgeschichte. Die Leute haben sich an den dauernden Wandel gewöhnt. Ich versuche, die Leute immer auf Trab zu halten – das verscheucht die Ängstlichkeit –, und der Änderungsplan tut ein übriges. Heute begegnen Sie bei uns auf Schritt und Tritt Motivation."

Die Begeisterung von Charles Nicholls, Direktor für Infrastruktur bei NSE und einer der führenden Change Agents der Organisation, bestätigt diese Ansicht: „Autos sind auf der Verliererstraße", spekuliert er. „Sie sind unsozial und verschmutzen die Umwelt. Das stärkt unsere Position. Wenn die M 25 (Außenringautobahn in London) so verstopft ist, daß sich schon an den Verkehrsampeln der Zufahrtsstraßen lange Autoschlangen bilden, wird man die Bahn als beste Alternative schätzen lernen. Ich glaube, die Eisenbahn hat gute Chancen für einen zweiten Frühling."

Nicholls stand mit seinem Optimismus nicht alleine da. Immer mehr NSE-Mitarbeiter schüttelten den Trübsinn und die Hoffnungslosigkeit ab, die in den vergangenen 20 Jahren ihre Industrie heimgesucht hatten; plötzlich schien den Leuten, als ließe sich tatsächlich das vielzitierte Licht am Ende des Tunnels ausmachen.

Diese Vision der Wiederauferstehung – das „Gefühl einer Siegeschance", wie es Personalchef Bernard Williams ausdrückt – wirkte als mächtige Motivation für die Topmanager, sie verfehlte indes ihre Wirkung auf die gewöhnlichen Arbeiter und Angestellten bei NSE. Nelson war klar, daß er ein zwingenderes Konzept brauchte als das Versprechen eines „zweiten Frühlings", wenn die ganze Organisation mitgerissen werden sollte. Er fand es in den NSE-Meßgrößen.

Nach Nelsons Überzeugung haben die führenden Manager eines Unternehmens die Aufgabe, einerseits Ziele und Strategien zu formulieren, und andererseits die notwendigen Rahmenbedingungen für die Zielerreichung zu schaffen. Wenn die Leute ermutigt werden, Verantwortung zu übernehmen und selbständig zu handeln, dann sind seiner Ansicht nach die Voraussetzungen für echte Änderungen gegeben. „Doch Sie müssen die Fäden in der Hand behalten", warnt er. „Sonst riskieren Sie, daß zwar alles ganz herrlich selbständig abläuft, aber nicht mehr kontrollierbar ist. Angestrebt wird ein Zustand, der als ‚an der langen Leine' (‚loose-light') bezeichnet werden kann. Das alte System war eine Mischung aus militärischer Hierarchie, der es allerdings an echter Autorität fehlte, und einer ineffizienten Bürokratie." Die Kontrolle ist das Ergebnis neuer Einstellungen und eines neuartigen Meßgrößensystems. Insbesondere KPIs haben beigetragen, die Einheitlichkeit und Stringenz von Nelsons Änderungsplan zu gewährleisten.

Nelson glaubt, daß das KPI-System und der Erfolg jedes damit verbundenen Änderungsprogramms entscheidend dazu beigetragen haben, die Top-level-Vision des Unternehmenswandels in realisierbare Einzelelemente zu übersetzen. Für ihn war die Betonung rigoroser, systematischer Kontrollen von ganz besonderer Bedeutung.

„Wir mußten ständig die KPIs und die entsprechenden Prozesse betonen", erläutert Nelson. „Die Leute waren zwar auf der Sinnsuche gewesen, aber es gab früher einfach kein Maß für den Erfolg. Erst bei dieser neuen Technik haben sie angebissen; wie eine Droge ist das." Die anfänglichen Skeptiker haben schnell gelernt, doch ohne Überzeugungsarbeit ging es nicht. Die BR-Kultur war schon immer eher handlungsorientiert als prozeßorientiert. Am glücklichsten waren die Leute, wenn es eine Krise zu meistern galt.

Was Umwandlungsprogramme betrifft, hält Nelson das von NSE beinahe für das schwierigste weltweit. Die anfänglichen Barrieren waren fürwahr einschüchternd. BRs externes Finanzlimit (die von der Regierung für Investitionszwecke zur Verfügung gestellten Gelder) wurde auf die Hälfte reduziert, und der Großteil der Infrastruktur mußte ersetzt werden. Die Schwierigkeiten alleine bei der Erhaltung eines derartigen Netzwerks können kaum überschätzt werden, ganz zu schweigen von dessen Transformation und Verbesserung. Tägliche Presseschelte, insbesondere was den Service auf der sogenannten „Misery Line" von Southend on the Sea nach London betrifft, hat die Stimmung auch nicht gerade gehoben. Im Oktober 1991 stand NSE in der Kundenbeurteilung und bei den Serviceleistungen so schlecht da wie nie zuvor – „der absolute Tiefpunkt in der Geschichte des Network SouthEast", wie John Nelson die dramatische Situation umschrieb.

Doch siehe da: In den nächsten zwei (rezessionsgeplagten!) Jahren schaffte NSE beim Umsatz außerhalb der Stoßzeiten eine Steigerung von 28 Prozent, reduzierte die kontrollierbaren Kosten um 30 Prozent und das Personal in der Unternehmenszentrale von 2 400 auf 52 Mitarbeiter (in weniger als neun Monaten). Der ehemalige Empfänger beträchtlicher Subventionen erwirtschaftete nun ansehnliche Gewinne; in der Kundenwahrnehmung wurde NSE vom schlechtesten zum besten Anbieter, und die Standards im Passagierservice konnten zwei Jahre hintereinander kontinuierlich angehoben werden. Und sogar der früher so kritisch eingestellte *Evening Standard* titelte „Misery Line abgeschafft", um die nicht gerade schmeichelhafte Bezeichnung umgehend der Northern Line im Londoner U-Bahnnetz zuzusprechen.

NSE übertraf in diesen beiden Jahren sein 25-Prozent-Wachstumsziel für den Verkehr außerhalb der Stoßzeiten trotz Rezession und anfangs weit verbreiteter Skepsis. Diese Leistung ist ein eindrücklicher Beweis für die Macht von Zielen und Meßgrößen, für die Sinnhaftigkeit von Hypothesen und deren Überprüfung in der Praxis. Wieder sind wir Zeugen eines wirksamen Business-Management-Prozesses: eine Balanced Scorecard erstellen, mit Hilfe von KPIs und Verbesserungsinitiativen das Unternehmen in Stufen von oben nach unten durchdringen und ein systematischer Kontrollprozeß auf allen Ebenen. Wieder erkennen wir den ungeheuren Nutzen eines Führungsteams, das sich überlegt, wie sich das Unternehmen erfolgreicher betreiben ließe, das ehrgeizige Ziele festlegt und die so geschaffenen Ambitionen mittels gut geplanter und ausreichend budgetierter Verbesserungsinitiativen unterstützt.

RESTRUCTURING – RESTRUKTURIERUNG

Das menschliche Leben ist durch eine untrennbare Verbindung zwischen Bewußtsein und Körper, Ideen und Handlungen gekennzeichnet. Das eine ist machtlos ohne das andere. Genauso verhält es sich mit der Bio-Organisation. Eine Vision kann noch so anfeuernd sein, das Unternehmen noch so stark und umfassend mobilisiert – meßbare Erfolge werden dennoch ausbleiben, wenn nicht gleichzeitig das Blut, die Knochen und die Muskeln des Unternehmenskörpers trainiert worden sind, sich in die richtige Richtung zu bewegen. *Restructuring* wird uns nun helfen, den physischen Körper des Unternehmens zu erforschen.

Stellen Sie sich vor, Sie unternehmen eine Reise in das Innere Ihres Körpers – auf roten Blutkörperchen, mit denen der Sauerstoff zu den Organen transportiert wird, treiben Sie die Arterien entlang. Sie könnten beobachten, wie sie plötzlich langsamer werden, an einer Stelle knapp am Herzen, an der sich Fett gebildet hat – untrügliches Zeichen für ein bevorstehendes Trauma. Lassen Sie sich vom unendlich dichten Netzwerk der Kapillaren durch einen Irrgarten verschlungener Kanäle zu neuen Grenzen tragen. Dann treiben Sie den Knochenmarksfluß hinunter und bestaunen das massive Knochenbausystem und die komplexen Gelenkverbindungen. Wenn Sie die Knochen verlassen, sind Sie von einer faserigen Struktur umgeben, die sich abwechselnd zusammenzieht und wieder ausdehnt – der Muskulatur.

Bei der Restrukturierung geht es um den Körper des Unternehmens, um die physische Seite einer ganzheitlichen Gesundheit. Sie richtet den Blick auf die äußerlichen Anzeichen von Gesundheit oder Krankheit –

auf die Struktur des Unternehmensportfolios, die physische Beschaffenheit seiner Vermögenswerte und die gute Abstimmung seiner Arbeitsprozesse. Sie untersucht die Lebenszeichen im Körperinneren, das Ressourcenzuteilungssystem, die operative Strategie und den Ablauf der Arbeitsschritte innerhalb der Prozesse. Und schließlich ist sie auch an dem Verhältnis zwischen Körper und Bewußtsein interessiert; daran, wie Vision, Mobilisierung und Meßgrößensystem den Restrukturierungsprozeß steuern; und wie Prozesse – durch den Menschen – lernfähig werden.

Restructuring ist eine unverzichtbare Dimension im Leben eines Unternehmens, die notwendige Hygiene, ohne die ein Unternehmen nicht überleben kann. Und was für die drei anderen Dimensionen des Unternehmenslebens – *Reframing, Revitalizing* und *Renewing* – gilt, trifft auch auf *Restructuring* zu: Wenn ein Unternehmen darauf verzichtet, obwohl es eigentlich erforderlich wäre, kann es zu ungewöhnlichen Fehlentwicklungen kommen. Diejenigen mit einem zu wenig wertschöpfungsorientierten Geschäftsmodell werden von Bulimie und Magersucht heimgesucht. Wer seine physische Infrastruktur vernachlässigt, kann sich auf eine Wirbelsäulenverkrümmung gefaßt machen. Und Fettsucht ist die Strafe für mangelhaftes Training der Arbeitsprozesse.

Von allen Komponenten der Transformation ist *Restructuring* die schmerzhafteste für die Unternehmensführung. Sie spielt darin nicht nur die Rolle des biologischen Architekten, sondern auch des Chirurgen, der Operationen am erkrankten Patienten vorzunehmen hat. Opfer sind dabei unvermeidlich, sprich: Arbeitsplätze gehen verloren, Geschäftsbereiche werden aufgegeben und liebgewordene Gewohnheiten ausgerottet. Glücklicherweise verhält sich der Schmerz nicht proportional zu den erwarteten Vorteilen, denn eine professionell durchgeführte Restrukturierung reduziert das Leiden auf ein Minimum, während es gleichzeitig eine Grundlage für erneutes Wachstum schafft.

Lange Zeit wurde die *Restructuring*-Komponente für die eigentliche Transformation gehalten. Es ist einfach, die Untersuchungen auf das gut Sichtbare zu beschränken und dabei ganz zu vergessen, daß hinter jedem System biologische Lebensprinzipien stehen. Viele Unternehmen verwechseln weiterhin die mechanische Neugestaltung ihrer Arbeitsprozesse mit ganzheitlicher Transformation. Die Sirenengesänge des *Restructuring* können ja auch tatsächlich verführerisch sein, mit ihrem verlockenden Angebot kurzfristiger Ergebnisse und der Illusion, diese Vorteile würden unendlich wachsen. Doch Vorsicht ist geboten! *Restructuring* kann nämlich einen „faustischen Pakt" konstituieren, so daß unmittelbarer Nutzen später in der Unternehmenshölle abgebüßt werden muß! Wer *Restructuring* als Strategie mißbraucht, handelt sich damit unausweichlich ein schmähliches Ende ein. In den letzten Jahren gab es viele, die auf diese Weise ihren Tod gefunden haben.

Restructuring umfaßt primär drei Chromosomen mit den entsprechenden Bio-Organisations-Systemen. Sie bilden den Gegenstand der drei Kapitel des zweiten Teils. Das erste, in Kapitel 4 beschriebene Chromosom beschäftigt sich mit dem Aufbau eines wertschöpfungsorientierten Geschäftsmodells für das Unternehmen. Dieses Modell ist für die Bio-Organisation, was das Herz-Kreislauf-System für den menschlichen Körper ist. Es stellt den für ihre Gesundheit notwendigen Ressourcenfluß zur Verfügung und liefert einen Plan, wie Kapital durch das System fließen soll, so daß die Ressourcen überall dorthin gelangen, wo sie gebraucht werden.

Das zweite, in Kapitel 5 beschriebene *Restructuring*-Chromosom beschäftigt sich mit der Ausrichtung der Infrastruktur, des unternehmerischen Gegenstücks zum menschlichen Skelett. Zur Konfiguration der physischen Infrastruktur gehört die Anpassung der physischen Bestandteile eines Unternehmens – seiner Gebäude, Anlagen, Lastfahrzeuge, Kähne, Maschinen und anderer Vermögensgegenstände – sowohl an das wertschöpfungsorientierte Geschäftsmodell wie auch an die Arbeitsprozesse, die sie unterstützen sollen. Wie das menschliche Skelett, paßt sich die physische Infrastruktur den Bedürfnissen des übrigen Körpers und der Umwelt nur langsam an und oft erst nach schmerzhaften orthopädischen Eingriffen.

Das dritte und letzte *Restructuring*-Chromosom, näher beleuchtet in Kapitel 6, ist mit der Umgestaltung der Arbeitsprozesse des Unternehmens befaßt und somit das Gegenstück des menschlichen Muskelsystems. Dazu gehört die Reorganisation der Arbeit und der Arbeitsprozesse im Dienste der High-level-Ziele und Meßgrößen der Firma. Wir befinden uns damit im Bereich des „klassischen" Reengineering, das zu dramatischen Verbesserungen bei Qualität, Produktivität und Kosten führen kann. Doch die fundamentaleren und stärkeren Effekte werden durch *Bio-Reengineering* erreicht, dem Sprungbrett für den Übergang in die schöne neue Welt von *Revitalizing* und *Renewing*.

Es sei an dieser Stelle noch einmal daran erinnert, daß die sequentielle Darstellung des Stoffes durch die Buchform bedingt ist und nicht notwendigerweise einer strengen chronologischen Abfolge der Transformation entspricht. Wie bereits erwähnt, ist die Transformation ihrem Wesen nach nicht-sequentiell. Deshalb sind auch die drei *Restructuring*-Dimensionen immer gleichzeitig wirksam und nehmen gleichzeitig Einfluß auf alle anderen Systeme der Bio-Organisation bzw. werden von diesen beeinflußt. Ob der geeignete Weg gefunden wird, hängt letztlich von der Kreativität der Unternehmensführung ab.

EIN WERT-SCHÖPFUNGSORIENTIERTES GESCHÄFTSMODELL AUFBAUEN

Wie beim Menschen, existiert auch in der Bio-Organisation eine Verbindung zwischen Körper und Bewußtsein. Mentale Energie erzeugt physische Energie, und physische Energie erzeugt mentale Energie. Produktive Arbeit ist gleichzeitig Auslöser und Ergebnis eines Gefühls der Sinnhaftigkeit. Gedanken lösen Handlungen aus, und Handlungen Gedanken. Bewußtsein und Körper arbeiten zusammen, der eine beeinflußt den anderen in einer kontinuierlichen, simultanen Feedbackschleife. Sie werden sogar von derselben Quelle erhalten: Wenn das Herz zu schlagen aufhört, gehen beide zugrunde.

Während sich der Transformationsprozeß auf der feinen Verbindungslinie zwischen Bewußtsein und Körper hin und her bewegt, ist die Unternehmensführung vordringlich darum bemüht, beiden Systemen ausreichend Nahrung zukommen zu lassen. Das ist die Aufgabe des wertschöpfungsorientierten Geschäftsmodells, des vierten der 12 Bio-Systeme. Das wertschöpfungsorientierte Geschäftsmodell ist für den Unternehmenskörper, was das Herz-Kreislauf-System für den menschlichen Organismus ist. Das Herz-Kreislauf-System transportiert über die Blutbahnen Sauerstoff und andere lebensnotwendige Nährstoffe überall dorthin, wo diese im Körper gebraucht werden. Über das Ressourcenzuteilungssystem transportiert das wertschöpfungsorientierte Geschäftsmodell Geld, Material und Menschen dorthin, wo sie am dringendsten benötigt werden.

Die Konstruktion eines wertschöpfungsorientierten Geschäftsmodells erfordert die systematische Top-down-Zerlegung einer Organisation in finanzieller Hinsicht. Es handelt sich um einen Seziervorgang, fast schmerzlos in der Ausführung, aber nicht unbedingt hinsichtlich der Konsequenzen. Leider wird das wertschöpfungsorientierte Geschäftsmodell zumeist so eingesetzt, wie die computertomographische Aufnahme in der Medizin: als diagnostisches Instrument, wenn man weiß, daß ein bestimmter Teil krank ist und isoliert werden muß. In der Regel kommt aber bei Anwendung des Modells nicht nur ein einzelnes Leiden zum Vorschein, sondern Schicht um Schicht ein ganzer Komplex aufeinander bezogener Leiden.

Aufgabe des vierten Unternehmens-Chromosoms ist, ein wertschöpfungsorientiertes Geschäftsmodell zu konstruieren. Seine drei Gene beziehen sich auf das Unternehmensportfolio, die Wertschöpfungskette und die Ressourcenzuteilung. Die Unternehmensführung hat als genetischer Architekt der Organisation drei entsprechende Aufgaben:

1. *Shareholder-Value-Orientierung etablieren.* Portfolioanalyse-Techniken sind ein geeignetes Mittel, den Unternehmenskörper in finanzieller Hinsicht in einzelne Geschäftsbereiche zu zerlegen, deren ökonomischer Wert dann anhand der High-level-Finanzziele des Gesamtunternehmens ermittelt werden kann. Mit Hilfe dieser Informationen verhält sich der Topmanager wie ein „Corporate Raider", der das Führungsteam vor die Entscheidung stellt, welche Bereiche behalten, welche abgestoßen und welche verbessert werden sollen.

2. *Wertschöpfungskettenmodelle für die Geschäftsbereiche entwickeln.* Es klingt vielleicht eigenartig, aber viele Unternehmen können nicht genau beschreiben, was sie eigentlich tun. Die Wertschöpfungskette ist eine logisch verknüpfte Abfolge von Aktivitäten, die die Aufgaben eines Unternehmens auf höchster Aggregationsebene definiert. Die Definition der Wertschöpfungskette ist oft eine strategische Übung und ergibt einen logischen Bezugsrahmen, in dem das Unternehmen nach Einzelaktivitäten aufgeschlüsselt werden kann, um eine tiefergehende ökonomische und strategische Bewertung vorzunehmen.

So wie ein Unternehmen im Rahmen einer Portfolioanalyse in Geschäftseinheiten aufgeteilt wird, kann es auch in Kernaktivitäten zerlegt werden, um festzustellen, ob und in welchem Ausmaß diese Wert schaffen bzw. vernichten. Die Unternehmensführung leitet die Definition der Wertschöpfungskette jedes Unternehmensbereichs und kann dadurch sicherstellen, daß die charakteristische Prägung der Firma in jedem einzelnen Bereich erhalten bleibt. Dies schafft einen gemeinsamen mentalen und ökonomischen Rahmen für den Vorstand und die für die einzelnen Geschäftsbereiche zuständigen Manager.

3. *Aktivitätenspezifische Ressourcenzuteilung auf Basis von Kosten und Service-Niveau.* Führungskräften stehen Unmengen finanzieller Berichte zur Verfügung. Ertragszahlen, Bilanzen, Gewinn- und Verlustrechnung usw. – und alle enthalten sie wertvolle Informationen, die für das finanzielle Berichtswesen und in gewissem Ausmaß für Analysezwecke erforderlich sind. Doch der Unternehmensführer, das Führungsteam und alle anderen leitenden Manager, die mit der Zuteilung von Ressourcen befaßt sind, benötigen mehr als bloß das herkömmliche Zahlenmaterial. Sie müssen wissen, wieviel die eigentliche *Ausführung* der Geschäftstätigkeit kostet und welche Werte von der betreffenden Arbeit tatsächlich geschaffen werden. Sie müssen in der Lage sein, die Arbeit in Einzelkomponenten zu zerlegen, die Relation zwischen den Kosten einer Arbeitseinheit und dem damit geschaffenen Wert herzustellen und all dies schließlich auf das Gesamtergebnis zu beziehen. Dies sind aber genau diejenigen Informationen, die sich mit *Prozeßkostenrechnung/Activity-Based Costing* (ABC) und *Service-Level-Assessment* (SLA) gewinnen lassen.

Unter Verwendung der finanziellen Ziele und Meßgrößen der Balanced Scorecard als Richtwerte werden die Aktivitäten der Wertschöpfungskette in wichtige Arbeitsprozesse heruntergebrochen, die ihrerseits wieder in die Unter-Aktivitäten zerlegt werden. Kosten und Service-Levels werden mittels Activity-Based Costing (daraus ergibt sich für jeden Prozeß ein *Aktivitätenkosten-Plan*) und Service-Level-Analyse (zur Festlegung des Werts jeder Einzelaktivität für die Gesamtunternehmung) den Aktivitäten zugeordnet. Diese Daten bilden die Grundlage für die Auswahl von verbesserungswürdigen Zielbereichen, die Bewertung von Outsourcing-Alternativen und die Untersuchung anderer strategischer Themen. Und vor allem erhalten wir objektivere finanzielle Anhaltspunkte für die Zuteilung von Ressourcen zu den Bereichen, die für das Unternehmen Wert schaffen.

Obwohl die Konstruktion des wertschöpfungsorientierten Geschäftsmodells in erster Linie eine *Restructuring*-Aktivität ist, beginnt der Unternehmensführer damit bereits in den frühen *Reframing*-Stadien. Insbesondere Verlagerungen im Portfolio gehen der Definition der Balanced Scorecard oft voraus. Je tiefer der Prozeß der Erstellung des wertschöpfungsorientierten Modells geht, um so wichtiger ist allerdings ein einheitliches Ziel- und Meßgrößenset an der Spitze, das von oben das gesamte Unternehmen durchdringt. Dieses Ziel- und Meßgrößensystem fungiert als Gravitationszentrum, das die Einzelteile des wertschöpfungsorientierten Modells in synchroner Umlaufbahn hält, während nicht-zugehörige Elemente in den Weltraum abdriften können, bis sie in das Gravitationsfeld einer anderen Sonne geraten. Andernfalls wird auf dem Weg zu Pluto eine Menge Energie verbraucht, während eigentlich Mars das Ziel ist.

Es gibt beinahe unendlich viele denkbare Kombinationen von Zielen und Meßgrößen. Und keine ist von vornherein besser als eine andere. Sie variieren vielmehr nach Branche, Vision, Firma und Unternehmensführung. Die allgemeine Regel lautet: Verwenden Sie diejenigen, die in Ihrer Firma funktionieren und den Aktionären am vernünftigsten erscheinen. Ein sorgfältig ausgewähltes und richtig angewendetes System von Zielen und Meßgrößen macht das wertschöpfungsorientierte Geschäftsmodell zu einer unschätzbaren Ressource zur Evaluierung, Bemessung und Überprüfung finanzieller Leistungsdaten von ganz oben bis ganz unten in der Unternehmenshierarchie.

SHAREHOLDER-VALUE-ORIENTIERUNG ETABLIEREN

Des Nachts, bei Kerzenschein, getrieben von unstillbarer Neugierde und Wissensdurst, setzte Michelango sich über die religiösen Autoritäten hinweg und schlich heimlich in die Leichenschauhäuser der Ärzte, um dort Leichen zu sezieren. Für seine Kunst führte er diese schauerliche, selbstauferlegte Aufgabe aus, um unmittelbare Erkenntnisse über die komplexen Systeme des menschlichen Körpers zu gewinnen. Seine Arbeit und die von Gesinnungsgenossen brachten es zuwege, die Menschheit langsam über die mystischen Rituale hinaus zu erheben, von denen die Medizin im Mittelalter beherrscht wurde. Ihren Bemühungen war es zu danken, daß Furcht und Aberglaube der aufgeklärten, rationalen Haltung der Renaissance Platz machten. Nicht nur die Medizin ist diesen Menschen zu ungeheurem Dank verpflichtet, sondern alle Wissenschaften.

Ironischerweise haben viele moderne Unternehmen auf ähnliche Art und Weise Grund zur Dankbarkeit gegenüber einem anderen Typus des „Leichenfledderers": dem Corporate Raider. Solche „Plünderer", wie etwa Carl Icahn, T. Boone Pickens, Sir James Goldsmith und Hanson Trust, schlichen sich in die finanziellen Mausoleen der Unternehmen ein und sezierten diese von innen her, womit sie gleichzeitig der Unternehmensführung die Augen für lange während Fehleinschätzungen öffneten. Wenn wir andere – und in manchen Fällen ethisch fragwürdige – Motive der Raider einmal unberücksichtigt lassen, müssen wir zugeben, daß sie das Konzept des „Break-up Value" mit Leben füllten. Sie zwangen gigantische Konglomerate, die Bedeutung des Begriffs „Wert" zu überdenken, und öffneten den Aktionären die Augen für die finanziellen Spiele, die um sie herum betrieben wurden. Sie popularisierten Konzepte wie die „Shareholder Value Analysis *(SVA)*", die später ihrerseits die „Economic Value-Added Analysis *(EVA)*" hervorbrachte. Man könnte sogar behaupten, die von ihnen ausgehende Bedrohung habe das Topmanagement gezwungen, die Bedeutung der Zahlen in Frage zu stellen, die ihre Investitionsentscheidungen jahrzehntelang bestimmt hatten, und nach neuen Wegen zu suchen, Kosten- und Gewinnquellen in ihren Firmen festzustellen.

Ehe die Corporate Raider auf den Plan getreten waren, basierten die meisten Geschäftsentscheidungen auf der geheiligten DCFRORAT (Discounted Cashflow Rate of Return after Taxes). Die allgemein anerkannten Grundsätze der Rechnungslegung waren die Basis, auf der die meisten Investitionsentscheidungen getroffen wurden. „Gut mit Zahlen" zu sein, galt als besondere Tugend, als Markenzeichen eines erfahrenen Geschäftsstrategen.

Mitte der achtziger Jahre trafen viele petrochemische Unternehmen ihre Investitionsentscheidungen nach einer einfachen, scheinbar konservativen Regel: „Wir richten unsere Budgetplanung an Investitionen mit einer jährlichen DCFRORAT von mindestens 15 Prozent aus." Die jungen, aggressiven Ingenieure verbrachten berauschende 18-Stunden-Arbeitstage damit, komplexe lineare Programme zu entwerfen, in denen sie Investitionen in Höhe von Hunderten von Millionen von

Dollar für neue Raffinerie- und Chemieverarbeitungskapazitäten analysierten und rechtfertigten. Die Rechenarbeit war absolut erschöpfend und von zwingender Überzeugungskraft. Komplizierte Steuerfreibetragsberechnungen, Abschreibungsmöglichkeiten und ein System von „Imponderabilien" für Preisentwicklungstrends und die verschiedenen Vorprodukt- und Produkttypen wurden in die Berechnungen aufgenommen.

Es kann nicht überraschen, daß die meisten Konkurrenten dasselbe taten. Nur wenige stellten den strategischen Wert der Investitionen als solche in Frage – je mehr, desto besser –, und praktisch jeder rechtfertige höhere Ausgaben unter der Perspektive derselben falschen Annahmen: *(1) daß die bestehenden Kostenrechnungsverfahren die echten Kosten der Unternehmenstätigkeit widerspiegeln und (2) daß Endverbraucherbedürfnisse durch die Bewertung von Preistrends vorweggenommen werden können.* Heute stehen wir vor den Vermächtnissen dieser falschen Annahmen in Form von überflüssigen Reaktoren, Destillationsanlagen, Pumpen, Rohrleitungen und Lagerhäusern im Wert von Abermillionen von Dollar; und anstatt 15 Prozent DCFRORAT abzuwerfen, rosten sie still vor sich hin ...

Doch ernüchternder als der Anblick dieser Leerkapazitäten wirkte sich die Tätigkeit von Leuten wie T. Boone Pickens auf die Industriemanager aus. Plötzlich wurde ein Unternehmen nicht mehr als Ansammlung von Profit Centers auf der Jagd nach DCFRORAT gesehen, sondern vielmehr als Portfolio von Geschäftsbereichen und Vermögenswerten, die zerlegt und einzeln zu einem höheren Preis verkauft werden konnten, als das Unternehmen als Ganzes erbracht hätte. Boone und Konsorten setzten unterschiedliche Portfolioanalyse-Techniken ein, bewaffneten sich mit harten, rechthaberischen Worten und präsentierten die dazu passenden Zahlen. Solidaritätsappelle der Vorstände prallten ungehört an ihnen ab; sie wandten sich vielmehr an die Aktionäre und erzählten ihnen, man habe sie hinters Licht geführt oder gar um ihren Anteil betrogen. „Wir geben euch, was eure Aktien *wirklich* wert sind", frohlockten sie und gaben den Aktionären praktisch eine Garantie für einen sofortigen höheren ROI (Return on Investment), üblicherweise in der Größenordnung von 40 Prozent über dem aktuellen Aktienwert. Die Aktionäre folgten den süßen Verlockungen, und Giganten stürzten und zersplitterten unter der Last ihres eigenen Gewichts. Das Ergebnis? Zwischen 1980 und 1990 hörte beinahe ein Drittel der mächtigsten Industrieunternehmen der Welt auf, als unabhängige Einheit zu existieren.

Mit den Augen des Raiders betrachtet

Auf dem Höhepunkt der Welle fremdfinanzierter Aufkäufe (LBOs) führte der Spekulationseifer zu verrückten Situationen. Neben dem Schwarzen Montag (19. Oktober 1987) war es vor allem eine Frage, zur Diskussion gestellt von den aufgeklärteren unter den Vorständen, die die Dinge langsam wieder zurechtzurücken begann: „Wenn's die Raider tun, warum können wir's nicht gleich selber machen?" Sie eigneten sich Kenntnisse in SVA, EVA und Break-up Value (Liquidationswert) an. Allmählich begannen sie, ihr Geschäfts-Portfolio mit den Augen der „Übernahmegeier" zu sehen.

Wenn Sie heute einen Vorstandsvorsitzenden nach seinen Prioritäten fragen, wird sich mit hoher Wahrscheinlichkeit die Steigerung des „Shareholder Value" ganz oben auf seiner Liste finden. Der Aktienpreis ist die Abschlußzensur des Vorstands. Sie können den Aktionären umständlich Ihre Pläne mit Kunden, Innovationen und Lernprozessen oder internen Betriebsabläufen erläutern – ihre Geduld wird bald ein Ende finden, wenn die Aktienperformance nicht stimmt. Und wenn den Aktionären die Geduld reißt, kann der Vorstand über kurz oder lang die Koffer packen.

Vorstände können also wertvolle Erkenntnisse und Einsichten gewinnen, wenn sie den Standpunkt des Unternehmensaufkäufers einnehmen und ihr Unternehmen auf dem Papier auseinandernehmen. Es handelt sich um ein rasches Verfahren zur Bestimmung der äußeren Grenzen des Unternehmenskörpers. Sind alle Geschäftsbereiche legitimerweise Teil des Unternehmenskörpers? Leisten sie einen Beitrag zu den High-level-Finanzzielen des Unternehmens? Gibt es Anzeichen für kranke Glieder im fortgeschrittenen Wundbrandstadium, die abgeschnitten gehören? Oder sind wenigstens Warzen oder eingewachsene Nägel zu entfernen?

Es kommt selten vor, daß ein Unternehmen zu Beginn des Transformationsprozesses keine größeren chirurgischen Eingriffe benötigt. Anfänglich versuchen die meisten Firmenverantwortlichen, solche radikalen Schritte zu vermeiden und sich statt dessen auf Anpassungen und Revitalisierungen zu konzentrieren. Doch bald entdecken auch sie den gewaltigen und unbestreitbaren Vorteil von Entflechtungen und Veräußerungen: *Sofortergebnisse!* Das bringt Punkte an der finanziellen Front – im Normalfall schon am Tag der Bekanntgabe, manchmal sogar noch früher (sehr zum Verdruß mancher Institutionen, wie etwa der amerikanischen Börsenaufsichtsbehörde).

Wenn es darum geht, unverzüglich zu handeln und Ressourcen zur Finanzierung längerfristiger, konstruktiver Maßnahmen aufzutreiben, kann man sich in vielen Fällen der Tatsache nicht verschließen, daß Amputieren – sprich: Veräußern, Abstoßen, Entflechten – oft die beste Medizin ist. Andererseits ist die Amputation – neben der Verabreichung von Lebertran an nichtsahnende Kinder – wahrscheinlich die gewalttätigste Form des medizinischen Eingriffs. Sie ist eine drastische Technik, aber oft unvermeidlich, um den restlichen Körper vor einer Infektion – oder dem Tod – zu bewahren.

Im allgemeinen ist die Portfoliotheorie Grundlage für Desinvestitionsentscheidungen, und deren Prinzipien sind gut bekannt. Es gibt zahlreiche unterschiedliche Ansätze, manche elegant, andere eher schäbig. Gelegentlich treten sie in eigentümlicher Verkleidung auf, beispielsweise der Vorstandsvorsitzende als Zoo-Direktor, wobei die einzelnen Geschäftsbereiche aus Kühen, Hunden und Wildkatzen bestehen. Am Ende lassen sie sich jedenfalls alle auf denselben Grundsatz reduzieren: „Wenn ein Geschäft nicht läuft, weg damit!"

Die Einführung von Techniken der „Shareholder Value-Added Analysis" (SVA) und „Economic Value-Added Analysis" (EVA) war ein besonders großer Fortschritt in der Entwicklung der Portfoliotechniken. Sie liefern dem Vorstand ein ungeschminktes Bild darüber, inwieweit jeder Teilbereich dem Aktienpreis des Unternehmens zuträglich oder abträglich ist – also zur Abschlußzensur beiträgt. Während herkömmliche Portfoliotechniken vielleicht ihren ästhetischen oder anthropologischen Wert hatten, wird der Vorstand von den Shareholder-Value-Daten gnadenlos an der Brieftasche gepackt.

SVA und EVA ermöglichen eine Reihe von „Was-wäre-wenn"-Szenarien, als ob ein Unternehmen in seine Einzelteile zerlegt und jeder einzelne Bereich als eigene Einheit mit eigenem Marktwert, Eigenkapital, Fremdkapitalstruktur und Aktienkurs gesehen werden könnte. In Wirklichkeit besteht natürlich nur ein gemeinsamer Aktienkurs, und die Annahme, man könne einem Teilunternehmen einen eigenen „Markt"-Wert zuordnen, mag etwas anmaßend erscheinen. Aber was, wenn es tatsächlich so wäre? Wieviel wären die Einzelteile wert? Würden sie vor den Investoren überleben? Würden sie Aktienkäufer finden, und zu welchem Preis? Die Beantwortung dieser Fragen hat viele Raider so erfolgreich gemacht. Für das Topmanagement ist deren Beantwortung nicht nur eine Notwendigkeit zur Verhinderung von Übernahmen; sie ermöglicht auch wertvolle strategische Erkenntnisse hinsichtlich der Struktur des Unternehmensportfolios.

SVA war in den Achtzigern sehr in Mode. In den neunziger Jahren ist sie weitgehend durch EVA ersetzt worden. Beide sind jedoch Variationen desselben Themas. Die SVA verwendet die altbekannte Wertkurve, in der sich das Verhältnis zwischen Marktwert und Buchwert auf der Y-Achse und das Verhältnis zwischen ROE („Return on Equity", Eigenkapitalrendite) und Eigenkapitalkosten auf der X-Achse ausdrückt. Wenn die Geschäftseinheiten in einem Unternehmensportfolio auf dieser Kurve abgetragen werden, zeigt ein Wert von weniger als eins, daß in einem Bereich Wert vernichtet wird, und alles was größer als eins ist, weist darauf hin, daß Wert geschaffen wird. Wenn der Zeitfaktor noch einbezogen wird, läßt sich für jede Unternehmenseinheit die Wertschaffungs- bzw. Wertvernichtungsgeschichte ablesen.

Wie sich in der SVA sehr oft zeigt, werden normalerweise etwa 80 Prozent des Werts von 20 Prozent des Portfolios geschaffen. Daraus ergibt sich unweigerlich die Frage, was die Unternehmen veranlassen mag, in die restlichen 80 Prozent überhaupt zu investieren. In vielen Fällen lautet die Antwort auch tatsächlich, sie sollten dies bleiben lassen. In anderen Fällen handelt es sich allerdings bei einigen oder allen dieser 80 Prozent um Unternehmensteile, die erst in der Entwicklung begriffen sind und ihr volles Potential noch nicht erreicht haben.

Während die SVA mit Aktienkursen und unterschiedlichen Renditen beschäftigt ist, konzentriert sich die EVA auf die Ergebnisse eben dieser Analyse und liefert damit eine neue Definition des Jahresgewinns. Das heißt, EVA bezieht sich auf den Unterschied zwischen operativem Gewinn nach Steuern und den Opportunitätskosten des im Unternehmen gebundenen Eigenkapitals. EVA ist keine Kennzahl für geschaffene oder vernichtete Werte, sondern eine monetäre Größe. Es versteht sich, daß dies dem Manager entgegenkommt, dessen Gehalt an die Finanzdaten gebunden ist. „Meine Division hat 20 Millionen Dollar Wertschöpfung für dich erreicht, lieber Vorstand", scheint der Spartenleiter zu sagen, „also, wie sieht's mit meinem Bonus aus?"

Sowohl SVA wie auch EVA bieten dem Vorstand die Möglichkeit, die finanzielle Erfolgsmessung – bezogen auf Gewinne und Investitionen – innerhalb des Unternehmensgefüges immer weiter herunterzubrechen bis hin zum einzelnen Produkt, Markt, ja sogar Kunden.

Entdeckung verborgener Werte bei Sears

Der CEO Edward Brennan und Finanzchef Ed Liddy von Sears werden wahrscheinlich lächeln, wenn sie an die beißende Kritik des Aktionärssprechers Robert Monks und die niederschmetternden Analysen denken, die sie in den letzten Jahren hinnehmen mußten. 1993 hatte Sears einen Prozeß nahezu abgeschlossen, der als die größte und erfolgreichste Neupositionierung eines Unternehmens in der amerikanischen Wirtschaftsgeschichte bezeichnet worden ist und mehr als eine Verdoppelung des Shareholder Value seit 1990 ergab.

Über zehn Jahre lang mußte sich Sears mit der Skepsis der Investorenwelt abfinden, die sich fragte, was ein Einzelhändler wie Sears im Finanzdienstleistungsgeschäft zu suchen hatte. „Hat die Welt wirklich auf die *Discover*-Karte* gewartet?" war eine gängige Frage in Analysenberichten. „Was weiß Sears über Immobilien?" war eine andere, als die Kritiker offenen Zweifel anmeldeten, ob Coldwell Banker ein tragfähiges Geschäft für Sears abgeben könne. Bis zu dem Zeitpunkt, als man bei Sears den Ball an die Investoren weiterspielte, hörten die professionellen Beobachter in der Finanzwelt nicht auf, das Engagement von Sears in all diesen Bereichen in Frage zu stellen.

Monks, an vorderster Front in der Kritikerschar, hält sich zugute, dem Unternehmen Feuer unter dem Hintern gelegt und es zum Handeln gezwungen zu haben. Nach den Worten Liddys war dieses Feuer allerdings nichts weiter als eine Menge heiße Luft. In einem Interview mit dem *CFO Magazine* im Januar 1994 erklärte Liddy: „Im Rahmen unseres Planungsprozesses führen wir jedes Jahr eine rigorose Analyse des Werts jedes einzelnen Unternehmens durch ... und untersuchen, wie hoch sein Wert für einen strategischen und für einen finanziellen Käufer wäre." Wir entnehmen diesen Worten, daß Sears sich im Jahr 1993 praktisch selbst „plünderte" und den Shareholder Value steigerte, indem man den Aktionären die Möglichkeit gab, sich am unterbewerte-

---

* Von Sears herausgebrachte Kreditkarte. (Anm. d. Übers.)

ten Unternehmensvermögen im Finanzdienstleistungssektor zu beteiligen, und zwar vor allem an dem Star Dean Witter, Discover.

Der Plan ist in hohem Maße das Ergebnis einer Frustration: Das Management wußte, daß große Werte geschaffen wurden – die Investoren wollten dies aber im Rahmen der bestehenden Sears-Struktur nicht anerkennen. Gespräche mit Finanzanalysten hatten nicht ausgereicht, um den Markt zu überzeugen – also beschloß man, das Unternehmen aufzusplitten und den Markt entscheiden zu lassen. Man würde das Votum über Sears' wahren Wert den individuellen Investoren überlassen, und somit den Analysten aus den Händen nehmen.

1993 verkaufte Sears 20 Prozent des profitablen, aber kapitalintensiven und unterbewerteten Unternehmens Dean Witter, Discover. Der Verkauf von Dean Witter führte unmittelbar zu einem Anstieg der öffentlichen Bewertung des Unternehmens. Er ermöglichte Sears darüber hinaus den Rückkauf eines Teils seines Eigenkapitals, wodurch sich der Shareholder Value weiter erhöhte. Im gleichen Jahr verkaufte Sears in der größten derartigen Aktion in der Geschichte der Vereinigten Staaten 20 Prozent der Allstate Insurance, ganz Coldwell Banker (Wohnungs-Immobilien) und seine gesamte Hypothekengesellschaft. Diese finanzielle Umstrukturierung ging Hand in Hand mit einer dramatischen Senkung der operativen Kosten in der Größenordnung von etwa 2 Milliarden Dollar pro Jahr. Ende 1994 verlautete aus dem Unternehmen, man beabsichtige die Ausgliederung der gesamten Allstate Insurance.

Es war eine harte Zeit für Sears und vielleicht ganz besonders für Ed Brennan, Chairman und Sears-Mitarbeiter der dritten Generation. Ein großer Teil der beschriebenen Aktivitäten war mit der etwas paternalistischen Tradition des Unternehmens schwer vereinbar, besonders das aggressive Kaufen und Verkaufen von Unternehmen und die massiven Entlassungen. Es schien, als sei eine Ära zu Ende gegangen, wofür symbolisch der Tag stehen mag, an dem das Versandhandelsgeschäft aufgegeben wurde. An diesem Tag hat ganz Amerika leise geweint, und auch Sears hat darüber wohl Tränen vergossen. Es ließ sich jedoch kein Weg finden, das Kataloggeschäft profitabel zu führen, und obwohl Sears nach wie vor Spezialkataloge herausbringt, kann nichts darüber hinwegtäuschen, daß mit dem allgemeinen Sears-Katalog ein Symbol der amerikanischen Mittelklasse endgültig verschwunden ist.

Ungeachtet aller nostalgischen Gefühle, erwies sich der Restrukturierungsplan als brillant durchgeführt. 1993 war das gewinnträchtigste Jahr in der Geschichte des Unternehmens. Der Gewinn pro Aktie erreichte stolze 6,13 Dollar, der „Return on Net Assets" 23,8 Prozent (einschließlich 19 Prozent auf laufende Geschäfte) und die gesamte Aktienrendite 56 Prozent. In einem einzigen Jahr hatte sich Sears' Marktwert um 8 Milliarden Dollar auf 25 Milliarden Dollar erhöht. Scheinbar über Nacht hatte sich das Image des Unternehmens gewandelt: von einer amerikanischen Institution im Niedergang zu einem Paradebeispiel unternehmerischer Verjüngung.

WERTSCHÖPFUNGSKETTENMODELLE FÜR DIE GESCHÄFTSBEREICHE ENTWICKELN

Mit einer klaren Vorstellung, wie jeder einzelne Geschäftsbereich im Portfolio zur Wertschöpfung beiträgt, kann der verantwortliche Manager anhand des wertschöpfungsorientierten Modells tiefer in die Unternehmenseinheiten eindringen. Der Schwerpunkt liegt hier auf dem ökonomischen Grundgerüst der Geschäftseinheiten – wir begeben uns in das Reich der Wertschöpfungskette.

Die Wertschöpfungskette ist ein logisch verknüpftes System von High-level-Aktivitäten – angefangen beim Kunden bis zurück zum Zulieferer –, das die wertschaffenden Schritte beschreibt, die für einen erfolgreichen Geschäftsbetrieb erforderlich sind. Sie kann als Mutter aller Aktivitätsketten bezeichnet werden, jener Gruppe von Aktivitäten, zu denen im Idealfall alle Prozesse und Funktionen beitragen. Allein das Definieren der Wertschöpfungskette kann schon eine strategisch wichtige Übung sein (siehe Kapitel 5); für unsere Zwecke hier gehen wir allerdings davon aus, daß die Wertschöpfungskette mehr oder weniger feststeht.

Werfen wir zum Beispiel einen Blick auf den Industriesektor der Öl-/Gaserschließung und -produktion. Die Manager der meisten Öl- und Gasgesellschaften betrachten ihr Unternehmen keineswegs unter dem Gesichtspunkt einer Wertschöpfungskette. Sie sind ganz gefangen in ihren Investitionszyklen und fixiert auf die Hoffnung, daß aus einem der Löcher, die sie da in den Boden stechen, irgendwann Öl oder Gas rauskommen wird. Das ist auch zweifellos ein wichtiger Teil des Geschäfts, aber es gibt noch viel mehr, und *alles* ist von strategischer Bedeutung. Die Festlegung der Wertschöpfungskette lenkt die Aufmerksamkeit auf die einzelnen wertschaffenden (bzw. -vernichtenden) Komponenten des Unternehmens (vgl. Abb. 4.1) und auf die damit zusammenhängenden fundamentalen strategischen Fragen.

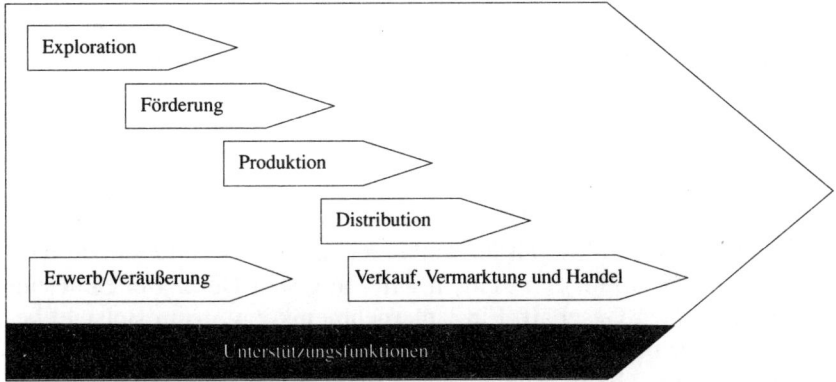

Abb. 4.1 *Öl- und Gas-Wertschöpfungskette*

Zuerst geht es um *Erwerb* und *Veräußerung* von Pachtrechten. An diesem Glied in der Wertschöpfungskette wetten die Unternehmen, daß an einem bestimmten Ort Öl vorkommt und an einem anderen nicht, und sie investieren, oft gemeinsam mit Partnern, beträchtliche Geldsummen in den Erwerb der Bohrungsrechte. Dazu kommt das Problem der Veräußerung von Rechten, z. B. deren Verkauf, nachdem die Quellen ausgetrocknet sind oder man die Hoffnung auf Funde aufgegeben hat. Oder die Frage, ob man sie gegen andere Eigentumsrechte eintauschen oder zur Erforschung zu einem späteren Zeitpunkt reservieren will.

Erwerb und Veräußerung bilden einen komplexen Teil des Geschäfts, zumal sie Know-how in Geologie und Liegenschaftsmanagement, aber auch einen kühlen Kopf am Spieltisch verlangen. Erfolgsgarantien gibt es keine, und das Ausmaß von Investition und Risiko ist abhängig von der vom Unternehmen eingeschlagenen Strategie. Will man sich auf kleine, derivative Projekte in der Nähe bekannter Vorkommen einlassen? Oder sollte die Firma vielmehr auf das große Unbekannte setzen, um vielleicht die Nordsee des nächsten Jahrhunderts zu entdecken? Fokussierte Ölgesellschaften entscheiden sich gleich zu Beginn für eine Strategie und verschaffen sich eine entsprechende Risiko- und Investitionsposition.

Als nächstes folgt die eigentliche *Explorationstätigkeit:* der physische Bohrvorgang, um festzustellen, ob sich an einem bestimmten Ort Öl- oder Gasvorkommen befinden. Dieses Glied der Wertkette ist abhängig von technischem und wissenschaftlichem Know-how. Dazu gehören der Entwurf von Computermodellen, seismographische Forschungen und die technische Herausforderung, Tausende Meter unter der Erdoberfläche, vielfach sogar unter dem Meeresboden, zu bohren und dann die endlich entdeckte Flüssigkeit im Zaum zu halten, die mit gewaltiger Kraft nach oben drückt.

Wir sind in der Wertschöpfungskette erst zwei Schritte vorgedrungen, aber die reiche Vielfalt an denkbaren strategischen Optionen wird bereits deutlich und dies in einem auf den ersten Blick vielleicht einfach anmutenden Geschäft. Ein Unternehmen könnte zum Beispiel beschließen, nur bekannte Reserven aufzukaufen, und damit die Glücksspielkomponente beim Ankauf sowie die Notwendigkeit von Know-how im Bereich Exploration eliminieren. Dies könnte zwar in der Machokultur der Öl- und Gasindustrie als „Waschlappen"-Strategie gebrandmarkt werden, aber in vielen Situationen ist das ein durchaus logischer Ansatz, insbesondere für Unternehmen, die am Black-Jack-Tisch zum Verlieren neigen.

Andererseits könnten natürlich Unternehmen, die sich auf dem Gebiet des An- und Verkaufs von Bohrungsrechten zu echten Profis entwickelt haben, daraus ein gutes Geschäft machen und Rechte gegen Gewinnbeteiligungen eintauschen, anstatt sich selbst an den kapitalintensiveren Such- und Produktionsaktivitäten zu beteiligen.

Der nächste Schritt in der Wertschöpfungskette ist die *Förderung.* Das Unternehmen weiß nun ungefähr, wo Gas und Öl sich befinden und wie groß in etwa das Vorkommen ist. Jetzt bedarf es einer Strategie, um dieses ans Tageslicht zu holen. Dies ist schwieriger, als es aussieht. Entscheidend sind hier das richtige Timing und die richtigen Mengen.

Die Förderung hat sehr viel mit der richtigen Einschätzung zukünftiger Preise zu tun. Kein Unternehmen trifft hier in jedem Fall die richtige Entscheidung, nicht einmal Giganten wie Shell, die sich ausgeklügelter Szenario-Planungsinstrumente bedienen. Von ebensolcher Bedeutung ist das Zeitmanagement der Arbeitsabläufe, denn brachliegende, noch nicht erschlossene Liegenschaften sind enorm teuer. Öl- und Gasgesellschaften haben gewaltigen Bedarf an Betriebskapital und haben mit entsprechend komplexen Finanzierungsangelegenheiten zu tun. Große Firmen besitzen Millionen Barrel in Reserve; jedes Barrel stellt – je nach Marktlage – Opportunitätskosten zwischen 10 und 25 Dollar dar. Je rascher ein Unternehmen auf günstige Markttrends reagieren kann, desto profitabler wird es arbeiten können.

Als nächstes kommt die *Produktion* an die Reihe. Wie der Name schon sagt, handelt es sich bei der Produktion um das Äquivalent zur Herstellung – d.h. Öl und Gas so effizient und sicher wie möglich aus dem Boden zu bekommen. Hier geht es in erster Linie um eine Minimierung der Kosten, vor allem wenn sich Gas- und Ölpreise auf so niedrigem Niveau befinden, wie dies seit Beginn der neunziger Jahre der Fall ist. Besonderes Augenmerk gilt natürlich den Belegschaftszahlen, speziell im Wartungs- und Unterstützungsbereich.

Distribution ist die nächste Aktivität. Dieser Bereich ist unerhört kapitalintensiv, ist hier doch ein ausgedehntes Netzwerk an Pipelines, Lagertanks, Tankwagen, Kähnen und Hochseetankern nötig. Hier liegt die Ursache für die ungeheure Kapitalintensität dieser Branche – insbesondere, wenn man das in den Liegenschaftsverwertungsrechten eingesetzte Kapital hinzurechnet. Daher kommt es ganz besonders auf eine Optimierung der Logistik innerhalb des Netzwerks an, oft auf globaler Ebene. Der Handel – also Kauf, Verkauf und Tausch – mit Produkten in Gewinnabsicht, aber auch zugunsten effizienter logistischer Planung, stellt ebenfalls eine entscheidende Komponente dar. Hierzu gehört auch die komplexe und heikle Aufgabe, das physische Distributionsnetzwerk durch Konkurrenten zu erweitern.

Der Komplex *Verkauf, Vermarktung und Handel* ist das letzte Element unserer Wertschöpfungskette. Da es sich bei Öl und Gas um Standardware handelt, kommt der Fähigkeit zur „Bewegung von Barrels" große Bedeutung zu. Dies führt zwangsläufig zu der strategischen Frage, ob eine Ölfelderschließungs- und Förderungsgesellschaft in eine „Vorwärtsintegration" investieren soll, das heißt, in Raffineriekapazität oder in den Vertrieb von Erdölprodukten, insbesondere Benzin. Auch in diesem Bereich spielen Handelsaktivitäten wieder eine womöglich alles entscheidende Rolle für den Erfolg oder Mißerfolg eines Ölunternehmens. Dazu gehört die Absicherung der Produktion auf den Terminmärkten, Trading auf den Spotmärkten und im übrigen der Kauf und Verkauf von Öl und Gas in einem Pokerspiel mit enorm hohen Einsätzen.

Angesichts so vieler strategischer Optionen kann es nicht Aufgabe der Unternehmensführung sein, sich um jeden Schritt in der Wertschöpfungskette persönlich zu kümmern. Ihre Rolle ist eher diejenige anzuregen, grundlegend über ihre Gestaltung nachzudenken und über die strategischen Prioritäten auf hoher Ebene. In unserem Explorations- und Produktionsbeispiel läge die Aufgabe der Führung weitgehend darin, Denkprozesse über die Ankaufsstrategie des Unternehmens in Gang zu setzen, ob und in welchem Ausmaß das Unternehmen überhaupt selbst nach Vorkommen suchen soll – und so weiter, die gesamte Wertschöpfungskette entlang.

Wetten auf die Wertschöpfungskette bei CIGNA

Wir haben Gerry Isom, Präsident der CIGNA P&C Versicherung, inmitten der Anfangsphase seines großangelegten Transformationsprojekts im Frühjahr 1994 verlassen. Er und das President's Executive Committee (PEC) hatten bereits die Balanced Scorecard entworfen. Ein großer Teil des Unternehmens war mobilisiert. Die Vision stand bereit, die richtigen Leute, Ziele und Meßgrößen. Und Isom hatte dazu noch in Eigenregie einige positive, kurzfristige Aktionen durchgeführt.

Jetzt ist das Transformationsprojekt – OAR *(Organizational Alignment Review)* genannt – in voller Fahrt. Allerorts haben sich funktionsübergreifende Arbeitsgruppen gebildet: in der Risikoprüfung, in der Schadensbearbeitung, im Produzentenmanagement, in der Verwaltung – kein Stein bleibt auf dem anderen, während die BSC bei der Koordination der vielen verschiedenen Aktivitäten zur Prozeßumgestaltung hilft.

Das PEC kommt einmal pro Woche zu einer Diskussion der erzielten Fortschritte zusammen. An diesem besonderen Montag allerdings würde sich ein Uneingeweihter in die Halbwelt versetzt fühlen, wenn er das PEC-Konferenzzimmer beträte. Das PEC ist um ein Ding versammelt, das aussieht wie ein Casinotisch, die Köpfe über ein grünes Filztuch gebeugt und mit Jetons in den Händen. Mit nervösen Seitenblicken versuchen die einzelnen Ausschußmitglieder, Einblick in die Strategie der anderen zu bekommen. Der Tisch ähnelt einem Roulettetisch, nur das Rad fehlt. Und gesetzt wird nicht auf die Zahlen 0 bis 36, sondern auf die CIGNA-P&C-Wertschöpfungskette, beginnend beim Policeninhaber, dann über die Agenten hinein ins Unternehmen selbst zum Kundendienst, zur Risikoprüfungsabteilung, Schadensbearbeitung, Verlustkontrolle, zu den Informationssystemen, Querschnittsfunktionen usw. – und wieder heraus aus der Firma zu den Anbietern medizinischer, rechtlicher und Autoreparaturdienstleistungen. Insgesamt besteht die Kette aus 15 Gliedern, die jeweils durch ein Dollarzeichen markiert sind und CIGNAs aktuelles Ressourcenzuteilungsschema darstellen.

Jedes Mitglied des PEC hat 50 „Plus"- und 50 „Minus"-Jetons erhalten. Gerry Isom hat sie aufgefordert, auf bestimmte Teile der Wertschöpfungskette zu setzen, in denen sie sich verstärkte („Plus") bzw. verminderte („Minus") Investitionen wünschen.

Die „Wetten" sind ernst und die Einsätze hoch, zumal die Machtbasis jedes einzelnen Managers eindeutig mit der Zahl an Jetons zusammenhängt, die er auf seinem Glied in der Wertschöpfungskette vorfindet. Ein Plus-Jeton bedeutet einen Machtzuwachs, doch ein Minus-Jeton ist ein klarer Angriff auf die Position des Managers. „Das kannst du nicht mit mir machen", war in halbernstem Ton aus der Runde zu hören, und: „Wenn du das tust, schlage ich mit allen meinen Minus-Jetons zurück."

Nachdem sich die erste Aufregung gelegt hatte, begann sich ein recht klares Bild abzuzeichnen. Der Großteil der Plus-Jetons ist auf den vordersten Elementen in der Kette konzentriert, also auf dem Policeninhaber, den freien Agenten und der Risikoprüfung. Die meisten Minus-Jetons liegen auf den Feldern der internen Serviceleistungen, besonders auf Informationssystemen sowie den Bereichen Finanzierung und Personal. Es herrscht Übereinstimmung, daß weniger in das „Back End" des Unternehmens und mehr in das „Front End" investiert werden sollte. Sogar die Manager der Bereiche, die abgebaut werden sollen, haben Minus-Jetons auf ihre Felder in der Wertschöpfungskette gelegt.

Im Bereich Schadensbearbeitung, einem der Kettenglieder mit dem höchsten Dollarwert, ist plötzlich Schluß mit der Einigkeit. Er weist eine hohe Konzentration an Plus- und Minus-Jetons auf. Als Isom dem

auf den Grund geht, kristallisieren sich zwei diametral entgegengesetzte Standpunkte heraus. Manche meinen, daß eine Anzahl von fast
6 000 Mitarbeitern in der Schadensabwicklung eindeutig zu viel sei.
Die Belegschaft gehöre reduziert. Andere argumentieren, daß das nur zu
einem Anstieg der Verluste führen würde. „Wenn wir Ressourcen aus
der Schadensbearbeitung herausnehmen", erläutert einer aus dem Plus-
Lager seinen Standpunkt, „bleibt den verbliebenen Leuten nichts anderes übrig, als einfach blind jeden Anspruch zu bezahlen. Wir nehmen ihnen die Möglichkeit, jeden Anspruch auf seine Berechtigung zu überprüfen und gegebenenfalls anzufechten. Das mag kurzfristig ein paar
Dollar einsparen, aber auf lange Sicht werden wir bitter dafür bezahlen."

Im Laufe der Diskussion einigt man sich auf eine Vorgangsweise. Es
wird ein Schadenabwicklungsmodell entworfen, in dem die zahlreichen möglichen Varianten und ihre Konsequenzen simuliert werden;
diese werden in der Folge detailliert durchdiskutiert, und am Ende wird
man dem Modell folgen, auf das man sich geeinigt hat. Mit dieser Entscheidung erzielen sie einen vernünftigen Konsens darüber, wo sie ihre
Einsätze auf der Wertschöpfungskette plazieren sollen. Wieder einmal
haben sie einen Bereich potentieller Turbulenzen durchschritten und
sind wieder ein Stück näher aneinandergerückt. Isoms Legionen sind
nach wie vor im Wachsen.

Karl wird in große strategische Fragen hineingezogen

Als wir uns von Karl, dem Produktionsplaner bei Woodbridge Papers,
im letzten Kapitel verabschiedeten, saß er gerade in der Klemme. Er ist
jetzt an der Spitze des für die Umgestaltung der gesamten Auftragsabwicklung verantwortlichen Teams. Es liegt an ihm, der Teamarbeit
eine entschiedene Richtung zu geben, doch je mehr er arbeitet und je
angestrengter er nachdenkt, desto komplexer erscheinen ihm die möglichen Alternativen. Bevor nicht endlich jemand entscheidet, ob Woodbridge sich auf eine breite oder schmale Produktpalette festlegen soll,
weiß er jedenfalls nicht richtig weiter.

„Du siehst aus wie sieben Tage Regenwetter", redet ihm seine Frau
ins Gewissen, als Karl nach der Arbeit zu Hause lustlos an seinem Bier
nippt und über sein Unglück sinniert.

Einerseits hat er wahnsinnige Angst. Wie konnten sie – wer immer
diese „sie" sind – nur auf die Idee kommen, *ihn,* einen einfachen Pro-

duktionsplaner, mit der Umgestaltung des gesamten Auftragsabwicklungsprozesses zu betrauen! „Mir reicht's!" hätte er Lust auszurufen. „Wie soll *ich* wissen, ob das Unternehmen in ,Zellstoff', ,Papier' und ,Herstellung' integriert sein soll?" Doch andererseits ist ihm klar, daß er das wissen *muß*, wenn er seine Aufgabe ordentlich erledigen will. Und außerdem: Irgendwie fühlt sich Karl ja schon ein wenig geschmeichelt, daß sie ausgerechnet ihn gefragt haben, und wer weiß, wenn er's schafft ... Na ja, seiner Karriere wird's schon nicht schaden – seiner Karriere, die er seit längerer Zeit als Sackgasse betrachtet hatte, bevor der Zirkus hier anfing.

Doch er hatte sich nicht vorgestellt, daß es *so* ablaufen würde. Er dachte, er würde aus dem Gesamtprozeß ein nettes, kleines Stückchen herausschneiden und reparieren. Doch es stellte sich heraus, daß alles miteinander verbunden war, oder besser: *verstrickt!* Was immer er auch in die Hand nahm – es hatte Auswirkungen auf irgend etwas anderes, das wiederum Auswirkungen auf ein Drittes hatte. Was für ein Chaos! Er hatte versucht, den Lenkungsausschuß dazu zu bewegen, seinen Wirkungsbereich zu definieren und einzuschränken. Aber die sagten immer bloß, er habe eine *carte blanche,* jedes Problem anzugehen, das er für relevant hielt. Oft wünschte Karl, seine *carte* möge nicht ganz so *blanche* sein!

So lernte er beispielsweise, daß Herstellung nicht gleich Herstellung ist. Drei Produktionsschritte gehören dazu: den Zellstoff herstellen, das Papier selbst herstellen und das Papier beschichten. Woodbridge konkurrierte in allen drei Bereichen mit anderen Unternehmen, es wurde aber auch einiges an Zellstoff und Papier zugekauft. Dies nennt man „halbintegriert", wie Karl in Erfahrung brachte. Die Entscheidung, ob Woodbridge sein Papier zukaufen oder selbst produzieren sollte, ist von großer Tragweite, hat was mit Strategie zu tun, und Karl war nicht besonders erpicht, da hineingezogen zu werden. Jede Maschine kostet zig Millionen Dollar, und er fühlte sich nicht in der Lage, an *derartigen* Entscheidungen mitzuwirken. Das war doch Sache der großen Strategen mit ihren akademischen Titeln, nicht die kleiner Planer, die sich um die Auftragsabwicklung zu kümmern hatten.

Plötzlich erkennt Karl, daß er sich nun in einer doppelten Klemme befindet. Die Frage, ob Woodbridge seinen Zellstoff und sein Papier kaufen oder selbst machen soll, ähnelt verdammt der Frage, ob man eine breite oder eine konzentrierte Produktpalette wollte. Alle möglichen Punkte spielen da eine Rolle, merkt Karl, angefangen bei den Kosten. In einem Verkäufermarkt kann dir der Zukauf von Zellstoff und Papier deine Kostenposition ruinieren. Doch bei Überschußkapazitäten kriegst du das Zeug von den Herstellern praktisch *geschenkt*. Einmal gewinnst du, einmal zahlst du drauf!

Aber neben den Kosten gibt's noch andere Faktoren, überlegt Karl, zum Beispiel die Lieferzeit. Falls Woodbridge sich dazu entschließt, regelmäßig nennenswerte Mengen an Zellstoff und Papier von Dritten zuzukaufen, wäre es vielleicht geschickter, mit einem oder zwei Lieferanten Partnerschaften einzugehen, als je nach Lage bei vielen verschiedenen einzukaufen. Auf diese Weise könnte man Druck auf die Zulieferer ausüben, ihre Produktionszyklen mit denen Woodbridges abzustimmen und so die Produktionszeit zu verkürzen. Sollte sich die Dynamik der Auftragsabwicklung tatsächlich darauf auswirken, wie integriert Woodbridge sein sollte? Karl denkt angestrengt nach. Und wenn dem so ist, fragt er sich und versinkt noch ein wenig tiefer in seinem Stuhl, bin dann ausgerechnet *ich* berufen, Fragen mit einer derartigen Tragweite zu beantworten?

Er sieht dasselbe Problem auf dem Transportsektor. Woodbridge benutzt Vertragspartner – man hat sich, mit anderen Worten, niemals über den Aufbau eines eigenen Fuhrparks Gedanken gemacht. „Wir sind kein Transportunternehmen, wir sind in der Verpackungsbranche", pflegte der alte CEO zu sagen. Und dennoch: Es läßt sich nicht bestreiten, daß wichtige Leistungsaspekte in den Transportbereich fallen. Vertragsfirmen sind o.k., wenn die Lieferzeiten nicht gar so entscheidend sind. Aber jetzt, da man sich entschlossen hat, auf diesem Gebiet konkurrenzfähiger zu werden, wäre die Anschaffung einiger eigener LKWs eine Überlegung wert.

Karl beschließt, sich zum zweiten Mal an den Lenkungsausschuß zu wenden, auch diesmal wieder mit einer wichtigen strategischen Frage. Letztes Mal wollte er sie dazu bringen, sich auf ein breit oder schmal angelegtes Produktprogramm festzulegen. Doch sie hatten den Spieß einfach umgedreht und ihn gefragt, was denn er dazu meine! Er wisse das nicht, so Karl, deshalb sei er ja gekommen, um sich beraten zu lassen. Jetzt hat er das gleiche vor, nur geht es diesmal um Zellstoff, Papier und Transportfragen. Er ahnt bereits, daß man ihn wieder fragen wird, was denn er von der Sache halte, und diesmal hofft er, nicht um ein paar Antworten verlegen zu sein.

Beim letzten Schluck Bier denkt Karl: „Zahlen sie diesen Jungs nicht atemberaubende Gehälter, damit sie Fragen wie diese beantworten?" Doch irgendwo in seinem Hinterkopf beginnt sich die Überlegung einzunisten, daß, wenn „diese Jungs" ihm offenbar zutrauen, solche Probleme zu bewältigen, der Unterschied zwischen ihnen und ihm vielleicht gar nicht so groß ist.

AKTIVITÄTENSPEZIFISCHE RESSOURCEN-ZUTEILUNG AUF BASIS VON KOSTEN UND SERVICE-NIVEAU

Der Teufel steckt bekanntlich im Detail. Führungsteams können es sich nicht leisten, sich in Einzelheiten zu verlieren, aber sie müssen Manager und Mitarbeiter dazu bringen, *in den Details zu leben.* Die größten Pilze finden sich ja meistens im dichten Unterholz.

Egal, ob es um interne oder externe Angelegenheiten geht: Das Blut des Unternehmens fließt durch sein Ressourcenzuteilungssystem. In den meisten Fällen ist dieses System allerdings überhaupt kein *System.* Es handelt sich nur zu oft um ein Mischmasch aus irreführenden finanziellen Meßgrößen, kreativer Kostenrechnung, Tradition und gutem Geschäftssinn. Das gewohnte Ergebnis ist die Geschäftseinheit, die zu viel ausgibt, um ihr Jahresbudget zu rechtfertigen, oder die aufgeblasene Bürokratie interner Funktionen, die sich zäh über Jahre hinweg behauptet.

Die Schaffung oder Umgestaltung des Ressourcenzuteilungssystems macht es notwendig, in der Wertschöpfungskette einen Schritt tiefer zu gehen, zu den einzelnen Arbeitsprozessen im Unternehmen. Jeder Prozeß wird wiederum in die Aktivitäten zerlegt, aus denen er besteht. Jeder Aktivität können bestimmte Kosten zugeordnet werden, indem anhand der Techniken der Prozeßkostenrechnung (Activity-Based Costing/ABC) ein Aktivitätenkostenplan für jeden Prozeß erstellt wird. Jeder Aktivitätenkostenplan wird mit der disaggregierten Ausgaben- und Kapitalstruktur des Unternehmens verknüpft. So erhält man ein Instrument, um die Prozeßleistung und die Auswirkungen von Aktivitätsänderungen in jedem einzelnen Prozeß zu überwachen.

Prozeßflußmodelle und ABC-Techniken ermöglichen gut fundierte Erkenntnisse über die wichtigsten Aktivitäten, die für Wertschöpfung und Kostenverursachung im Unternehmen verantwortlich sind. Mit den ABC-Techniken läßt sich feststellen, welche Prozesse hinter der Wertschöpfung stehen – und zwar aufgeschlüsselt nach Produkt, Kunde, Markt und Geschäftsbereich –, und welche Aktivitäten innerhalb dieser Prozesse für die Wertschöpfung verantwortlich sind. Es ist des weiteren möglich, diesen Aktivitäten reale Kosten zuzuordnen, anstatt sie in den Gepflogenheiten allgemein anerkannter Kostenrechnungsprinzipien zu verstecken.

In der Mehrzahl der Fälle wird ABC allerdings auf einer Detailebene angesetzt, die über den unmittelbaren Aufgabenbereich der Unternehmensführung hinausgeht. Ihr kommt es in erster Linie auf die Philosophie der Prozeßkostenrechnung an und auf die Klarheit des Denkens, die diese Technik fördert. Außerdem soll ein Zusammenhang zwischen dem Arbeitsgegenstand des Unternehmens, der High-level-Wertschöpfungskette und letzten Endes den Zielen und Meßgrößen des Unternehmens auf oberster Ebene hergestellt werden. Es geht darum, einen objektiven und abgestimmten Kriterienkatalog zur Zuteilung der Ressourcen im gesamten Unternehmen zu erstellen. Die Aufgabe des Führungsteams besteht darin, die Standards zu entwickeln, indem es die Bewertung nach Aktivitäten auf allen Unternehmensebenen anregt.

Sehr wirkungsvoll kann beispielsweise der Erkenntnisgewinn und der finanzielle Nutzen durch Activity-Based Costing demonstriert werden, indem ein Geschäftsbereich für eine Pilotanwendung ausgewählt wird. Ein erfolgreiches Pilotprojekt dient dabei nicht nur als Schaustück, sondern kann auch den Anstoß zu gesundem internem Wettbewerb zwischen den Geschäftseinheiten geben.

ABC – das größte Spreadsheet der Welt

Herkömmliche Kostenrechnungsmethoden haben wenig mit dem realen Leben zu tun. Zunächst beruhen sie auf der fragwürdigen Unterscheidung zwischen fixen und variablen Kosten. In dieses Kostenschema sind einige süße Illusionen eingebaut.

Wie den meisten Managern bekannt ist, gibt es drei fundamentale, wenn auch revidierte Gesetze in bezug auf feste und variable Kosten. Erstens: Variable Kosten werden zu fixen, wenn das Volumen zurückgeht. Zweitens: Proportional variable Kosten werden progressiv variabel, wenn das Volumen ansteigt, oftmals aufgrund gestiegener Komplexität. Drittens: Fixe Kosten werden zu variablen, wenn das Volumen ansteigt. Abgesehen von diesen drei eher unbedeutenden Punkten, werden fixe und variable Kosten streng auseinandergehalten.

Worauf es ankommt, ist natürlich nicht, ob Kosten fix oder variabel sind, sondern ob ein Manager sie im Griff hat, insbesondere ob er imstande ist, die Arbeit so umzugestalten, daß die damit verbundenen Kosten sinken, während gleichzeitig der für den Endverbraucher erzeugte Wert steigt oder zumindest gleich bleibt.

Ein zweites größeres Problem der traditionellen Kostenrechnung liegt darin, daß einem Kunden oder einem Profit Center Kosten auf eine Art und Weise zugeteilt werden, die nicht die tatsächlichen Vorgänge im Unternehmen widerspiegelt. Das hat zur Folge, daß der Manager den Kostenverursacher nicht isolieren, geschweige denn die Auswirkungen einer Verbesserungsinitiative genau messen kann.

Durch die direkte Verbindung von Kosten und einzelnen Aufgaben löst die Prozeßkostenrechnung die Probleme konventioneller Kostenrechnung und ermöglicht den Managern das Verständnis der echten Kosten der Geschäftstätigkeit nach Kunde, Produkt, Markt und Geschäftsbereich. Ein Beispiel: Nach Abschluß eines ABC-Durchgangs weiß ein Betriebsleiter genau, daß er 5 Millionen Dollar für die Palettierung eines Produkts aufwendet; daß er eine Million Paletten pro Jahr verbraucht und daß ihn jede davon schließlich 5 Dollar kostet. Er kann dann gemeinsam mit dem Marketingteam über den Wert der Palettierung nachdenken: „Ist sie tatsächlich 5 Dollar pro Palette wert? Wieviel geben unsere Konkurrenten dafür aus? Zur Zeit wird jede Palette plastikverschweißt – ist das unbedingt notwendig? Was wäre, wenn wir den Palettierungsprozeß änderten, vielleicht mit kleineren Paletten arbeiteten, die mit Handwagen anstatt mit motorisierten Gabelstaplern transportiert werden können?" ABC liefert zwar von sich aus nicht die Antworten auf diese Fragen, aber dafür ein realitätsbezogenes Bild der Kosten pro Aktivität, das Raum für ein konstruktives Überdenken der betroffenen Prozesse schafft.

Die Unternehmensführung kann sich freilich nicht mit Problemen wie der Plastikverschweißung von Paletten oder ähnlichen Details herumschlagen. Ihr hat es hauptsächlich darum zu gehen, die unternehmensweite Disziplin zu etablieren, um Kosten auf der operativen Ebene mit Aktivitäten zu verknüpfen. Eine derartige Disziplin kann nicht nur unternehmensweite Kostenreduktionen fördern, sondern auch alternative Arbeitsmethoden anregen, die sich unter Umständen als Quelle eines Wettbewerbsvorteils erweisen.

Schwieriger bei ABC ist die Frage, wo man anfangen und wie tief man mit der Analyse gehen soll. In einem großen Konzern gibt es ja buchstäblich Millionen Aktivitäten, und theoretisch ließen sich sämtliche dieser Aktivitäten auf dem weltgrößten Spreadsheet festhalten. Aber theoretisch ist es ja auch möglich, die Amanzonaswälder mit einer Machete abzuholzen. ABC hatte insbesondere in Amerika eine schlechte Presse, weil es von unerfahrenen Leuten unüberlegt angewendet wurde.

Der Unternehmensführer und die Leiter der Geschäftseinheiten spielen normalerweise eine Schlüsselrolle bei der Entscheidung, wo ABC angewendet werden soll. Es gibt einige Faustregeln, die diese Entscheidung erleichtern:

Suchen Sie sich einen Bereich mit hohen Kosten und guten Einsparungsmöglichkeiten, die die ABC-Kosten weit überschreiten.

Setzen Sie dort an, wo Sie in den traditionellen Kostenrechnungssystemen „Gestaltungsmöglichkeiten" vermuten, also dort, wo Sie der Meinung sind, daß die allgemein akzeptierten Kostenrechnungsprinzipien die wahren Kosten der Geschäftätigkeit verschleiern. Produktionsbereiche mit einem breiten Produktprogramm und einer Mischung von groß- und kleinvolumigen Produktionsläufen sind im allgemeinen gute Kandidaten – normalerweise werden die Produkte mit geringen Volumen durch die großvolumigen Produkte subventioniert.

Bereiche mit hohen Anteilen an „indirekten Kosten" eignen sich ebenfalls ausgezeichnet, und eine korrekte Zuordnung dieser Kosten kann oft das gesamte Rentabilitätsbild eines Unternehmens verändern.

Suchen Sie sich Bereiche, in denen die Kosten Ermessenssache sind. Es ist wahrscheinlich wenig hilfreich, dort die Kosten für einzelne Berichte zu evaluieren, wenn jeder dieser Berichte gesetzlich vorgeschrieben ist.

Wenn Sie sich nun auf einen Ausgangspunkt festgelegt haben, stellt sich unweigerlich die Frage, wie detailliert Sie Ihre Analyse gestalten sollen. Auch wenn das nicht besonders hilfreich klingen mag: so detailliert wie notwendig. Die richtige Durchführung einer ABC-Analyse erfordert viel Geschick. Wer die Methode schon seit Jahren praktiziert, braucht sich nur einige Stunden lang mit dem Führungsteam zusammensetzen und weiß genau, wo die Aktivitäten zu konzentrieren sind. Wichtig ist, von Anfang an eine Vorstellung davon zu haben, was einen erwartet. Sie können zu Beginn ein wenig schwindeln, indem Sie das Ergebnis prognostizieren. Der Prozeß wird dann unweigerlich zeigen, ob Sie im Recht oder im Unrecht waren.

Von Kosmetika und „Margen-Diskriminierung" im Lebensmitteleinzelhandel

Der Lebensmitteleinzelhandel operiert für gewöhnlich mit niedrigen Gewinnspannen und trachtet, seinen Gewinn mit hohen Umsätzen zu erzielen. Es wäre den Händlern aber natürlich nicht ungelegen, Artikel mit höheren Margen im Sortiment zu haben, die sich ähnlich rasch umschlagen lassen wie Brot und Milch. Genau diese Überlegungen hat H. E. Butt & Co. (HEB), eine Ladenkette aus Texas, dazu gebracht, in ihren Geschäften eine landesweit anerkannte Damenkosmetiklinie anzubieten.

Die Sache schien sich ausgezeichnet zu bewähren. Die Kosmetika ließen sich wie die anderen Produkte in großen Mengen absetzen. Es handelte sich um eher kleine Artikel, die also nicht allzuviel Regalfläche beanspruchten. Der Preis pro Produkt war im mittleren bis höheren Segment angesiedelt – nicht schlecht für das Umsatzvolumen. Und noch erfreulicher war die Tatsache, daß die Margen bei Kosmetika so hoch waren, daß HEB in großen Mengen einkaufen und – im Vergleich zu anderen traditionelleren Kosmetikhändlern – zu einem Discountpreis verkaufen konnte und dennoch ordentliche Gewinne machte. Das war zumindest die Überlegung.

Was die Umsätze mit den Kosmetika betraf, schien die Strategie aufzugehen. Komischerweise rührten sich die Geschäftsergebnisse nicht von der Stelle. Eine Prozeßkostenrechnung, die eigentlich aus ganz anderen Gründen veranlaßt wurde, sollte bald die Ursachen für diesen scheinbaren Widerspruch aufdecken.

Das Problem begann mit dem Kosmetikproduzenten, der auf die Lieferung kleiner Mengen an exklusivere Läden eingestellt war, in denen der unmittelbare Abnehmer der Lieferung diese auch selber verkauft. Das Kosmetikunternehmen bediente sich für HEB derselben Lieferprozeduren. Die Mitarbeiter in der Warenannahme fanden deshalb des öfteren zwischen den anderen Bestellungen Kartons der Kosmetikfirma, die leicht lädiert waren und keine Inhaltsbezeichnung aufwiesen. Für die Rechnungskontrolle mußten sie jeden Karton öffnen und die darin befindlichen Produkte identifizieren. Dies erfolgte entweder anhand des Produktetiketts oder anhand der Strichcodes, die allerdings vom Scanner oft nicht angenommen wurden, weil sie braun, bronzefarben oder rot gefärbt waren, um dem Gebinde ein gefälligeres Aussehen zu verleihen. Und zu allem Überdruß waren die Fläschchen oft an der Unterseite mit einem klebrigen, braunroten Zeug verschmutzt, das sich auch über alle anderen Produkte ergoß. Es ließ sich eben nie ganz vermeiden, daß auf dem Transport einiges zu Bruch ging. Aufgrund dieser Umstände schafften es die Mitarbeiter in der Warenannahme bei HEB fast nie, Lieferung und Rechnung in Einklang zu bringen, und sie entwickelten bald eine regelrechte Abscheu gegen die Annahme der Kosmetika.

Die ABC-Analyse ergab nun, daß die Zusatzkosten für Entladen, Lieferkontrolle und Lagerung gemeinsam mit den Kosten für beschädigte Produkte die Vorteile der höheren Margen wieder zunichte machten. Die HEB-Manager mußten einsehen, daß sie das Opfer einer „Margen-Diskriminierung" geworden waren.

Das bedeutete nun aber nicht, daß HEB den Verkauf von Kosmetikartikeln aufgeben sollte. Im Gegenteil, die Analyse löste Überlegungen zu vielen möglichen Alternativen aus. Eine einfache Option war die Verpflichtung des Herstellers, den Inhalt der Kartons außen anzugeben, wie es andere Lieferanten machen. Eine weitere Überlegung war, dem Kosmetikproduzenten zu erklären, warum HEB mit seinen Produkten keine Gewinne erzielte und sich in der Folge die Kosten eines neuen Verpackungsprozesses zu teilen, bei dem man sich die vergeudeten Entlade- und Lagerzeiten ersparen würde. Eine weitere Möglichkeit wäre es gewesen, dem Kosmetikunternehmen die komplette Kontrolle über Lieferung, Lagerung und Bestandsmanagement zu überlassen. Wozu die beiden Unternehmen sich entschließen, bleibt abzuwarten.

Bei Monsanto Plastics wird Komplexität transparenter

Noch vor wenigen Jahren gab es im Produktprogramm Monsanto Plastics 1 200 verschiedenfarbige Produkte. In der Kunststoffbranche ist die

Farbgenauigkeit eine Lebensphilosophie. Wenn ein Kunde auftaucht und eine bestimmte Farbe wünscht, verlangt der Ehrenkodex der Kunststoffbranche, diese auch zu produzieren. Sind Sie gut, so gelingt es Ihnen häufig, genau denselben Farbton zu treffen. Monsanto Plastics war mit Recht stolz darauf, zu den besten Farbanpassern in der Branche zu gehören.

Es gab jedoch ein Problem. Das Unternehmen kannte die tatsächlichen Kosten nicht, die mit der Aufrechterhaltung dieser phantastischen Farbpalette verbunden waren. Tatsächlich zeigte eine rigorose Analyse des Absatzes pro Produkt, daß 99 Prozent des Absatzes auf nur etwa 600 Produkte entfielen. Anders gesagt: Das Unternehmen hielt mehr als 600 Produkte aufrecht, die gemeinsam nur 1 Prozent des Umsatzes brachten. Die Rentabilität war dementsprechend.

Nun war man zuerst natürlich versucht, die offensichtlich gewinnverschlingenden 600 Produkte zu streichen. Aber Monsantos Sorge war, daß es möglicherweise die besten Kunden waren, die diese Produkte kauften. Hätte man sie gestrichen, so hätte dies den Verlust des gesamten Geschäfts bedeuten können. Ein Teil der anscheinend unproduktiven Farbanpassungen, so die Überlegung, wurde wahrscheinlich für große, gewinnbringende Kunden bereitgehalten, möglicherweise als Service, der dazu diente, die Loyalität der Kunden zu sichern. Also sah man sich die Profitabilität jedes einzelnen Kunden an und fand heraus, daß 33 Kunden die Gewinne zerstörten, die mit etwa 200 anderen gemacht wurden.

Um die Informationen zu gewinnen, die für eine Neuausrichtung der Strategien für Produktdesign, Preisgestaltung und Kundenbetreuung erforderlich waren, wurde als nächstes die Wertschöpfungskette in 23 Schlüsselaktivitäten und die mit ihnen verbundenen Kostentreibern aufgegliedert. Eine Analyse zeigte, daß das komplexe Handling einer derart vielgestaltigen Produktpalette die Kosten der Schlüsselaktivitäten enorm in die Höhe trieb. Beispielsweise erwies sich das Management des Produktprogrammes (Führung von Materiallisten, Preisfestlegung und Aufrechterhaltung der Produktpalette) als Alptraum an Komplexität. Auch die Umstellung der Produktionseinrichtungen (für Fertigung und Verpackung) verschlang außergewöhnlich hohe Summen, weil das Programm sich unkontrolliert ausdehnte. Die Lager- und einige andere Kosten benötigten ebenfalls dringlich eine Reform.

Die Analyse führte nicht zu einer klar definierten Einzelmaßnahme – etwa zur drastischen Straffung der Produktpalette, zur Trennung von bestimmten Kunden oder zu einer grundlegenden Veränderung der Wertschöpfungskette. Und dennoch gelang dem Unternehmen ein erheblicher Fortschritt, indem es in diesen drei Bereichen gleichzeitig Verbesserungen durchführte.

Letztendlich erreichte Monsanto Plastics zwar einige Erfolge damit, daß es seine Produktpalette straffte, aber die wesentlichen Verbesserungen gelangen, indem man den Preis an Auftragsgröße, Muster und an den Umfang des Kundendienstes anpaßte. Gleichzeitig optimierte das Unternehmen die Abstimmung seiner Produktionsanlagen auf den Kundenmix, indem es Produktionsplanung, Produktionsrichtlinien und -verfahren, Maschineneinrichtungszeit und Ausschußhandhabung veränderte.

Service-level-Bewertung

Fast jeder Vorstand ist der Überzeugung, daß „Gemeinkosten", ebenso wie Polio und Obdachlosigkeit, eliminiert gehören. Ein gewisses Maß an Gemeinkosten ist aber leider unumgänglich. Man sollte den Begriff auch nicht abwertend gebrauchen, zumindest dann nicht, wenn die Gemeinkosten sich auf interne Dienstleistungen beziehen, die für den Betrieb eines Unternehmens notwendig sind. Und auch dann nicht, wenn die betreffenden Arbeitsprozesse so ausgerichtet sind, daß ausschließlich die wirklich erforderlichen Dienstleistungen zu Mindestkosten erbracht werden.

Service-Level-Bewertung oder *Service Level Assessment (SLA)* ist ein Instrumentarium, mit dem gemessen wird, wie weit die internen Serviceleistungen den Bedürfnissen eines Unternehmens angepaßt sind. Dazu werden die vom *Leistungsanbieter* verursachten Kosten mit dem vom *Leistungsempfänger* gewonnenen Wert bzw. Nutzen verglichen. Wenn ABC das *Yin* ist, dann ist SLA das *Yang*. Gemeinsam repräsentieren sie Kosten- und Wertangaben auf den beiden Seiten derselben Münze – der Ablauforganisation eines Unternehmens – Aktivität für Aktivität.

Auf ein Produkt angewendet, liefert ABC Erkenntnisse zu Kosten und Wert, wobei die Kosten in der Analyse bestimmt werden und sich der Wert im Preis eines Produkts widerspiegelt. Auf interne Serviceleistungen angewendet, kann ABC allerdings auch den bekannten „Na-und?"-Effekt auslösen. Welchen Unterschied macht es, wenn ein Manager weiß, daß die Palettierung eines Produkts 5 Dollar kostet, er aber keine Ahnung davon hat, welchen Wert diese Leistung für den Empfänger und infolgedessen für das Unternehmen darstellt? Die SLA ist ein Mittel zur Bewertung von internen Leistungen aus der Sicht des Leistungsempfängers, der für Analysezwecke mit einem zahlenden Kunden gleichgesetzt wird.

In SLA-Begriffen ist derjenige der ideale „Kunde", der das Ergebnis eines Prozesses unmittelbar erfährt. Wieviel die Plastikverschweißung beim Palettieren tatsächlich wert ist, kann wahrscheinlich der Mitarbeiter an der Warenannahmestelle des Kunden am besten beurteilen. In anderen Fällen lassen sich „Kunden" (also: Empfänger der Dienstleistung) wahrscheinlich nur innerhalb des eigenen Betriebs finden. Echte Kunden können wahrscheinlich wenig zur Wertermittlung von beispielsweise Budgetierungs- oder Kostenrechnungsverfahren beitragen. In vielen Fällen kann ein Profit Center oder der Leiter eines Geschäftsbereiches die Rolle des Prozeß-Kunden übernehmen.

Anstelle monetärer Evaluierungen beurteilen SLA-Kunden Wichtigkeit und Effektivität des *Process Output,* die mittels Focus Groups, Interviews, Umfragen oder Workshops quantifiziert werden. Wenn die Evaluierung für alle Kernprozesse abgeschlossen ist, werden die ABC- und SLA-Komponenten integriert; so wird ein Modell geschaffen, in dem die Prozeßleistung aus Sicht des Dienstleistungsempfängers und die Aktivitätskosten innerhalb des Prozesses zusammengefaßt sind. Das Ergebnis ist ein komplettes Modell aller in der Firma erbrachten Dienstleistungen, das sowohl die tatsächlichen Aktivitätskosten als auch die Leistungsbewertung aus der Sicht der Leistungsempfänger umfaßt.

Man überlege sich, welche Mittel dies dem Vorstand in die Hand gibt! Aus der Perspektive des Unternehmens als Ganzes wird die Grundlage geschaffen, um Initiativen zur Prozeßverbesserung zu priorisieren. Ins Visier zu nehmen sind besonders die Aktivitäten mit den höchsten Kosten, die vom Standpunkt des Leistungsempfängers aus die wichtigsten und ineffektivsten Dienstleistungen sind. Wenn ein Prozeß einmal zur Verbesserung ausgewählt worden ist, liefert die Aufschlüsselung in Aktivitäten, zugeordnete Kosten und Auswirkungen auf den Betriebsaufwand die Werkzeuge zur Analyse alternativer Prozeßdesigns, zur Überwachung der finanziellen Auswirkungen von Prozeßänderungen und zur Bewertung der finanziellen Leistung im Laufe der Zeit.

Ende des Dialogs der Gehörlosen bei CIGNA P&C

Wir schreiben den Sommer 1994, und Gerry Isom besteht mit großem Nachdruck darauf, daß die Aktivitäten der Firmenzentrale an der neuen Unternehmensstrategie ausgerichtet werden. Alle wissen, was das bedeutet: Zu viele Leute sind mit Dingen beschäftigt, die niemand mehr braucht. Zwei Mitglieder des President's Executive Council (PEC) wurden zu Leitern des Prozesses zur Anpassung der Hauptverwaltung bestimmt. Doch nach wie vor wird mehr geredet als gehandelt.

Die Chefs der drei wichtigsten Sparten sind besonders frustriert und haben angefangen, in ihren Kostenstrukturen nach Einsparungsmöglichkeiten zu forschen. Jeden Tag schlagen sie sich mit aggressiven Konkurrenten herum, die niedrigere Preise bieten. Aber wenn sie ihren Blick nach innen richten, stehen sie vor einem komplexen Labyrinth zugeschlüsselter Kosten, die in der Kostenrechnung festgelegt worden sind. Wenn es ihnen dann wieder mal reicht, fahren sie alle zusammen übers Wochenende weg, um sich eingehend mit ihren Gewinn- und Verlustrechnungen zu beschäftigen. Was sie vorfinden, ist allerdings ein finanzieller Irrgarten, so ausgeklügelt geplant, daß auf der anderen Seite noch nie ein menschliches Wesen lebend herausgekommen ist. Die Zeit vergeht, die Kosten bleiben auf dem gleichen Niveau, und langsam wird das Ganze etwas ungemütlich.

Besonders irritierend sind die Kosten für interne Serviceleistungen. Sie spüren, daß hier was nicht stimmen kann. Die erbrachten Dienstleistungen können nicht dermaßen viel wert sein, und vor allem: Die liebe Konkurrenz macht einen vergleichsweise schlanken und ranken Eindruck! Das geht nicht mit rechten Dingen zu – aber, wo liegt der Hund begraben?

Zum Beispiel sind auf dem Sektor der Informationstechnologie seit einigen Jahren keine wesentlichen Anwendungen eingeführt worden, und dennoch scheint das EDV-Budget das Unternehmen immer tiefer in den Abgrund zu reißen. Legionen von Versicherungsmathematikern erstellen eine Unzahl von Berichten, aber keiner scheint ganz genau zu wissen, wozu. Die Personalabteilung scheint ständig an Umfang zuzunehmen, und dennoch sieht es nicht so aus, als erlebe das Unternehmen einen markanten Zuwachs an Mitarbeiter-Know-how.

„Wir müssen was tun", lautet am Ende die fachmännische Diagnose der Verantwortlichen.

Man hat versucht, den für die internen Dienste zuständigen Managern die Lage zu erklären, und beide Seiten zeigten sich erstaunlich zuversichtlich, die Unklarheiten bald auszuräumen. Die Manager haben nach besten Kräften versucht, die von ihren Gruppen erbrachten Dienstleistungen den Bedürfnissen der Geschäftsbereiche anzupassen, aber die tatsächlich erzielten Verbesserungen waren minimal. Das Problem liegt nicht in mangelndem Willen, sondern in mangelnder Information. Bevor Verhandlungen über Kostenreduktionen oder die Entschlackung des Servicebereichs stattfinden können, muß allen Beteiligten klarsein, wie hoch die realen Kosten sind und welche Dienstleistungen auf welchem Niveau wirklich benötigt werden.

Es handelt sich um einen Streit ohne Schurken, um einen Dialog der Gehörlosen, allerdings ohne Zeichensprache. Die Gespräche verlaufen auf einem derart hohen Abstraktionsniveau, daß Handlungen gar nicht denkbar sind. Die oberste Führung hat wenig Sinn für die Details. Sie rät der EDV-Abteilung, kein Geld mehr für die Wartung alter Anlagen und Maschinen auszugeben. „Konzentriert euch auf das Neue", sagen sie. „Helft uns beim Aufbau neuer Anwendungen für unseren neugestalteten Schadensabwicklungs- und Risikoprüfungsprozeß. Geht weg von den alten Systemen."

Doch während die Chefs in die Zukunft blicken, werden die EDV-Mitarbeiter von den Schadenssachbearbeitern bekniet, die alten Systeme doch bitte noch laufen zu lassen, zumindest so lange, bis alle Ansprüche bezahlt sind. Was von ganz oben kaum auszumachen ist, verstehen die Systembetreuer weiter unten besser: Die Schadensabwicklung und die Risikoprüfung brechen zusammen, wenn man ihnen die alten Systeme nimmt. Damit gerät der Leiter der EDV-Abteilung in die angenehme Lage, am Oberdeck mit der neuen Technik tanzen zu müssen, während im Heizraum die Löcher im alten Kessel gestopft werden.

Solche Umstände müssen in eine Sackgasse führen. Die Sackgassensituation führt zu Verstörung, und die Verstörung zu Radikalismus. Radikalismus kann eine gute Sache sein, aber nur dann, wenn er einem sorgfältig überlegten Prozeß entspringt. Das ist hier sicher nicht der Fall. Es werden schlecht durchdachte Vorschläge gemacht, wie etwa das Outsourcing der gesamten EDV-Abteilung und der Rechtsabteilung. Andere reden einem umfassenden Belegschaftsabbau das Wort – jede Abteilung soll gleichermaßen bluten, unabhängig von dem Wert, den sie bringt. Gerüchte über allerlei Szenarios schwirren durch die Luft, und die überall im Unternehmen aufkeimenden Befürchtungen drohen Gerry Isoms Mobilisierungsbestrebungen im Keime zu ersticken.

Um einen konstruktiven, wenn auch gelegentlich konfrontativen Dialog zwischen den beiden Seiten anzuregen, ruft Isom zu einer Abkühlungsphase auf, die dazu genutzt werden soll, ein klareres Bild von der Unternehmenssituation zu gewinnen. Er initiiert die Erstellung eines detaillierten Prozeßkostenmodells, begleitet von einer Service-Level-Bewertung jeder einzelnen Aktivität. Die Entwicklung dieser Modelle nimmt nahezu drei Monate in Anspruch, aber die daraus gewonnenen Informationen liefern die Voraussetzung für einen intelligenten Dialog.

Die Diskussion konzentriert sich zunehmend auf das Wesentliche. Posten für Posten können die leitenden Manager die Kosten und den Wert der angebotenen EDV-Programme nachprüfen und eine fundierte Entscheidung fällen, ob sie diese weiterhin unterstützen wollen oder nicht. Dasselbe gilt für alle internen Servicefunktionen. Obwohl es sich. um gut begründete Entscheidungen handelt, sind sie weder einfach noch schmerzlos. Die Allgemeinplätze sind verschwunden. Die Unternehmensführung hat ihren Gehörsinn wiedererlangt und arbeitet auf professioneller Basis zusammen, um zu entscheiden, welche Dienstleistungen zum Betrieb des Unternehmens wirklich erforderlich sind, mit welchen Kosten- und Nutzenerwartungen.

Als nächstes kommt es für die Führungskräfte darauf an, sich der letzten Herausforderung zu stellen und die notwendigen Kürzungen vorzunehmen. Dies ist der schwierigere Teil. Bis zum heutigen Tag ist Isom überzeugt, daß die Anpassung der Firmenzentrale an die neue Strategie noch lange nicht abgeschlossen ist. „Aber jetzt ist es eine Frage der Führungsqualität, nicht eine der Unkenntnis. Zumindest haben wir einige Fortschritte erzielt“, fügt er augenzwinkernd hinzu.

INFRASTRUKTUR AUSRICHTEN

B ei der jährlichen Untersuchung stellt ein verantwortungsvoller Arzt fest, inwieweit sein Patient körperlich gesund ist. Er untersucht die Krümmung des Rückgrats, die Stellung der Hüftgelenke, die Ausrichtung der Schultern, die Beweglichkeit der Gelenke. Mit seinem erfahrenen Blick sieht der Arzt durch Haut und Muskeln ins Skelett hinein, um sicher zu sein, daß „die Knochen von Knie und Unterschenkel auch wirklich miteinander verbunden sind", wie es sich gehört. Das ist ein wichtiger Teil der Untersuchung, denn das Knochensystem ist mehr als ein komplizierter Kleiderbügel für Muskeln und Organe. Es ist beispielsweise die Behausung des empfindlichen Zentralnervensystems und die Produktionszentrale der sauerstofftransportierenden roten Blutkörperchen. Eine falsche Anordnung kann entweder Symptom für eine Reihe von Leiden sein oder selbst arge Schmerzen und Krankheiten verursachen.

Vergleichbar damit ist auch die Konfiguration der physischen Infrastruktur eines Unternehmens eine der sichtbarsten und aufschlußreichsten Meßgrößen für seine Gesundheit und strategische Ausrichtung. Die physische Infrastruktur ist das unternehmerische Gegenstück zum menschlichen Skelett. Sie ist das Netzwerk aus Anlagen und anderen Vermögenswerten – Werksanlagen, Lager, LKWs, Lastkähne, Maschinen usw. –, von dem die Arbeitsprozesse, also die Muskeln des Unternehmens, abhängig sind. Wie unsere Knochen sind die physischen Vermögenswerte eines Unternehmens relativ fest und starr eingerichtet, und sie widerstehen einer Bewegung über das ihnen vorgegebene Maß hinaus. Manche sind der Wirbelsäule vergleichbar: Wenn sie ihren vorgeschriebenen Platz verlassen, klemmen sie lebenswichtige Nerven ein; dann kommt es zu Schmerzen und teilweise sogar zu Lähmungen. Andere wiederum können unter Belastung leicht brechen und machen damit ganze Abschnitte des Unternehmenskörpers unbeweglich; zu ihrer Heilung bedarf es meist einer mechanischen Einrichtung. Das menschliche Skelettsystem stellt den Führungsrahmen für Bewegungen dar. Die physische Infrastruktur eines Unternehmens stellt den Führungsrahmen für den materiellen Prozeß der Wertschöpfung dar. Dazu gehören so lebenswichtige strategische Eigenschaften wie Mobilität und Flexibilität sowie die Vernetzung mit der äußeren Umwelt, d. h. mit Verkäufer-, Zulieferer- und Kundennetzwerken. Die Anordnung der physischen Infrastruktur bestimmt weitgehend die Struktur der Wertschöpfungskette eines Unternehmens. Das heißt, die physischen Vermögenswerte eines Unternehmens müssen die für die Wertschöpfung notwendige Arbeit unterstützen sowie die wertschöpfungsrelevanten Beziehungen des Unternehmens, angefangen von den Zulieferern über den gesamten unternehmensinternen Bereich bis hin zur Distribution, über die der Endverbraucher erreicht wird.

Diese notwendige Abstimmung wird vom fünften Chromosom des Unternehmens gesteuert. Seine Aufgabe besteht in der *Konfiguration der physischen Infrastruktur* des Unternehmens. Vier Schlüsselgene bestimmen die Form der physischen Infrastruktur und ziehen vier Führungsaufgaben nach sich:

1. *Eine operative Strategie formulieren.* Bei der Neuausrichtung der Infrastruktur geht es in erster Linie darum, die physischen Vermögenswerte eines Unternehmens den operativen Erfordernissen anzupassen. Die operativen Erfordernisse sind allerdings nicht ein für allemal festgeschrieben, sondern von den strategischen Zielen des Unternehmens abhängig. Eine operative Strategie[*] soll die strategischen Ziele in operative Bedingungen übersetzen und entsprechende Ziele und Grundsätze ableiten, auf deren Grundlage die physische Infrastruktur ausgerichtet werden kann.

Eine operative Strategie wird im Kontext der Wertschöpfungskette formuliert. Nachdem die strategischen Prioritäten etabliert wurden

---

[*] Im Original „operations strategy"; bezieht sich auf die Funktionen Produktion und Logistik/Distribution. (Anm. d. Übers.)

(vgl. Kapitel 3 und 4), werden die High-level-Aktivitäten in der Wertschöpfungskette in einen Grundsatzkatalog übersetzt, der festlegt, wie das Unternehmen durch seine operative Tätigkeit im Wettbewerb bestehen will. Diese Grundsätze dienen zur Definition operativer Ziele für alle Teile der Infrastruktur: für Werkanlagen, Lagerhäuser, Forschungslabors, Filialen oder die zentrale Scheckverrechnung.

Stehen die Ziele fest, kann das Führungsteam des Unternehmens einschätzen, ob die aktuelle Disposition der Anlagen den strategischen Zielen entspricht. Zum Beispiel bei einer Produktionsanlage: Entspricht die physische Beschaffenheit des Werks dem strategischen Ziel eines verkürzten Produktionszyklus, oder ist sie noch immer auf breitangelegte Produktion zur Erzielung von *Economies of Scale* ausgerichtet? Bei einer Bank: Werden die Schecks im Sinne eines individuellen Kundenservice je nach Typ bearbeitet oder läuft die Scheckbearbeitung nach wie vor so ab wie in einer altmodischen Papierfabrik, um die Stückkosten möglichst niedrig zu halten? Die *operative Strategie* verkörpert die Grundprinzipien eines Unternehmens bei der Wertschöpfung und dient als Standard, um die zahlreichen beim Aufbau eines Wertschöpfungssystems anfallenden Entscheidungen zu treffen. Dem Vorstand obliegt nicht das Management der Infrastruktur, er hat aber sicherzustellen, daß diese gemäß einer zweckmäßig ausgelegten operativen Strategie gesteuert wird.

2. *Eine Netzwerkstrategie entwickeln.* Eine operative Strategie liefert die Logik zur Verknüpfung individueller Komponenten der physischen Infrastruktur mit den strategischen Zielen des Unternehmens. Doch Werkanlagen und andere physische Einrichtungen existieren nicht isoliert; sie sind in einem Anlagennetzwerk miteinander verbunden. Weiter oben im Produktionsprozeß angesiedelte Anlagen versorgen die weiter unten angesiedelten; Lagerhäuser versorgen Produktionsbetriebe; und einzelne Service-Center dienen einer Vielzahl von Einzelhandelsfilialen. So wie sich die Wertschöpfung in einem kontinuierlichen Prozeß entlang der Wertschöpfungskette vollzieht, so arbeiten die Elemente der physischen Infrastruktur kontinuierlich zusammen und beeinflussen einander. Die operative Produktions- und Distributionsstrategie muß deshalb in eine übergreifende *Netzwerkstrategie* eingebunden sein.

Ohne eine solche Netzwerkstrategie zerfallen Unternehmen in eine Anzahl bekannter Probleme. Zum Beispiel Unternehmen, die in Business Units organisiert sind, teilen oftmals ihre Anlagen und Ausrüstungen auf und nutzen sie unabhängig voneinander zur Befriedigung der Ansprüche ihrer individuellen Märkte. Was aber für die eine Business Unit gut ist, muß noch lange nicht für eine andere geeignet sein, und deshalb wird eine derartige Konstellation unweigerlich zu Spannungen führen, wenn die Gesamtunternehmensziele mit den Zielen der Geschäftseinheiten kollidieren. Solche Konflikte können eben durch eine vom Vorstand und anderen Führungskräften initiierte Netzwerkstrategie vermieden werden, indem die Ziele des Gesamtunternehmens und die der Business Units (oder Regionen oder Werke usw.) aufeinander abgestimmt werden.

Leider befinden sich die wenigsten Unternehmen in der glücklichen Lage, ihre Infrastruktur von Anfang an planen und errichten zu können. Die meisten sind diesbezüglich Opfer ihrer eigenen Geschichte und stöhnen unter enormen finanziellen, sozialen und umweltbezogenen Hypotheken, die ihren Handlungsspielraum einschränken. Die Netzwerkstrategie stellt daher einen Ausgleich zwischen dem „Ist"- und dem „Soll"-Anlagennetzwerk dar. Die behutsame Erneuerung der bestehenden Infrastruktur muß Hand in Hand gehen mit dem zukunftsweisenden Aufbau neuer Einrichtungen und Anlagen.

3. *Individuelle Standorte ausrichten.* Im Zusammenhang mit Produktions-, Distributions- und Netzwerkstrategien müssen die individuellen Standorte ebenfalls ausgerichtet werden. Dies erfordert oft ein grundlegendes Umdenken auch auf der Ebene lokaler Prozesse. Große, vertikal integrierte Werke, die ursprünglich auf die Realisierung von Economies of Scale ausgelegt wurden, müssen möglicherweise in kleinere „Werke im Werk" aufgeteilt werden. Zahlreiche Überlegungen beeinflussen den Entscheidungsprozeß, etwa Kapazitätspolitik, Auswahl der Ausrüstung, physische Gestaltung, Zuteilung von Maschinen zu Produktsegmenten, Kontrollsysteme, Werkorganisation und so weiter.

Wenn es um die Ausrichtung individueller Standorte geht, bewegen wir uns viel zu sehr auf einer Detailebene, als daß der Vorstand und andere Führungskräfte sich noch persönlich darauf einlassen könnten. Sie müssen sich darauf beschränken, auf dieser Ebene Initiativen anzuregen, und gleichzeitig Sorge tragen, daß die standortbezogenen Ziele, Meßgrößen und Verbesserungsinitiativen nicht im Widerspruch zu den gesamtstrategischen Zielen und Meßgrößen des Unternehmens stehen.

4. *Eine Beschaffungs- bzw. Sourcing-Strategie formulieren.* Die Sourcing-Strategie bildet die Grundlage für das externe Versorgungsnetz: Zulieferer, Verkäufer, Distributeure usw. Nach der Logik der Wertschöpfungskette könnte man ein Unternehmen als Komponente oder Untergruppe einer branchenweiten Wertschöpfungskette betrachten. Unter diesem Gesichtspunkt ist jedes Unternehmen einzigartig hinsichtlich seiner Reichweite und seiner Rolle in dieser Kette. Manche sind auf die Beschaffung konzentriert, andere auf Produktion und Service, wieder andere auf Verpackung und Distribution, und manche versuchen vielleicht, in die gesamte Kette eingebunden zu sein.

Eine Unternehmensstrategie dient der Definition dieser Rolle. Eine *Sourcing-Strategie* definiert die Anfangs- und Endpunkte der internen Operationen innerhalb der Kette und legt die Grundsätze für das Management der Beziehungen zu den Zulieferern fest. Die Beschaffungs-Strategie beschäftigt sich also damit, wie diese Beziehungen gehandhabt werden, zum Beispiel, ob man mit seinen Lieferanten knallhart um günstigere Preise verhandeln soll oder ob vielleicht eine langfristige Partnerschaft, die beiden zum Vorteil gereicht, erstrebenswerter wäre.

Gemeinsam bestimmen diese vier Gene die individuelle Konfiguration des Wertstromes durch den Unternehmenskörper und in seiner äußeren Umwelt. Die Unternehmensführung hat dabei die Aufgabe, den Rahmen der *operativen Strategie* zu entwickeln und eine Firmenpolitik durchzusetzen, die Ziele und Meßgrößen der Firma von oben nach unten einheitlich ausrichtet.

EINE OPERATIVE STRATEGIE FORMULIEREN

Unternehmensführer sind selten schüchterne, zurückgezogene Typen, doch viele scheuen vor den technischen Dimensionen operativer Probleme zurück. Dazu gehören unter anderen die stark technisierten Bereiche Forschung & Entwicklung und Informationstechnologie. Wenn sie auf der unmittelbar technischen Ebene keinen Beitrag leisten können, scheinen sie zu denken, dann können sie gar keinen Beitrag leisten. Vielleicht ist das der Grund, warum so viele Topmanager operative Entscheidungen von großer Bedeutung den Technikern überlassen, die sich dann über mangelhafte strategische Anleitung von oben beschweren.

Im allgemeinen sind Ingenieure und Techniker dazu ausgebildet, spezifische Probleme zu möglichst niedrigen Kosten zu lösen. Ihr Blickwinkel ist daher eingeschränkt. Ohne operative Strategie fehlt ihnen der Kontext, um die zahlreichen Konsequenzen richtig einzuschätzen, die sich aus den operativen Weichenstellungen ergeben. Kein Wunder, daß sie in ihren Entscheidungen den Faktoren Effizienz und Kosten eine übermäßige Bedeutung einräumen, ohne dabei die strategischen Ziele des Unternehmens ausreichend zu berücksichtigen. Im gleichen Ausmaß, in dem Topmanager die wichtigen geschäftlichen Entscheidungen an die Techniker delegieren, wird die Entwicklung der Bio-Organisation gehemmt, indem die Entstehung metabolischer Verbindungspfade unterbunden wird, die neue Türen zu verstärkter Wettbewerbsfähigkeit oder vielleicht sogar zu gänzlich neuen Geschäftspotentialen aufstoßen könnten.

Der Blickwinkel von Ingenieuren und Technikern ist von hoher, aber gleichwohl beschränkter Bedeutung. Die Ingenieure finden Gefallen daran, sich Mittel und Wege auszudenken, wie man Maschinen, Reaktoren und Pumpen dazu bringen könnte, mehr zu produzieren, bessere Qualität oder eine größere Vielfalt an Produkten. Und die einflußreichsten Techniker unserer Zeit – die Computerexperten – sind ganz verliebt in ihre Anwendungsprogramme und begeistert von der Idee, komplexe Prozesse in separate, mechanistisch erfaßbare Einzelteile zu zerlegen, die mittels Silikon, Nullen und Einsern modelliert und gesteuert werden können. Die technischen Errungenschaften sind in der Tat unglaublich. Doch relativ wenige Ingenieure oder andere technische Fachleute verfügen über den allgemeinen Überblick und sind in der Lage, all die Wechselwirkungen zu erkennen, das Für und Wider jeder Alternative richtig zu bestimmen und die notwendigen Kompromisse zu treffen, um für die Kunden Werte zu schaffen und zu liefern.

Unternehmensführer müssen keine technischen Experten sein. Ihre Rolle liegt vielmehr darin, eine operative Strategie zu etablieren und auf allen Ebenen eines Unternehmens zum Tragen zu bringen. In den allermeisten Fällen braucht man dazu kein technisches Fachwissen, aber gewisse Grundkenntnisse, was Technologie leisten kann und zu welchen Kosten. Erst diese Kenntnisse eröffnen dem Topmanager den echten Überblick, um neue Wege der Wertschöpfung für sein Unternehmen zu erschließen.

Von Mini-Werken und großen Scheinen bei Nucor

Die Geschichte von Nucor, einem Stahlproduzenten in Charlotte, North Carolina, veranschaulicht, wie eine kreative operative Strategie das Paradigma einer alten Branche explosionsartig sprengen kann.

Im Jahre 1967 war F. Ken Iverson Vice President eines nahezu bankrotten Firmenkonglomerats namens Nuclear Corporation of America. Nachdem er in einer Division das Ruder übernommen hatte, die Deckenträger für kleine Bauunternehmen herstellte, revolutionierte er das Unternehmen, indem er beschloß, es zu einem Stahlproduzenten umzufunktionieren. Seine Strategie kann in einem einzigen Begriff zusammengefaßt werden: *Mini-Werke.* Iverson wußte, daß Mini-Werke das gleiche tun konnten wie große Werke, nur schneller und ohne hinderliche Managementebenen, wodurch rasche Entscheidungsabläufe gewährleistet waren, kurz: strategische und operative Flexibilität!

Er kam zu einem Zeitpunkt in den Stahlmarkt, als die US-Giganten gerade viel Boden an ihre effizienteren japanischen Konkurrenten verloren. Obwohl Iversons Ansatz eine fünfmal höhere Arbeitsproduktivität als die der Japaner ermöglichte, hegte er niemals die Absicht, sich mit den Großen anzulegen. Er wollte lieber Stahl im kleinen machen, in geringen Mengen für Marktnischen. Er würde die Werke in ländlichen Gegenden ansiedeln, wo Grund und Boden noch billig und die Leute ganz begierig auf Arbeit waren. Ungelernte Arbeitskräfte – Farmer und kleine Pächter – wurden zu Gehältern deutlich unter Industriedurchschnitt beschäftigt. Gleichzeitig wurde allerdings ein Anreizschema geschaffen, das ihnen bei weitem höhere Löhne in Aussicht stellte, falls sich das Geschäft als profitabel erwies.

Das Unternehmen wäre in der Anfangsphase fast eingegangen, aber nach zwei Jahren (1971) waren die Gewinne um 140 Prozent in die Höhe geschossen. Und im folgenden Jahr, der Firmenname wurde inzwischen auf Nucor geändert, gab es einen neuerlichen Zuwachs von 70 Prozent. Vier weitere Stahlwerke wurden gegründet, und die großen Stahlproduzenten stiegen sukzessive aus dem Geschäft mit Deckenträgern aus, außerstande, mit Iversons Niedrigpreisen mitzuhalten. Ende der siebziger Jahre war Nucor zu einem 42-Millionen-Dollar-Unternehmen gewachsen.

Die Mini-Werk-Strategie blieb freilich nicht unbemerkt. Nachahmer traten auf den Plan. Iverson verlegte sich daraufhin auf eine Taktik, die von den besten Leuten in der Stahlbranche als schlichtweg aussichtslos bezeichnet wurde. Er plante den Bau einer Durchlaufanlage, die heißes Metall gießen, glätten, walzen und aufspulen konnte, so daß man am Ende ein versandfertiges Produkt in Händen hatte. 1986 fand er in Deutschland eine Maschine, die er für tauglich hielt; ein Modell, das von allen größeren Stahlunternehmen abgelehnt worden war. 1987 begann man, ein neues Werk auf einem ehemaligen Getreidefeld in Indiana zu bauen. Um Zeit zu sparen, wurde die Planung des Werks gleichzeitig mit dessen Bau abgewickelt.

Es wurde schneller errichtet als jedes andere Stahlwerk zuvor, und man stellte gleich noch einen Rekord auf, indem man schon im ersten Jahr nach der Eröffnung Gewinne machte. Bis 1990 hatte Nucor sich zu einem Unternehmen mit einem Umsatz von 1,5 Milliarden Dollar entwickelt, und das Wachstum ist noch nicht abgeschlossen.

Iversons Strategie hat sich im Kern nie geändert: kleine Werke, möglichst wenige Managementebenen, Geschwindigkeit und Marktnischen. Auf dem Boden dieser Strategie konnte eine Reihe von Prinzipien gedeihen, um die Nucor von der gesamten Branche beneidet wird:

Werkstandort: kostengünstige, ländliche Standorte mit einem kleinen Pool motivierter Arbeiter.

Arbeitskräfte: Ungelernte Arbeiter werden angelernt; man stellt ihnen eine Gewinnbeteiligung und – soweit möglich – eine Stellung auf Lebenszeit in Aussicht.

Gehälter: Grundgehälter liegen unter den gewerkschaftlich vereinbarten Sätzen, aber gewinnabhängige Boni machen die Nucor-Stahlarbeiter zu den bestbezahlten in der ganzen Branche (Boni erreichen bis zu 150 Prozent des Grundgehalts).

Kontrollspanne: so hoch wie möglich. Das Verhältnis von Produktionsarbeitern zu Managern beträgt unglaubliche 300:1. Das gesamte Unternehmen umfaßt nicht mehr als vier Managementebenen. Die „Gemeinkosten" in der Konzernzentrale werden von weniger als 30 Mitarbeitern verursacht.

Rohmaterial: Nucor arbeitet am liebsten mit Schrott, der den Vorteil hat, nicht verschmolzen werden zu müssen; das erspart den energieintensivsten und teuersten Schritt in der Stahlproduktion. Nachdem das Volumen gestiegen war, baute Nucor eine Erzaufbereitungsanlage und perfektionierte ein Verfahren, bei dem aufbereitetes Erz gemeinsam mit Schrott verwendet und der Schmelzprozeß noch immer umgangen wird.

Kultur: Die Kultur wird von Iverson als „egalitär" bezeichnet: alle Helme haben die gleiche Farbe.

Es gibt noch mehr typische Charakteristika von Nucors operativer Strategie, und keines dieser Merkmale ist prinzipiell technisch. Als das Wachstum des Unternehmens jedoch unter dem Konkurrenzdruck zu stagnieren drohte, erwiesen sich allgemeine technische Kenntnisse als lebensnotwendig. Um die Nachahmer in die Schranken zu weisen, stellte sich Iverson die Frage: „Ist es möglich, ein durchlaufendes Walzwerk zu bauen?" – und er setzte seine besten Köpfe auf diese Fährte. Als er mit Rohmaterialknappheit konfrontiert war, fragte er sich: „Gibt es eine Möglichkeit, Schrott mit Eisenerz zu vermengen?" – und er beauftragte qualifizierte Leute, sich dem Projekt zu widmen. Die Nucor-Technologie leistet absolute Pionierarbeit, sie kann sogar als revolutionär bezeichnet werden, und dennoch: Sie ist der Diener der operativen Strategie des Unternehmens und nicht deren Meister!

Eine operative Strategie entwickeln

Die Logik hinter dem Aufbau einer operativen Strategie ist täuschend einfach. Die High-level-Ziele und Meßgrößen des Unternehmens werden mit Hilfe der Balanced Scorecard festgesetzt. Diese bildet ihrerseits die Grundlage der High-level-Wertschöpfungskette, die wiederum bestimmend ist für die Auswahl der wichtigsten Leistungsanforderungen wie Zeit, Kosten, Kundenorientierung, Service, Produktprogramm und Qualität. Letztere bilden schließlich das Fundament einer operativen Strategie.

Leistungsanforderungen	Entscheidungsfelder

Leistungsanforderungen	Entscheidungsfelder
• Zeit • Kosten • Kundenorientierung • Service • Produktprogramm • Qualität	• Kapazität • Produktionsanlagen • Prozesse, Systeme und Technologie • Eigenfertigung oder Fremdbezug • Physische Distribution • Produkt/Service-Entwicklung • Produktionsplanung und Kontrolle

Abb. 5.1 *Entwicklung einer operativen Strategie*

Die Logik ist deshalb so täuschend einfach, weil sie über den kreativen Prozeß – und oftmals den schieren Mumm – hinwegtäuscht, der für die Entscheidungen in jeder Phase nötig ist.

Die Wahl einer Positionierung in der branchenweiten Wertschöpfungskette einzunehmen, die Festlegung des strategischen Schwerpunkts der High-level-Wertschöpfungskette des Unternehmens und die Abstimmung der Leistungsanforderungen mit diesem Schwerpunkt – all das stellt die Entscheidungsträger vor die Notwendigkeit, aus einer praktisch unendlichen Fülle von Tradeoffs und Möglichkeiten auswählen zu müssen. Der wichtigste limitierende Faktor bei diesen Entscheidungen ist die Markt- und Kundenfokussierung – also die Ausrichtung auf die besonderen Bedürfnisse spezifischer Kundensegmente –, wie wir in Kapitel 7 noch eingehender diskutieren werden. Die operative Strategie spiegelt die Kundenfokussierung wider und begrenzt die Bandbreite der verfügbaren Optionen.

Frederick Smith errichtete Federal Express (jetzt FedEx) beispielsweise auf der Grundlage der einfachen operativen Strategie zu garantieren, kleine Pakete über Nacht zuzustellen. Bereits im College erarbeitete er einen Entwurf seines Über-Nacht-Zustelldienstes. Sein Professor benotete das Projekt mit einer Drei, wahrscheinlich weil er die Zusammenfassung aller Lieferungen in einem zentralen Verteilcenter für unpraktisch hielt. Der Investitionsbedarf für Flugzeuge und LKWs wäre absurd hoch, mochte der Professor wohl gedacht haben.

Smith hingegen war klar, daß keine der kommerziellen Fluglinien zuverlässig genug war, um Pakete über Nacht zustellen zu können. Er war der Überzeugung, daß sich das nur machen ließ, wenn man den Flughafen, die LKWs, Flugzeuge – einfach alles – selbst besaß und damit einen konkurrenzlosen Standard an Zuverlässigkeit schuf. Smith entwarf das Infrastruktur-Netzwerk und machte sich mit seinen Investoren daran, es zu verwirklichen. Einmal mußte er in Las Vegas Geld gewinnen, um die Gehälter auszahlen zu können, aber die bemerkenswerte Unternehmensgeschichte von Wachstum und die Leistung bestätigt eindrucksvoll Smiths Auswahl des Anlagennetzwerkes.

In der rohstoffverarbeitenden Industrie steht ein Kreativitätsschub bevor

Iverson und Nucor haben in der offenbar so gesättigten und unprofitablen Stahlindustrie einen unerwarteten Durchbruch erzielt, indem sie den orthodoxen Weg der *Economies of Scale* verließen und es statt dessen mit der neuen, auf Kundendienst und Innovation bauenden Logik versuchten. Ähnliche Umwälzungen herkömmlicher Produktionsverfahren werden sich ziemlich sicher in den nächsten Jahren auch in anderen Branchen ereignen.

In einigen Industriezweigen hat der Umbruch schon begonnen. So hat etwa die einst so monolithisch geprägte Halbleiterindustrie einen Wandel zu kleineren, beweglicheren Einheiten vollzogen, die sich stets auf dem allerneuesten Stand der Technik befinden und dadurch in der Lage sind, auf die sich rasch ändernden Anforderungen der Industrie sofort zu reagieren. Und auch die Autoindustrie bewegt sich – wenn auch nicht ganz so hurtig – weg von den gigantischen, integrierten Montageanlagen in Richtung kleinerer Betriebseinheiten, die sich verstärkt auf die Fachkenntnisse der Arbeiter und auf Partnerschaften mit den Zulieferern verlassen. In beiden Fällen gingen die Impulse für den Wandel von der japanischen Konkurrenz aus, die nichts weiter getan hatte, als ein jahrzehntealtes Arbeitsmodell anzuwenden.

Die rohstoffverarbeitende Industrie allerdings hinkt etwas nach. Vielleicht liegt dies daran, daß der globale Wettbewerb diesem Bereich noch nicht mit demselben Gewicht im Nacken sitzt. Nehmen wir mal die Ölraffineriebranche. Auf der einen Seite müssen jeden Monat kleine Raffinerien schließen, weil sie mit den großen, effizienter arbeitenden nicht mithalten können. Weniger bekannt, aber schwerwiegender ist, daß es auch den großen Raffinerien nicht besonders gut geht. Wie die Daten der Wirtschaftsverbände belegen, spielen die Größenvorteile der *Economies of Scale* zwar nach wie vor eine nicht unbedeutende Rolle, doch die Korrelation zwischen Größe und Rentabilität wird zusehends schwächer.

Es scheint, als würden die mittleren Raffinerien im Vergleich mit den sehr großen ebenso gute und in manchen Fällen sogar bessere Ergebnisse erwirtschaften. Was diese ihnen an Größe voraus haben, machen jene mit Service und fokussierter Produktion wett. Ihre Fähigkeit, in der Verarbeitung schnell von einem Rohprodukt auf ein anderes umsteigen zu können (d. h. von schwefelreichem auf schwefelarmes Rohöl oder von ausländischem auf inländisches Rohöl) und ihr Produktmix zu variieren (d. h. die relativen Anteile von Benzin, Flugzeugtreibstoff, Heizöl usw.) scheint immer gefragter zu werden. Die permanente, tägliche Optimierung der Input- und Outputmischungen durch Prozeßsteuerungstechnologie und besonderes Betriebs-Know-how erscheint genauso wichtig wie die Größe und wird möglicherweise bald wichtiger sein. Oder wie die Machos in der Raffineriekultur sagen würden: Nicht die Größe des Instruments ist ausschlaggebend – wie du's einsetzt, zählt.

Angesichts dieser Trends möchte man annehmen, daß die mit der Planung der nächsten Investitionen befaßten Ingenieure kleinere Einheiten zumindest *in Betracht ziehen,* daß ihnen operative Flexibilität und Kundendienst attraktiver erscheinen als die Größe allein. Doch es ist sehr zweifelhaft, daß sie das tun werden, zumal sie alle dieselbe Schule besucht haben. In dieser Schule haben sie gelernt, daß nur der überlebt, der sich eine „Weltklasse"-Anlage (will heißen, um eine Nummer größer als die jeweils letzte) baut. „Kapazitätserweiterung" heißt für diese Leute nichts anderes als „Je größer, desto besser". Sie sind Gefangene des operativen Modells der Economies of Scale.

Das branchenübergreifende Studium von Unternehmensgeschichten kann sich mitunter als sehr lohnend erweisen. Aufschlußreich ist zum

Beispiel ein Vergleich zwischen der chemischen Grundstoffindustrie, namentlich der Ethylenproduktion und der Industriegasbranche. Die beiden Branchen sind eindeutig Cousinen, wenn nicht gar Schwestern. Beide stellen eindeutig Standardprodukte her, das heißt, die von anderen Unternehmen der chemischen Industrie hergestellten Ethylenmoleküle unterscheiden sich nicht von den eigenen, und das gleiche gilt für die Sauerstoff-, Stickstoff oder Wasserstoffmoleküle der Gasgesellschaften.

Trotz ihrer Gemeinsamkeiten weisen die beiden Branchen aber erhebliche Unterschiede in punkto Rentabilität auf. Auf dem Ethylensektor ist Rentabilität eine sporadische Erscheinung, normalerweise beschränkt auf ein oder zwei gute Jahre in einem Zyklus von sieben oder acht Jahren. Aufgrund der hohen Produktionskapazitäten ist die Preisschere zwischen Ausgangsprodukt und Endprodukt meist ungünstig. Doch weil die Produzenten so hemmungslos in Großproduktionsanlagen investiert haben, ist es mittlerweile wirtschaftlicher, diese mit Verlust zu betreiben, als sie in schlechten Zeiten komplett stillzulegen. Die großen Produzenten, wie Shell, Texaco und Union Carbide haben deshalb auch Probleme, im gesamten Zyklus einen akzeptablen Return on Net Assets zu erzielen.

Im Gegensatz dazu erweist sich die Industriegasbranche als ziemlich profitabel. Air Liquide, Air Products and Chemicals, Praxair und British Oxygen – allen geht es gut, und der Markt weist nicht die beunruhigenden Zyklen der Ethylenindustrie auf. Worin liegt der Unterschied?

Die Industriegasbranche, lautet die gängige Erklärung, ist unabhängig von den zyklischen Bewegungen der Rohstoffpreise; ihr Ausgangsmaterial ist schließlich Luft, und die ist gratis und überall reichlich vorhanden, außer in Los Angeles vielleicht. Doch dieser Vorteil vermindert nicht die Gefahr eines Preiskrieges infolge Überversorgung, was ja das Hauptproblem der chemischen Grundstoffindustrie schlechthin ist. Der wahre Grund liegt vielmehr in unterschiedlichen operativen Strategien: Die Industriegasbranche ist klüger geworden, die Unternehmen der chemischen Grundstoffindustrie sind es nicht.

Gegen Ende des 19. Jahrhunderts perfektionierte der deutsche Chemiker Karl von Linde ein Verfahren der Verflüssigung, Trennung und Komprimierung von Luft – die Industriegasproduktion war geboren. Von ca. 1900 bis ca. 1920 wurde das Gas an die Verbraucher in Stahlzylindern geliefert, großen Taucherflaschen vergleichbar. Dann patentierte Linde ein Verfahren zur Verflüssigung von Gasen, das die Produktion und Auslieferung der Produkte an industrielle Abnehmer in großen Containern ermöglichte. Bis Ende der vierziger Jahre beruhte die Industriegasproduktion und -distribution auf derselben operativen Philosophie wie in der chemischen Grundstoffindustrie. Die Gase wurden in großen Mengen in zentralen Anlagen hergestellt und in großen Einheiten an die Kunden abgegeben.

Doch in den fünfziger Jahren ging die Firma Air Products dazu über, am Standort der Hauptabnehmer kleinere Produktionsanlagen zu errichten. So baute man Anlagen in unmittelbarer Nähe zu Stahlwerken, die man in der Folge direkt und unter Umgehung von logistischen Schwierigkeiten beliefern konnte. Auf diese Weise konnten die Unternehmen auch langfristige Liefer- und Servicebeziehungen zu den Hauptabnehmern aufbauen und damit gleichzeitig der Gefahr eines Preiskampfes vorbeugen. Der Rest der Branche schloß sich dem Trend an, und die operative Strategie der Branche insgesamt präsentierte sich bis in die zweite Hälfte der achtziger Jahre als Mischung aus zentralisierter und Vor-Ort-Produktion. Dann ermöglichte die Einführung der Trennung über Membran den Bau kleiner, kompakter und hocheffizienter Luftzerlegungs-Anlagen. Es war nun nicht mehr nötig, die Gase zu verflüssigen und in Hochdruck-LKWs zu transportieren. Die Gase konnten vor Ort und nach Bedarf erzeugt werden.

Diesmal war Praxair führend beim Paradigmenwechsel. Sie vermarkteten die Minigasanlagen bei ihren Nutzern, verlangten für das Produkt eine Gebühr und boten überdies ein komplettes Servicepaket an. Sie errichteten, installierten und warteten die Anlagen. Im Gegenzug für einen langfristigen Abnahmevertrag mit den Benutzern bot Praxair eine Liefergarantie. Die Strategie erwies sich als ungeheuer erfolgreich und fand zahlreiche Nachahmer. Nicht alle Produzenten schlugen allerdings diesen Weg ein. Einige, insbesondere in Europa, verkaufen die Kleinanlagen anstelle des Produkts und den zugehörigen Dienstleistungen. Andere arbeiten mit langfristigen Pachtverträgen. Kurz, anstatt sich auf eine einzige Produktions- und Distributionsphilosophie einzuschwören, konkurriert die Industrie auf der Grundlage zahlreicher unterschiedlicher Philosophien, die auf die individuellen Kundenbedürfnisse zugeschnitten sind.

Warum hat die Ethylenindustrie nicht ebenso gehandelt? Die Vertreter der chemischen Industrie werden wahrscheinlich einwenden, es gäbe fundamentale Unterschiede; die Industriegasunternehmen müßten sich nicht um die Beschaffung der Ausgangsmaterialien in der Nähe ihrer Werksanlagen kümmern, und sie hätten nicht mit denselben Umweltschutzauflagen zu kämpfen. Diese Argumente stimmen zwar, doch gibt es immer mehr Anhaltspunkte dafür, daß die Aufstellung von Ethylenproduktionsanlagen in unmittelbarer Nähe der Rohstoffe ohnedies keine gute Idee ist. Aufgrund der Explosivität von Ethylenoxid, einem der wichtigsten Ethylenderivative, unterliegt dessen Transport beispielsweise zunehmend Beschränkungen und ist in einigen Ländern überhaupt verboten. Wenn der Transport des Produkts einmal ganz verboten sein wird – was langfristig durchaus denkbar ist –, bleibt gar keine andere Wahl, als dieses unmittelbar vor Ort beim Abnehmer zu produzieren; vielleicht gleich neben einem der Procter & Gamble-Werke, in denen aus Ethylenoxid der Schäumer für ihre Shampoos hergestellt wird.

Ob infolge strengerer Auflagen oder der Pionierleistung eines revolutionären Denkers – wir glauben, daß es über kurz oder lang zu grundlegenden Änderungen der unzeitgemäßen operativen Strategie der chemischen Grundstoffindustrie und anderer Branchen der rohstoffverarbeitenden Industrie kommen wird.

EINE NETZWERKSTRATEGIE ENTWICKELN

Die Konfiguration der physischen Infrastruktur und des Anlagennetzwerks verdient aus einem einzigen Grund besondere Beachtung: Sie kostet eine Menge Geld! Einmal erworben und auf ihrem Platz installiert, sind die festen Anlagen und Einrichtungen praktisch unbeweglich, als wollten sie sich mit aller Macht gegen das unvermeidliche Schicksal wehren, das auch sie im Laufe der Zeit obsolet macht.

Denken wir nur daran, welch schlechte Karten sich John Smith mit den Anlagen einhandelte, als man ihn vor kurzem zum CEO von General Motors machte. Saturn ist sicher ein As, aber davon gibt es nicht viele. Der Großteil der GM-Werke befindet sich in der teuren Detroit-Gegend. Das Ausmaß der horizontalen Integration in die Einzelteilfertigung ist noch immer zu hoch, weshalb Unternehmen wie die

Automotive Components Group und das 26 Milliarden Dollar schwere Ersatzteilgeschäft GMs gleich Mühlsteinen am Hals des Konzerns hängen. Die Gewerkschaften sind in jedem größeren Werk stark vertreten und drängen Smith ständig zu Zugeständnissen bei Gehältern und Zulagen. Trotz einiger Fortschritte in jüngster Zeit bleiben die Beziehungen zwischen Konstruktion, Betriebstechnik und Einkauf schwierig. Beim Pokern würde Smith jetzt sicher sein gesamtes Blatt austauschen, aber so ist er leider gezwungen, sich mit dem zugespielten Blatt abzufinden – und „Passen" ist auch nicht drin.

Smith träumt wahrscheinlich von kleinen, beweglichen Produktionseinheiten, geleitet von Mitarbeitern, die über die Klugheit und Entschlossenheit verfügen, wichtige Entscheidungen in einem kollegialen Arbeitsklima zu treffen und dabei keinen Augenblick die Kundenbedürfnisse aus den Augen zu verlieren. Doch er ist ein Opfer der GM-Geschichte, die sich in ihrer physischen Infrastruktur widerspiegelt. Er muß jetzt den Preis bezahlen für die Unzulänglichkeiten von Alfred Sloans Traum einer streng hierarchischen Organisation, die sich ihren Wettbewerbsvorteil ausschließlich durch *Economies of Scale* sichert.

Bestehende Betriebsanlagen bringen gewiß Einschränkungen mit sich, aber das Argument, „Gefangener in den eigenen Produktionsanlagen" zu sein, kann auch überschätzt werden. Normalerweise bestehen mehr Möglichkeiten, ein operatives Netzwerk neu zu gestalten, als die meisten wahrhaben wollen. Dazu braucht man Kreativität und den Mut, ein paar tiefverwurzelte Überzeugungen über die Grenzen des Machbaren aufzugeben. Doch in vielen Fällen existieren die bejammerten Einschränkungen eher in den Köpfen als in den Gebäuden. Es ist wie der Versuch, ein Gebäude aus dem 17. Jahrhundert in Paris oder London in ein faszinierendes neues Bürogebäude umzufunktionieren. Anfangs hat man den Eindruck, das könne gar nicht gutgehen. Die Decken sind so hoch, daß alleine die exorbitanten Heizkosten das Ganze unerschwinglich machen, es gibt keine Räume, die geräumig genug für größere Sitzungen sind; und für den Aufzugsschacht ist überhaupt kein Platz vorhanden! Doch siehe da – letzten Endes schaffen ein smarter Architekt und ein kreativer Innenarchitekt das Unmögliche: die Synthese aus der Eleganz des Alten und der Funktionalität des Neuen.

Die Ausrichtung des Anlagennetzwerks ist von entscheidender strategischer Bedeutung. Der Standort von Werken, ihre Interaktion, ihre

Größe, ihre Beziehung zum Distributionsnetz – alle diese Fragen bestimmen die strategische Flexibilität eines Unternehmens. In der Werkhalle kann die physische Gestaltung und Anordnung der Ausrüstungen und Maschinen zwischen 60 und 80 Prozent der Produktionskosten binden. Wenn wir das auf ein ganzes Werk und in der Folge auf ein Netzwerk von Betriebsanlagen, Distributionszentren und Service-Center hochrechnen, kann einem angesichts der Dimensionen schnell schwindlig werden.

Ein Netzwerk-Spiel bei Woodbridge

Im vorigen Kapitel haben wir Karl, den etwas halbherzigen Teamleader mit Vollmacht für die Neugestaltung der Auftragsabwicklung, in einer doppelten Klemme verlassen. Einmal hatte er sich schon an das oberste Führungsteam gewandt und um Vorgaben bei der Neugestaltung des Produktionsprogramms gebeten. Dann mußte er erkennen, daß viele weitere Elemente eine Rolle spielten, zum Beispiel ob man eigene LKWs zur Güterbeförderung anschaffen sollte, oder die Frage, wie Zuliefererbeziehungen bei Zellstoff und Papier zu steuern seien. Nach seinen unangenehmen Erfahrungen beim ersten Meeting nahm er sich vor, zum zweiten gut vorbereitet zu erscheinen.

Karl und sein Team haben eine integrierte Lösung der doppelten Klemme ausgearbeitet – und heute ist der Tag der Präsentation ihres Plans in den oberen Führungsetagen.

„Ausgezeichnet!" ruft der CEO ganz begeistert aus. „Ein echter Durchbruch!"

Für Karl ist es ein großer Tag. Er kann es gar nicht erwarten, seinem Team nach der Sitzung Bericht zu erstatten, und später am Abend seiner Frau natürlich.

In zweimonatiger Planung hatte das Team ein neues Herstellungskonzept für Woodbridge entworfen, das sie *Focus* nannten. So eine große Sache war das eigentlich gar nicht, außer daß es dem Unternehmen Millionen von Dollar einsparen half. Das Konzept war wirklich sehr einfach. Woodbridge hatte im nordamerikanischen Raum sechs Werke, die regional geführt wurden. Das heißt, in jedem Werk wurde das gesamte Produktprogramm des Unternehmens für die betreffende Region hergestellt. Nach dem neuen Konzept sollte das geändert werden. Jedes Werk sollte sich auf ein beschränktes Sortiment an Produkten festlegen, die dann für ganz Nordamerika erzeugt wurden. Das war alles, ganz einfach und bescheiden.

Durch eine Simulation der anfallenden Kosten konnte das Arbeitsteam nachweisen, daß der vorgeschlagene Ansatz enorme finanzielle Vorteile bringen würde. Wie das Kostenmodell zeigte, waren die Transportkosten in der Vergangenheit immer überschätzt worden, während gleichzeitig die Umrüstkosten – beim Wechseln von einem Produkt zu einem anderen auf einer Maschine – erheblich unterschätzt worden waren. Die gesamte Logik der regionalen Operationen orientierte sich an der Minimierung der Transportkosten – eine Logik, die von den Berechnungen des Teams gründlich widerlegt wurde!

Dorthin zu gelangen, war freilich nicht von heute auf morgen möglich. Die Sache mit der Prozeßkostenrechnung, der Karl anfangs äußerst reserviert gegenübergestanden hatte, hatte sich als zwar zeitaufwendiges, aber ungeheuer nützliches Instrument erwiesen. Ohne dieses Verfahren hätten sie nie herausbekommen, wieviel Geld in den Umrüstkosten gebunden war. Diese Daten waren zuvor im Unternehmen in der Tat gänzlich unbekannt gewesen. Als guter Planer hatte Karl diesen Prozeß intuitiv als Untersuchungsgegenstand für die ABC-Analyse im Visier gehabt. Aus seiner praktischen Erfahrung mit den Maschinen wußte er seit langem, daß die Maschinen in der Umrüstphase so lange Ausschuß produzierten, bis die Farben des vorherigen Papiers gänzlich ausgeschieden waren und sich die Papierdicke innerhalb des Toleranzbereichs stabilisiert hatte. Dies kostete nicht selten mehrere Stunden Produktionszeit, und wie das Kostenmodell zeigte, summierte sich dies zu einer Unmenge an Mannstunden, Papier und Farbstoff, gleichbedeutend mit Millionen Dollar pro Jahr, wenn man die Kosten auf das gesamte Land umlegte.

Die Ergebnisse hatten ihn überrascht. Die von der Kostenrechnungsabteilung erstellte ABC-Analyse ergab, daß 20 Prozent der Maschinenkapazität für die Umrüstung draufgingen. Zwanzig Prozent! Das bedeutete nichts anderes, als daß die ganze Zeit über eineinviertel Maschinen stillstanden – und dies in ihrem Werk alleine! Diese und ähnliche Zahlen verhalfen der Idee der Fokussierung zum Durchbruch. „Warum beschränken wir nicht jede Maschine auf ein einziges Produkt?" fragte eine Mitarbeiterin im Team. Als jemand einwandte, man habe nicht genug Maschinen an ihrem Standort, entgegnete Karl: „Es würde reichen, wenn wir den einzelnen Werken ganz bestimmte Produktlinien zuwiesen!" Von diesem Zeitpunkt an verschrieb sich das gesamte Team dem Konzept, das immer mehr Gestalt annahm.

Da stand er also, vor dem CEO höchstpersönlich und vor dem gesamten Führungsteam. Und denen gefiel die Idee. Doch auf das folgende Sperrfeuer an Fragen und Kommentaren war Karl nicht vorbereitet.

„Wie wirkt sich das auf die Länge des Produktionszyklus aus?" wollte der neuernannte Vice President (VP) für Reengineering wissen.

„Unmöglich, Kalifornien vom Nordosten aus mit zehntägiger Lieferfrist zu versorgen", wandte der für die Produktion zuständige VP ein.

„Erfordert dies nicht eine komplette Änderung unseres Distributionsnetzes?" bohrte der Chef für Logistik und Planung.

„Inwiefern kann uns das gegen Mountain View helfen? Und was ist mit unserer Verkaufsorganisation?" fragte der VP für Marketing ein wenig barsch. „Wir müssen die gesamte Verkaufsmannschaft neu organisieren und umschulen."

Eine Kugel nach der anderen wurde auf Karl abgefeuert, manche weich und leicht zu parieren, andere knallhart und schwer verdaulich. Doch Karl war nicht mehr zu stoppen. Manche seiner Antworten waren zwar nicht ganz astrein, aber er war sicher, daß das *Focus*-Programm insgesamt in Ordnung war. Die Kosten- und die Servicestruktur würden unvergleichlich besser sein als bei jedem früher angewandten Woodbridge-Konzept. Aus den Augenwinkeln gewahrte er das Lächeln im Gesicht des CEOs. Und am Ende der Sitzung vernahm er den einfachen Satz des obersten Chefs: „Wir werden das Focus-Konzept durchziehen." Champagner für alle!

Neugestaltung der Marketing-Center und Büros zur Schadensbearbeitung bei CIGNA

Im letzten Kapitel war der Transformationsprozeß bei CIGNA eben im Begriff, sich auf alle Geschäftsbereiche auszubreiten. Die Prozeßumgestaltung war in den Abteilungen für Schadensbearbeitung und Risikoprüfung, und sogar in der Zentrale (mehr dazu in Kapitel 6), voll im Gange. Obgleich viele Entscheidungen schmerzhaft gewesen waren, zeichneten sich nun langsam Fortschritte ab. Gerry Isom fühlte sich ein wenig wohler.

Wir klinken uns zu einem Zeitpunkt wieder ein, als viele neue Prozeßmodelle sich in der Pilotphase befinden. Das überaus wichtige Underwriting-Pilotprojekt, geleitet von Ward Jungers, einem talentierten Underwriter aus der Zentrale, kommt im Außendienst gut an. Zu guter Letzt sieht es so aus, als könnten die Schadens- und die Risikoprüfungsabteilungen zugunsten des Spezialisierungsprogramms gemeinsam an einem Strang ziehen. Oder wie Yogi Berra es vielleicht ausgedrückt hätte: CIGNAs Zukunft ist anders, als sie einmal war.

Dieser Herbst 1994 hält aber noch eine ganze Menge Probleme bereit. Beispielsweise die Frage, wie man mit den alten Umwelt- und Asbestversicherungsansprüchen umgehen sollte, die wie ein Leck in einem Damm das gesamte Unternehmen ins Verderben reißen könnten. Doch in dieser Sache kann Isom im Augenblick wenig tun, höchstens die Leistungsverpflichtungen aussondern und auf die – allerdings unwahrscheinliche – Möglichkeit einer Erleichterung seitens des Gesetzgebers hoffen. Es blieb auch noch die Frage offen, was mit den alten EDV-Systemen geschehen sollte. Und schließlich war auch das Problem der physischen Infrastruktur des Unternehmens nicht gelöst.

Das Thema brennt Isom zwar nicht unmittelbar unter den Nägeln, doch es liegt ihm einiges daran, einen Lösungsprozeß in Gang zu setzen. Die laufenden Arbeiten betreffen in der Hauptsache Arbeitsprozesse; die physische Struktur des Unternehmens ist noch von keiner Seite grundsätzlich in Frage gestellt worden. Und dennoch sind mit den Standorten, die man im ganzen Land besitzt oder gemietet hat, enorme Kosten verbunden. Und nicht nur das: Ihre Anordnung hat großen Einfluß auf den Servicegrad, den sie bieten können. In der gesamten Branche sinkt die Niederlassungsdichte, ähnlich wie bei den Banken, wo man ja auch versucht, das Filialnetz großmaschiger zu gestalten. Die Versicherungen geben ihre kleinen, lokalen Marketing- und Schadensbearbeitungsbüros zugunsten sternförmiger Konfigurationen auf, um derart von den *Economies of Scale* zu profitieren, ohne die Servicevorteile der Kundennähe aufgeben zu müssen. Und auch Isom denkt über die Vorteile einer solchen Strategie für die CIGNA-Marketing-Center und Schadensbüros nach.

Ein eher nebensächliches, schon längere Zeit zurückliegendes Ereignis zeigt, welche Bedeutung Isom Fragen der Infrastruktur beimißt. Die CIGNA-Immobiliengruppe legte ihren Bericht vor und ließ es dabei wahrscheinlich an der angebrachten selbstkritischen Haltung fehlen.

„Warum bezahlen wir 55 Dollar pro *square foot* für die Hauptverwaltung?" fragte er nonchalant. „Ist das nicht ziemlich viel?" Von diesem Augenblick an wußten alle, daß sich der Wind gedreht hatte. Kurz nach seiner Ankunft schloß Isom auch das Philadelphia-Marketing-Center. CIGNA P&C hat jetzt noch drei. Die Marketing-Center beherbergen die Leute von Marketing und Vertrieb, die mit den lokalen Agenten zusammenarbeiten, und fungieren als Annahme- und Bearbeitungszentren für neue Anträge sowie für Vertragsverlängerungen und Änderungen. In einigen Marketing-Centern sind auch Underwriter und Schadenssachbearbeiter beschäftigt.

Die Schließung des Philadelphia-Marketing-Centers hatte starke Signalwirkung. In einem symbolträchtigen Akt legte Isom die gesamte 12. Etage des geschlossenen Marketing-Centers mit dem Transformations-Team zusammen. CIGNA-Transformations-Agenten, Symbolfiguren des neuen Unternehmens, benutzten nun dieselben Aufzüge wie freigesetzte Mitarbeiter, die Berufsberatung in Anspruch nahmen. Einer dieser Transformations-Agenten erinnert sich daran, wie er einmal einer jungen Frau, die einen schweren Karton trug, seine Hilfe anbot und folgende Antwort zu hören bekam: „Nett von Ihnen. Ich schlepp' da gerade die Kündigungsschreiben, die heute versendet werden. Sie müßten darüber ja am besten Bescheid wissen."

Jedes Marketing-Center ist auch ein Profit-Center. Zwischen den stets auf Umsatzzuwächse bedachten Marketing- und Vertriebsleuten einerseits und den ihre Risiken sorgfältig abwägenden Risikoprüfern andererseits besteht immer eine gewisse Spannung. Dazu kommt, daß die Marketing- und Vertriebsleute eine übergeordnete Perspektive haben, da sie aufgrund ihrer Querschnittsfunktion in ihrer täglichen Arbeit mit unterschiedlichen Geschäftseinheiten von CIGNA P&C und gelegentlich auch mit anderen CIGNA-Sparten zu tun haben. Die Underwriter sehen die Dinge demgegenüber von einem spezialisierten, transaktionsbezogenen Standpunkt aus.

Es wurde des öfteren diskutiert, ob man nicht so viele Underwriter wie möglich in die Marketing-Center schicken sollte, um durch die gemeinsame Unterbringung Spannungen abzubauen. Vor Isom hatte man sogar den Versuch unternommen, in den Marketing-Centern selbst Spezialisten für jedes einzelne Marktsegment auszubilden. Man mußte aber einsehen, daß zur Umsetzung dieses dezentralisierten Ansatzes nicht genug fähige Leute zur Verfügung standen. Die Risikoprüfer und die Marketing- und Vertriebsmitarbeiter zu Partnern zu machen, indem man sie gemeinsam in den Marketing-Centers unterbrachte, war zwar lobenswert, aber weitgehend undurchführbar.

Was mit den Schadensbearbeitungsbüros geschehen sollte, bereitete Isom noch größeres Kopfzerbrechen. Es gab überall in den Staaten eine ganze Menge davon, und jedes einzelne produzierte einen Wust an Papier. Ihre Standorte sind weitgehend unabhängig von den Marketing-Centern – das Ergebnis eines historischen Kompromisses zwischen den Prinzipien der *Economies of Scale* und der Nähe zu den Policeninhabern und den wichtigen Dienstleistern (z. B. Ärzte, Rechtsanwälte und Krankenhäuser).

Es herrschen unterschiedliche Auffassungen darüber, wie die Büros zur Schadensbearbeitung organisiert sein sollten. Vielfach wird vorgeschlagen, die Mitarbeiter der Schadensabwicklung sollten zu den Marketing- und Vertriebsleuten gesetzt werden. Die Zufriedenheit der unabhängigen Agenten könne gesteigert werden, wird argumentiert, wenn diese mitansehen könnten, wie umsichtig ihre Kunden – die Versicherten mit Leistungsansprüchen – behandelt werden. Diese Konstellation würde es ermöglichen, daß ein Marketing- und Vertriebsmann einfach ein paar Türen weiter geht, um mit seinen Kollegen den Stand einer Schadensbearbeitung zu besprechen. Daraufhin könnte er seinen Kunden anrufen und sagen: „Ich habe die Sache eben persönlich überprüft und kann Ihnen versprechen, daß Sie Ihre Zahlung spätestens Freitag erhalten."

Die Anhänger der zweiten Auffassung schlagen vor, einige Schadensbearbeiter nach Geschäftsbereichen zuzuteilen. Es wäre möglich, diese in den Büros der Risikoprüfer und Manager rotieren zu lassen, um zwischen Management, Underwriting und Schadensbearbeitung ein Klima der Solidarität zu erzeugen. Isom hält das für eine gute Idee. Guter Teamgeist zwischen Schadensbearbeitung und Risikoprüfung ist entscheidend für seine Spezialisierungsstrategie. Gleichzeitig würden jedoch die Schadensbearbeiter die Möglichkeit zu persönlichem Service vor Ort verlieren.

Die dritte Auffassung hält die physische Infrastruktur für nahezu irrelevant. Mit Hilfe der Informationstechnologie, meinen ihre Verfechter, können ohnedies alle Mitarbeiter und Abteilungen problemlos integriert werden, ganz egal, wo sie sich tatsächlich befinden. Mit der richtigen Informationstechnologie wäre CIGNA P&C in der Lage, sowohl die *Economies of Scale* zu nutzen als auch die Flexibilität einer bürogestützten Infrastruktur. Wenn man des weiteren den einfachen Agenten über Computer mit dem komplexen Wissen der Experten verbinden könne, so könne dieser unversehens beinahe auf dem Niveau eines echten Fachmanns agieren. Die Technologie könne demnach das Beste aus beiden Bereichen vermitteln: geringe Kosten *und* Spezialwissen!

Gerry Isom hat mehr als einmal versucht, das Thema Infrastruktur anzuschneiden, doch es gelang ihm nicht, einen Konsens über die beste Vorgehensweise zu erzielen. Besonderes Augenmerk richtete er dabei auf die Marketing-Center, wo es in den letzten Jahren die größten Unstimmigkeiten gegeben hatte. Und natürlich lag ihm auch die Schadensabteilung besonders am Herzen, zumal Mißstände auf diesem Gebiet rasch eine Eskalation der Verluste nach sich ziehen konnten.

Er entschließt sich, das Infrastrukturthema fürs erste aufzuschieben und sich inzwischen anderen Problemen zuzuwenden. Die Firma ist noch nicht bereit dazu, und das soll ihm einstweilen recht sein. Schließlich hat man mit der Schließung des Philadelphia-Marketing-Centers das drängendste Problem gelöst. Er wird abwarten, bis die neueingeführten Prozesse bei Risikoprüfung, Schadensbearbeitung und dem Management neuer unabhängiger Agenten Fuß gefaßt haben, und dann darauf zurückkommen. Manchmal stellt sich die Transformation eben als Geduldspiel dar, denkt er.

INDIVIDUELLE STANDORTE AUSRICHTEN

Wenn das Standortnetzwerk einmal etabliert ist, muß jedes einzelne Werk zum Ausdruck des gesamten Unternehmenswillens werden.

Ein Standort – ob es sich nun um einen Produktionsbetrieb, eine Distributionszentrale oder eine Verwaltungseinheit handelt – ist Ergebnis einer komplexen Matrix von Entscheidungen über Kapazitäten, örtliche Gegebenheiten, Ausrüstungen, Strukturen, Prozeßflüsse und Logistik. Theoretisch gibt es unendlich viele Optionen.

Wie bei Netzwerkentscheidungen setzt man auch hier beim Sondieren der Möglichkeiten am besten an der Schnittstelle zwischen Kunden und operativem Bereich an. Die rein technische Komponente spielt natürlich eine Rolle, aber jeder Unternehmensführer weiß, daß der wirkliche Wert eines Standorts nicht auf der technischen Infrastruktur beruht, sondern auf seiner Ausrichtung an den Geschäftszielen des Unternehmens. Betriebsprozesse sind erst dann wirklich effizient, wenn sie sozusagen in den Schuhen der Kunden daherkommen.

Betriebsanlagen sind oft schon ziemlich alt, und ihre Gestaltung zementiert Paradigmen, die nicht mehr zeitgemäß sind. Die Riesenanlagen von gestern müssen sich radikal ändern, um sich dem viel kleiner dimensionierten Modell anzupassen, das aus der Notwendigkeit zu Fokussierung und Flexibilität resultiert. Die Veränderungen sind durchführbar: Einige der leistungsstärksten Betriebsanlagen der Welt sind innerhalb der riesigen alten Werke von General Electric und DuPont angesiedelt.

Überlebenskampf im DuPont-Werk Circleville

Im Jahr 1988 sah sich DuPonts Mylar®-Sparte umzingelt. Auf der einen Seite waren koreanische Produzenten dabei, sich den Markt für Verpackungsmaterial einzuverleiben; und auf der anderen Seite traten die Japaner auf den Plan, um DuPont seine führende Position bei ultradünnen, zur Beschichtung von Kondensatoren geeigneten Folien streitig zu machen. Sogar das mittlere Marktsegment, industrielle und reprographische Folien, mußte mit Zähnen und Klauen gegen andere amerikanische und europäische Hersteller verteidigt werden. Die Rentabilität von Mylar® war minimal, und das Management befürchtete den Verkauf der Sparte, wie zuvor mit Cellophan und anderen Folien geschehen.

Der Standort Circleville in Ohio war eine der drei wichtigsten Anlagen des DuPont-Mylar®-Netzwerks. Dort wurde eine breite Produktpalette hergestellt, angefangen bei den hochtechnischen Kondensatorfolien, die für beinahe 8 Dollar das Pfund verkauft wurden, bis hin zu den Eindollarfünfzig-Verpackungsmaterialien. Es handelte sich um einen mehrstufigen Betrieb. In der ersten Stufe wurde in einem großen, klassischen Reaktor Polyethylenterephthalat (PET) hergestellt. Das hierzu nötige komplexe Zusammenspiel von manuellen und automatischen Steuerungen erforderte die ständige Überwachung durch das Bedienungspersonal, um Temperatur und Druck zu halten. Die zweite Stufe bildete das Extrudieren. Die entstandenen Folien wurden auf fünf parallelen Fertigungsstraßen weiterverarbeitet, die wie in einer Papierfabrik von Streck-, Trocken- und Walzmaschinen umgeben waren. In der dritten Stufe erfolgte im Rahmen des „Finishing" das Schneiden der Folien auf Breite und Länge. In der vierten und letzten Stufe wurden viele Folien in Beschichtungsmaschinen besonderen Bearbeitungen, etwa der Laminierung, unterzogen.

Die Produktionsmanager in Circleville trachteten danach, die von der Zentrale vorgegebenen Quoten zu erfüllen. Über die Ausrichtung der Produktion auf die Erfordernisse unterschiedlicher Unternehmen mußten sie sich nie den Kopf zerbrechen. Die Betriebsstruktur war typisch: eingeteilt in Bereiche, mit Werkmeistern für Chemie, Extrusion, Finishing und Beschichtung. Die anderen drei Hauptabteilungen waren Technik, Wartung und Qualitätskontrolle. Alle sieben Bereiche unterstanden dem Werkleiter. Auf der Ebene darunter war sich kaum ein Bereichsleiter der unterschiedlichen Bedürfnisse oder Schwierigkeiten der einzelnen Geschäftsfelder bewußt.

Über die bei der Herstellung der unterschiedlichen Produkte auftretenden Probleme wußten sie allerdings gut Bescheid. So war beispielsweise die Kondensatorfolie ein gewaltiges Ärgernis. Die dünnen und ultradünnen Filme brachen leicht, und jedesmal, wenn dies passierte, mußte die Extrusionsmaschine in einer komplizierten und kostspieligen Operation neu eingestellt werden. Außerdem konnten die Folien leicht gequetscht werden, was das Schneiden erschwerte. Und zu allem Überfluß waren sie auch noch extrem leicht und leisteten deshalb auch einen verhältnismäßig geringen Beitrag zu den in Pfund gemessenen Produktionszahlen. Das Bedienungspersonal mühte sich tagelang mit dem Zeug ab, um schließlich nicht mehr als ein paar hundert Pfund vorweisen zu können. So ließ sich jedenfalls der in der Kantine gut sichtbar ausgehängte Produktionsrekord nicht brechen.

Vom unternehmerischen Standpunkt aus war das Kondensatorgeschäft recht profitabel. Konkurrenz war zwar vorhanden, vornehmlich aus Japan, doch bei weitem nicht in dem erdrückenden Maß wie auf dem Verpackungssektor, wo sich buchstäblich Dutzende Firmen um den vorhandenen Auftragskuchen stritten. Im Kondensatorgeschäft verkaufte DuPont nicht einfach pfundweise Material, sondern ein hochleistungsfähiges Produkt in Quadratzentimetern. Das Produkt war ein Hit – und man hatte deshalb auch wenig Verständnis für die von den Leuten im Betrieb dagegen gehegte Feindseligkeit.

Die Arbeiter bevorzugten die handlichen und starken Verpackungsfolien, die den gesamten Herstellungsprozeß ohne Probleme überstanden. Die Umrüstkosten waren gering, und was noch besser war: Die Produktionszahlen konnten in Tonnen, nicht nur in Pfund gemessen werden! Doch aus der Perspektive des Managements konnte die Rentabilität in diesem Gebiet bestenfalls als marginal bezeichnet werden, insbesondere seitdem die Koreaner einen permanenten Preisdruck ausübten. Die Verpackungsprodukte waren zu einer standardisierten Massenware verkommen, die einem entsprechenden Preiskampf unterlag.

1988 erkannte Harry Canfield, der Werkleiter in Circleville, die Zeichen der Zeit. Das Werk hatte keine Chance, die neunziger Jahre zu überleben, wenn die Produktion nicht den geschäftlichen Notwendigkeiten angepaßt würde. Der kurz vor der Pensionierung stehende Veteran des DuPont-Produktionssystems war eine warmherzige, fürsorgliche Führungspersönlichkeit, und ihm lag viel daran, daß sein Werk erhalten blieb und auch in Zukunft als Arbeitgeber der Kommune zur Verfügung stand, in der er auch als Rentner leben wollte.

Ein mit gemischten Gefühlen absolvierter Besuch in der Konzernzentrale überzeugte ihn, daß das Überleben des Werkes gefährdet war. Nach seiner Rückkehr krempelte er es völlig um. Er ging bei seinen Kunden in die Schule und forderte seine „Truppen" ebenfalls dazu auf. Er verlangte größeres Engagement in den kürzlich ins Leben gerufenen, funktionsübergreifenden „Business Teams", an denen die Leute in der Produktion zwar pflichtgemäß teilnahmen, zu denen sie aber nichts Wesentliches beitrugen. Er lud Verkäufer und deren Kunden ein, das Werk zu besichtigen, was man zuvor vermieden hatte, um Firmengeheimnisse zu hüten. Dies hatte zur Folge, daß das Personal des Circleville-Standorts einen konstruktiven Arbeitsdialog mit dem Personal in Kundenorganisationen aufnahm.

Canfield konnte zum ersten Mal konkrete Fortschritte erkennen, als er eines Abends beim Verlassen seines Büros eine Gruppe von Leuten sah, die sich um einen großen, mit elektronischen Instrumenten bedeckten Tisch neben Gußstraße 5 versammelt hatten. Zwei Qualitätskontrolleure und ein Maschinenarbeiter waren in ein leidenschaftliches Gespräch verwickelt. Er wunderte sich über die Anwesenheit der Qualitätstechniker und fragte, was sie hier (ihre Station war fast einen Kilometer weit entfernt) machten.

„Wir verlagern die Qualitätskontrolle zur Gußstraße", sagte der QC-Ingenieur zögernd, „damit wir mit minimaler Verzögerung testen und die Resultate präsentieren können. Auf diese Art verkürzen wir das gesamte Prüfverfahren um drei bis vier Stunden."

Angesichts der freudigen Miene Canfields setzte der Maschinenarbeiter hinzu: „Sie zeigen mir, wie ich den Test jederzeit durchführen kann. Wenn ich also über irgendeine Einstellung im Zweifel bin, kann ich sie sofort testen und korrigieren oder, wenn nötig, den Durchlauf anhalten. Dadurch ersparen wir uns eine Menge Ausschuß."

Ein großer Augenblick für Harry Canfield. Ihm war nie in den Sinn gekommen, die Qualitätsprüfung unmittelbar zu den Gußstraßen zu verlagern, er hätte sich angesichts des angeblichen Mißtrauens zwischen Lohnarbeitern und Angestellten wahrscheinlich sogar dagegen ausgesprochen. Doch siehe da: Hier standen sie zusammen an einem Tisch und arbeiteten aufs beste zusammen!

Ermutigt durch so frühe Erfolge, übernahm Canfield persönlich die Leitung über ein Programm zur Neugestaltung der Werkstruktur. Jede Gußstraße wurde einem bestimmten Produkt zugeteilt: Straße 2 den Kondensatorfolien, Straße 3 und 4 den industriellen und reprographischen Folien, Straße 5 den Verpackungen. Straße 1 würde die „Joker-Straße" sein. Die Arbeiter sollten sich auf die Bearbeitung spezifischer Märkte konzentrieren und permanent an der Minimierung der Umrüstzeit arbeiten.

Nach dem Vorbild japanischer Herstellungsprinzipien verlagerte das Team Maschinen, die jahrzehntelang an derselben Stelle verschraubt gewesen waren. Dadurch wurde der Produktfluß durch den Betrieb wesentlich verbessert, obwohl einige Größenvorteile beim Gießen, Finishing und Beschichten verlorengingen. Innerhalb weniger Monate verschob das Team bestimmte Finishing-Maschinen an das Ende der Gußstraßen und band sie dort in den Produktionsprozeß ein.

Schließlich präsentierten sich die Werkhallen als Spiegelbild der Unternehmensbedürfnisse, und die Veränderung des Unternehmens erschien als natürliches Ergebnis. Die Reorganisation erfolgte nach Geschäftsbereichen und nicht mehr nach der alten funktionalen Ausrichtung. Die Betriebsabläufe wurden nun nicht mehr von einzelnen Werkmeistern, sondern von den an Kundenbedürfnissen orientierten Business Teams geleitet, bestehend aus Maschinenarbeitern, Technikern, Qualitätskontrolleuren und Managern. Diese Teams waren den einzelnen Spartenleitern auf Konzernebene unmittelbar verantwortlich.

Die Ergebnisse konnten sich sehen lassen. Die Lagerbestände gingen zurück, Qualität und Service konnten gesteigert werden, und der von dem neuen Werkaufbau geförderte Teamgeist bot unerwartete Vorteile. So behielten beispielsweise die Leute an den Maschinen die Leitwalze im Auge und warnten ihre Teamkollegen in der Gießerei, wenn sich Probleme ankündigten. Allein dadurch konnte ein langwieriges Problem der Faltenbildung gelöst werden, das das Gießerei-Team unzählige Stunden gekostet hatte, und das Unternehmen ersparte sich Tausende Pfund an Ausschußmaterial.

Die Änderung der Managementorganisation schien eine natürliche Folge der Fertigungsstraßenspezialisierung zu sein. Die Werkmeister für Extrusion, Finishing und Beschichtung wurden somit gegen *Teams* für die Bereiche Kondensatoren, Industrie und Reprographik sowie Verpackung ausgewechselt. Zudem wurden jedem Business Team Leute aus den Engineering- und Qualitätskontrollabteilungen zugewiesen, die in direkter Verbindung mit den funktionalen Managern standen.

Als Harry Canfield seine Circleville-Zeit beendete, war er zuversichtlich, daß das Werk überleben würde.

EINE BESCHAFFUNGSSTRATEGIE FORMULIEREN

In den meisten Branchen verursachen Rohmaterialien und andere Zulieferungen die größten Kosten. Die Kosten sind allerdings nur zum Teil dafür verantwortlich, daß die Beschaffungs- oder Sourcingstrategie für die Unternehmensführung eine derart große Bedeutung einnimmt. Der vielleicht wichtigste Grund ist ihre integrierende Funktion für die operative Strategie.

Tradeoffs sind für den Aufbau erfolgreicher Lieferantenbeziehungen ebenso wichtig wie für die Ausrichtung individueller Standorte und Standortnetzwerke. Die Standorte werden im Rahmen der Wertschöpfungskette eines Unternehmens gemanagt. Die Lieferantenbeziehungen werden im Rahmen der Wertschöpfungskette einer Branche gemanagt.

In ihrer einfachsten Form ist die Sourcing-Strategie irgendwo zwischen einer totalen Konzentration auf Kosten einerseits und Handelspartnerschaften oder Exklusivlieferverträgen andererseits angesiedelt.

In den meisten Fällen wird das Beschaffungsverhalten von der Natur des angekauften Materials oder Teils bestimmt. Je standardisierter das Teil oder Material, also je stärker dessen Massenwarencharakter, desto stärker werden die Kosten in den Mittelpunkt der Betrachtung rücken und desto mehr Vorteile hat eine Ausschreibung mit möglichst vielen konkurrierenden Anbietern. Umgekehrt gilt, je spezialisierter die Zuliefergüter, desto sinnvoller sind langfristige Partnerschaften mit einer beschränkten Zahl an Lieferanten.

In den letzten Jahren haben immer mehr Firmen erkannt, daß die Art und Weise, wie sie ihre Materialien oder Teile einkaufen, zu den entscheidenden Unterschieden im Endprodukt oder in der Dienstleistung beiträgt. In vielen Fällen zählen nicht in erster Linie die Eigenschaften des beschafften Artikels selbst, sondern vielmehr das mitgelieferte Service-Paket. Und das ist auch der Grund dafür, daß Partnerschaftsabkommen als bevorzugte Beschaffungsstrategie zunehmend Marktanteile gewinnen. Wir glauben, daß dieser Trend sich fortsetzen wird – vielleicht sogar bis zu einem Stadium, in dem die Grenzen zwischen den Unternehmen zu verschwimmen beginnen und die Professionalität im Business-Network-Management zu einem entscheidenden Differenzierungsparameter im Wettbewerb wird.

Rauhe Einkaufssitten bei General Motors

Während alle anderen wichtigen Autoproduzenten sich in Richtung „partnerschaftliches Sourcing" entwickelten, schwamm General Motors (GM) gegen den Strom. Unter der Führung des Einkaufschefs J. Ignacio Lopez de Arriortua setzte GM seinen Lieferanten das Messer an die Brust. Lopez installierte ein System, das er selbst entwickelt hatte, das sogenannte *Purchase Input Concept Optimization with Suppliers (PICOS)* – eine klassische Einkaufsstrategie unter dem Gesichtspunkt „Kosteneinsparungen". Er kündigte bestehende Lieferverträge und bestand auf deren Neuverhandlung, oder er veranstaltete Vertragsauktionen mit nicht weniger als 10 Anbietern pro Auktion, mit mehreren Runden, um den Preis so weit wie möglich zu drücken.

Die Reaktion der Lieferanten war erwartungsgemäß negativ. Manche fühlten sich zweifellos betrogen. Ehemalige Träger des GM-Qualitätspreises *Targets for Excellence* wurden ganz einfach ausgeschaltet, nur weil sie ein wenig unterboten wurden. Anekdoten kamen in Umlauf über leitende Manager aus den Zulieferfirmen, die monatelang auf einen Termin mit Lopez gewartet hatten, um dann, als es so weit war, doch nur „seelisch" übel zugerichtet zu werden.

Kaum einer konnte es sich leisten, auf das Geschäft mit GM zu verzichten – aber einige taten es doch, zum Beispiel Rockwell, die aus dem Elektrofahrzeugprogramm mit GM ausstiegen. Andere verabschiedeten sich subtiler, indem sie unauffällig ihre Investitionen in die Produktentwicklung und ihren Kundendienststandard senkten. Einige verdächtigten GM gar der Weitergabe urheberrechtlich geschützter Produktpläne an Konkurrenten, um auf diesem Wege günstigere Preise herauszuholen.

Lopez installierte ein Team aus Produktions- und Einkaufs-Experten, die mit den wichtigsten Zulieferern zusätzliche Möglichkeiten „gemeinsamer Einsparungen" erarbeiten sollten. Manche Zulieferer bezeichneten die Lopez-Leute als hilfreich, doch andere stellten sie auf eine Stufe mit Industrieterroristen. Lopez' Bezeichnung der Teammitglieder als „Krieger" trug auch nicht dazu bei, solche Vorwürfe zu entkräften. Das gleiche gilt für die Gewohnheit der „Krieger", ihre Armbanduhren am rechten Arm zu tragen, um so die „neuen Wege" zu symbolisieren.

Doch es besteht kein Zweifel, daß PICOS für GM Resultate brachte. Als Rich Wagoner im Mai 1993 die Position von Lopez übernahm, konnte er bekanntgeben, daß die allein 1993 erzielten Einsparungen (auf Basis der Zahlen des Jahres 1990) sich auf 4 Milliarden Dollar beliefen, was in etwa den Verlusten von 1992 entspricht! Es war daher keine große Überraschung, als der neue Mann eine Fortsetzung der von Lopez eingeschlagenen Politik verkündete.

Die Strategie von Lopez ist fragwürdig. Die Frage ist, ob sein beinharter Verhandlungsstil das Vertrauen der Zulieferer untergraben hat und ob die kurzfristigen Verbesserungen von Dauer sein werden. Vertrauen ist ein „zerbrechlich Ding", und die Lieferanten werden sich bestimmt an manche Schmach erinnern, sollte GM eines Tages zurückkommen und sich mit der Bitte um eine Beteiligung an langfristigen technischen Entwicklungen an sie wenden.

PROZESSE UMGESTALTEN

Die Muskeln sind die Transportmittel menschlichen Lebens. Sie sind Arbeitstiere des Gehirns, die Ideen in Handlungen umsetzen und Reaktionen auf die Umgebung ermöglichen. Es handelt sich um komplexe Geschöpfe, die in Teams arbeiten und sich permanent den an sie gestellten Herausforderungen anpassen, während sie damit beschäftigt sind, die Knochen zu bewegen, den Blutkreislauf anzuregen und andere Arbeitsteams bei der Stange zu halten. Gut ausgebildet und vom Nervensystem richtig geführt, arbeiten die Muskeln zusammen, um eine Symphonie aus Bewegung zu erzeugen, deren harmonischer Ablauf einen vergessen läßt, daß es sich um individuelle Akteure handelt, die da am Werk sind.

Arbeitsprozesse sind die Vehikel des unternehmerischen Lebens, das Gegenstück der Muskeln in der Bio-Organisation. Prozesse übersetzen Ideen in Aktivitätenketten, die die Vision und den Zweck des Unternehmens fördern. Sie animieren die physische Infrastruktur zur Bewegung und bestimmen den *tatsächlichen* Ressourcenfluß durch das Unternehmen. Wie Muskeln können sie isoliert betrachtet werden, während sie in Wahrheit so eng miteinander verbunden sind, daß die Änderung eines Elements sich auf alle anderen auswirken kann. Und wie die menschlichen Muskeln müssen sich auch die Arbeitsprozesse in einem Unternehmen ständig den wechselnden an sie gestellten Anforderungen anpassen, ansonsten drohen sie aus Bewegungsmangel zu verkümmern. Richtig gestaltet und ausgerichtet und bei richtiger Orchestrierung durch ein System von Zielen und Meßgrößen, produzieren sie eine Symphonie aus Wertschöpfungen, die so harmonisch abläuft, daß die Prozeßgrenzen zu verschwinden scheinen. Die Muskeln der Bio-Organisation haben gegenüber den menschlichen zwei Vorteile. Zunächst einmal können sie neu angeordnet werden. Arbeitsabläufe können reorganisiert werden, um radikale Verbesserungen von Effizienz, Qualität, Service-Niveau oder einer Reihe anderer Produkt- oder Dienstleistungsattribute zu erzielen. Dieser Prozeß ist bekannt unter der Bezeichnung *Reengineering*. Zum zweiten – und dies ist von ungleich größerer Bedeutung! – verfügen Arbeitsprozesse über Intelligenz, das heißt, sie sind *lernfähig*. Die Muskeln der Bio-Organisation werden von Menschen gesteuert, nicht durch elektrochemische Impulse, und Menschen sind nicht nur imstande, ihr Wissen in den Dienst kontinuierlicher Verbesserungen von Prozessen zu stellen; sie können zudem die kritischen Punkte an der Schnittstelle zwischen Prozessen identifizieren und in einer Reihe permanenter *Lern- und Optimierungsschleifen* Wissen austauschen.

Das komplexe Netzwerk von Arbeit und Arbeitsprozessen in einem Unternehmen wird als *Prozeßarchitektur* bezeichnet, die von dem sechsten unserer zwölf Chromosomen erzeugt wird. Drei Gene bestimmen die Gestalt der Prozeßarchitektur, und wieder gehen sie mit drei Aufgaben für die Unternehmensführung Hand in Hand:

1. *„Early wins" im Rahmen der Ausrichtung einzelner Prozesse erzielen.* Eine Prozeßausrichtung bedeutet, den Arbeitsablauf innerhalb eines Prozesses zu reorganisieren oder zu rationalisieren – das zentrale Element des „klassischen" Reengineering. Normalerweise gehört dazu die Verbesserung eines Arbeitsvorgangs, der als Prozeßablauf skizziert und bewertet wird. Darauf folgt der Entwurf des verbesserten oder „Soll"-Ablaufs und schließlich die Implementierung. Um dabei erfolgreich zu sein, muß für gewöhnlich ein bereichsübergreifendes Team intensiv einbezogen werden, in dem alle in den Prozeß involvierten Funktionen und Disziplinen vertreten sind.

Das Team agiert als Kern eines Bottom-up-Mobilisierungsprozesses, in dem die einzelnen Arbeitsschritte und der Arbeitsablauf insgesamt neu gestaltet werden. Gleichzeitig müssen entsprechende Änderungen an den mit den Prozessen verknüpften Meßgrößen und an den betroffenen Rollen und Verantwortungsbereichen innerhalb des Unternehmens vorgenommen werden. Das gewünschte Resultat sind „Early wins" (frühe Erfolge) – darunter fallen kulturelle Verbesserungen, die das Vertrauen der Firma in ihre Wandlungsfähigkeit stärken, sowie finanzielle Vorteile, die zukünftige ehrgeizigere Umgestaltungsaktivitäten mitfinanzieren sollen.

Die Unternehmensführung sollte in dieser Phase die Ausrichtung der individuellen Prozesse unterstützen, die erreichten Verbesserungen hervorheben und der Belegschaft versichern, es handle sich bei dem geplanten Vorhaben nicht um einen verdeckten Versuch zum Personalabbau.

2. *Prozesse entlang der Wertschöpfungskette gesamthaft umgestalten.* Prozesse existieren nicht isoliert; jeder beeinflußt sämtliche der zwölf Bio-Systeme der Organisation und wird umgekehrt von ihnen beeinflußt. Die Ausrichtung der individuellen Prozesse zielt auf die „Early wins", die zur Unterstützung des Änderungsprogramms nötig sind, und involviert nur vier Chromosomen: Mobilisierung, Prozeßarchitektur, Meßgrößen und Organisation. Phase zwei, eine natürliche Fortsetzung der ersten, fügt dem Prozeß-Reengineering eine neue Komplexitätsdimension hinzu – wir haben es mit dem Zusammenspiel aller 12 Chromosomen und den zugehörigen Bio-Systemen zu tun.

Das Unternehmen beginnt mit dem Einsatz von Veränderungshebeln, die weniger direkt wirken und oft kostspieliger sind als beispielsweise technologische Neuerungen und Änderungen in der physischen Infrastruktur. Die Perspektive der individuellen Prozeßumgestaltung wird erweitert, indem der Kundenstandpunkt und vielleicht auch die Möglichkeit neuer Geschäftsbereiche eingebracht wird. Zahlreiche Firmen, wie Xerox, Merck, Ford und Motorola haben ihre Leistung auf diesem Weg merklich verbessert.

In dieser Phase verstärkt die Unternehmensführung ihr Engagement, zumal sich hier das Genom des Unternehmens ändern kann. Sie gibt das Ausmaß der Änderungen bekannt, entfernt fortschrittshemmende Hindernisse und, was das wichtigste ist, sie setzt alle Initiativen in Beziehung zu der von ihr entwickelten Balanced Scorecard. Im ersten Schritt wurden Strategie und Investitionsgrundlage als gegeben betrachtet – jetzt aber ist alles offen.

3. *Permanente Lernschleifen etablieren.* Mit diesem Schritt wird Reengineering auf der Grundlage der beiden ersten Schritte in eine neue

Sphäre gehoben: *Bio-Reengineering.* Die Prozesse reagieren nicht nur mit den Systemen des Unternehmenskörpers, sondern auch untereinander. Sie sind an vielen unterschiedlichen Punkten im Rahmen der 12 Bio-Systeme der Organisation verknüpft. Dazu können auch neue Schnittpunkte geschaffen werden. Der Clou besteht darin, die strategisch wichtigen *Vernetzungspunkte* zu lokalisieren oder neu zu schaffen und Kausalbeziehungen zwischen ihnen herzustellen, um so *permanente Optimierungsschleifen* zu erzeugen.

„Early wins" und sekundäre Erfolge haben den Weg freigemacht, doch jetzt geht es um die Änderung der grundlegenden Gestaltungslogik. Das Unternehmen sieht sich jetzt selbst als komplexes System verwobener Prozesse, die alle gleichzeitig neugestaltet werden müssen. Die Ziele und Meßgrößen der Balanced Scorecard repräsentieren die Meßlatte des Unternehmenserfolgs, indem sie die Logik zur Messung des Erfolgs der einzelnen Prozesse liefern. Aber die metabolische[*] Verknüpfung zwischen Prozeß- und Unternehmenserfolg ist komplex, sofern sie überhaupt existiert. Diese metabolischen Verbindungspfade zu bauen, zu erweitern und zu unterstützen – darum geht es letzten Endes bei der Erzeugung permanenter Optimierungsschleifen.

In dieser Phase ist die oberste Unternehmensführung voll eingebunden. Ihr wichtigstes Anliegen dabei ist sicherzustellen, daß die Prozeßleistung der Unternehmensleistung dient, indem die Top-down-Unternehmensziele und Meßgrößen der Balanced Scorecard mit den Bottom-up-Prozeßzielen und Meßgrößen verknüpft werden. Hypothesen darüber, wo sich die kritischen Vernetzungspunkte zwischen den Prozessen befinden oder befinden *sollten,* werden aufgestellt und im weiteren auf Prozeßebene getestet. Mittels Ursache-Wirkungs-Untersuchungen auf logischer und spielerischer Grundlage werden allmählich Verknüpfungen erzeugt; es entstehen metabolische Verbindungspfade, entlang denen sich permanente Optimierungsschleifen etablieren.

Durch diese Schleifen fließen lebenswichtige Informationen und Kenntnisse zwischen den Prozessen und Systemen und beliefern sie mit dem nötigen Wissen, das sie zum Handeln und Reagieren brauchen – dadurch wird oft gleichzeitig die grundlegende Beschaffenheit der betroffenen Prozesse geändert.

---

[*] Analogie mit dem Stoffwechsel, der Nahrung in Energie umwandelt. (Anm. d. Übers.)

Während die Logik der Neugestaltung der Prozesse problemlos und einleuchtend erscheinen mag, kann dies von dem Neugestaltungsprozeß selbst selten gesagt werden. Er kann als klein dimensionierte, standortbezogene Initiative zur Produktivitätsverbesserung beginnen, langsam auf andere Niederlassungen übergreifen und sich schließlich zu einem konzernweiten Programm ausdehnen, das die Aufmerksamkeit der obersten Führungsebene auf sich zieht. Umgekehrt kann er aber auch auf eine Managementanweisung zur Kostensenkung zurückgehen und sich zu einer umfassenden Neugestaltung der Arbeitsprozesse auswachsen, sobald die Vernetzungen zwischen den Einzelprozessen zutage treten.

Wo auch immer der Anfang liegen mag – die Aufgabe des Managements liegt darin, den Übergang vom Kleinen ins Große zu fördern, und umgekehrt. Ziel ist die Anpassung der Prozesse untereinander und an alle 12 Bio-Systeme in stets zunehmenden Komplexitätsgraden und doch auf eine Art und Weise, daß der Fluß von Arbeit, Wert und Wissen permanent vereinfacht und verbessert wird. „Early wins" liefern den Treibstoff, Meßgrößen die Motivation und permanente Lernschleifen die metabolischen Pfade für die grundsätzliche Umgestaltung der Prozesse der Bio-Organisation.

„EARLY WINS" IM RAHMEN DER AUSRICHTUNG EINZELNER PROZESSE ERZIELEN

Die Ausrichtung einzelner Arbeitsprozesse fällt in die Domäne des sogenannten *Reengineering*. Reengineering ist dieser Tage ein ganz heißes Thema, und wie immer unter solchen Umständen ruft dies sogleich fanatische Befürworter und Gegner auf den Plan. Manche sagen, Reengineering sei der Weg zur neuen Wirtschaftsordnung. Andere behaupten wiederum, es handle sich um nichts weiter als eine aufgewärmte Qualitätsbewegung mit ein paar neuen Ingredienzen. Wie üblich wird die Wahrheit wohl irgendwo in der Mitte zwischen diesen beiden Extremen zu finden sein.

Reengineering bewirkt die Neugestaltung der Arbeit eines Unternehmens, wobei die Arbeitsprozesse im Mittelpunkt der Analyse und der Verbesserungsbestrebungen stehen. Ändern sich die Arbeitsprozesse, müssen sich die begleitenden organisatorischen Rollen und Verantwortlichkeiten ebenfalls ändern; dies ist also auch Teil des Reengineering. In diesem Sinne ähnelt Reengineering klassischen industriellen Engineeringpraktiken, und noch mehr dem japanischen *kaizen,* der Geschäftsphilosophie permanenter Verbesserung. Der Unterschied liegt in der radikalen Natur der angepeilten Umwandlungen.

Der Ausdruck *Reengineering* wurde zum ersten Mal Anfang der neunziger Jahre in einem Artikel von Michael Hammer in der *Harvard Business Review* („Don't automate, obliterate"[*]) verwendet. Hammer führte sein Konzept in einem Buch weiter aus. Im wesentlichen hat er damit den alten Spruch „Never change a winning team" durch den ambitionierteren „Wir müssen Weltspitze werden" ersetzt. Diese Sichtweise erweist sich insbesondere in ihrer *Reframing*-Dimension als sehr nützlich, also wenn es um Einstellungsänderungen geht. Sie erleichtert es den Menschen, zugunsten der Umgestaltung von Arbeitsprozessen alte Gewohnheiten aufzugeben. Damit findet der Radikalismus aber auch schon sein Ende. Die Methodologie des „klassischen" Reengineering ist relativ zahm.

Die Ausrichtung individueller Prozesse ist das erste Element des klassischen Reengineering. Ein funktionsübergreifendes Arbeitsteam steuert die Ausrichtung mit Hilfe eines Bottom-up-Mobilisierungsprozesses, über den zunehmend mehr Leute eingebunden werden, wie in Kapitel 1 beschrieben. Sie haben die Aufgaben, ein Flußdiagramm zu entwerfen, das die bestehende Arbeitsstruktur zeigt, Probleme zu identifizieren, den neuen Prozeß zu entwerfen, neue Meßgrößen zu etablieren, die begleitenden Rollen und Verantwortlichkeiten in der Organisation neu zu definieren und schließlich den neuen Prozeß und die neue Organisation in der Praxis umzusetzen. Es sind demnach vier der zwölf Organisations-Systeme involviert: *Mobilisierung, Prozeßarchitektur, Meßgrößen und Organisation.*

Zu Anfang werden so viele in den Prozeß involvierte Leute wie möglich zusammengebracht und aufgefordert, den Arbeitsfluß chronologisch zu dokumentieren. Der Schwerpunkt liegt für gewöhnlich auf der Analyse „eines typischen Tages im Leben von", beispielsweise der Abwicklung eines Auftrags, der Herstellung eines Produkts, der Erledigung einer Beschwerde. Diese Übung im *Process Mapping* ist sehr

---

[*] „Nicht automatisieren – abschaffen." (Anm. d. Übers.)

nützlich, weil damit oft haarsträubende Ineffizienzen aufgedeckt werden, die sich rasch korrigieren lassen, was sich unmittelbar auf die Firmenergebnisse auswirkt. Somit werden die „Early wins" produziert, die zur Finanzierung der ehrgeizigeren Umgestaltungsarbeiten der zweiten und dritten Gene der Prozeßarchitektur gebraucht werden. Da die meisten Unternehmen in getrennten Funktionseinheiten organisiert sind, bekommen die Beschäftigten selten einen Überblick über den Gesamtprozeß, zu dem sie beitragen; noch seltener ist die Diskussion über potentielle Fehlerquellen mit Kollegen aus anderen Abteilungen. Plötzlich erkennt ein Mitarbeiter in der Auftragsannahme, daß ein scheinbar unbedeutender Irrtum bei der Codierung einer Kundenadresse dazu führt, daß ein Lieferwagen ziellos an einem ganz anderen Ort herumirrt. Oder ein Maschinenarbeiter findet heraus, daß eine andere Verladung der Paletten Platz für eine zusätzliche Palette auf dem LKW schaffen würde. Oder die EDV-Abteilung erkennt, daß das scheinbar lächerliche und überflüssige (selten genug erfolgende) Aktualisieren von Daten die Kundendienstleute in die angenehme Lage versetzt, den Kunden genau sagen zu können, ob ein gewünschter Posten auf Lager ist oder nicht.

Die entdeckten Fehler summieren sich und erbringen unterm Strich beträchtliche Vorteile. Getrennte Operationen können aufs neue zusammengefügt und die überflüssigen Schritte eliminiert werden – und dies wirkt sich durch Kostensenkungen, verbesserte Durchlaufzeiten und erhöhte Serviceeffektivität direkt auf die finanziellen Ergebnisse aus. Die Abstimmung zuvor getrennt existierender Einheiten alleine schafft in vielen Fällen schon Gewinne, die weit über den Aufwendungen für die Aktion liegen.

Der Schlüssel für „klassisches" Reengineering liegt deshalb weniger in der verwendeten analytischen Methode als vielmehr in der Effektivität des Mobilisierungsprozesses auf Teamebene. Wenn die Mobilisierung greift, beginnen die Leute, sich zu engagieren und zu neuen Einsichten zu gelangen, die dem Unternehmen viel Geld bringen. Gut organisierte Meetings, systematische Problemlösungs-Techniken und das richtige Verständnis der Dynamik individueller Änderungen sind in dieser Phase wichtiger als die kreative Darstellung oder die tatsächliche Umgestaltung der Prozesse.

Bei Woodbridge werden die niedrig hängenden Trauben geerntet

Als wir Karl und sein Team verließen, waren sie gerade dabei, ihren *Focus*-Erfolg zu feiern, den Plan zur Neuordnung ihres Anlagennetzwerkes und der Produktion. Doch schon vor alledem hatten sie mit den eher prosaischen Fragen der Auftragsabwicklung zu kämpfen. Gerade auf diesem eher profanen Gebiet fanden sie zum ersten Mal Stoff vor, in den sie sich so richtig verbeißen konnten. Wir gehen zurück in die Zeit, bevor sie ihr großartiges Schema entworfen haben und sich noch mit den Haken und Ösen des Prozesses abgeben mußten.

Karl saß in seinem Büro und betrachtete den großen Plan des Auftragsabwicklungsprozesses, den sie erstellt hatten. War gar nicht einfach gewesen, alle an einen Tisch zu bekommen, um die ganze Sache mit dem Plan ordentlich hinzukriegen. Jetzt brauchte er den Plan eigentlich überhaupt nicht mehr anzusehen, so sehr hatte er jedes Detail davon in seinem Kopf. Er könnte den Entwurf inzwischen alleine nachzeichnen, und es machte ihm großen Spaß, den anderen die darin enthaltenen Fehler aufzuzeigen. Dabei fiel es ihm schwer, seinen Stolz darüber zu verhehlen, dermaßen schändliche Geheimnisse aufgedeckt zu haben.

„Zunächst mal", pflegte er seine Vorträge zu beginnen, „sehen wir uns an, wie viele Fehler wir bei der Auftragseingabe machen – falsche Produktcodes, Lieferdaten und Adressen. Da sich die dafür verantwortlichen Mitarbeiter jetzt ihrer Rolle im Gesamtzusammenhang besser bewußt sind, werden sie in Zukunft sorgfältiger arbeiten; vor allem deshalb, weil sie die Kollegen getroffen haben, die unter den Folgen ihrer Fehler leiden müssen. Doch das ist noch nicht genug. Wir müssen diese Mitarbeiter verantwortlich dafür machen, möglichst genau zu arbeiten; was wir brauchen, ist eine Feedbackschleife, an der wir ihre Leistungen messen können. Unser Team arbeitet gerade daran. Die Fehlerquote um 90 Prozent zu reduzieren, wird uns zwar nicht reich machen, aber es ist immerhin ein Anfang."

Er konnte auf diese Art den gesamten Prozeß durchgehen. Der nächste Schritt bestand in der Prüfung der Kundenkonten. Nach Eingabe des Auftrags mußte die Bonität bzw. Kreditwürdigkeit des Kunden geprüft werden. Das Problem hier war nur, daß die dafür verantwortlichen Mitarbeiter um halb vier Schluß machten, während man in der Auftragseingangsabteilung bis fünf Uhr arbeitete. Aufträge, die nach 3 Uhr 30 eingingen, wurden für den nächsten Tag weggelegt, wodurch ein Tag im Bearbeitungszyklus verlorenging. Und angesichts der Tatsache, daß es Mountain View gelang, mit dem Argument kürzerer Lieferzeiten Kunden abspenstig zu machen, war ein verschwendeter Tag ja nicht gerade eine Nebensächlichkeit.

Karls Team hatte eine einfache Lösung erarbeitet: Die Arbeitszeiten von Bonitätsprüfung und Auftragseingang mußten einander angepaßt werden, so daß in Zukunft alle um fünf nach Hause gingen. Ein kleines Subteam in der Kreditabteilung untersuchte noch radikalere Möglichkeiten, wie zum Beispiel die Prüfung der Kreditwürdigkeit auf Großaufträge zu beschränken, was eine Reduzierung des Arbeitsaufwandes um 70 Prozent mit sich brächte.

Das größte Problem war jedoch, daß es nach jedem Schritt im Produktionsprozeß zu einer Verzögerung kam. Karl und sein Team fanden heraus, daß von den dreißig Tagen Lieferfrist, die man den Kunden anbot, im Endeffekt nur zwei Tage ausgenutzt wurden, um „den Ball weiterzuspielen", wie Karl sich ausdrückte. Die meiste Zeit steckte der Auftrag irgendwo in einer Warteschlange und harrte still der Dinge, die mit ihm noch geschehen sollten. Am schlimmsten war es direkt an der Fertigungsstraße. Der größte Brocken an Zeitverschwendung kam nämlich dadurch zustande, daß man wartete, bis sich genug Aufträge ansammelten, damit sich ein Produktionslauf lohnte. Und der Grund dafür war, daß die Umrüstung der Maschinen ein oder zwei Tage dauern konnte, da die Zusätze und Farbstoffe des vorigen Laufs im ganzen System vorhanden waren. Dieses Problem ließ sich zwar nicht so auf die Schnelle lösen, aber die Aufdeckung der Zusammenhänge trug wesentlich zum Entstehen der Focus-Idee bei. Es mußte aber doch einen Weg geben, die Umrüstzeit zu reduzieren. Sie waren entschlossen, nicht locker zu lassen. Also stellte man ein Subteam mit den Produktionsleuten auf die Beine, das herausfand, daß man sehr wohl eine ganze Menge unternehmen konnte, beispielsweise die Einführung eines „Umrüst-Teams". Die Idee war verblüffend einfach, und Karl konnte nicht fassen, daß sie nicht längst so vorgingen. Zuvor war jeder Maschinenarbeiter auf sich alleine gestellt, wenn auf einer Maschine ein Produktwechsel erforderlich war. Doch da die Maschinen während des Produktionslaufs nicht permanent beaufsichtigt werden mußten, konnten sich alle verfügbaren Arbeiter an der Umstellung einer Maschine beteiligen. Auf diese Art würden sie zwar einige Schundromane weniger in ihrer Arbeitszeit lesen, aber gleichzeitig würde ihre Arbeit ein Stück interessanter.

PROZESSE ENTLANG DER WERTSCHÖPFUNGS-KETTE GESAMTHAFT UMGESTALTEN

In der ersten Phase der Umgestaltung der Prozesse kommen nur 4 der 12 Organisations-Chromosomen ins Spiel: Mobilisierung (Karls Team), Prozesse (Sollen wir die Kreditwürdigkeit prüfen, und wenn ja, wie?), Meßgrößen (Wie messen wir die Leistung des Auftragsbearbeiters?) und Organisation (Wie können wir die Leute vom Auftragseingang für genaues Arbeiten verantwortlich machen?). Eine vollständige Umgestaltung bedingt jedoch die Einbeziehung der anderen acht Chromosomen und wartet im Erfolgsfall mit wesentlich spektakuläreren Ergebnissen auf.

Die Einbindung der restlichen acht Chromosomen ist jedoch weitaus komplizierter als die der ersten vier. Diese sind im Grunde frei und die von ihnen produzierten Resultate mehr als ausreichend, um den relativ geringen Aufwand, der dabei anfällt, zu finanzieren. Dazu kommt, daß diese vier Chromosomen kaum die Aufmerksamkeit des Topmanagements erforderten (Karl und sein Team kamen ganz gut allein zurecht). Doch wenn das gesamte Genom des Unternehmens im Spiel ist, nimmt die Tragweite der Umgestaltung deutlich zu, der Ressourcenaufwand und die finanziellen Verpflichtungen wachsen, und der Zeithorizont für erste Ergebnisse rückt weiter in die Zukunft. Aus all diesen Gründen ist jetzt auch die Unternehmensführung eingebunden, und zwar nicht nur wegen der Größe und der Reichweite der Verpflichtungen, sondern weil sich das „biologische Wesen" des Unternehmens ändern könnte. Um einen Prozeß vollkommen neu auszurichten, bedarf es Bottom-up- und Top-down-Initiativen gleichermaßen.

Da sowohl Bottom-up- wie auch Top-down-Initiativen involviert sind, spielen Meßgrößen in dieser Phase eine wesentlich größere Rolle. Wenn die Balanced Scorecard oder eine vergleichbare Ziel- und Meßgrößenmatrix zu diesem Zeitpunkt noch nicht erarbeitet worden ist, ist es jetzt höchste Zeit für das Management, diese Aufgabe in Angriff zu nehmen. Aus der Top-down-Perspektive sind Ziele und Meßgrößen erforderlich, um die zahlreichen laufenden Ausrichtungsinitiativen zu priorisieren, über die Ressourcenzuteilung an die einzelnen Aktivitäten zu entscheiden und die Fortschritte im Verlauf der Implementierung zu kontrollieren. Aus der Bottom-up-Perspektive sind die Ziele und Meßgrößen aus denselben Gründen notwendig, bloß auf einer lokalen Ebene, auf die einzelne Initiative bezogen.

Der Trick in der Ausrichtung der Top-down- und der Bottom-up-Initiativen besteht im Aufbau eines integrierten Meßgrößensystems, der in die Verantwortung der Unternehmensführung fällt. Das läßt sich durch Verknüpfung der Balanced Scorecard mit KPI-Bäumen und periodischen Anpassungen mittels eines systematischen Kontrollverfahrens erreichen (vgl. Kapitel 3).

Die undichten Rohrleitungen in der Telefoninstallation stopfen

Ein gutes Beispiel für die Komplexität einer gesamthaften Umgestaltung der Wertschöpfungskette ist die Installation eines Telefonanschlusses durch die Fernmeldegesellschaften. Wer kennt nicht den Ärger bei der Inbetriebnahme eines neuen Telefonanschlusses? Jemand muß zu Hause sein, wird uns telefonisch mitgeteilt. Nein, wann genau der Serviceman kommen werde, könne man leider nicht sagen – entweder am Vormittag oder am Nachmittag, Sie können wählen. Nachdem der Fernmeldemonteur endlich gekommen ist, wird er sogleich ein unvorhergesehenes Problem entdecken. Er werde versuchen, die Sache noch heute hinzukriegen, aber er habe nicht das notwendige Werkzeug im Wagen. Letzten Endes verlieren Sie zwei Arbeitstage wegen der lächerlichen Sache.

Doch andererseits können viele auch von ganz anderen Erfahrungen berichten: Man ruft bei der Telefongesellschaft an, beantragt einen neuen Anschluß und erhält innerhalb von nicht einmal fünf Minuten die Auskunft: „Sie werden Ihre Leitung spätestens um 17 Uhr benutzen können." Sie kommen nach Hause, nehmen den Hörer auf und hören freudig das Freizeichen. Woher der Unterschied? Warum kann es nicht immer so sein wie im zweiten Fall?

Die Antwort lautet: „undichte Rohrleitungen," allerdings nicht im Wasserleitungs- oder Kanalsystem.

Die meisten Telefongesellschaften plagen sich mit „undichten Rohrleitungen" ab. In einer idealen Welt würden Sie telefonisch den neuen Anschluß beantragen, und alles würde auf elektronischem Wege ablaufen. Der Kundendienstmitarbeiter würde alle Angaben in einen Computer eingeben, die gesamte physische Infrastruktur, vom Wählamt bis in Ihr Haus, wäre funktionsbereit installiert, über den Stromkreis würden die erforderlichen Anschlüsse hergestellt – und Sie wären im Nu im Geschäft.

Wenn da nicht ein kleines Problem wäre. Die elektronische Rohrleitung hat überall Löcher. Sie leckt, weil der Kundendienstberater bei der Eingabe Ihres Auftrags einen Fehler macht. Sie leckt, wenn es ein Problem mit der Leitung zu Ihrem Haus gibt oder mit einer der Schaltstellen außerhalb Ihres Hauses. Sie leckt, wenn in der Software zur elektronischen Verbindungsherstellung für Ihr Haus ein Fehler sitzt oder wenn die Datenbankinformationen nicht korrekt sind. Sie leckt, wenn die Aktualisierung des Abrechnungssystems nicht reibungslos verlaufen ist. Und jedes Leck benötigt einen Klempner – ein zeitaufwendiger Eingriff jedenfalls, ob nun physischer oder elektronischer Natur.

Durchschnittlich passieren weniger als 30 Prozent der Aufträge das Anschlußverfahren ohne undichte Stellen der einen oder anderen Art. Anders ausgedrückt, in etwa zwei von drei Fällen ist eine manuelle Intervention erforderlich. Wenn die elektronische Pipeline *nicht* leckt, verdient die Telefongesellschaft an der Einrichtung eines neuen Anschlusses. Ist ein „Klempner" erforderlich, machen sie weniger Gewinn oder möglicherweise sogar einen Verlust. Deshalb liegt die Herausforderung bei der Neuausrichtung der Telefoninstallation in erster Linie darin, die undichten Stellen auf ein Minimum zu beschränken.

Viele Lecks können mit Hilfe der gewöhnlichen, weiter oben beschriebenen Prozeßplanungstechniken gestopft werden – mit dem Ziel einer umfassenden Abstimmung von Methoden, Verfahren und Meßgrößen über sämtliche Abteilungen und Funktionen hinweg. Nehmen wir beispielsweise an, jemand hat einen Anschluß beantragt, aber die Leitung zu seinem Haus oder irgendwelche Schaltverbindungen sind fehlerhaft. Die Kundendienstleute wollen die Verbindung repariert sehen, und zwar pronto, denn ihre Priorität – und der Maßstab für ihre Leistung – sind zufriedene Kunden und die Reputation eines exzellenten Serviceanbieters. Die Mitarbeiter in der Installation und Wartung wollen die Schwachstelle ebenfalls beseitigen, haben aber vielleicht andere Prioritäten. Wenn deren oberstes Ziel zum Beispiel die Minimierung der Gesamtkosten für die Aussendung von LKWs und Technikern im Servicegebiet ist, wird der Arbeitsplan dementsprechend eingeteilt werden. Die Folge sind langwierige Verzögerungen bei wichtigen Serviceaufträgen – und lange Gesichter bei den Kunden *und* bei den Kundendienstleuten. Solche Probleme können mit dem Einsatz des Mobilisierungssystems freilich gelöst werden. Doch die Leistung des Mobilisierungssystems ist natürlich begrenzt. „First-level-Reengineering" ist noch nicht die ganze Antwort. Um eine Telefongesellschaft zu absoluten Topleistungen beim Installieren von Telefonanschlüssen zu bringen, müssen viele zusätzliche Elemente des Bio-Systems der Organisation einbezogen werden.

Der *Technologie* kommt dabei eine Schlüsselrolle zu. Telefongesellschaften werden praktisch „über Draht gemanagt", das heißt, ihr gesamter Betrieb wird auf elektronischem Wege gesteuert. Idealerweise ist alles und jedes unendlich programmierbar und miteinander vernetzt. Das ideale Szenario sieht dann so aus: Sie rufen an und geben Ihren Wunsch nach einer Anklopffunktion bekannt; der Kundendienstvertreter ändert Ihre elektronische Datei; über eine Kette elektronischer Impulse wird der neue Dienst installiert; die Telefongesellschaft beginnt, das neue Service zu verrechnen. Herausragende Telefongesellschaften funktionieren tatsächlich so.

Moderne Telefongesellschaften haben ihre Datenbanken vernetzt oder kombiniert; das hat zur Folge, daß die Abteilungen Kundendienst, Reparatur und Wartung, Leitungsnetz und Rechnungsstellung interaktiv arbeiten können. Neuester Stand der Technik ist die sogenannte „Soft-dial"-Technologie, bei der der neue Kunde den Auftrag für einen Anschluß erteilt, indem er die gewünschte Leitung einfach einstöpselt (man kann sich nur an die lokale Telefongesellschaft anschließen)! Die führenden Unternehmen machen Riesensprünge nach vorne, während die weniger gut gemanagten Gesellschaften von Problemen mit veralteten Systemen geplagt werden und ständig damit beschäftigt sind, ihre Löcher zu stopfen, da die alten Anlagen sich untereinander nicht verbinden lassen.

Die *physische Infrastruktur* spielt ebenfalls eine Hauptrolle, wenn es um die Effektivität beim Installieren von Telefonanschlüssen geht. Jahr für Jahr müssen die Telefongesellschaften kostspielige Entscheidungen über ihr Leitungsnetz treffen. Zunächst steht man immer wieder vor technologischen Alternativen von großer Tragweite. Zum Beispiel: Soll man bei den traditionellen Kabeln bleiben oder auf Glasfaserkabeln umsteigen? Zum zweiten ist auch die Standortfrage der Netzwerkeinrichtungen von entscheidender Bedeutung; hier geht es um richtig große Investitionen. Ehe sich ein Unternehmen entschließen kann, wo man diese Summen investieren soll, braucht es eine Vision von der Verteilung seines Netzwerks im Franchisegebiet. In der Vergangenheit haben die Unternehmen große, standardisierte Zentralstellen bevorzugt, doch in letzter Zeit verstärkt sich der Trend zu kleineren, sternförmig angelegten Strukturen. Es wird bevorzugt in solche Technologien investiert, die sich in kleineren Gebieten besser auf die Kundenbedürfnisse zuschneiden lassen.

Eine weitere Möglichkeit zur Vermeidung undichter Stellen ist ein großes Netzwerk mit freien Kapazitäten. Dadurch erhöht sich die Wahrscheinlichkeit, daß die Infrastruktur bereits installiert ist, wenn ein Kunde anruft. Dies ist freilich eine teure Option, vergleicht man die Investitionskosten mit dem Aufwand für die Ad-hoc-Installationen.

Telefongesellschaften benötigen dazu ein *wertschöpfungsorientiertes Geschäftsmodell,* anhand dessen die Ressourcen für die Anschlußeinrichtung zugeteilt werden. Wie die Kunden in vielen anderen Branchen legen auch die Telefonkunden Wert auf maßgeschneiderte, flexible Produkte und Dienstleistungen. Manche Privatkunden wünschen sich vielleicht einen einfachen Anschluß mit Wählscheibe – punktum! Andere wieder wollen vier Leitungen mit einer Auswahl unterschiedlicher Serviceoptionen, die sich mit der Anlage eines mittleren Industriebetriebs messen kann. Dafür wünscht sich das eine oder andere Kleinunternehmen nichts weiter als ein einfaches Münztelefon. Ein Großunternehmen verlangt von der Telefongesellschaft unter Umständen die Installation eines kompletten internen Leitungsnetzes. Mit anderen Worten, manche Aufträge sind einfach und andere sind kompliziert, und nicht immer deckt sich der Grad der Komplexität mit den Segmenten Privatkunden und Geschäftskunden.

Die meisten Telefongesellschaften sind nicht imstande, diese Unterscheidung nachzuvollziehen, und behandeln alle Aufträge auf gleiche Art und Weise. Das Ergebnis ist Unzufriedenheit auf allen Seiten: Gewöhnliche Privatkunden stöhnen über hohe Gebühren aufgrund der aufwendigen Abwicklung von Standard-Installationen, während anspruchsvollere Kunden sich beklagen, daß offenbar niemand imstande ist, alle ihre Bedürfnisse kompetent zu befriedigen. Und beide Kundentypen jammern über die Verzögerungen bei der Einrichtung neuer Anschlüsse oder Dienstleistungen. Activity-Based Costing und Service-Level-Assessment, die beiden in Kapitel 4 diskutierten Elemente des wertschöpfungsorientierten Modells, können bei der Lösung dieser Schwierigkeiten von großem Nutzen sein.

Das Prinzip der *Kundenfokussierung* stellt einen weiteren wichtigen Ausgangspunkt dar, wenn es darum geht, mit der Vielschichtigkeit der Kundenwünsche zu Rande zu kommen. Es könnte sich beispielsweise auszahlen, einige Kundendienstrepräsentanten zu Beratern für Großkunden mit Sonderwünschen zu befördern und schließlich zu spezialisierten Experten auszubilden *(individuelles Lernen* kommt hier zur Geltung). Diese können einem Kunden bei der Planung eines Systems beratend zur Seite stehen, mit dem der Kunde nun seinerseits die Bedürfnisse *seiner* Kunden befriedigen kann.

Karls Team wird vom Ehrgeiz gepackt

Die Champagnerflaschen sind längst geleert. Woodbridge Papers plant die Reorganisation und Neuausrichtung seiner sechs Werke in Nordamerika; und Karls Team ist mit der Umgestaltung der Auftragsabwicklung noch lange nicht fertig. Ermutigt durch die frühen Erfolge, hat Karls Team seinen Tätigkeitsbereich ausgeweitet und erkundet mittlerweile alle Ecken und Nischen des Unternehmens, die mit dem Prozeß der Auftragsabwicklung irgend etwas zu tun haben. Karl und seine Leute haben dabei die volle Unterstützung des Managements – und dies aus gutem Grunde: Die bislang gestarteten Initiativen haben bereits Einsparungen in Höhe von nahezu 20 Millionen Dollar erbracht, die zu erwartenden Vorteile aus dem Focus-Programm noch gar nicht mitgerechnet. Und die meisten Kostenreduktionen werden sich Jahr für Jahr wiederholen! Die Organisation fängt langsam an, das Team ernst zu nehmen, und deshalb ist auch der Zeitpunkt gekommen, zusätzliche Ressourcen einzufordern.

Sie haben zwei Ideen hinsichtlich der physischen Infrastruktur. Die erste ist von der Focus-Initiative abgeleitet und dreht sich um die Frage, wie man die Produkte vom Nordosten in den kalifornischen Raum transportieren soll. Eine Lagerhalle soll gebaut werden. Das wird zwar nicht billig, aber wie man die Sache auch betrachtet: Es gibt keine andere Möglichkeit, die Kunden in Kalifornien innerhalb von zehn Tagen zu beliefern. Man hat sich auch die Zulieferung aus dem Mittleren Westen überlegt, dem nächstgelegenen Werk- und Lagerkomplex des Unternehmens. Aber es würde vier Tage dauern, bis man das Hinterland der Westküste erreicht; das bedeutet, es bliebe nicht ausreichend Zeit für Auftragseingang, Planung und Herstellung. Wie unelegant ihre Lösung auch sein mag, es scheint sich keine tragfähige Alternative anzubieten.

Die zweite Idee ist die Einführung des „Heißschneidens" als Standard in allen Werken. In den Produktionsabteilungen arbeitet man mit aller Kraft daran, am Ende der Papierfertigungsstraße Schneidemaschinen aufzustellen. Die Argumente sind einleuchtend: Wenn das Papier heiß geschnitten wird, sinkt der Bestand an unfertigen Erzeugnissen, die Produktivität steigt und der Ausschuß wird geringer. Es wäre eine einschneidende Maßnahme, die eine grundsätzliche Neuanordnung des Arbeitsablaufs bedingen würde, aber die vom wertschöpfungsorientierten Modell prognostizierten Vorteile sind zu überzeugend, um einfach ignoriert zu werden.

„Kaum zu glauben, was aus dieser bescheidenen Idee vom Werk Chicago geworden ist", denkt Karl.

Und auch technologische Aspekte werden verstärkt beachtet, was angesichts Karls tiefsitzender Abneigung gegen alles Technische schon verwunderlich ist. Das Team spielt mit dem Gedanken einer landesweiten Installation von SAP, einer Software also, der Karl vor nicht allzu langer Zeit bescheinigt hatte, sie trage ihren Namen nicht zu Unrecht. Es handelt sich um ein integriertes Produktionssoftwareprogramm, mit dem nach einem Auftragseingang automatisch die entsprechende Produktionsplanung, Transport, Fakturierung und andere auf denselben Daten beruhende Transaktionen durchgeführt werden könnten. Dadurch kann man die Zeit einsparen, die bei den Versuchen verlorengeht, all die unterschiedlichen kleinen Datenbanken und Systeme im gesamten Unternehmen zu vereinheitlichen. Karl, einst unbeugsamer Gegner des Systems, hat sich zu dessen Befürworter gewandelt, nachdem er gesehen hat, wie es in anderen Unternehmen funktioniert.

Für die Kreditbearbeitung hat man sich eine Prozeßautomatisierung überlegt, mit deren Hilfe der Kreditstatus des Kunden noch während der Auftragsannahme aufgerufen werden könnte. In der Finanzabteilung ist man allerdings nicht besonders begeistert von der Idee, da die Kreditsachbearbeiter um ihre Jobs fürchten, und das Management ist nicht sicher, ob die Mitarbeiter in der Auftragsannahme zu Kreditanalysten umgeschult werden können. Karl fühlt sich nicht besonders gut, wenn er über Ideen brütet, deren Ausführung einen Abbau von Arbeitsplätzen mit sich bringen kann. Aber besser jetzt den Konkurrenten voraus, denkt Karl, als von der Konkurrenz gezwungen zu werden, wenn die für Umschulungen nötigen Ressourcen nicht zur Verfügung stehen.

Auch organisatorische Punkte werden immer wichtiger. So sind etwa die Spannungen zwischen Planung und Transport nicht besonders hilfreich. Karl, als ehemaliger Beteiligter, weiß aus erster Hand, worum es geht. Er denkt nach und kommt auf die Idee, Planung und Transport unter derselben Führung zu vereinen, vielleicht unter einem Vice President für Materialmanagement oder so ähnlich. Weder Karl noch sein Team haben zunächst den Mut zu einem derart weitreichenden Vorschlag, aber schließlich hatten sie ja auch vor der Präsentation der Focus-Idee ein wenig Bauchweh gehabt.

Allmählich wird ihnen auch die Bedeutung des Entlohnungssystems bewußt. Wenn es einen Schlüsselfaktor gab, dann lag er hier. So wie die Dinge liegen, kümmert sich keiner wirklich um den Zeitfaktor im Prozeß der Auftragsabwicklung. Die Planer und die Transportleute zerbrechen sich in erster Linie über die Maschinenumrüstkosten bzw. die Transportkosten pro Meile den Kopf, nicht aber um ihren Beitrag zur Dauer der gesamten Auftragsabwicklung. Wenn man sie eher nach den Lieferfristen bewertete und entlohnte, würden sich die erforderlichen Änderungen wahrscheinlich sehr bald von selbst einstellen.

Das Team macht sich um viele Dinge in vielen Bereichen Gedanken, doch die größte und nach wie vor nicht beantwortete Frage hatte sich schon vor vielen Monaten so unangenehm aufgedrängt: Soll das Produktprogramm gestrafft werden oder nicht?

Ohne ein System gewissenhaft erarbeiteter, integrierter Ziele sitzt Karl noch immer zwischen den Stühlen. Laut Marketing ist Mountain View mit seiner zehntägigen Lieferfrist eine tödliche Bedrohung, zumal man selbst gerade dreißig Tage schafft. Oder *schaffte* – jetzt hat man 20 Tage erreicht, bei fallender Tendenz. Unter diesem Gesichtspunkt ist seine Aufgabe sonnenklar – *Lieferfrist kürzen!* –, und bei reduziertem Produktprogramm läßt sich dieses Ziel schneller erreichen. Natürlich würde sich die Marketingabteilung dann wieder über das Verschwinden der exotischen Produkte beschweren. Aber was wissen die schon von der Produktion? Wenn es nach denen geht, ist alles ganz einfach: Wir brauchen die breiteste Produktpalette der Welt und gleichzeitig die kürzesten Lieferfristen ... – kommt doch zurück auf den Boden, liebe Freunde vom Marketing!

Bei der Auftragseingabe wäre eine Straffung der Produktpalette bestimmt nützlich, zum Beispiel da, wo viele Fehler vorkommen, weil die Angestellten oder die Kunden schon alleine durch die zahllosen Wahlmöglichkeiten im Katalog verwirrt werden. Oder bei der Fakturierung: Die Buchhaltung müßte sich nicht durch Unmengen von Papier kämpfen, nur um den richtigen Preis für ein Produkt herauszufinden. Wenn der Preiszettel nicht aktualisiert wurde, kommt es zu endlosen Fakturierungsfehlern und Streitereien mit Kunden. Weniger Produkte würden weniger Preise und weniger Aktualisierungen bedeuten, will heißen: weniger Fehler und weniger Zeitverschwendung.

Der größte Segen wäre die Sortimentsbereinigung aber zweifellos für den Produktionssektor. Karl ist ein Planer, und er weiß eines ganz sicher: Es ist ein *Alptraum,* wenn kleine Losgrößen in das Produktionsprogramm integriert werden müssen. Was auch immer mit den Werkanlagen geschieht, das Problem bleibt bestehen, daß lange Durchläufe unterbrochen werden müssen, um einen Posten einzuschieben, der in einigen wenigen Stunden fertiggestellt ist. Die Umrüstung dauert in solchen Fällen länger als die eigentliche Produktion! Es ist, als ob man einen Ferrari voll ausfährt, aber immer wieder anhalten muß, um ein paar Esel die Straße überqueren zu lassen. Weg mit den Eseln, und volle Fahrt voraus für den Testarossa!

Das ist die Idee! Karl wird die Straffung des Sortiments vorschlagen. Andererseits – wenn das Marketing doch recht hat …?

Die Metamorphose von Union Carbide

Vor weniger als zehn Jahren war Union Carbide ein schwer angeschlagenes Unternehmen, von Wallstreet längst abgeschrieben. Heute gehört das Unternehmen zu den Stars des Dow-Jones-Index.

Bis 1984 war Union Carbide ein gigantisches, zersplittertes Konglomerat, das sich abmühte, halbwegs annehmbare Aktienrenditen abzuwerfen. In den Jahren 1984 und 1985 mußte man aber zwei dermaßen verheerende Tiefschläge hinnehmen, daß das nackte Überleben des Unternehmens in Frage stand. Zuerst ereignete sich im indischen Bhopal-Werk eine ungeheure Gaskatastrophe, die den Tod von über 2 000 Menschen zur Folge hatte. Obwohl Beweise für den Sabotageakt eines frustrierten Arbeiters vorlagen, übernahm Union Carbide ohne zu zögern die moralische Verantwortung für das Unglück. Trotzdem zog die indische Regierung den folgenden Rechtsstreit in die Länge, und eine wahre Flut von negativer Publicity erschütterte Carbide bis ins Mark. Der zweite Schlag war der Versuch einer feindlichen Übernahme durch Samual Heyman von der GAF Corp. Obwohl das Timing wahrscheinlich kein Zufall war, hatten Heymans Überlegungen wenig mit dem Bhopal-Unglück zu tun. Sein Argument war einfach: „Carbide had grossly undermanaged its assets" – d. h. sie erwirtschafteten aus ihren Vermögenswerten nicht genügend Cash-flow. Die folgende Übernahmeschlacht brachte das Unternehmen an den Rand der Kapitulation. Die Firma konnte schließlich nur durch den Verkauf des profitablen und beliebten Konsumgütergeschäfts gerettet werden, zu dem unter anderen so stolze Unternehmen wie Everady Batteries, Glad Bags und Preston Frostschutzmittel gehörten. Danach war der Konzern ein Schatten seiner selbst. Einst in einer Liga mit Dow, DuPont und den deutschen Chemieriesen, war man zum Nebendarsteller auf der Chemie-Bühne verkommen.

Heute ist Union Carbide ein schlankes, fokussiertes Chemieunternehmen, dessen Shareholder Value sich zwischen Dezember 1990 und Dezember 1994 nahezu vervierfachte. Im April 1993 meldete Merril Lynch: „Union Carbide war im vergangenen Jahr die ertragsstärkste Aktie im Dow-Jones-Index, hauptsächlich aufgrund eines massiven Kostensenkungs- und Restrukturierungsprogramms, das unter anderem den Spinoff* der Industriegasdivision einschloß." Und so kommentierte Paine Webber das Restrukturierungsprogramm: „Einige Unternehmen können auf echte Erfolge bei Total Quality, Verantwortungsdelegation und Wertschöpfung verweisen, aber Carbide setzt die Standards." Und 1994 war Carbide wieder die Topaktie im Dow!

Wie haben die das geschafft?

Am Anfang stand die Führungsqualität, namentlich von CEO Robert Kennedy und von Bill Joyce, dem jetzigen Carbide-Präsidenten. Für Kennedy warf die Vergangenheit zwar eine Menge Fragen auf, aber „ein Unternehmen wird nicht mit Fragen geführt, sondern mit Werten", wie er sich ausdrückte. Kennedy verbrachte seine gesamte berufliche Karriere bei Carbide, und er schätzte das Unternehmen. Seiner Ansicht nach mußte die Firma zunächst einen Schwerpunkt finden und zu dem

---

* Ausgliederung von Unternehmen und Aktienübernahme durch Aktionäre der Muttergesellschaft. (Anm. d. Übers.)

werden, was ihr Name andeutete – zu einem Chemieunternehmen der Weltklasse. Fragte sich nur, wie?

Kennedy, Joyce und ihr Führungsteam versuchten, gegen den Strom zu schwimmen. Während alle großen Chemiefirmen ihr Heil in der Spezialisierung suchten – das heißt, sich auf Chemikalien konzentrierten, die ihren Wert hauptsächlich aus der Anwendungstechnik und dem Marketing-Know-how der Firma bezogen und weniger aus Produktionsvorteilen –, beschloß Carbide, sich als Hersteller chemischer Standardprodukte zu bewähren, was sich als außerordentlich weitsichtig erwies. Während die Konkurrenten ihre Investitionen in Produktforschung und Entwicklung steckten, einige von ihnen ihre Fühler sogar in den pharmazeutischen und biotechnologischen Bereich ausstreckten, investierte Carbide in Größe, Prozeßtechnologie und in seine Rohstoffposition – all dies mit dem Ziel, Weltmarktführer bei Ethylen, Polyethylen und deren Derivaten zu werden. Der Weg dazu sollte über Größenvorteile und Technologie-Führerschaft führen. Die Skeptiker meldeten sich zu Wort und verglichen die geplante Strategie mit dem Comeback-Versuch von Bill Haley and the Comets im Zeitalter des Grunge Rock.

Doch Union Carbide konnte das Gegenteil beweisen. Heute ist die Firma unbestritten die Nummer eins in der Herstellung von Ethylenprodukten. Zur Ethylenkette gehört eine lange Liste chemischer Produkte mit technischen Bezeichnungen, die ein musikalischer Freund einmal scherzhaft als *Monochlorocello* und *Polychlorosaxophon* bezeichnet hat. Doch im Ernst: Ethylen und seine Derivate bilden die Rohstoffe für unzählige Produkte, darunter Frostschutzmittel für Kraftfahrzeuge, Polyester und Seifen, um nur einige wenige zu nennen. Das Unternehmen ist auch zu einem der führenden Anbieter von Polyethylen geworden, einem Kunststoff, der aus zusammengefügten Ethylenschnüren geformt und zur Herstellung von Mülleimern, Spritzflaschen, Spielwaren, Autoteilen, Verpackungsmaterialien und unzähligen anderen Produkten verwendet wird.

Union Carbide hat dazu eine gute Marktstellung bei Lösungsmitteln und Beschichtungen, ja sogar bei Spezialchemikalien. Das Bemerkenswerte daran ist, daß praktisch alles, womit sich das Unternehmen beschäftigt, auf dem Ethylenmolekül aufbaut, das niemand besser kennt als Union Carbide. Und diese Tatsache macht es den Konkurrenten auch so unerhört schwer, Carbide am chemischen Zeug zu flicken.

Doch diese hervorragende Stellung zu erreichen, war bestimmt kein Honiglecken. Die Formulierung der strategischen Vision war erst der Anfang. Danach mußten sie ihr Versprechen erst noch einlösen ...

Carbide leistet Reengineering-Pionierarbeit, noch bevor der Begriff geprägt ist

Gegen Ende 1990 startete Carbide eines der größten und offensichtlich erfolgreichsten Reengineering-Programme, die jemals unternommen wurden. Nach dem Motto EQ:AI (Excellence through Quality : Accelerated Improvement) machte sich das Unternehmen daran, weltweit seine wichtigsten Prozesse umzugestalten. Kein Stein blieb dabei auf dem anderen, was aber nicht heißen soll, daß EQ:AI der Vergangenheit angehört. Kennedy und Joyce bestehen darauf, es als neuen „Way of life" bei Union Carbide zu betrachten.

Die Ursprünge des Programms liegen im Jahr 1988, als die vier „Chemicals & Plastics"-Sparten begannen, die Aufmerksamkeit des Managements auf einen Arbeitsprozeß zu lenken, der für die Leistungsverbesserung entscheidend war. Die Polyolefin-Sparte kümmerte sich verstärkt um neue Materialien und die Werklogistik; Industrial Chemicals war die Modernisierung der Wartungs- und Erhaltungsarbeiten ein besonderes Anliegen; die Division für Lösungsmittel und Beschichtungsmaterial bemühte sich um eine Verbesserung der kundenbezogenen Prozesse. Die umfassendste Initiative kam allerdings von der Specialty Chemicals Division SCD.

Unter der neuen Standardgüterpolitik war die Lage für SCD als Spezialist ein wenig prekär geworden. Dies war besonders alarmierend vor dem Hintergrund des kürzlich erfolgten Verkaufs des Polyolbereichs, eines wesentlichen Bestandteils des Carbide-Portfolios, an Arco Chemicals. Zusätzlich litten die beiden SCD-Werke in South Charleston im Kanawha Valley West Virginias unter dem Verlust einiger Großproduktionsanlagen. Der SCD-Präsident Joe Soviero erkannte, daß das Überleben seiner Sparte davon abhängig sein würde, nicht nur rentabel zu sein, sondern mehr als das: ein strahlender Diamant in Carbides Krone! Soviero entschloß sich zu einer größeren Sanierungsinitiative, die mit keiner früheren Aktion unter dem Konzerndach der Union Carbide vergleichbar war.

Das Projekt fokussierte auf Vertriebseffizienz, das Portfoliomanagement auf Spartenebene und die „Arbeitsvereinfachung" (genau gesagt: Reengineering) in den Kanawha-Werken. Die SCD-Initiative erwies sich als kräftiger Impuls für das unternehmensweite Qualitätsprogramm, das unter dem Kürzel EQ (Excellence through Quality) gerade durchgeführt wurde. Es würde auch als Pilotprojekt für den Gesamtkonzern dienen.

Bis Mitte 1990 war das Programm so erfolgreich, insbesondere in den Kanawha-Werken, daß Soviero eine Untersuchung plante, die weitere Verbesserungsmöglichkeiten in der gesamten Division ausfindig machen sollte.

Ende 1990 legte Soviero seinen Vorschlag dem Presidents' Council, d. h. den fünf Spartenpräsidenten des Chemie- und Kunststoffbereichs vor. Als man nahe daran war, die Zustimmung für den Plan zu erhalten, stellte Bill Lichtenberger, der damalige Carbide-Präsident, eine schicksalshafte Frage: „Wenn wir diesen Weg mit SCD einschlagen, warum starten wir dann nicht gleich ein konzernweites Programm, das Initiativen aus allen Divisionen umfaßt?"

Carbide hatte seine Präsidenten seit langem dazu ermutigt, ihre Sparten wie eigenständige Unternehmen zu führen. Die Besprechungen des Council waren das Forum für den Informationsaustausch und ein Mittel, die High-level-Ziele der einzelnen Divisionen einigermaßen aufeinander abzustimmen. Offenbar standen da jetzt Änderungen ins Haus.

Jeder Präsident verpflichtete sich, zumindest *eine* Aktion zu leiten, die den gesamten Chemie- und Kunststoffbereich – also nicht nur seine eigene Sparte – umspannt. Sämtliche Union-Carbide-Divisionen nahmen nun am Reengineering-Reigen teil. Kennedy unterstützte das breitangelegte Initiativenprogramm und förderte angesichts des neuen operativen Paradigmas im Unternehmen die Geburt des Prinzips EQ:AI.

Jede Sparte sollte einen Prozeß auswählen und diesen dann entwerfen und implementieren. Erwies sich die Therapie als erfolgreich, sollte das Programm auf andere Sparten übertragen werden. So verpflichtete sich beispielsweise die Specialty Chemicals Division, einen neuen Produktionsmanagement-Prozeß sowie einen weltweiten Business-Management-Prozeß zu übernehmen. Die Industrial Chemicals Division bot sich an, die Entwicklung des zukünftigen Wartungsprozesses voranzutreiben. Die Polyolefin-Sparte widmete sich der Logistik. Die Division für Lösungsmittel und Beschichtungen konzentrierte sich auf die Distributionslogistik, also die Beförderung der Produkte zu den Kunden. Alle Divisionen machten mit. Es handelte sich um das unternehmerische Äquivalent zur Vereinigung Deutschlands im neunzehnten Jahrhundert, als sich die jahrhundertelang rivalisierenden Kleinstaaten zu einem der mächtigsten Staaten in der modernen Weltgeschichte zusammenschlossen.

Die Idee hinter diesem Plan war einfach, aber wirkungsvoll. Im Idealfall würde sich jede Einzelidee, die sich bewährt hatte, wie ein Steppenbrand über den gesamten Konzern hinweg ausbreiten. In der Praxis freilich stellten sich die Einzelinitiativen zwar als zumeist sehr erfolgreich heraus, die Übertragung in andere Bereiche traf aber auf Widerstände. Der Steppenbrand kam nicht richtig vom Fleck. Ein Gebläse mußte her, das die glimmenden Brandherde richtig anfachte und großflächig verteilen half.

Das Gebläse kam in der Person des neuernannten Chief Operations Officer COO, Bill Joyce, des derzeitigen Union-Carbide-Präsidenten. Joyce war absolut kompromißlos. Er stellte Kostensenkungsziele vor, deren Verwirklichung niemand für möglich hielt, und übertraf sie in der Folge sogar. Nach Verwirklichung der ehrgeizigen Zielvorgaben setzte er gemeinsam mit den Sparten-Präsidenten noch höhere Ziele und sorgte damit für eine kontinuierliche Verbesserung der Leistungsstandards bei Union Carbide. Unter Joyce konnten die Sparten-Leiter ihre Organisationen zwar nach wie vor unabhängig führen, aber nur solange dies im Dienste der Vision und der Werte des gesamten Konzerns stand. Joyce stattete den Presidents Council mit mehr Macht aus. Sein Managementstil war fair, aber hart. Er legte Ziele und Vorgaben fest und überließ es den einzelnen Verantwortlichen, wie sie diese erreichten. Seine unausgesprochene Botschaft lautete: „Du bist verantwortlich; es ist deine Entscheidung. Aber wenn du die Verantwortung nicht wahrnimmst, werde ich für dich entscheiden."

Neben seinen vielen anderen Führungsqualitäten hatte Joyce auch Sinn für ein gewisses Maß an internem Wettbewerb. Wenn Specialty Chemicals zig Millionen von seinen Produktionskosten abzwacken kann, warum könnt ihr das nicht, Industrial Chemicals, oder ihr, Lösungsmittel und Beschichtungen, oder ihr, Polyolefine? Was läuft dort gut – und bei euch nicht? Gleichzeitig sah er es als seine Aufgabe, die Mauern zwischen den Sparten niederzureißen und den Informationsfluß zu intensivieren. Deshalb förderte er bei der Planung und Durchführung der

Projekte den Einsatz von Teams, deren Mitglieder aus verschiedenen Sparten kamen. Auf diese Art erhielt jede Sparte das legitime Recht, die Schutzwälle des Nachbarn niederzureißen, allerdings in dem vollen Bewußtsein, daß der Nachbar dasselbe tun würde.

Eine der anspruchsvollsten und wichtigsten Aufgaben der spartenübergreifenden Teams bestand darin, die Leiter und das Management der Divisionen dazu zu bringen, sich „offiziell" zu einem Katalog von Verbesserungszielen zu verpflichten. Als Kennedy für Chemie und Kunststoffe insgesamt das anfängliche Kostensenkungsziel von 200 Millionen Dollar bekanntgab (das, vor der Zeit erfüllt, von Joyce und den Präsidenten auf 400 Millionen – und später sogar noch höher – angehoben wurde), stellte sich die Frage, wieviel Specialty Chemicals, Polyolefine usw. beitragen sollten, und warum.

Es war eine große Herausforderung, die ein hohes Maß an Vertrauen von den Sparten-Präsidenten erforderte. Sie wurden einerseits aufgefordert, sich feierlich zu Ergebnisverbesserungen zu verpflichten, hatten aber andererseits keine direkte Einflußmöglichkeit auf viele der involvierten Reengineering-Ressourcen. Es dauerte beinahe ein ganzes Jahr, bis die Ziele und die „Anteile" der einzelnen Sparten an den Zielen festgelegt waren. Doch letzten Endes wurden die einzelnen Sparten gezwungen, einen „Business Case" für ihre Prozeßausrichtungsprogramme zu erarbeiten, in dem eine Reihe von Zielen und Verantwortlichkeiten formuliert war, die auf die High-level-Ziele des Konzerns abgestimmt waren und gleichzeitig einen Maßstab für die erzielten Leistungen abgaben. Eines war den Sparten-Chefs klar: In der neuen Union Carbide genügte es bei weitem nicht mehr, seine eigene Sparte souverän zu regieren.

Übertragung auf den Konzern

Die von Kennedy und Joyce veranlaßten Top-down- und Bottom-up-Maßnahmen trugen dazu bei, daß EQ:AI zu greifen begann, und endlich sprang der Funke über zum Steppenbrand über die gesamte Wertschöpfungskette von Union Carbide. Insbesondere die beiden ersten Projekte lieferten die „Early wins", die erforderlich waren, damit das unternehmensweite Programm starten konnte. Das erste, von Specialty Chemicals Division unterstützt, war mit der Umgestaltung des Produktionsmanagements der schwachbrüstigen South-Charleston-Werke in

Virginia befaßt. Das zweite (Sponsor: Industrial Chemicals Division) bestand aus einer Initiative zur Wartungsverbesserung bei Taft, Louisiana. Beide erwiesen sich als enorm erfolgreich und gewannen Modellcharakter für den gesamten Konzern.

Die Auswirkungen der Initiativen in den Werken Kanawha Valley und Taft waren dramatisch. Die von ihnen erzeugten „Early wins" nahmen gewaltige Ausmaße an, die aufgrund eines umfassenden Kommunikationsprogramms im gesamten Konzern Aufsehen erregten. Die Projekte zur Prozeßausrichtung produzierten nicht nur Ergebnisse, sondern auch echte Helden, deren Elan ansteckend wirkte. So begannen andere Wartungsabteilungen im Carbide-Netz, das Taft-Wartungsteam in ihre Werke einzuladen, auch wenn deren Erkenntnisse und Vorschläge unweigerlich zum Abbau von Mitarbeitern führten.

Gestärkt durch diese frühen Erfolge, beschloß Chairman Kennedy, unterstützt von Bill Joyce, es sei Zeit für ein größeres, den gesamten Konzern umspannendes Kostensenkungsprogramm. 1991 verkündete er das zu jenem Zeitpunkt völlig unrealistisch erscheinende Einsparungsziel von 275 Millionen Dollar, einschließlich einer Reduktion der Fixkosten um 17 % bis zum Jahr 1993. Darüber hinaus machte Kennedy klar, daß ein hemmungsloser Personalabbau quer durch die Abteilungen inakzeptabel sei; die Einsparungen müßten durch Arbeitsvereinfachungen erreicht werden. Und Bill Joyce meinte: „Wir können die für eine Weltklasseposition erforderliche Leistung nicht erbringen, wenn wir uns mit obsoleten Systemen und Arbeitsprozessen herumschlagen. Wir müssen es schaffen, unsere Arbeit zu vereinfachen." Im Jahr 1992, nachdem spezialisierte Arbeitsteams im gesamten Konzern zahlreiche zusätzliche Einsparungsmöglichkeiten entdeckt hatten, wurde das Kostensenkungsziel auf 575 Millionen Dollar angehoben und um ein Jahr verlängert. Ende 1994 konnte der volle Erfolg des Programms vermeldet werden.

Durch das von oben vorgegebene Kostensenkungsziel und den Impetus der frühen und permanenten Erfolge von unten kamen die Reengineering-Bestrebungen in Schwung. Dabei erfaßten sie nicht nur Produktionsprozesse, sondern auch Bereiche wie die gesamte Betriebstechnik im Konzern, die Distribution von Monoglykol, interne Konzerndienstleistungen sowie Forschung & Entwicklung. Praktisch jeder Abschnitt der Wertschöpfungskette spürte die Auswirkungen des Reengineering-Programms. Carbide-Mitarbeiter in jeder Abteilung und auf allen Ebenen des Unternehmens – Manager und Arbeiter, gewerkschaftlich organisiert oder nicht – leisteten ihren Beitrag zum Erfolg des Projekts. Der Maßnahmenkatalog war aber nicht nur auf Kostensenkungen beschränkt. Die Ausgliederung Praxairs etwa war ein klassisches Beispiel für die Steigerung des Shareholder Values durch kreatives Portfoliomanagement. Keines der anderen Gasunternehmen, wie Air Liquide, Air Products und British Oxygen, war mit einer großen Chemiefirma verbunden, und alle wiesen ein höheres Kurs-Gewinn-Verhältnis auf als die chemischen Unternehmen. Die Ausgliederung Praxairs, spekulierte Kennedy, würde dessen verborgenen Wert zum Vorschein bringen. Er hatte recht. Kurz nach Ausgabe der Aktien im Jahr 1993 war der zusammengerechnete Preis der beiden Papiere doppelt so hoch wie der der ursprünglichen Carbide-Aktien (Carbide-Aktionären wurde ein proportionaler Anteil an Praxair-Papieren angeboten).

So steht Union Carbide heute als integrierter, fokussierter Erzeuger chemischer Standardprodukte da, der wenig gemein hat mit dem angeschlagenen Konglomerat von vor zehn Jahren. Und der Konzern ist auf dem besten Weg, seine Vision vollständig zu verwirklichen.

Nachdem man praktisch „Das Buch des Reengineering" geschrieben hat, geht es für Union Carbide jetzt darum, den Revitalisierungsprozeß mit ähnlicher Dynamik und Professionalität abzuwickeln. Wir sind überzeugt, daß sie's schaffen.

PERMANENTE LERNSCHLEIFEN ETABLIEREN

Wie die Union-Carbide-Story zeigt, kann die Umgestaltung der Prozesse auf Basis „klassischer" Reengineering-Prinzipien mit Hilfe von Initiativen zur Mobilisierung und Visionsentwicklung bemerkenswerte Ergebnisse bringen. In Phase eins reicht oft schon die Einbeziehung von vier Chromosomen der Bio-Organisation, um jene frühen Erfolge zu erzielen, die nötig sind, um das Programm voranzutreiben und auszuweiten. Es handelt sich in erster Linie um ein Bottom-up-Projekt, das wenig direkte Eingriffe aus der Chefetage erfordert.

In Phase zwei werden erstens mehr Chromosomen eingebunden, und zweitens benötigen die individuellen Prozesse ein Engagement des Topmanagements. Wie der Projektentwicklungsprozeß bei Union Carbide zeigt, ist Phase zwei zwar wesentlich anspruchsvoller und komplizierter zu steuern, doch stehen dafür auch verglichen mit Phase eins wesentlich größere Vorteile in Aussicht. Was den obersten Chef betrifft, so mag sein Beitrag zwar signifikant sein – die Vision kommunizieren, Gesamtziele formulieren, Hindernisse aus dem Weg räumen, Ressourcen zuteilen, Fortschritte kontrollieren usw. –, doch hat er bei der Neukonzeption der individuellen Prozesse wenig zu sagen. In diesem Sinne ist auch die Phase zwei hauptsächlich ein Bottom-up-Prozeß.

Die dritte Phase in der Umgestaltung der Prozesse – *Lernschleifen etablieren* – ist mit etwas ganz anderem beschäftigt als die ersten beiden. Sie baut auf „klassischem" Reengineering auf, aber nur in dem Sinn, daß es bei dessen grundsätzlichen Beschränkungen ansetzt. In dieser Form der Prozeßumgestaltung wird ein großer Teil der in den ersten beiden Phasen vorherrschenden Logik aufgegeben, und was übrigbleibt, wird auf den Kopf gestellt. Ja, eine neuetablierte Optimierungsschleife könnte die junge Struktur eines eben ausgerichteten Prozesses regelrecht zerstören!

„Klassisches" Reengineering weist zumindest zwei fundamentale Beschränkungen auf. Die erste liegt in einer Einengung des Blickfeldes. Den Blick streng auf individuelle Prozesse gerichtet, bietet das klassische Reengineering keinen analytischen Rahmen, um die Umgestaltung an die übergeordneten High-level-Ziele und Meßgrößen des Unternehmens zu binden oder an die Systeme, die sich auf diese auswirken. Mit anderen Worten, dem klassischen Reengineering fehlt der Top-down-Überblick, die ganzheitliche Perspektive zur Überprüfung des Zusammenspiels von Systemen und Prozessen.

Die zweite, eng mit der ersten verbundene Beschränkung könnte als das „Uhrwerksyndrom" bezeichnet werden. Ein Prozeß ist per definitionem eine chronologische Abfolge von Arbeitsschritten, an die Technologie, Gebäude, Rollen, Verantwortlichkeiten und ähnliches gebunden sind. Diese mechanistische Sichtweise führt zu einer Konzentration auf Restrukturierung. Die Arbeitsschritte können wie LEGO®-Steine neu angeordnet werden, um das Vorhandene – Kosten, Dauer des Produktionszyklus usw. – zu verbessern, vielleicht sogar zur Weltspitze zu führen. Und es ist auch eine großartige Sache, die niedrigsten Kosten oder die kürzesten Produktionszyklen zu haben, doch hilft das auf den Gebieten *Revitalizing* und *Renewing* wenig, wo die wahrhaft großen Potentiale für menschliches und geschäftliches Wachstum liegen.

Die Katalysatoren des Wachstums sind nur selten in einer chronologischen Abfolge von Arbeitsschritten zu finden; sie entstehen, wenn entscheidende strategische Kausalzusammenhänge über Systeme und Prozesse hinweg verknüpft werden. Mit anderen Worten, die Lernschleifen sind das Sprungbrett für *Revitalizing* und *Renewing*.

Lernschleifen helfen jedem Organismus, einschließlich der Bio-Organisation, sich an die äußere Umgebung anzupassen. Ein Optimierungsprozeß (bzw. Lernschleife) weist vier funktionale Komponenten auf:

1. *Beobachtung* – die Fähigkeit, Daten aus dem internen und externen Umfeld zu erfassen;

2. *Orientierung* – die Fähigkeit, die Daten in einem spezifischen Kontext zu interpretieren;

3. *Entscheidung* – die Fähigkeit, eine Reaktion auf der Grundlage dieser Interpretation auszuwählen;

4. *Aktion* – die Fähigkeit, die gewählte Reaktion auszuführen.

Das Äquivalent der Beobachtung für die Bio-Organisation könnte eine Messung sein, die sich auf acht unterschiedliche Prozesse auswirkt, ein drei Prozessen gemeinsamer Arbeitsschritt, der Strategiewechsel eines Mitbewerbers – praktisch jedes Ereignis, das Auswirkungen auf ein System oder einen Prozeß hat.

Nehmen wir zum Beispiel eine Beschwerde. Je nach der Orientierung der Menschen, Systeme und Prozesse, auf die die Beschwerde trifft, wird sie unterschiedlich interpretiert werden, und das gleiche gilt auch für die Reaktion darauf. Umgekehrt wird die Aktion von den zur Verfügung stehenden Möglichkeiten abhängen, die ihrerseits von anderen Optimierungsprozessen beeinflußt wird, usw.

Die Zahl der bestehenden und potentiell möglichen Optimierungsprozesse in einem Unternehmen ist praktisch unendlich groß, ihre Erzeugung kann also ganz schön chaotisch werden. Es geht darum, sich auf die Definition von solchen Lernschleifen innerhalb von Prozessen und über Prozesse hinweg zu konzentrieren, die sich auf die mit der Balanced Scorecard verknüpften Meßgrößen positiv auswirken. Damit werden der Prozeßumgestaltung einige neue Dimensionen hinzugefügt. So liegt beispielsweise der Schwerpunkt nicht mehr nur auf individuellen Prozessen, und die Betonung wurde von der „Chronologie" in Richtung „Ursachen und Wirkungen" verschoben. Die Umgestaltung der Prozesse hat ein neues Reich erschlossen, das wir *Bio-Reengineering* nennen wollen.

Von Optimierungsprozessen zu Bio-Reengineering

Bio-Reengineering baut auf den Pionierarbeiten von Harry Lasker und David Lubin von der Renaissance Strategy Group in Lincoln, Massachusetts auf. Lasker und Lubin haben sich intensiv mit der Konzeption von Prozessen befaßt, die ihr Leistungsvermögen aus Lern- bzw. Optimierungsschleifen beziehen. Die Idee dahinter ist, den Lernprozeß mit der Prozeßleistung zu verknüpfen und die Prozeßleistung mit der Unternehmensleistung. Um ein solches Modell zu errichten, ist eine integrierte Gruppe von High-level-Zielen und Meßgrößen als Planungsgrundlage erforderlich. Da ihnen die Balanced Scorecard (BSC) dafür geeignet erschien, wandten sie sich an David Norton, einen der beiden Urheber des BSC-Modells. Diese Verbindung entwickelte sich in der Folge zu einer der konzeptionellen Grundlagen ihrer Firma.

Bio-Reengineering baut im wesentlichen auf Laskers und Lubins Theorien auf und führt einige neue Aspekte ein. Der Ansatz unterscheidet sich in mindestens fünf grundsätzlichen Punkten vom „klassischen" Reengineering:

1. Die Konzentration auf individuelle Prozesse wird aufgegeben und ersetzt durch eine Konzentration auf die Erzeugung und Etablierung permanenter Lern- und Optimierungsschleifen in allen zwölf Bio-Systemen der Organisation gleichzeitig.

2. Die mechanistische Beschränkung auf Arbeitsschritte wird ersetzt durch die Konzentration auf das System von Ursache-Wirkungszusammenhängen, die auf die eigentliche Unternehmensaufgabe ausgerichtet sind.

3. Die Blickrichtung der Planung ist Top-down, also die Sicht des Unternehmensführers durch die Brille der BSC.

4. Methodischer Ansatz ist, Verbindungen zu den Ursache-Wirkungspfaden herzustellen, die zu den Meßgrößen der BSC führen und von diesen kommen.

5. Das Ziel besteht darin, jene Lernschleifen zu erzeugen und zu etablieren, die den bestmöglichen Einfluß auf die Meßgrößen der BSC ausüben und dadurch die Unternehmensleistung verbessern.

Im Bio-Reengineering wird der einst dominante Prozeß zu einer Untergruppe von Optimierungsprozessen, zu einem Mittel, die Komponenten aufeinander bezogener Lernschleifen chronologisch zu verknüpfen und zu kategorisieren. Diese Lernschleifen oder Optimierungsprozesse werden damit zum Kernstück der Neugestaltung – die BSC liefert die grundlegenden Gestaltungsregeln.

Die BSC will sämtliche Kausalzusammenhänge erfassen, die gemeinsam die Logik der Unternehmensgesundheit ausmachen. Auf gleiche Weise erfassen die Optimierungsprozesse die Logik, die für das Verhalten und die Gesundheit der Systeme, Organe und anderen Bestandteile des Unternehmenskörpers verantwortlich ist. Die Herausforderung liegt beim Bio-Reengineering also darin, zu wissen, auf welche Optimierungsprozesse man besonders achten soll, wie diese entwickelt und angeordnet werden können und wie sie untereinander verknüpft werden sollen, um die Logik der BSC zu stützen. Wie bei der Transformation selbst, kommt es auch in diesem Fall darauf an, die richtige Mischung aus Kunstfertigkeit und Alchemie zu finden.

In beinahe jedem Sinn kann Bio-Reengineering als Mikrokosmos der Business Transformation gesehen werden. Wie bei der Transformation sind auch hier alle 12 Chromosomen permanent im Einsatz; wie in der Transformation spielt die Unternehmensführung die Rolle des genetischen Architekten; wie in der Transformation sind Vision und High-level-Ziele und Meßgrößen erforderlich, um das Projekt zu fokussieren und zu lenken; und wie in der Transformation kann das Ergebnis von so grundsätzlicher Bedeutung sein, daß sich der Charakter des gesamten Unternehmens ändert. In praktisch jeder Hinsicht kann Bio-Reengineering mit Business Transformation *gleichgesetzt* werden, es handelt sich allerdings um eine verkürzte Version, beschränkt durch die engere Perspektive des Prozeß-Chromosoms.

Wo beginnen mit Bio-Reengineering?

Ein paar nützliche Tips für den Start eines Bio-Reengineering-Programms:

Erstens brauchen Sie nicht zu warten, bis Sie sämtliche übergeordnete Ziele und Optimierungsprozesse vollständig festgelegt und ausformuliert haben – klassisches Reengineering, das rasche und direkte Verfahren, kann Ihnen da ein gutes Stück weiterhelfen. Versuchen Sie aber doch, sich nicht auf Dinge festzulegen, die Sie später sehr bereuen werden, wenn der weiter fortgeschrittene Bio-Reengineering-Ansatz zur Anwendung kommt. Die Erfahrung ist der beste Lehrmeister bei der Bewältigung dieser Dualität zwischen klassischem Reengineering und Bio-Reengineering.

Zweitens sollten Sie nicht vergessen, daß die Balanced Scorecard einen Bezugsrahmen bietet, um Ihre Optionen erwägen, beurteilen und testen zu können. Die Balanced Scorecard definiert die in Betracht kommenden High-level-Prozesse auf vielfache Weise. Es hilft, wenn Sie von der Vorstellung ausgehen, die gesuchten Lernschleifen seien „irgendwo da drinnen" zu finden. Nachdem sie einmal entdeckt wurden, ermöglicht einfache Logik den Zugang zu vielen Optimierungspotentialen. Mit Kausalzusammenhängen läßt sich gut arbeiten, und zu ihrem Verständnis reicht ein wenig logisches Denken.

Drittens sollten Sie bedenken, daß zu viele permanente Optimierungsschleifen zum Problem werden können. Wie sehr Sie sich auch um Beschränkung bemühen, Sie stehen vor einer praktisch unendlichen Zahl an Optimierungsschleifen, aus denen Sie wählen können. Konzentrieren Sie sich auf die wichtigsten, auf diejenigen, denen Sie strategische Bedeutung für die Transformation zumessen. Die ertragreichsten Schleifen sind für gewöhnlich solche, die mit den Beziehungen zur äußeren Umwelt zu tun haben. Hier liegt zumeist auch die Quelle für Wachstum und Erneuerung.

Viertens erfordert erfolgreiches Bio-Reengineering immer auch die Durchführung von Experimenten, um die Hypothesen an den realen Gegebenheiten zu überprüfen. Für diese Zwecke kann *Process Modeling* mit den Methoden der Systemdynamik eingesetzt werden. Daneben kann eine detailgenaue Simulation der Auswirkungen auf das Meßgrößensystem dazu beitragen, die Ergebnisse des Experiments zu prognostizieren. Wenn das Experiment schiefläuft, krankt entweder die Logik des hypothetischen Optimierungsprozesses an einem grundsätzlichen Fehler, oder einige Parameter der funktionalen Prozeßkomponenten müssen geändert werden.

Anpassung bedeutet, auf signifikante Änderungen in der Umgebung adäquat zu reagieren, egal ob es sich um technologische Änderungen, das Auftreten eines neuen Konkurrenten, einen Streik, neue gesetzliche Regelungen oder Konkurrenzaktivitäten handelt. Im Idealfall sind die permanenten Optimierungsschleifen eines Unternehmens imstande, diese Ereignisse zu „beobachten" und die Informationen an die richtigen Stellen in den richtigen Systemen und Prozessen zu transportieren, so daß sich der Unternehmenskörper in harmonischem Gleichklang mit Prozessen, Systemen und den Optimierungsschleifen befindet.

Bio-Reengineering bei CIGNA P&C

Als Gerry Isom im März 1993 seine Position als Präsident bei CIGNA Property & Casualty angetreten hatte, wurde bald allen klar, daß Underwriting für ein siegreiches Comeback vorgesehen war. Anfang 1994, nachdem die Balanced Scorecard das Fundament für die gesamte Transformation gelegt hatte, hatte sich die Risikoprüfung, wie vorausgesagt, zum Herzstück von Gerry Isoms Spezialisierungsstrategie entwickelt.

Die erste Maßnahme zur Umgestaltung des Risikoprüfungsprozesses war recht erfolgreich. Sie wurde von Ward Jungers in die Wege geleitet, einem talentierten Underwriter, über dessen persönliche Laufbahn wir in Kapitel 11 mehr erfahren werden. Zuerst entwickelten Ward und sein Team ein Entscheidungsmodell auf der Grundlage ihrer bisherigen Erfahrungen. Die Prozeßplanung auf der Entscheidungsebene ergab bereits zahlreiche Verbesserungsmöglichkeiten.

So waren etwa viele der Schnittstellen zwischen den Marketing-Centern, bei denen Anfragen nach Angeboten eingingen, und den Risikoprüfern selbst, die die Angebote ausarbeiteten, fehleranfällig. Die Service-Center verabsäumten es oft, dringliche Fälle zu kennzeichnen, wodurch den Versicherern die Chance entging, ein Vertragsangebot vorzulegen. Manchmal war die Schadensbilanz von Kunden, die neue Policen wollten, nicht auffindbar, und die Underwriter tappten im dunkeln, weil die Leute von der Schadensabteilung unfähig waren, die benötigten Informationen zu beschaffen. Dadurch ging immer wieder ein Geschäft verloren.

Solche Probleme konnten allerdings gelöst werden, und jetzt war es Zeit für eine zweite, ehrgeizigere Umgestaltungswelle. Die operativen

Schwierigkeiten, mit denen die erste Welle zu kämpfen hatte, nahmen sich im Vergleich zum Grundsatzproblem der Risikoprüfung noch harmlos aus: die Spezialisierungsvision Isoms zu implementieren und gleichzeitig die Gesamtverluste infolge einer fehlgeleiteten Underwriting-Strategie und ineffektiver Underwriting-Praktiken zu reduzieren. Im Laufe der Jahre hatte CIGNA P&C seine Schwerpunkte aus den Augen verloren und sich zu einem Standardversicherer entwickelt. Im Grunde hatte die Firma versucht, jede Versicherung abzuschließen, die Prämien einbrachte, manchmal beinahe ohne Abschätzung des Risikos. So konnte man zwar die Umsätze steigern, aber gleichzeitig stiegen auch die Versicherungsansprüche, mit katastrophalen Auswirkungen auf das Spartenergebnis. Die Lösung dieses Problems bildete also die zentrale Herausforderung.

Das Entscheidungsmodell war im großen und ganzen fertig, und es erwies sich auch als recht nützlich – ohne allerdings die grundsätzliche Frage beantworten zu können. Das Team wandte seine Aufmerksamkeit immer mehr von halbchronologisch verknüpften Entscheidungsschritten ab und konzentrierte sich zunehmend auf Kausalzusammenhänge, die bei der Verlustrate in der Balanced Scorecard begannen und mitten im Herzen des Risikoprüfungsprozesses endeten. Ihre Gewehre waren geladen und entsichert, als sie sich diese Kausalpfade entlangbewegten, denn für den Fall, daß man auf die Ursache der Verluste träfe, lautete der Befehl klipp und klar: „Sofort erschießen!"

Sie begannen, ein kompliziertes Ursachenmuster zu weben, und entdeckten Unzulänglichkeiten in den firmenpolitischen Leitlinien und Handbüchern, einen Mangel an fundamentaler Disziplin und Mißstände in der Informationstechnologie. Sie machten sich auf eine Entdeckungsreise, bei der die 12 Bio-Systeme dazu beitrugen, abwechselnd bemerkenswert gute oder schlechte Praktiken aufzudecken. Sie erstellten „Bubble Charts", die veranschaulichten, welche Ursachen welche Wirkungen hatten, woraus sich wiederum neue Optimierungsprozesse ergaben. Diese Optimierungsprozesse verknüpften die unterschiedlichen Abschnitte des zugrundeliegenden Prozesses und schrittweise auch die Welt der Versicherungsansprüche, die Welt der Versicherungsagenten und schließlich die Welt des Policeninhabers miteinander. Je höher hinauf sie gelangten, desto klarer wurde ihnen, inwiefern CIGNA P&C auf andere Art und Weise am Wettbewerb teilnehmen konnte. Das Prinzip „Gemeinsames Lernen" hatte sich den

Weg in die Welt der CIGNA P&C gebahnt und eröffnete dort völlig neue Horizonte.

„Von dieser Position aus kann ich ein gänzlich neues Unternehmen erfinden", meinte einmal ein Teammitglied angesichts einer Darstellung, die aussah wie eine Abbildung des menschlichen Nervensystems. „Und die Sache ist auch noch verdammt spannend; viel besser, als die Schnittstelle von Marketing und Vertrieb mit Underwriting zu reparieren."

Auf den Pfaden der Optimierungsschleifen entdeckte das Transformationsteam große Löcher an kritischen Wissensknotenpunkten. Im Laufe der Jahre war CIGNA P&C zu einem Standard- und Massenversicherungsunternehmen verkommen und hatte damit seine Spezialkenntnisse weitgehend preisgegeben. Es gab zwar einige Underwriter mit gutem Fachwissen – z. B. Ward Jungers, einer der Leiter des Transformationsprogramms –, aber bei weitem nicht genug. In den alten Systemen lagerten riesige Datenbanken, aber keiner wußte, wie man sich aus ihnen die nötigen Informationen beschaffte. Das Team wußte jetzt jedenfalls, was als nächstes zu tun war: die Optimierungsschleife schließen.

Bei der Erforschung kritischer Lernprozesse in der Risikoprüfung kam CIGNA P&C mit den meisten der 12 Bio-Systemen der Organisation in Berührung. Zuerst wurde der Risikoprüfungsprozeß umgestaltet, so daß die neue Spezialisierungsstrategie am „Front end" des Prozesses mit mehr Nachdruck vertreten wurde (Prozeßarchitektur). Um das Fachwissen der Underwriter zu verbessern (individuelle Lernprozesse), wurden Zusammenkünfte organisiert, bei denen die Risikoprüfer ihre Erfahrungen austauschen konnten (Organisationsentwicklung) und über neuentwickelte Richtlinien, Geschäftsprinzipien und Prozeduren der Risikobewertung informiert wurden (noch einmal Prozeßarchitektur). Und der Schlüssel zum Schließen der Wissensschleife wäre ein Computernetzwerk (Technologie), das beinahe aus jedem Underwriter einen virtuellen Fachmann machen würde.

Die MIS-Abteilung entwickelte in Zusammenarbeit mit einem Fremdanbieter als Kernstück der Optimierungsprozesse ein Lernsystem, das den frischgebackenen Experten durch ein menügesteuertes Underwriting-Programm geleitete, über das er im gesamten Prozeß Coaching von Experten beziehen konnte (vgl. Kapitel 9). Das Coaching besteht aus den aufgezeichneten und in einer Datenbank gespeicherten Antworten des echten Experten auf die häufigsten Fragen zu einem Fachgebiet. Ist zu einer bestimmten Frage einmal keine Antwort gespeichert, kann der Sachbearbeiter die Frage auch *on line* im Forum des Programms stellen, das von den dem System angeschlossenen Experten und Kollegen als Austauschbörse für aktuelle Fragen und Antworten genutzt wird. Das System hält dazu auch noch alle relevanten Formulare, Mitteilungen und technischen Informationen on line bereit. Während diese Zeilen geschrieben werden, ist CIGNA P&C gerade dabei, das beschriebene Optimierungssystem in der gesamten Versicherungsorganisation zu implementieren.

Um die Wissenslücken rascher aufzufüllen, hat CIGNA P&C auch von außen neues Führungspotential zugeführt, das heißt talentierte Underwriter für die Firma rekrutiert (Organisationsentwicklung). Dazu wurde noch das Entlohnungssystem geändert (Anreizsystem), und zwar so, daß die Risikoprüfer nur mehr für „gute Geschäfte" prämiert wurden. Zu diesem Zweck wurden die Bonuszahlungen nicht mehr alleine auf der Grundlage des Prämienvolumens, sondern zusätzlich nach den zugehörigen Verlustkennzahlen berechnet.

Jede Änderung war mit einer Gruppe von Meßgrößen verknüpft, die mit dem oben beschriebenen Optimierungsprozeß verbunden waren. So begann man etwa zu messen, wie oft die Risikoprüfer die Experten konsultierten, wie oft man sich zum Informationsaustausch traf, welcher Anteil ihres Geschäfts in die angestrebten Zielbereiche fiel, wie oft sie sich auf entsprechende Anfrage hin zur Vorlage eines Angebots entschlossen, wie oft ihr Angebot in Zielsegmenten angenommen wurde und so weiter, bis hin zur Meßgröße Loss Ratio an der Spitze der Balanced Scorecard.

Wie wir in den folgenden Kapiteln noch sehen werden, hat sich CIGNA P&C mit der Reorganisierung der Risikoprüfung nicht begnügt. Das Unternehmen etabliert immer größere Optimierungsschleifen, in die nacheinander Underwriting, Schadensbearbeitung und die externen Agenten eingebunden wurden.

REVITALIZING – REVITALISIERUNG

Um den Revitalisierungsprozeß besser zu verstehen, begeben wir uns auf die Entbindungsstation eines Krankenhauses und beobachten eine Mutter, die ihr neugeborenes Mädchen ein paar Stunden nach der Geburt entdeckt. Was für ein winziges Ding, das sich da aufmacht, in die Welt einzutreten! Anfangs sind seine Augen noch unfähig, einen Punkt zu fixieren, und ihr zielloses Rollen bringt die Mutter zum Lächeln über dieses kostbare Wesen an ihrer Seite. Dann umschließen die kleinen Hände reflexartig den elterlichen Finger, und die Mutter ist gerührt.

Wie lange es gedauert hat bis zu diesem wunderbaren Augenblick. Sogar jetzt spürt die Mutter noch die Nachwirkungen der Geburtswehen, wenn sie, von einer Krankenschwester gestützt, den Gang hinunter zum Babyzimmer wandert. Die Mutter denkt an das erste Rendezvous mit dem Vater vor einigen Jahren; an die zaghaft beginnende Beziehung; die Höhen und Tiefen; die wirtschaftlichen Schwierigkeiten; bis hin zum gemeinsamen Wunsch, ein Kind zu haben. Und dann die Zeit der Schwangerschaft, mit dem kleinen Körper, der da in ihrem Inneren heranwuchs, der ihr Unwohlsein bereitete und alles, was ihr an ihrem eigenen Körper gefallen hatte, ins Groteske verzerrte. Diese letzten Erfahrungen brachten wenig Angenehmes mit sich: Sie sind eher einem wilden Fluß vergleichbar, den es zu überqueren gilt, um das andere Ufer zu erreichen. Und in den ersten Jahren wird das Kind so ungeheuer viel Aufmerksamkeit und Zuwendung beanspruchen: die Windeln, das Füttern, die ersten Zähne, die Arztbesuche.

Doch wenden wir uns nochmal dem Baby zu. Es fängt bereits an, alle möglichen Dinge wahrzunehmen und Verbindungen zwischen ihnen herzustellen. Sehr schnell hat das Mädchen begriffen, daß es gewickelt, gefüttert oder umarmt wird, wenn es schreit. Oder daß ein Saugen an rundlichen, rosafarbenen Dingen Nahrung produziert, obwohl sie manchmal alles noch durcheinanderbringt und irrtümlich an ihrem kleinen rosa Ball saugt.

Mit der Zeit wird sie lernen, ihren Kopf von einer Seite auf die andere zu drehen, um besser atmen zu können oder einem blendenden Lichtstrahl auszuweichen. Sie wird anfangen zu verstehen, daß sie einen Körper mit Gliedmaßen und einen Kopf hat und daß alle zusammenhängen. Bald wird sie die Grenzen ihres eigenen Körpers definieren und ihren Platz in Relation zur Umgebung einordnen können.

Revitalizing ähnelt dem Vorgang der Geburt eines Kindes und dessen Erziehung zur Lebenstüchtigkeit. Neues Leben wird in ein Unternehmen eingebracht, bestehende Geschäftsbereiche werden ausgebaut und neue entwickelt. Es geht um die Frage, in welcher Beziehung der Unternehmenskörper zur Umwelt steht, und vor allem geht es um eines: *Wachstum!*

In der westlichen Geschäfts- und Wirtschaftswelt hat man weitgehend vergessen, was Wachstum heißt. In den letzten Jahren hat eine unglückliche Tendenz zur Restrukturierung zu Lasten des Wachstums dominiert. Dies hatte zur Folge, daß die Unternehmen sich ihrer Umwelt gegenüber defensiver verhalten und versucht haben, ihre Verluste zu minimieren – dabei haben sie allerdings gänzlich vergessen, ihre Zukunft zu gestalten. In diesem dritten Teil des Buches fordern wir die Unternehmen dazu auf, über das bloße *Restructuring* hinauszugehen und sich – wie das neugeborene Mädchen – auf den Weg zu machen, neues Wissen zu erschließen und neuen Raum zu beanspruchen.

Revitalizing gründet auf drei Hauptkomponenten. In Kapitel 7 werden wir beobachten, wie das Unternehmen sich der Kundenfokussierung als Sinnesorgan bedient. Indem es sich selbst durch die Augen seiner Kunden sieht, kann sich das Unternehmen so definieren, daß zunächst sein Überleben und in der Folge eine erfolgreiche Entwicklung gesichert ist. Wie unser Baby wird auch das Unternehmen erst ein wenig experimentieren müssen, bis es begriffen hat, wie man zu Nahrung, Zuwendung und Unterstützung kommt, aber schließlich wird es dann doch klappen. Wenn nicht, bleibt das Unternehmen behindert, möglicherweise blind, taub oder stumm, und es wird große Schwierig-keiten haben, in einer feindseligen Umwelt zu überleben, immer der Gefahr ausgesetzt, einem der zahlreichen Raider zum Opfer zu fallen. Das Kapitel 8 beschäftigt sich mit der Entwicklung neuer Geschäfts-bereiche, dem Gegenstück zum menschlichen Reproduktionssystem. Neue Geschäftsbereiche entstehen ja nicht zufällig, sondern aus der wechselseitigen Befruchtung von Kompetenzen in und zwischen Fir-men. Was für unser kleines Mädchen gilt, trifft auch auf neue Ge-schäftsbereiche zu: Sie müssen so lange gehegt und gepflegt werden, bis sie fähig sind, sich alleine zu erhalten. Und auch dann ist die Frage nach der langfristigen Überlebenskraft noch lange nicht beantwortet; viele Versuche scheitern bekanntlich schon an ihren Kinderkrankhei-ten.

In Kapitel 9 lernen wir die Informationstechnologie als das Nerven-system des Unternehmens kennen, das die Einzelteile im Körper unter-einander und den Körper selbst mit der Außenwelt verbindet. Während der Körper wächst und reift, spezialisieren sich die Funktionen der ein-zelnen Zellen immer mehr. Dadurch wird die zentrale Koordination von Informationen und Wissen zwischen den Zellen notwendig. Genau diese Aufgabe erfüllt das Nervensystem beim Menschen – und die In-formationstechnologie eben bei Unternehmen. Für die Bio-Organisa-tion wird – genauso wie für den Menschen – die Fähigkeit zur raschen und effizienten Weitergabe von Wissen von einem Ende des Körpers zum anderen (bzw. oft zwischen mehreren Körpern) zu einer unver-zichtbaren Bedingung für das Überleben. Aus der reichhaltigen Kom-plexität dieser Verbindungspfade entsteht ein stärkeres Unternehmen.

Revitalizing scheidet die Starken von den Schwachen. Es unterschei-det zudem echte Business Transformation von bloßem *Restructuring*. Zwar sind Unternehmen vielfach versucht, sich zuerst zu restrukturie-ren, um dann zur Revitalisierung überzugehen, doch ist in diesem Zu-sammenhang davor zu warnen, daß *Restructuring* die Tendenz hat, *Re-vitalizing* zu verdrängen. Wie die Kinder, die sie letzten Endes gebären wird, ist auch Revitalisierung selbst anfangs darauf angewiesen, um-sorgt und genährt zu werden.

KUNDENFOKUSSIERUNG ERREICHEN

Der menschliche Körper beginnt mit Erreichen des Reifestadiums seinen Alterungsprozeß. Die Zellen und das Gewebe des Körpers können sich nicht mehr rasch genug reproduzieren und regenerieren, um die absterbenden Teile zu ersetzen. Im Unternehmenskörper kennzeichnet diese Reife den Punkt, an dem seine Systeme und Prozesse aufhören, sich schnell genug den wechselnden Marktbedingungen anzupassen. In beiden Fällen beginnt der körperliche Verfall an dem Punkt, an dem das Wachstum aufhört. Bei der Bio-Organisation ist das Erreichen dieses Punktes allerdings nicht unvermeidlich, und *ist* er dennoch erreicht, so ist der Alterungsprozeß reversibel.

Der Regeneration von Zellen und Geweben entsprechen in der Bio-Organisation Systeme und Prozesse, die sich rasch an die wechselnden Marktbedingungen anpassen. Das Ergebnis ist die Fähigkeit des Unternehmens, sich mit seinem Portfolio an Dienstleistungen und Produkten einen Vorsprung vor den Kunden und Konkurrenten zu verschaffen. Produkte und Dienstleistungen erscheinen frisch und unverwechselbar – weit davon entfernt, banale Durchschnittsware zu sein.

Nach allgemein akzeptierter Lehre läßt sich dies durch „Fokussierung auf den Kunden" bzw. „Fokussierung auf den Markt" erreichen. Heutzutage definiert sich beinahe jede Organisation, jedes Unternehmen als kunden- bzw. marktorientiert. Das Problem mit diesen Konzepten ist, daß ihre Bedeutung keineswegs so klar auf der Hand liegt, wie es den Anschein hat. Fokus auf den Markt? Ja, genau! Niemand kann im Wirtschaftsleben reüssieren, wenn er sich nicht nach dem

Markt richtet! Auf den Kunden fokussieren? Mein Gott, ist ja wohl klar! Wir *lieben* unsere Kunden geradezu; ohne sie stünden wir nicht da, wo wir heute stehen!

Doch Marktfokussierung schließt viel mehr ein als „Dem Markt Beachtung schenken", und Kundenfokussierung heißt nicht, daß Sie den Kunden genau das geben sollen, was sie sich nach ihren eigenen Aussagen wünschen. In der schwarzen Kultur Südafrikas gibt es einen ziemlich prägnanten Ausdruck dafür: *ubuntu*. Frei übersetzt heißt das: „Ich kann mich nur durch deine Augen sehen."

Das ist die Essenz der Kundenfokussierung. Das Chromosom der Kundenfokussierung nimmt das spezifische Wissen eines Unternehmens über sich selbst, steigt damit aus dem Unternehmenskörper heraus und untersucht sein Verhältnis zum Markt aus der Perspektive des Kunden. Aber welcher Kunde bzw. welche Kunden? Ein einzelner oder viele gleichzeitig? Wie weit hinunter in der Kundenkette? Nach welchen Prinzipien in Segmente gruppiert? In dem hier vorgeschlagenen Ansatz wird jedes Unternehmen seine individuelle Kundenfokussierung definieren.

Die Kundenfokussierung ist für die Bio-Organisation, was die Sinne für die Menschen sind: Sie liefert die erforderlichen Informationen, um sich zur Außenwelt in Beziehung zu setzen und sich an sie anzupassen. Das Kundenfokussierungs-Chromosom besteht aus drei Genen, denen drei Aufgaben für die genetischen Architekten des Unternehmens entsprechen:

1. Die *„Value Proposition" für den Kunden definieren.* Jedes Unternehmen ist durch eine sogenannte Value Proposition charakterisiert. Dabei handelt es sich um die Definition des *Nutzens,* den es seinen Kunden bringen will, und zu welchem Preis. Die Kunden beurteilen die Value Propositions verschiedener Anbieter und suchen sich diejenige aus, die ihnen das beste Preis-Leistungs-Verhältnis bietet. Ein Nutzen stellt gewissermaßen einen emotionalen Endzustand dar. Er kann definiert werden als ein oder mehrere Produkte und/oder Dienstleistungen, die dem Kunden helfen, ein Problem zu lösen bzw. ein Bedürfnis zu befriedigen, so daß sein Leben danach in irgendeiner Weise eine Verbesserung erfahren hat. Nutzen lassen sich am allerbesten dadurch identifizieren, daß man einen Tag im Leben seines Kunden verbringt und sich überlegt, was das Unternehmen leisten kann, um einen Teil der Probleme zu lösen, denen sich dieser Kunde gegenübersieht.

Bei der Entwicklung einer Value Proposition können drei Regeln nützlich sein. Erstens ist es wichtig, daß Sie Kunden so endverbrauchernah wie praktikabel auswählen. Dies ist auch für Ihre direkten Kunden der entscheidende Punkt.

Zweitens: Die Bearbeitung immer nur eines einzigen Kunden zum selben Zeitpunkt ermöglicht Erkenntnisse, die ein Gruppen-Ansatz nicht bieten kann. Intimität ist der Schlüssel zur Kundenfokussierung, und der Begriff der Intimität schließt per se die Einbeziehung größerer Gruppen aus.

Drittens: Kreative Value Propositions kommen von Unternehmen, die niemals den Fehler gemacht haben, den Kunden die Definition ihrer Value Proposition zu überlassen. Sie hören auf ihre Kunden, lassen sich aber nicht von ihnen vorschreiben, was sie tun sollen.

Jedes Unternehmen macht Value Propositions, ob es sich dessen bewußt ist oder nicht. Diese können bunt gemischt oder sogar widersprüchlich sein, doch sie sind immer vorhanden. Ohne klar definierte Value Propositions zu arbeiten, ist eine Fahrt übers Eismeer ohne Kompaß – Sie können es schaffen, aber nur mit viel Glück!

Aus diesem Grund gehört es – neben der Entwicklung einer Highlevel-Strategie – zu den Aufgaben der Unternehmensleitung, von jedem Geschäftsbereich die Entwicklung eigenständiger Value Propositions zu fordern. Im Idealfall bildet die Summe der Value Propositions eines Unternehmens ein integriertes Ganzes, das seine strategische Absicht unterstützt.

2. *Die Kundenbasis nach individuellen Nutzenkriterien segmentieren.* In einer vollkommenen Welt würde ein Unternehmen für jeden einzelnen Kunden eine eigene Value Proposition haben. Im Normalfall ist dies natürlich nicht praktikabel. Unternehmen müssen die Kunden deshalb zu Gruppen zusammenfassen, die wir als *Kundensegmente* bezeichnen. Übereinstimmende Nutzen- und Preiserwartungen (d.h. prinzipiell gleichartige Value Propositions) bilden das Kriterium, nach dem die Kunden gruppiert werden. In vielen Fällen begehen die Firmen den Fehler, ihren Kundenstamm nach demographischen Kriterien zu ordnen, wie Branche, Region, Altersklasse, Produkt oder Dienstleistung. Leider machen es diese traditionellen Raster schwierig, wenn nicht unmöglich, den in der Value Proposition angebotenen Nutzen effektiv zu liefern.

Demgegenüber bietet eine Segmentierung nach der Art des gebotenen Nutzens zahlreiche Vorteile. Nicht nur erhält die High-level-Strategie Schwerpunkt und Richtung; auf diese Art wandelt sich auch der Maßstab der Kundenzufriedenheit vom „Verkauf von Produkten und Dienstleistungen" zu „Das Leben des Kunden leichter machen." Die erste Philosophie sperrt Unternehmen oft in ihre bestehenden Produkt- und Dienstleistungsportfolios ein, während die zweite zu kreativem Nachdenken darüber anregt, wie unternehmerische Fähigkeiten, Produkte und Dienstleistungen neu kombiniert werden könnten, um das Leben der Kunden zu erleichtern. Darin besteht schlicht und einfach der Unterschied zwischen Stagnation und Wachstum. Die Unternehmensführung hat die Aufgabe, die Organisation von den Vorteilen einer nutzenspezifischen Segmentierung zu überzeugen.

3. *Die Gesamtprozesse auf die Erstellung von kundenindividuellem Nutzen ausrichten.* Die Umsetzung dieses Konzepts in die Praxis bringt erhebliche Auswirkungen auf die anderen Systeme der Bio-Organisation mit sich. Segmentierung nach Nutzen erfordert normalerweise die Reorganisation von Marketing und Vertrieb, die Änderung der Produktionsstrategie samt dadurch bedingter Infrastrukturänderungen und so weiter. Im Idealfall sind alle Bio-Systeme der Organisation um den Nutzen herum konzipiert, den das Unternehmen erbringen will. Sind alle Systeme an den Value Propositions des Unternehmens ausgerichtet, so hat dieses damit ein *Value Delivery System,* ein Wertbereitstellungssystem geschaffen.

Die Notwendigkeit, alle Systeme um die Value Proposition der Firma anzuordnen, stellt eine gewaltige logistische Herausforderung dar. Jede arbeitsbezogene Entscheidung ist auf den kundenindividuellen Nutzen abgestellt, den das Unternehmen erbringen will. Damit alle Systeme abgestimmt bleiben, muß die natürliche Tendenz von Bio-Systemen, sich in unterschiedliche Richtungen zu entwickeln, unterbunden werden. Der Vorstand und die anderen Top-Führungskräfte haben den Abstimmungsprozeß zu leiten, um so das neue *Value Delivery System* auf die Beine zu stellen.

Bis vor einigen Jahren zwangen die führenden Denker auf dem Gebiet der Unternehmensstrategie den Kunden in eine passive, sekundäre

Rolle. Es ist paradox, aber beinahe 30 Jahre lang war strategisches Denken von rein wirtschaftlichen Methoden dominiert; dies hat uns die Erfahrungskurve, das Portfoliomanagement, die Konkurrenzanalyse und die Shareholder-Value-Theorie beschert – nur der Kunde scheint dabei unter die Räder gekommen zu sein! Diese Ansätze trugen zwar der Tatsache Rechnung, daß Unternehmen Werte schaffen, aber sie ließen dabei außer acht, daß es der Kunde ist, der bestimmt, was Wert hat und was nicht. Michael J. Lanning und Dr. Lynn W. Phillips wagten schließlich den Verstoß gegen die alten Sitten und holten den Kunden aus seiner Statistenrolle heraus, um ihm den Platz zuzuweisen, der ihm gebührt: die Bühne! Der Kunde wurde zum Ausgangspunkt der Strategien – und genauso sollte es ja auch sein.

DIE VALUE PROPOSITION FÜR DEN KUNDEN DEFINIEREN

Unternehmen haben den Daseinszweck, für ihre Kunden Werte zu schaffen. Zu diesem Zweck bieten sie ihren Kunden einen Nutzen, also etwas, was nach dem Empfinden der Kunden deren Lebensqualität verbessert. Der Nutzen wird zu einem Preis geliefert, der es dem Unternehmen ermöglicht, einen Gewinn zu erwirtschaften. Eine Value Proposition ist *eine Beschreibung des angebotenen Nutzens und des dafür verlangten Preises*. Es kommt darauf an, die (konzeptionelle) Differenz zwischen gebotenem Nutzen und verlangtem Preis im Bewußtsein des Kunden möglichst groß zu halten.

Produkte oder Dienstleistungen sind nur dann ein Nutzen, wenn der Kunde sie als solchen empfindet. Ein Nutzen führt einen positiven emotionalen Endzustand herbei oder mindestens eine Änderung im Bewußtsein des Kunden hinsichtlich eines aktuellen Problems. Stellen wir uns das Leben des Kunden in einem „Vorher/Nachher-Video" vor. Vorher plagt sich der Kunde mit seinem Alltag herum und versucht, ärgerliche Probleme in den Griff zu bekommen. Nachher hat der Kunde einige dieser Probleme gelöst und ist ein zufriedenerer Mensch. Der problemlösende Zauberstab heißt „Nutzen".

Nach den Grundregeln des Wettbewerbs gewinnt das Unternehmen mit der besten Value Proposition. Im Gegensatz zu der weitverbreiteten

Ansicht, daß Unternehmen nur über Kostenführerschaft oder starke Leistungsdifferenzierung gewinnen können, sind tatsächlich so viele Value Propositions möglich, wie es kreative Kombinationen von Nutzen und Preisen gibt. Daraus ergeben sich eine enorme Bandbreite strategischer Flexibilität sowie Wachstumsmöglichkeiten mit genug Platz für viele Gewinner. Der Schlüssel für den Erfolg liegt auch hier wieder in der „Außenerfahrung", also im Blick von außen hinein ins Unternehmen mit den Augen der Kunden, ohne den Kontext der genetischen Beschaffenheit des Unternehmens außer acht zu lassen. In der Praxis verlangt dies eine detaillierte Kenntnis der Kunden und intensive Beziehungen zu ihnen. Hinsichtlich der Kundenfokussierung wird deshalb das Unternehmen mit der gründlichsten Kenntnis der Probleme und Bedürfnisse seiner Kunden den „richtigen Draht" zu den Kunden haben – und wer den „richtigen Draht" zu seinen Kunden hat, der gewinnt.

Verbringen Sie einen Tag im Leben Ihres Kunden

Wirklich vertraut mit Kundenproblemen machen Sie sich am besten, wenn Sie diese selbst durchleben, sie also in ihren rationalen und emotionalen Aspekten aus erster Hand erfahren. Mit anderen Worten – verbringen Sie einen Tag im Leben Ihres Kunden. Empfinden Sie Gerüche, Geschmack und Farben der Kundenwelt. Rationale Analyse allein reicht nicht aus. Wahres Verständnis verlangt Einfühlung, ja manchmal sogar Leidenschaft. Letzten Endes hat unternehmerischer Erfolg eher mit Kunst als mit Analyse zu tun. Ihr Verstand baut den Rahmen, aber Ihr Herz und Ihr Bauch bringen Sie erst wirklich voran. Die Akteure im Wirtschaftsleben sind sich dieser Zusammenhänge bewußt, aber es wird leicht vergessen, daß die Kunden ganz ähnlich fühlen.

Die Welt der Kunden erschließen Sie sich durch Einfühlung in deren Lage und durch den Versuch, die Dinge aus der Kundenperspektive zu sehen. Der Kundenstandpunkt ist Quelle neuer Ideen, wie moderne Technologien zu Problemlösungen beitragen können, wie die Kunden auf neue Produkt- und Dienstleistungsangebote reagieren werden. Solche Erkenntnisse können neue Strategien anregen und Stoff für die Vorstellungskraft der Menschen im gesamten Unternehmen liefern, woraus neue Geschäftsideen entstehen können.

Visionäre wie Bill Gates, Chuck Knight, Fred Smith und Sam Walton schufen ihre Visionen mit tiefem Verständnis für die Bedürfnisse und Gefühle der Menschen. Nur allzuoft verlieren die Gründer erfolgreich etablierter Unternehmen über kurz oder lang das *Gefühl* für die Bedürfnisse ihrer Kunden. *Sie fühlen sich nicht mehr persönlich verantwortlich dafür, ihre Kunden genau anzusehen, ihnen zuzuhören und sie zu berühren.*

Statt dessen vertraut man zunehmend linearen, mechanischen, institutionalisierten Prozessen und bürokratischen Strukturen zur Gewinnung, Verarbeitung und Interpretation von „Kundendaten". Fragen Sie einen Vorstandsvorsitzenden nach seinen Kunden, und in den meisten Fällen wird er zu einer Akte greifen oder am Computer eine Datei aufrufen mit Indizes für Kundenzufriedenheit, Marktanteilsdaten, Produktivitätskennzahlen aus Benchmarking-Studien, Lagerumschlagszahlen und Produktentwicklungszyklen. Es ist, als ob der Vorstandsvorsitzende auf der Intensivstation an eine Maschine angeschlossen wäre, mit Schläuchen in jeder Körperöffnung, durch die alle Arten informativer Flüssigkeiten gepumpt werden. Das ganze System wird von Überwachungsinstrumenten gesteuert, die alle für die modernen Managementwissenschaften relevanten Meßgrößen erfassen. Und der guten Ordnung halber ist der Patient auch noch an mehrere Elektroden angeschlossen, die ihn regelmäßig mit den neuesten Managementmethoden versorgen.

Wie sollten in einem derart sterilen, isolierten Umfeld die natürlichen Sinne des Vorstands nicht abstumpfen; wie sollte eine Führungspersönlichkeit nicht die persönliche Anteilnahme und Leidenschaft verlieren, ohne die intuitive Reaktionen nicht möglich sind? Die beschriebenen Managementinstrumente sind zwar alle recht nützlich, sie können aber das authentische Gefühl der Unternehmensführung für das Marktgeschehen nicht ersetzen.

Die Führungskräfte müssen zudem ständig neue oder erst im Ansatz vorhandene Erkenntnisse über Kunden in die kundengerichteten Prozesse und Systeme einbringen. Sie müssen die Ziele, Strukturen, Prozesse und Systeme des Unternehmens an ihr Kundenverständnis anpassen. Jede Änderung der Kundenstandpunkte erfordert eine Änderung des Unternehmens, und gleichzeitig gilt es, neue Kunden zu gewinnen und neue Geschäftsbereiche und Märkte zu erschließen.

Die Alternative ist die Stagnation, zu der es dann kommt, wenn alle Konkurrenten sich bemühen, dasselbe zu tun und einander immer ähnlicher zu werden, und dadurch eine *Abwärtsspirale der Standardisierung* schaffen. Diese Spirale ist eine selbstzugefügte Wunde und außerdem eine „Self-fulfilling Prophecy". Sie beginnt, wenn Unternehmen derselben Branche aufeinander starren und in einem permanenten Reengineering- und Benchmarking-Prozeß die besten Praktiken des anderen zu imitieren trachten – mit dem Ergebnis, daß die Preise gedrückt und die Produkte einander immer ähnlicher werden. Ist man einmal im Banne der Spirale, unterliegt man deren starker Anziehungskraft, und der Absturz erscheint als unausweichliche und unabänderliche Tatsache. Dabei gibt es keine Gewinner – jeder wird geschwächt –, aber oft Verlierer: Viele Unternehmen haben das Zeitliche gesegnet, ehe sie vom Zug springen konnten.

Wer es versäumt, die Kunden zu beobachten und ihnen aufmerksam zuzuhören, läuft Gefahr, unversehens sein Dienstleistungsniveau zu senken, sein Produktsortiment zu verkleinern und die Produktgestaltung in Richtung Uniformität zu treiben, während der Markt nach klar differenzierten, ausgesprochen kundenspezifischen Angeboten verlangt. Und eine noch stärkere – wiederum unbeabsichtigte – Tendenz geht in Richtung Kostensenkung, die dadurch noch weiter verstärkt wird, daß sich Verbesserungen auf der Grundlage von Wachstum nur schwer erzielen lassen, wenn Sie über keine gründliche Kundenkenntnis verfügen. Anstatt rund um die Kundensegmente und den von ihnen gesuchten Nutzen eine Vielzahl unterschiedlicher Prozesse aufzubauen, zwingen die in der Standardisierungsspirale gefangenen Unternehmen einander in einen einförmigen, generischen Prozeß zur Produktion gleichartiger Nutzenangebote. Durch die systematische Anwendung marktblinder Methoden wirkt das Unternehmen wunderbar gestylt, es sieht von Mal zu Mal besser aus – bis zum bitteren Ende!

Die Luftfahrt-, Stahl- und Versicherungsbranchen sind Beispiele für Standardproduktindustrien. Im Normalfall zerstören Unternehmen in diesen Branchen ständig Shareholder Value, verzeichnen in den Tiefpunkten der Branchenzyklen schwere Verluste und verdienen nur einmal in sieben oder acht Jahren Geld. Sogar bekannte Niedrigkosten-Produzenten folgen diesem Schema, mit dem minimalen Vorteil, daß sie weniger Shareholder Value vernichten als ihre Konkurrenten, ohne allerdings ihren Aktionären langfristig anständige Renditen einzubringen.

In diesen Branchen finden sich aber auch immer wieder vereinzelt kundenfokussierte Marktteilnehmer, die von den „Großen" oft abschätzig als „Nischen"-Anbieter bezeichnet werden. So hat beispielsweise Southwest Airlines ständig an Wert zugelegt, während American Airlines, Delta und United Airlines sich durch aufeinanderfolgende Umgestaltungs- und Sanierungswellen kämpfen, ohne viel Gewinn zu sehen. Anders als bei der Konkurrenz denkt man bei Southwest Airlines nicht in Economies of Scale und Auslastungsfaktoren. Statt dessen überlegt man sich, welche Bedürfnisse Familien haben oder worauf es studentischen Reisenden ankommt; man stellt sich auf Kunden ein, die bereit sind, auf die zusätzlichen Annehmlichkeiten eines Business-Class-Flugs zugunsten eines bequemen, kostengünstigen Transports zu verzichten. Die Infrastruktur der Southwest ist auf den Nahverkehr ausgerichtet. Es gibt kein Reservierungssystem: Die Plätze werden nach dem Prinzip „Wer zuerst kommt, mahlt zuerst" vergeben. An Bord bietet man beschränkten Service ohne Besonderheiten.

Nucor, das in Kapitel 5 erwähnte Stahlunternehmen, ist ein weiteres Beispiel für einen Nischen-Anbieter. Vor einigen Jahren erkannte man, daß die traditionellen Erfolgsfaktoren in der Stahlindustrie – Größe, Auslastungsgrad, Arbeitskosten – weniger wichtig geworden waren als die Fähigkeit, Kundenwünsche durch erstklassige Anwendungstechnik und Service zu befriedigen. Durch sein Eingehen auf die Kundenbedürfnisse hat Nucor seinen scheinbaren Größennachteil wettgemacht und zahlreiche Schlachten gegen viel größere in- und ausländische Konkurrenten gewonnen.

In der Lebensversicherungsbranche entwickelte die Northwest Mutual Life ihre Strategie auf der Grundlage gründlicher Kenntnisse des einkommensstarken Bevölkerungssegments. Das Unternehmen hat seine Agenten zu Finanzierungsexperten mit außerordentlich guten Kenntnissen der beruflichen und familienbezogenen Wünsche dieser Bevölkerungsgruppe gemacht. Die Versicherungsagenten der Northwest sind deshalb auch in der Lage, mit ihren Kunden umfassende Bedürfnisse zu diskutieren, die weit über den Bereich der Lebensversicherung hinausgehen. Auf diese Weise wird ein Beratungsverhältnis hergestellt, in das sich die Lebensversicherung erfolgreich einbetten läßt. Als Ergebnis dieser Strategie hatte Northwest die bei weitem geringste Ausfallquote – das ist der Anteil der Leute, die ihre Prämien nicht mehr bezahlen – in der Branche und kann ein exzellentes Anlageergebnis aufweisen, da das Unternehmen aufgrund des stabilen Prämienfluß langfristig investieren kann.

Air Products erleichtert das Leben der Krankenpfleger

Die Geschichte des Heliumgeschäfts der Firma Air Products & Chemicals bietet ein anschauliches Bild kundenfokussierter Kreativität.

Vor etwa 20 Jahren tauchten die ersten MRI-Maschinen (Magnetic Resonance Imaging; Kernspintomographie) in amerikanischen Krankenhäusern auf. General Electric war einer der Pioniere auf diesem Sektor. MRI war eine technologische Meisterleistung, ein Beweis für die innovative Kraft westlicher Zivilisation. Die Krankenhausverwaltungen reagierten einerseits begeistert, andererseits skeptisch. Das medizinische Personal war hingerissen: Die Diagnostik war genauer, die Bilder schärfer, die Behandlung potentiell wirksamer. Die Patienten würden enorm profitieren. Auf der anderen Seite waren die Maschinen notorisch unzuverlässig und unerhört teuer. Die Krankenhausverwalter hatten Demonstrationen der Maschine besucht. Sie hatten die eine oder andere Geschichte von ihren vorpreschenden Kollegen an diversen Universitätskliniken gehört – und sie trauten dem Biest nicht über den Weg.

Insbesondere das Krankenpflege- und Laborpersonal hegte die größten Befürchtungen. Zur Kühlung der Maschine wurde eine merkwürdige Substanz verwendet: flüssiges Helium. Flüssiges Helium ist sehr teuer und extrem schwer zu handhaben. In Gasform ist das Material vollkommen harmlos. Wir haben nichts dagegen, wenn unsere Kinder bei Geburtstagsparties mit heliumgasgefüllten Ballons herumkicken. Doch die Flüssiglagerung muß unter hohem Druck in langen Zylindern erfolgen. Und diese Zylinder müssen behandelt werden, als enthielten sie Nitroglyzerin. Wenn so ein Zylinder fallengelassen wird, könnte das Ventil an der Oberseite brechen und infolge des hohen Drucks mehrere Wände durchschlagen und Menschen verletzen. Das Pflegepersonal gab sich mit dem Zeug nur sehr widerwillig ab und rührte es lieber nicht an. Die Behälter wurden nicht immer rechtzeitig gewechselt.

General Electric betrachtete dies als das schwierigste Problem an der Sache. Die Servicetechniker der Abteilung für medizinische Ausrüstungen bei GE hatten ihr Bestes getan, um die Krankenpfleger und Labortechniker im Umgang mit der neuen Technik zu schulen, aber es hatte nicht funktioniert. Sie hatten versucht, die Bewältigung schwieriger Situationen gemeinsam mit ihrem Zulieferer, Air Products & Chemicals, anzugehen, aber das hatte auch nicht gefruchtet. Die GE-Leute waren

Elektronik- und Mechanikexperten, keine Chemieingenieure, und das war nun mal nicht zu ändern.

Da hatte man bei Air Products & Chemicals eine Idee. Im Bewußtsein, besser als alle anderen für den Umgang mit flüssigem Helium ausgerüstet zu sein, boten sie an, ein eigenes Serviceunternehmen für MRI-Maschinen in Krankenhäusern auf die Beine zu stellen. Ihr Kundendienst würde die gesamte Handhabung des flüssigen Heliums – auch in den Krankenhäusern selbst – übernehmen; außerdem garantierte man den Krankenhausbetreibern, daß ihnen das Kühlmittel nie mehr ausgehen würde.

Dies beseitigte einen der größten Vorbehalte der Krankenhäuser gegenüber dieser Technik, und sie begannen, ihre Tore für MRI zu öffnen. Und auch die Krankenpfleger waren begeistert. General Electric Medical Equipment war so zufrieden mit seinem innovativen Zulieferer, daß man einen langfristigen Liefervertrag mit Air Products abschloß.

Die Geschichte hat sogar ein Happy-End: Bis zum heutigen Tag, 20 Jahre später, dominiert Air Products & Chemicals den Markt für flüssiges Helium.

Air Products war imstande, einen neuen Geschäftsbereich auf *einer einzigen* Erkenntnis aufzubauen: der Tatsache, daß das Krankenhauspersonal mit dem Handling des Heliums nicht zu Rande kam. Und was war der Anlaß für diesen Kreativitätsschub? Ein Tag im Leben eines Krankenpflegers! Ein klassischer Marktforschungsansatz hätte Air Products wahrscheinlich zu Fragen veranlaßt wie „Was halten Sie von Ihrem flüssigen Helium?" oder „Welche Serviceattribute sind für das Heliumgeschäft kennzeichnend?" Statt dessen hat Air Products mittels einfühlsamer Erkundung des Kundenproblems herausbekommen, daß man nur die Hand nach einem profitablen neuen Geschäftsbereich ausstrecken mußte.

Hunderte guter Geschäfte warten allenthalben darauf, entdeckt zu werden. Sie werden entdeckt, wenn ein Unternehmen individuelle, kundenbezogene Erkenntnisse generiert und diese in der Folge in eine Value Proposition umsetzen kann.

Drei einfache Grundregeln

Die Beachtung der drei folgenden Grundregeln kann Ihnen zu größerer Kundenfokussierung verhelfen:

1. *Wählen Sie in der gesamten Wertschöpfungskette die richtigen Kunden.* Das ist gar nicht so einfach, denn nicht selten muß aus einer großen Zahl von Kunden ausgewählt werden. Zunächst geht es um die Entscheidung, auf welchen Abschnitt der Wertschöpfungskette man sich konzentrieren will. Im allgemeinen gilt, daß das kreativste Potential in den Bereichen liegt, die am weitesten von der unmittelbaren Geschäftstätigkeit des Unternehmens entfernt sind. Umgekehrt wird es aber mit zunehmender Entfernung vom ureigenen Geschäft auch immer schwieriger festzustellen, auf welche Weise das Unternehmen so weit unten in der Wertschöpfungskette überhaupt noch wirksam werden kann. Je weiter sich das Unternehmen von seinen unmittelbaren Kunden entfernt, desto höher sind die potentiellen Erträge, aber gleichzeitig auch das Risiko, danebenzutreffen.

Nachdem die Entscheidung für den Abschnitt in der Wertschöpfungskette gefallen ist, findet sich für gewöhnlich auf jeder Stufe eine Vielzahl unterschiedlicher Kunden. Auf welchen Kunden soll das Unternehmen also fokussieren? Die Erfahrung ist hier der beste Ratgeber. Die Größe des potentiellen Marktsegments ist fraglos eine wichtige Überlegung, ebenso die Komplexität der Rahmenbedingungen. Je komplexer das Umfeld, in dem das Produkt oder die Dienstleistung eingesetzt wird, desto besser stehen die Chancen, eine wirklich eigenständige Value Proposition zu schaffen.

2. *Nehmen Sie immer nur jeweils einen einzigen Kunden ins Visier.* Kundenfokussierung erfordert viel Geduld. Die Identifikation des kundenrelevanten Nutzens erfordert eine gründliche Kenntnis der Gegebenheiten, die es nicht zuläßt, mehrere Kunden gleichzeitig zu bearbeiten. Die Unternehmen stehen zwar permanent unter dem wirtschaftlichen Druck, alles noch rascher und ökonomischer zu machen, doch in Sachen Kundenfokussierung muß jeder Gruppenansatz scheitern. Segmentierung lautet die Devise, und Segmentierung muß auf konkretem Nutzen aufbauen, der das Ergebnis gründlicher Einsichten und Informationen ist.

Ohne detaillierte Informationen über einzelne Kunden zielen die Unternehmen notgedrungen auf demographisch strukturierte Segmente. Doch der Versuch, ein nach demographischen Kriterien zusammengesetztes Kundensegment zu erobern, kommt einer über eine Lautsprecheranlage gegebenen Liebeserklärung an ein ganzes Heeresregiment gleich. Die Chancen, auf diese Weise Detailkenntnisse zu erlangen, sind sehr gering – und die ökonomischen Ergebnisse oft katastrophal.

3. *Verlassen Sie sich nicht auf die Kunden.* Es ist wichtig, auf die Kunden zu hören. Doch ebenso wichtig ist es, daß die Kunden nicht Ihre Strategie definieren. Kunden können Ihnen Ideen liefern, aber sie kennen Ihr Geschäft nicht so gut wie Sie selbst – täten sie das, hätten sie Ihnen längst Konkurrenz gemacht! Der Rat Ihrer Kunden ist dann besonders wertvoll, wenn es um deren eigenes Unternehmen und die Nutzung Ihrer Produkte darin geht. Doch wenn sie versuchen, *Ihre* Arbeit zu tun, gleiten sie oft ins Naive oder Idealistische ab. Sie machen Vorschläge, die aus ihrer eigenen Perspektive sinnvoll erscheinen, für Sie aber keinen Ertrag abwerfen. Nutzen Sie den von den Kunden kommenden Input, aber hören Sie nie auf, die Strategie Ihres Unternehmens in Eigenverantwortung festzulegen.

Nalco und Betz entkommen dem chemischen Paradigma

Die bekannte Erfolgsstory von Nalco und Betz, zwei Chemieunternehmen (wobei Nalco sich gern als Dienstleistungsunternehmen bezeichnet), veranschaulicht die Kraft einer kreativen, auf Kundenfokus basierenden Strategie. Die beiden Unternehmen sind auf Wasseraufbereitungsprobleme spezialisiert, hauptsächlich für große Industrieanlagen. Ihre Finanzdaten sind nach allen Kriterien außergewöhnlich beeindruckend, insbesondere im Vergleich mit anderen Chemieunternehmen. Wie machen sie das? Und wie sind sie dem Standardgütersyndrom entkommen, obwohl ihre Produkte sich nicht gerade durch besondere Merkmale auszeichnen?

Die Antwort ist täuschend einfach: Sie sind beide extrem kundenfokussiert. Nalco und Betz sind Hersteller und Vertreiber von Produkten auf Polymerbasis, die in der Aufbereitung industrieller Abwässer verwendet werden. Hätten sie sich, wie so viele chemische Unternehmen, für den Standard-Ansatz entschieden, hätten sie einfach große Liefermengen zu den Werksanlagen ihrer Kunden transportiert und den Wettbewerb über Preis, Qualität und Service geführt.

Nalco und Betz fanden aber heraus, daß Industriebetriebe mit Wasseraufbereitungsproblemen nichts zu tun haben wollen. Die Wartungs- und Instandhaltungsabteilungen von Versorgungsbetrieben etwa wollen sich auf Boiler- und Dampfdruckprobleme konzentrieren, nicht auf das Wasser. Sie sind weder daran interessiert, Konferenzen über Wasseraufbereitung zu besuchen, noch haben sie die Zeit, die einschlägige Fachliteratur durchzuackern.

Die Leute bei Nalco und Betz kannten ihre Kunden gut, und sie verstanden deren Frustrationen. Sie verfügten zudem über das interne Know-how – in Technik, Verkauf und Kundendienst –, um den Kunden das Problem abzunehmen. Schließlich waren sie die Erzeuger der Chemikalien und wußten besser darüber Bescheid als fast alle anderen. „Wir könnten doch den gesamten Wasseraufbereitungsprozeß unserer Kunden in die Hand nehmen", überlegten sie. Anstatt nur ein Sortiment von Polymer-Chemikalien anzubieten, entwickelten sie ein Serviceangebot, mit dem sie die Verantwortung für den gesamten Wasseraufbereitungsprozeß in den Kundenfabriken übernahmen. Gegen ein monatliches Honorar garantierten sie „First-class-Handling" sämtlicher Wasseraufbereitungsprobleme und ermöglichten ihren Kunden, sich auf deren Kerngeschäft zu konzentrieren.

Wie kamen Nalco und Betz auf diese lukrative Geschäftsidee? Kam etwa eines Tages jemand von einem Versorgungsbetrieb und sagte: „Ach, seid so gut und nehmt mir das Wasseraufbereitungsgeschäft ab, damit ich mich auf mein Kerngeschäft konzentrieren kann?" – Sicher nicht! Nalco und Betz machten einen potentiellen Nutzen aus, der von niemandem angeboten wurde: den Seelenfrieden des für die Wasseraufbereitung verantwortlichen Managers! Sie entwickelten selbst das Konzept, und der neue Geschäftsbereich erwies sich als enorm profitabel.

In die Ehrenhalle der Kundenfokussierung gehören auch Datenverarbeitungsfirmen wie EDS (gegründet vom ehemaligen Präsidentschaftskandidaten Ross Perot), Service Master und ADP. Diese Unternehmen wurden nicht auf der Grundlage von wissenschaftlichen Untersuchungsdaten oder expliziten Kundenwünschen gegründet. Sämtliche Erkenntnisse wurden durch Beobachtung, Zuhören, Vorstellungsvermögen und wohlüberlegtes Handeln gewonnen.

DIE KUNDENBASIS NACH INDIVIDUELLEN NUTZEN-KRITERIEN SEGMENTIEREN

Es gibt afrikanische Kulturen, die mit drei Zahlen auskommen: eins, zwei und viele. Dies beschreibt recht genau das anzuwendende Verfahren, wenn eine Value Proposition auf ein gesamtes Segment ausgedehnt werden soll: zuerst ein Kunde, dann ein zweiter, schließlich eine ganze Gruppe!

Der Trick liegt darin, „Bottom-up" anstatt „Top-down" vorzugehen, zumindest in der Anfangsphase. Kundenfokussierte Unternehmen entwickeln zunächst die Value Proposition für den einzelnen Kunden, um dann herauszufinden, wie viele andere Kunden mit demselben Problem kämpfen. Nachdem sie das Angebot einem Praxistest unterzogen haben, modifizieren sie es so lange, bis das Produkt oder die Dienstleistung für ein ausreichend großes Kundensegment so attraktiv wird, daß sich der Aufbau eines Geschäftsbereichs rechtfertigen läßt.

Erst nachdem sich die Konturen eines Segments abzuzeichnen beginnen, kommt die klassische Marktforschung zu ihrem Recht. Wenn die hypothetische Segmentierung einer Testreihe von Workshops und Befragungen standgehalten hat, haben großangelegte Untersuchungen, Telefonbefragungen und Meinungsumfragen einen Sinn. Jetzt ist der Zeitpunkt für den Einsatz des statistischen Apparates der Marktforscher gekommen: Regressionsanalyse, Clusteranalyse und Verbundanalyse. Der Schwerpunkt verlagert sich von den Segmentkonturen hin zur Analyse des Inhalts der einzelnen Segmente. Es stellt sich den Unternehmen jetzt insbesondere die Frage, ob sie die Bedürfnisse jedes individuellen Segments in einem wertschöpfungsorientierten Geschäftsmodell befriedigen können.

Neue Impulse für die Kundenorientierung bei CIGNA Property & Casualty

Mitte des Jahres 1994 beginnt Gerry Isom, sich darüber zu sorgen, daß CIGNA P&C nach wie vor zu sehr nach innen gerichtet ist. Auf der einen Seite hat es große Fortschritte an vielen (zumeist internen) Fronten gegeben, wie sich an den „Zahlen" ablesen läßt, die kontinuierlich besser werden. Auf der anderen Seite allerdings fehlt es ihm bei den von den Abteilungen entwickelten strategischen Plänen an Inspiration. Sie lesen sich wie eine bürokratische Pflichtübung und haben weder

„Feuer im Bauch", noch ziehen sie einen in den Bann, wie Isom sich das wünscht.

„Die individuellen Profit-Center müssen langsam die Verantwortung für ihre Einzelergebnisse und ihre Wachstumsentwicklung übernehmen", betont er. „Außerdem möchte ich Beweise für ein echtes Verständnis eurer Märkte sehen."

Den 16 Chefs der Profit-Center war Isoms Forderung nach individueller Verantwortung gänzlich neu. Bis dahin hatten sie ein Dasein im Schatten riesiger funktionaler Organisationen verbracht und keinen Gedanken an Dinge verschwendet, die auch nur im entferntesten einem Geschäftsergebnis oder einer Kundengruppe ähnlich sahen. Die meisten von ihnen hatten sich als im Hintergrund agierende Marketing- oder Versicherungsberater einer Unterorganisation definiert. Der Großteil freut sich über die neue Verantwortung, wenn auch mit ein wenig Bauchweh bei dem Gedanken, jetzt für ein Teilgeschäftsergebnis „den Kopf hinhalten" zu müssen. Die Sitzungen geraten vor diesem Hintergrund zu einer interessanten Mischung aus Imponiergehabe und Leisetreten.

In jedem einzelnen Profit-Center die Einsicht durchzusetzen, daß es auf den Kunden ankommt, ist die erste Herausforderung, der Isom sich gegenübersieht. Und er greift wiederum auf seine bevorzugte Methode zurück: direkte Konfrontation der Leute, auf die es ankommt.

„Wer ist der Kunde?" ist auf dem Flip-chart zu lesen.

Isom ist unbeugsam in seiner Überzeugung, daß das Unternehmen seine Standardausrichtung zugunsten einer Spezialisierungsstrategie aufgeben muß. Um aber diese Überzeugung auch anderen einzupflanzen, muß er die restliche Führungscrew der Division auf seine Seite bringen, insbesondere die Manager der Profit-Center, und ihnen klarmachen, daß dies der einzig gangbare Weg ist. Isom erkennt, daß dies eine neue Sicht des Kunden erfordert. Und dieses Thema steht auch im Mittelpunkt dieser Sitzung mit ausgewählten Profit-Center-Managern. Doch Isom hat sein Bild vom Kunden, und einige Mitglieder der Gruppe haben ein anderes.

Die oppositionelle Gruppe verteidigt die aktuelle, auf unspezialisierte Standardprodukte ausgerichtete Politik des Unternehmens.

„Versuchen Sie, was Sie wollen", sagen sie, „aber letzten Endes ist alles eine Frage des Preises. Jedes neue Geschäft führt zur Einholung von sieben oder acht Angeboten durch den Makler oder Agenten, und die Sache läuft doch immer auf den Preis hinaus. All das Zeug über

Differenzierung durch Spezialisierung auf Zielsegmente ist ein Hirngespinst. Auf uns kommt's ja gar nicht an, die Agenten haben doch das Sagen. Sie sind unsere Kunden, und sie kaufen nach dem Preis. Deshalb bekommen sie Anbote von sechs oder sieben Versicherern für ihre Kunden. Sie haben das Sagen, und wir können da nicht viel machen."

Isom widerspricht. „Der wirkliche Kunde ist der Policeninhaber, nicht der Agent", behauptet er. „Ich gebe zu, daß die Agenten und Makler entscheidend sind und daß wir uns nicht leisten können, sie zu ignorieren. Aber wenn wir uns darauf konzentrieren, die Bedürfnisse jener Leute zu befriedigen, mit denen diese ihre Geschäfte machen, wird sich das positiv auf ihre Reputation auswirken, was wiederum zu einer Belebung ihres Geschäftes und im weiteren auch zur Verbesserung unserer eigenen Ergebnisse führen wird."

Viele Sitzungsteilnehmer stöhnen: Schon wieder das Spezialisierungsargument!

Aber es führt kein Weg daran vorbei. Isom ist fest entschlossen, sie davon zu überzeugen, daß ein Ausbruch aus der Standardproduktfalle möglich ist; er geht mit seinen Kollegen also aufs neue den Spezialisierungsansatz durch. Wie die meisten Führer muß er dieselbe Botschaft immer wieder wiederholen. Manchmal bekommen seine Gesprächspartner den Eindruck, sie seien einem Artilleriesperrfeuer ausgesetzt, das so lange anhält, bis sie zermürbt aufgeben.

„Als Spezialist wählen Sie die Risikoarten aus, die Sie versichern wollen", erklärt er zum wiederholten Male. „Spezialisten konzentrieren sich auf Endverbrauchergruppen, deren Risiken sie verstehen wie kein anderer."

Manchmal muß er sich zurückhalten, um nicht wie eine Sprechpuppe zu wirken, so gut kennt er seinen Text. Doch jedes Publikum ist neu, und er muß jedesmal aufs neue überzeugend auftreten.

„Sie managen Ihre Beziehungen zu Agenten und Maklern, indem Sie diese zu Ihren Partnern bei der Dienstleistung für die Endverbrauchergruppen machen", fährt er fort. „Zur Zeit haben wir keinen Fokus; wir bieten überall mit und verlassen uns darauf, daß die Agenten unser Risiko bewerten. Die kümmern sich aber nicht viel um unser Risiko; denen geht es in erster Linie darum, sich bei ihren Kunden so beliebt zu machen, daß sie Wiederholungsgeschäfte machen. Wenn wir also eine ganz spezifische Gruppe ihrer Kunden besonders gut betreuen – aber so, daß wir dabei unser eigenes Risiko managen –, werden sich die Agenten in diesem Segment über kurz oder lang um unser Unternehmen scharen."

„Nun denken Sie mal an die Kosten", fährt er fort, in der Hoffnung, Gehör zu finden. „Nehmen wir an, Sie wissen alles über Kinos, was nur irgendwie wissenswert ist; vor allem alles, was in so einem Betrieb schieflaufen kann. Damit können Sie zu einem Kinobetreiber gehen, seinen Betrieb bewerten und Empfehlungen zur Verminderung des Risikos geben. Werden die vorgeschlagenen Änderungen wirklich vorgenommen, haben Sie die Wahrscheinlichkeit eines Schadensfalles effektiv reduziert. Weniger Schadenersatzansprüche bedeuten eine geringere Verlustrate als bei nichtspezialisierten Anbietern. Sie können demnach etwas niedrigere Prämien verlangen und dennoch höhere Erträge erwirtschaften. Fazit ist: Wenn Sie den Wettbewerb über den Preis austragen wollen, führt der Weg in jedem Fall über die Spezialisierung."

Einige Anwesende nicken zustimmend, aber andere haben immer noch einen eher skeptischen Gesichtsausdruck.

„Wenn erst einmal ein Service zur Verlustkontrolle auf der Bildfläche erscheint", stellt Isom fest, „ändert sich der Charakter des Spiels vollkommen. Die Value Proposition beschränkt sich nicht mehr nur auf das Angebot einer Versicherungsdeckung gegen eine Prämie. Sie schließt die Minimierung sämtlicher Verluste für den Klienten ein, am besten durch vorbeugende Maßnahmen zur Ausschaltung möglicher Gefahren. Dies erfordert eine gründliche Kenntnis des Policeninhabers und als Voraussetzung dafür eine enge Beziehung zu ihm. Standardversicherungen sind keine besondere Kunst, aber nur wenige sind in der Lage, qualitativ hochwertigen Service zur Verlustbeschränkung in unterschiedlichen Segmenten anzubieten."

Isom erläutert, wie Progressive Insurance bei Kraftfahrzeugversicherungen gutes Geld verdient hat, indem man sich auf versicherungstechnische „Problemfälle" spezialisierte. Sie studierten beispielsweise die Akten von Fahrern, die wegen Alkohol oder Drogen am Steuer verurteilt worden waren. Dabei stellte sich heraus, daß Fahrer mit zwei oder mehr Kindern bemerkenswert geringe Wiederholungsraten aufwiesen, also ein gutes Versicherungsrisiko darstellten. Hätte man sich einfach an die gewöhnliche Einstufung dieser Gesetzesübertreter als schlechtes Risiko gehalten, so hätte man dieses profitable Segment nie entdeckt. CIGNA sollte nach der Meinung Isoms in seinen Zielbranchensegmenten einen ähnlichen Ansatz wählen.

Vom konzeptionellen Standpunkt aus gesehen war seine Logik unanfechtbar, und viele gaben ihre Widerstände auf. Auf der praktischen Ebene allerdings war die beschriebene Logik weit davon entfernt, Eingang in die neue Underwriting-Praxis zu finden. Das Übel der standardisierten Normversicherung hatte sich in der Sparte wie ein Krebsgeschwür ausgebreitet; es würde Zeit brauchen, alle bösartigen Wucherungen zu entfernen. Aber Isom war fest entschlossen. Er würde so lange nicht locker lassen, bis dort, wo sich einst der Krebs ausgebreitet hatte, frische und gesunde Zellen nachwachsen.

Von Frische und exotischen Produkten bei Idlywilde Farms

Es gibt einen tollen kleinen Naturkostladen in Acton, einem Vorort von Boston, der ganz besondere Kundenbedürfnisse abdeckt. Er heißt Idlywilde Farms, und einer von uns kauft dort gelegentlich ein. Er könnte seine Naturprodukte auch in dem großen Lebensmittelladen kaufen, in dem er die anderen Lebensmittel einkauft und dessen Naturprodukte von einigermaßen guter Qualität und wesentlich billiger sind. Warum sucht mein Kollege also extra ein zweites Geschäft auf und bezahlt dazu auch noch mehr für seine Naturprodukte? Die Antwort zeigt sich bei der Einzelbetrachtung der bei Idlywilde gebotenen Vorteile.

Zunächst sind bei Idlywilde Farms alle Waren frisch und werden sauber und ordentlich präsentiert. Das sieht einfach besser aus. Die Äpfel sind röter. Er kriegt den Rosenkohl am Strunk. Wo sonst bekommst du Rosenkohl am Strunk? Sie haben Mini-Ananas für Dekorationszwecke, und diese kleinen Getreideähren für Salate. Er kann Mangos kaufen oder Guaven und Früchte, die man weder richtig buchstabieren noch verdauen kann. Außerdem fühlt er sich wohl in dem Laden. Keine mit Babywindeln, Toilettenpapier und Hundefutter vollgestopften Regale. Alles ist kleiner dimensioniert. Man kann direkt vor dem Eingang parken. Und wenn du etwas brauchst, ist immer jemand hilfsbereit zur Stelle. Wenn die Angestellten nicht gerade damit beschäftigt sind, einem Kunden zu helfen, bauen sie zum Beispiel eine Pyramide aus Orangen, nur wegen des Effekts – muß *das* Arbeitskosten verschlingen! Außerdem bekommt er hier *Cornichons,* das sind diese kleinen französischen Essiggurken. Die hat er in Boston und Umgebung sonst nirgends gefunden.

Nach den Prinzipien traditionellen strategischen Denkens werden diese Charakteristika als „operativ" bezeichnet, ein beschönigender Ausdruck für „irrelevant". Die mit Vorliebe auf hohem Abstraktionsniveau denkenden Strategen alter Prägung reduzieren gerne alles auf ein paar Schlüsselprinzipien. „Sie glauben doch nicht wirklich", würden sie sagen, „daß Rosenkohl am Strunk strategischen Wert hat?"

„Doch", würden viele Kunden antworten, „das hat er." Im Kontext der gesamten Value Proposition von Idlywilde, die um frische und exotische Naturprodukte aufgebaut ist, nimmt der Rosenkohl durchaus eine strategische Dimension an. Rosenkohl am Strunk ist ein integrativer Teil des Angebots, das die Kunden in den Laden lockt.

Bei der Zusammenstellung seiner Value Proposition ist Idlywilde viele Kompromisse eingegangen, von denen manche unseren Bekannten nicht gerade begeistern. Die Abwicklung ist etwas langsam, und unser Freund ist ein sehr beschäftigter Mann. Auch die hohen Preise sind nicht eben die reine Freude, aber er versteht, daß dies bei dem frischen und exotischen Angebot wohl nicht anders geht. Gleichzeitig schätzt er natürlich auch die vom Supermarkt gebotene Bequemlichkeit und die niedrigen Preise. Den Großteil seiner Einkäufe tätigt er denn auch dort – aber nichts ist vollkommen. Die Kunst in der Erstellung einer Value Proposition besteht hauptsächlich darin, ein funktionierendes Rezept zu finden. Bei Idlywilde scheint das prima geklappt zu haben.

DIE GESAMTPROZESSE AUF DIE ERSTELLUNG VON KUNDENINDIVIDUELLEM NUTZEN AUSRICHTEN

Eine gute Value Proposition ist wie ein sanft über die Wasseroberfläche gleitender Schwan: Was darunter liegt, bleibt unsichtbar! So wie die anscheinend mühelose Fortbewegung des Schwans das angestrengte Paddeln unter dem Wasserspiegel vergessen läßt, wird auch die anscheinende Leichtigkeit, mit der ein gutes Unternehmen seinen Kunden zu Diensten ist, das komplexe Value Delivery System vergessen lassen, auf dem das alles beruht.

Unter einem „Wertbereitstellungssystem" ist das besondere Set von Fähigkeiten zu verstehen, das erforderlich ist, um dem Zielkundensegment den Nutzen der Value Proposition zur Verfügung zu stellen. Das Value Delivery System repräsentiert einen Querschnitt durch alle 12 Bio-Systeme der Organisation, zur Wirkung gebracht in einer sorgfältig zusammengestellten Anordnung von Prozessen und Optimierungsschleifen. So spiegelt z. B. die Wahl der Value Proposition die Vision wider; der Aufbau des Value Delivery System erfordert Mobilisierung; die Erzeugung der benötigten Produkte und Dienstleistungen hat Auswirkungen auf die Infrastruktur und die Organisation; und Informationstechnologie ist beinahe immer im Spiel.

Wenn alle Systeme eingesetzt werden, kommt der Prozeßarchitektur die allergrößte Bedeutung zu. Die in der Value Proposition angebotenen Vorteile kommen nur dann zum Tragen, wenn die Prozesse und Optimierungsschleifen in der Bio-Organisation anfangen, sich zu verändern, zu erweitern und neue metabolische Pfade zur Verwirklichung der neugesteckten Ziele zu erschließen.

Was wäre zum Beispiel erforderlich, um das Geschäft von Idlywilde Farms von Grund auf aufzubauen. Gehen wir davon aus, daß ihre vollständige Value Proposition wie folgt lautet:

Idlywilde Farms bietet einzigartig frische Ware und exotische Nahrungsmittel zu einem höheren Preis in einer angenehmen, kundenfreundlichen und rustikalen Atmosphäre an einem von den westlichen Vororten Bostons leicht erreichbaren Standort.

Der Aufbau des Value Delivery System würde, bezogen auf die entsprechende Prozeßarchitektur, die folgenden Schritte umfassen:

1. Das Ladenkonzept erstellen.
2. Die Ware auswählen.
3. Die Ware anbauen oder zukaufen.
4. Die Ware lagern.
5. Die Ware zum Verkauf anbieten.
6. Geld von den Kunden einnehmen.
7. Die Kundenbeziehungen gestalten.

Unterstützende Prozesse wären ebenfalls notwendig, wie etwa Personal-Management und Buchhaltung.

Die Value Proposition fungiert als Gestaltungsstandard. Ohne sie wäre jede Maßnahme nur von isolierten Funktionen bestimmt, ohne gemeinsamen Abstimmungsmaßstab. Würde man beispielsweise jeden einzelnen Schritt einschlägigen Spezialisten überantworten, die ihre Aufgaben nach bestem Wissen erfüllten, käme es in jedem Fall zu Disharmonien in der übergeordneten Ausrichtung. Und sogar in dem Fall, daß jeder Einzelbeauftragte nach Kräften versuchte, sich einer Gesamtstrategie unterzuordnen – wobei es allerdings im Regelfall immer absichtliche Ausreißer gibt –, hätte das System die Tendenz, aus der gemeinsamen Ausrichtung auszubrechen, da jeder von uns seine eigenen Vorstellungen vom übergeordneten Ziel hat und danach handelt.

Das zweite Gesetz der Thermodynamik lautet, daß sich der Grad der Unordnung bzw. die „Entropie" in einem isolierten physikalischen System immer erhöht. Wenn wir an ein vernachlässigtes Auto oder Haus denken, sehen wir die Gültigkeit des Gesetzes sofort ein.

Dasselbe gilt für eine Gruppe von Unternehmenssystemen und -prozessen. Ob in der Konzeptionsphase für das Value Delivery System oder in vollem Geschäftsbetrieb – ein System oder Prozeß, der sich selbst überlassen wird, entwickelt eine Tendenz zum Chaos. Das Gegenmittel zu einer Unternehmens-Entropie ist eine handlungsorientierte Value Proposition. Die Prozeßarchitektur kann nicht unabhängig vom Kundenfokussierungs-Chromosom existieren.

Denken wir bloß an die Unmengen von Mikro-Entscheidungen, die jede von Idlywildes Maßnahmen zur Prozeßarchitekturplanung einschließt. Der erste Schritt – „Das Ladenkonzept erstellen" – verlangt Entscheidungen über die Quadratmeterfläche innerhalb und außerhalb des Ladens, die Anlage des Parkplatzes, das Ausmaß der Kühlfläche, die Gestaltung der Regale, die Breite der Gänge zwischen den Regalen und die Dekoration. Jede dieser Entscheidungen beeinflußt den Eindruck des Kunden von Idlywildes Value Proposition entweder positiv oder negativ. Ist der Parkplatz zu klein, so daß die Kunden warten müssen, ist der „Bequemlichkeitsbonus" verspielt. Ist der Laden zu groß, geht die „rustikale" Atmosphäre verloren. Derartige Dilemmas werden dadurch gelöst, daß Schritt für Schritt ein Abgleich mit der Value Proposition vollzogen wird.

Dasselbe gilt für den nächsten Schritt – „Die Ware auswählen". Soll der Laden *Cornichons* anbieten oder nicht? Was ist mit Käse oder Fisch? Auch hier müssen die beiden Ansprüche „Frische" und „exotische Produkte" als oberste Leitlinien dienen. Rosenkohl am Strunk dient beiden Ansprüchen. Eine große Fisch- oder Käsetheke entspricht zwar dem Verlangen nach Frische, aber Campbell Suppen und Thunfisch in Dosen sind ungeeignet, da nichts in der Value Proposition mit dem Angebot derartiger Waren in Einklang zu bringen ist.

Das Problem mit den meisten Reengineering-Versuchen ist, daß sie von keiner klar artikulierten Value Proposition ausgehen. Stellen Sie sich die Lage der Person vor, die für den fünften Planungsschritt („Die Ware zum Verkauf anbieten") verantwortlich ist, wenn sie nicht ein zumindest implizites Verständnis der Value Proposition hat. Wenn die Frische ein entscheidendes Kriterium der Value Proposition ist, ist es zweifellos sinnvoll, daß die Mitarbeiter die Regale mehrere Male pro Tag neu füllen, beschädigte Produkte entfernen, die Orangen in gefälligen Mustern arrangieren und die Ware so beleuchten, daß sie appetitlich anzusehen ist. Ist die Value Proposition unklar oder vage, werden unsere Auslagenspezialisten eher dazu neigen, die *billigste Lösung* zu wählen. Wenn Sie nicht genau wissen, welchen Nutzen Sie anbieten wollen, tendieren Sie automatisch zur Kostenminimierung. Keine raffinierten Orangenmuster, keine Beleuchtung für die Tomaten – und Idlywilde Farms wird bald aussehen wie jeder x-beliebige Gemüseladen.

Für Karl beginnt sich der Nebel zu lichten

Wir haben Karl, Planer bei Woodbridge Papers, mitten in seinen Überlegungen pro und contra Sortimentsbereinigung verlassen. Als Chef des Teams, das für die Umgestaltung der Auftragsabwicklung verantwortlich ist, ist er zu der Erkenntnis gekommen, daß ein schlankeres Produktprogramm die Lieferfristen erheblich verkürzen würde, vielleicht sogar unter das Niveau des Konkurrenten Mountain View, der zur Zeit eine zehntägige Lieferfrist anbietet. Doch ein lästiges, in seinem Unterbewußtsein herumschwirrendes Insekt hat ihn von einer Entscheidung abgehalten. Wir klinken uns kurz danach ein und dürfen gleich an einem sogenannten „Kundenfokussierungs"-Workshop teilnehmen.

Karl fragt sich, wie er überhaupt dazu kommt, an diesem Kunden-Workshop-Dingsda teilzunehmen. Seine Tage sind jetzt so vollgestopft, daß er sich manchmal am Abend gar nicht mehr daran erinnern kann, was er alles gemacht hat. Das bereitet ihm gelegentlich Sorgen, doch seine Frau versichert ihm, daß er keine Symptome der Alzheimerschen Krankheit zeige – er sei nur sehr beschäftigt.

Die Idee zu dem Workshop kam auf, nachdem einer ihrer besten Kunden, ein Drucker in Chicago, bei einem gemeinsamen Abendessen eine beiläufige Bemerkung gegenüber dem Marketingleiter fallenließ: „Mountain View Papers liefert jetzt in einer Woche, und ich überlege mir zu wechseln", sagte der Kunde. „Mountain View ist in der Lage, uns zu retten, wenn unserem großen Kunden, dem Suppenhersteller, mitten in einer Werbekampagne die Verpackungen ausgehen. Um die Wahrheit zu sagen, wir haben bereits jetzt 40 Prozent unseres Geschäfts von euch zu Mountain View verlagert."

Das Treffen wurde von Woodbridge's CEO einberufen, der die Idee hatte, den Chicago-Drucker und den Suppenproduzenten an einen Tisch zu bringen, um mit den beiden das Problem zu diskutieren. Der Vice President für Marketing erachtete dies als überflüssig – man habe bereits ausreichend Kundendaten aus Umfragen, Zielgruppeninterviews und „Touch-and-Feel-Tests". Der CEO wollte davon nichts wissen, und irgendwie fiel Karl als dem Verantwortlichen für die Umgestaltung der Auftragsabwicklung die Rolle zu, den Kundenworkshop zu organisieren.

Die Delegation des Suppenproduzenten besteht aus dem Vice President (VP) für Gazpacho, dem Einkäufer von Verpackungsprodukten und dem Betriebsleiter. Der Chicago-Drucker ist vertreten durch den Eigentümer und CEO höchstpersönlich, und Woodbridge hat ein Team von 10 Leuten geschickt. Karl wurde, sehr zu seinem Unbehagen, zum „Moderator" ernannt. Er wehrte sich mit Händen und Füßen („Ich bin Produktionsplaner, kein gottverdammter Moderator!"), aber ohne Erfolg. Er freut sich nicht auf die Veranstaltung – ganz und gar nicht!

Von der Marketingabteilung hat er sich ein paar Tips geholt, wie man so einen Workshop abwickelt. Die Suppenhersteller sind zunächst einmal verblüfft, als sich die Fragen mehr um die Erzeugung und das Marketing von Suppen drehen als um Papierherstellung oder Druck. Bei Woodbridge will man wissen, welche Probleme der Suppenproduzent hat, welche Hauptfragen ihn bewegen und womit er *seine* Gewinne steigern könnte.

„Eines unserer Probleme liegt in der Abwicklung von Promotion-Aktivitäten", meldet sich der Gazpacho-VP freiwillig. Er sieht zwar nicht ein, warum er vor einem Lieferanten, der zwei Produktionsstufen von ihm entfernt ist, diesen Seelenstriptease machen soll – aber warum nicht. „Wir wissen immer erst, wie erfolgreich ein Produkt sein wird, wenn es in den Regalen der Lebensmittelläden steht. Wenn die Promotion zu einem Erfolg wird, gehen uns die Vorräte aus, was uns eine

Menge Geld durch verlorene Umsätze und Margen kostet, ganz zu schweigen von den verschwendeten Werbedollars."

Der Werkleiter wehrt sich: „Aber ihr vergeßt auch ziemlich oft, uns zu informieren, wann eine Promotion geplant ist. Wenn wir nicht im voraus Bescheid wissen, können wir auch nicht vorausplanen. Unser Produktionsplan wird jedesmal über den Haufen geworfen." Zu Karls Erstaunen scheinen die beiden das Problem zum ersten Mal zu diskutieren.

Der Gazpacho-VP gesteht seine Schuld ein, fügt aber hinzu: „Aber selbst wenn wir euch verständigen, kriegen wir die Umsatzprognosen nicht immer richtig hin. Dann verschlimmert sich das Problem noch durch die Tatsache, daß kein Drucker die Verpackung schnell genug drucken kann, um uns aus der Patsche zu helfen. So verlieren wir immer noch beträchtliche Umsätze."

„Das stimmt", gibt der Chicago-Drucker zu, „aber das Problem liegt nicht bei uns. Die Schuld liegt bei Woodbridge mit seinen drei oder vier Wochen Lieferzeit. Wir haben alte Druckmaschinen in Reserve, die wir im Notfall für Eiljobs aktivieren könnten, wenn wir bloß das Papier rasch genug angeliefert bekämen."

„Und darum liebäugelt ihr auch mit der zehntägigen Lieferzeit von Mountain View?" fragt Karl interessiert.

„Genau!" stimmen ihm der Drucker und die Suppenleute einträchtig zu.

Während einer Pause wendet sich der Woodbridge-VP für Produktion auf der Herrentoilette an den Drucker: „Wissen Sie, wir haben noch eine alte Papiermaschine, die wir nicht mehr verwenden. Die würde sich für einen gelegentlichen Expreßjob eignen. Sie ist zwar nicht die schnellste und effizienteste Maschine im Land, aber als Notlösung bei Materialknappheit ginge sie allemal." Sie skizzieren auf einem Papierhandtuch, wie so ein „Expreßsystem" funktionieren könnte.

Doch es gibt noch mehr Überraschungen, als der Workshop nach der Pause fortgesetzt wird.

„Worauf es im Suppengeschäft ankommt, ist Geschmack, Geschmack und nochmal Geschmack", beginnt der VP für Gazpacho. „Wichtig ist aber auch, daß Ihre Suppe im Regal hervorsticht. Das Suppengeschäft wird immer komplexer. Wir müssen Rezepte und Verpackungen in der gesamten Vertriebskette immer stärker regionalen Vorlieben anpassen. Die Gazpacho, um ein Beispiel zu nennen, wollen sie im Südwesten würzig, aber in Neuengland eher mild. Und wir haben gemerkt, daß wir auf den Exportmärkten mit hellen Farben Erfolg haben. Die Holländer lieben leuchtend rote Dosen, Frankreich will das Bild eines Gemüsegartens auf dunkelgrünem Hintergrund haben."

Der Werksleiter stöhnt. „Erinnern Sie mich nicht daran", sagt er. „Diese ganze Aufsplitterung ist ein Alptraum. Frankreich ist ein sechsstündiger Produktionslauf alle sechs Wochen, Holland ein zweistündiger. Dafür müssen wir jedesmal die Maschinen neu einstellen, auf ein anderes Rezept umstellen, die Verpackung suchen, den Auftrag ausführen und dann alles reinigen."

„Genau wie bei uns", bestätigt Karl. „Unser glänzendes Zinnoberpapier – ich nehme an, das ist für die holländischen Dosen – ist sehr schwer herzustellen, und das gleiche gilt für das Kleegrün für euren französischen Markt."

„Eigentlich haben wir daran gedacht, diese speziellen Produktlinien aufzugeben", gibt der Controller von Woodbridge bekannt, „weil sie nichts anderes als eine Belastung sind." Sein Marketingkollege starrt ihn von der anderen Tischseite herüber an, und aus irgendeinem Grund fängt der Controller plötzlich an, sich sein Schienbein zu reiben.

„Wenn ihr das tut, seid ihr für uns ein Zulieferer wie jeder andere", warnt der Gazpacho-VP mit ernster Stimme. „Wenn ihr uns diese Farben nicht mehr liefern könnt, kaufen wir einfach beim billigsten Anbieter mit der kürzesten Lieferfrist. Wenn ihr und der Drucker euch auf ein gemeinsames Vorgehen einigen könnt, könnten wir vielleicht die Preise für diese kleinen Volumina so gestalten, daß ihr was dran verdient." Diesmal ist es der seinem VP für Einkauf gegenübersitzende Gazpacho-VP, der sein Schienbein reibt.

Karl spürt die auf ihn zukommende Erleuchtung fast körperlich. Vor einigen Monaten hatte er die beiden Feststellungen an sein Flip-chart geheftet: Beschränkung des Produktprogramms zur Reduzierung von Kosten und Lieferfristen oder Erweiterung des Programms als Mittel zur Differenzierung des Unternehmens im Wettbewerb. Damals neigte er zu einer Straffung des Produktprogramms, aber jetzt hat er die Antwort gefunden – und er weiß, daß es die richtige ist.

Der dicke Produktkatalog hat nicht nur die Wertschätzung des Kunden ihres besten Kunden, er ist sogar lebenswichtig für die gesamte Strategie des Unternehmens. Jetzt ist ihm klar, was sein Auftragsabwicklungsteam zu tun hat.

Die Herausforderung liegt darin, mit der Komplexität besser fertig-zuwerden, nicht aber diese durch Beschneidung der Produktpalette zu löschen – und Karl hat drei Dinge vor Augen, die sie unverzüglich an-gehen könnten.

Zunächst könnten sie diese alte Woodbridge-Papiermaschine für Eil-jobs hervorholen, sie auf die „Notzeiten"-Presse des Druckers abstim-men und die Expreßplanung bis hin zum Suppenproduzenten integrie-ren. Die Suppenleute haben bereits zu erkennen gegeben, daß sie in solchen Situationen bereit wären, einen Aufschlag zu bezahlen. Karl wird dem Ganzen den Namen *„Rush-order"*-System verpassen.

Zweitens könnte Woodbridge sein kleineres kanadisches Werk für die kleineren Spezialproduktionen reservieren, einschließlich der Papiere für den Exportmarkt. Während der Promotion-Kampagnen würden sie auf Lager produzieren. Er wird dies als *„Hard-to-make"*-System be-zeichnen. Das paßt hervorragend zur Focus-Idee, die sie dem CEO ver-kauft haben.

Drittens könnte Woodbridge die restlichen – jetzt von Kleinauf-trägen entlasteten – Maschinen ausschließlich für Großaufträge ver-wenden, das Ganze in Abstimmung mit den Hochgeschwindigkeits-pressen des Druckers und den automatisierten Verpackungsanlagen des Suppenproduzenten. Es ist tatsächlich vorstellbar, denkt Karl, daß Woodbridge durch dieses Streamlining in die Lage versetzt wird, seine Lieferfristen von 30 Tagen in die Nähe der vom CEO vorgegebenen 10 Tage zu bewegen. Auch das paßt hervorragend zu der separat ent-worfenen Focus-Idee. Die Kalkulationen werden später ergeben, daß das vorgeschlagene dreiteilige Papierherstellungssystem den Lagerbe-stand um 75 Prozent reduzieren und damit 300 Millionen Dollar Be-triebskapital einsparen könnte.

Karl bekommt das Gefühl, die Nebel würden sich langsam lichten, und dies nicht nur aufgrund der unmittelbaren Einsparungen. Eine eigen-tümliche Gemütsruhe ersetzt seine bisherige nervöse und aufgewühlte Stimmung. Die Entscheidungen sind einfacher geworden, ja nahezu selbstverständlich. Dem irgendwo da oben thronenden, allmächtigen Gott des „Business Alignment" ist ein neuer Jünger zugewachsen.

NEUE GESCHÄFTSFELDER ENTWICKELN

Viele Menschen fühlen sich über ihre Kinder mit der Zukunft verbunden. Während sie sich ihrer eigenen Sterblichkeit nur allzu bewußt sind, verleihen ihnen die körperlichen und geistigen Eigenschaften, die sie ihren Kindern weitergeben, ein Gefühl der Kontinuität, und sie stellen auch eine Art Vermächtnis an die Nachwelt dar. Nicht viel anders sind auch Unternehmen stolz auf die Kinder, die sie zur Welt bringen: die neuen Geschäftsfelder, die sie schaffen. Obwohl ein Unternehmen nicht notwendigerweise sterben muß, kommt es doch oft vor, daß – quasi in einem unternehmerischen Verabschiedungsritus – die Struktur der Muttergesellschaft von ihren Kindern übernommen wird. Im Lauf der Zeit wird das Wesen der Muttergesellschaft weitergegeben, ihr Name und ihr Vermächtnis werden von einem neuen Unternehmenskörper weitergetragen. Wenn ein Unternehmen andererseits unfähig ist, neue Geschäftsfelder zu entdecken, wird es höchstwahrscheinlich einen langsamen, hinausgezögerten Tod sterben, und die Erinnerung an seinen Beitrag zur Welt wird rasch verblassen.

Die Entwicklung neuer Geschäftsfelder entspricht der Reproduktion beim Menschen. Wie in der menschlichen Fortpflanzung sind darin Augenblicke großer Erregung und Lust enthalten; sie bringt aber auch gewaltige langfristige Herausforderungen, Risiken und große Verantwortung mit sich. Auf dem Spiel steht nicht weniger als die Zukunft des gesamten Unternehmens, und der Zeithorizont beträgt zwischen 3 und 20 Jahren. Aus diesem Holz sind Vermächtnisse und Legenden geschnitzt –, und weil nichts, was sich wirklich lohnt, ohne Risiko ist, sind Unternehmensführer nicht selten mit persönlichen Niederlagen konfrontiert.

In Kapitel 7 haben wir untersucht, wie Kundenfokussierung die Kunden mit dem Unternehmen von außen nach innen verknüpft und so kontinuierliche Regeneration und neues Wachstum von Prozessen und Systemen garantiert. In diesem Kapitel kombinieren wir das „Outside-in" mit dem „Inside-out", indem wir uns der Frage widmen, wie die besonderen Fähigkeiten eines Unternehmens so kombiniert werden können, daß völlig neue Organisationen mit neuen Zwecken und Zielen entstehen. Es genügt nicht mehr, einfach besser im Wettbewerb zu sein: Die Wirtschaftsführer streben heute danach, der nächste Ted Turner zu werden und CNN zu erfinden; oder Sam Walton mit seinem Wal-Mart – oder als Akio Morita nochmals Sony aufzubauen.

Die Entwicklung neuer Geschäftsfelder obliegt dem Chromosom Nummer acht. Es besteht aus drei Genen, denen drei Aufgabenbereiche für die genetischen Architekten des Unternehmens entsprechen:

1. *Gegenseitige Kernkompetenzen konsequent nutzen.* Die Kernkompetenzen bilden die Essenz eines Unternehmens. Sie stellen eine Gruppe einzigartiger, gebündelter Ressourcen, Fertigkeiten und Fähigkeiten dar, auf denen die Geschäftstätigkeit aufbaut. Sie repräsentieren die Kernbeziehungen zwischen den 12 Bio-Systemen der Organisation. Zudem sind sie die Reproduktionsorgane der Firma, die – wenn sie konstruktiv kombiniert werden – neue Geschäftsmöglichkeiten eröffnen.

Die Nutzung gegenseitiger Kernkompetenzen bedeutet die Rückführung der kundenfokussierten Perspektive in den Unternehmenskörper, um die kollektive Vorstellungskraft des Unternehmens zu befruchten. Es geht darum, in den unterschiedlichen Kompetenzbereichen Ansatzpunkte zu entdecken, die, wenn sie verknüpft werden, neue Möglichkeiten schaffen, dem Kunden einen neuen, bislang nicht erbrachten Nutzen zu verschaffen. Dazu ist ein Akt der Schöpfung und Entdeckung erforderlich, der nicht programmierbar oder planbar ist. Die Aufgabe der Unternehmensführung besteht daher darin, in der gesamten Organisation Verständnis dafür zu fördern, daß das Zusammenwirken von Kompetenzen Wachstumschancen schaffen kann, und im übrigen ein Umfeld zu erhalten, das experimentelle Ausflüge in das Reich der neuen Geschäftsfelder belohnt.

2. *Allianzen aufbauen.* In vielen Fällen verfügt ein Unternehmen nicht über die internen Kompetenzen, die nötig sind, um neue Geschäftsfelder gewinnbringend zu erschließen. Soll das Unternehmen die erforderlichen Merkmale ausbilden, muß ihm „frisches Blut" zugeführt werden. Indem es Allianzen eingeht, kann ein Unternehmen über seinen eigenen Körper hinauswachsen und seine Grenzen durch die produktive Vereinigung seiner Kompetenzen mit den Kompetenzen anderer Unternehmen ausdehnen, allerdings auf beschränkte und kontrollierte Weise.

Der Unternehmensführung kommt beim Aufbau von Allianzen zentrale Bedeutung zu. Die Herausforderung besteht darin, Übereinkünfte zu schaffen, die den ungehinderten Austausch von Informationen und Fähigkeiten in produktiven Bereichen erlauben. Die Kompetenzen eines Unternehmens bereichern die Kompetenzen anderer und werden gleichzeitig von diesen bereichert, so daß die Grenzen zwischen wichtigen Prozessen und Systemen verschwinden. Gleichzeitig besteht allerdings die Gefahr, „den Laden aus der Hand zu geben". Jedes Unternehmen bewahrt seine typische Identität und behält die Kontrolle und das Eigentum über die Kernkompetenzen, die es von anderen Unternehmen unterscheiden. Auch Differenzen in der Unternehmenskultur können zu einem Problem werden. Und mögen die Unternehmen theoretisch betrachtet noch so gut zusammenpassen – die Allianz wird wenig bringen, wenn die Leute in den betreffenden Unternehmen weder über ein gemeinsames mentales Leitbild verfügen noch gut miteinander arbeiten können.

3. *Akquisitionen durchführen.* Die ehrgeizigste, anspruchsvollste und riskanteste Art, neue Geschäftsfelder zu entwickeln, ist die Kombination von Kernkompetenzen mittels Fusionen und Unternehmenskäufen. Ein Kauf ist wie eine Heirat, da die Nachkommen des Unternehmens einer völlig neuen genetischen Kombination entspringen. Die gemeinsame Nutzung von Kompetenzen reicht nicht mehr aus; hier geht es um ihre Verschmelzung und deshalb um die Schaffung vollkommen neuartiger Kompetenzen, die eingesetzt werden können, um neue Vorteile für bestehende und zu schaffende Kundensegmente hervorzubringen.

Erfolgreiche Akquisitionen erfordern sorgfältiges Management durch die Unternehmensführung, und zwar vorher, währenddessen und ganz

besonders nachher. Beide Beteiligten müssen mit dem „Tag danach"
leben, unabhängig vom Grad der kulturellen Kompatibilität.

GEGENSEITIGE KERNKOMPETENZEN
KONSEQUENT NUTZEN

Das Konzept der Kernkompetenzen hat die Geschäftswelt im Sturm er-
obert. Nach Gary Hamel und C. K. Prahalad, den Begründern des Konzepts, beruht die Stärke eines Unternehmens nicht auf seinem Portfolio
von Geschäftsfeldern, sondern auf seinem Portfolio von Kernkompetenzen. Neue Geschäftsfelder werden, so die beiden, durch die Ausdehnung von Kernkompetenzen in neue Bereiche geschaffen, indem man
das, was man quer über alle Geschäftsbereiche gut beherrscht, kreativ
in neuen, unerforschten Branchen anwendet.

Dieses Denken hat Generationen von strategischen und organisatorischen Prinzipien auf den Kopf gestellt. Es hat die Hauptfalle bei Ein-
teilung eines Unternehmens in *Strategic Business Units* (SBU) aufge-
zeigt: Das Wachstum neuer Geschäftsfelder wird damit eher behindert
als gefördert. Zum Verständnis dieses Phänomens muß das weichen-
stellende Konzept der Kernkompetenzen erläutert werden.

Eine Kernkompetenz ist eine *aufeinander bezogene Gruppe von Fertigkeiten, Fähigkeiten und Technologien, die einem Unternehmen auf
einem bestimmten Gebiet oder in einem bestimmten Bereich einzigarti-
ges Können verleihen, das unternehmens- und branchenübergreifend
anwendbar ist.* So hat etwa die Kernkompetenz im Motorendesign und
-bau Honda in die Lage versetzt, sich vom Motorradgeschäft auf Automobile und LKWs auszudehnen, und noch weiter auf Rasenmäher,
Elektrogeräte und Industriekompressoren. Canon hievte sich dank seiner
optischen und mechanischen Fachkenntnisse vom Kameramarkt in den
Kopierermarkt, wo das Unternehmen heute dem einst unbestrittenen
Branchenersten Xerox Konkurrenz macht. Die Konzentration auf die
Kernkompetenzen ist einer der entscheidenden Faktoren, die für die Entwicklung Japans zur Industriegroßmacht verantwortlich sind. Ja, nach
diesem Prinzip sind sogar die meisten großen Industrien erst entstanden.

Was hat zum Beispiel DuPont dazu verholfen, zu einem der ganz
Großen in der chemischen Industrie aufzusteigen? Es war DuPonts un-

vergleichliches Fachwissen bei einigen Katalysatoren, wie Blausäure, Fluorwasserstoff und anderen. Diese gehören zu den giftigsten und am schwierigsten zu verarbeitenden Chemikalien, doch sie bringen wichtige chemische Prozesse in Gang und stellen das Fundament für DuPonts Chemiereich, das innerste Heiligtum der Firma, die Wurzeln seines chemischen Baums dar. In der Öffentlichkeit kennt und kauft man Nylon, Lycra®, Corian® und Kevlar®, doch die wenigsten von uns hätten große Lust dazu, in ihrer Garage mit Cyanid zu hantieren. Die *Prozeßkatalyse* ist somit eine von DuPonts Kernkompetenzen.

Im Unterschied dazu werden industrielle Großmächte vom SBU-Prinzip nicht errichtet, sondern vielmehr zersplittert. Das Konzept der strategischen Business Units wurde ursprünglich von General Electric, Shell und McKinsey entwickelt und von vielen Generationen von Managementdenkern perfektioniert. Seine konzeptionellen Grundpfeiler wurden in den Tagen der aufgeblähten Firmenkonglomerate errichtet und waren in diesem Kontext durchaus angebracht. In den 50er, 60er und 70er Jahren wuchsen sich die Konzerne zu gigantischen, unfokussierten Ansammlungen von Unternehmen aus, und das Portfoliomanagement war die dominierende Losung der Zeit. Dies bedeutete zentralisiertes Management, das sich auf übergeordnete finanzielle Indikatoren konzentrierte, statt auf die strategischen oder operativen Notwendigkeiten der individuellen Unternehmen und Geschäftsbereiche.

Nach den Gesetzen der SBU-Logik mußte jedes Unternehmen zu einer selbständigen Einheit gemacht werden, damit es die strategische und unternehmerische Flexibilität erhielt, auf eigene Faust zu operieren. Dies würde den einzelnen Bereichen eine zielgerichtete Schwerpunktstruktur und die so dringend benötigte Autonomie vom trägen Zentralmanagement verschaffen. Diese Prinzipien bewährten sich auf vielerlei Art und Weise. Doch bald entdeckte man, daß dieses Heilmittel nicht ohne ernste Nebenwirkungen blieb.

Fokussierung ist die Intention hinter dem SBU-Konzept, und Fokussierung ist auch das Ergebnis. Doch oft ist die Trennlinie zwischen Fokussierung und Flügelstutzen sehr dünn. Man stelle sich im Kontext einer SBU-Struktur eine Motorrad-Unit vor, die sich mit dem Vorschlag zu Wort meldet, einen Rasenmäher oder ein Elektrogerät entwickeln zu wollen, wie dies bei Honda der Fall war. „Undenkbar! Bleibt fokussiert!" wäre die wahrscheinlichste Reaktion. SBU-Denken zementiert eine Einstellung, die ganz auf ein einzelnes Geschäftsfeld in einer einzigen Branche fokussiert bleibt. Doch die meisten Möglichkeiten für unternehmerisches Wachstum und Erneuerung eröffnen sich gerade an den Schnittstellen *zwischen* den Branchen und deshalb auch zwischen den Sparten diversifizierter Konzerne. Und die Verbindungsglieder zwischen Geschäftsfeldern und Branchen werden von den Kernkompetenzen geliefert.

Die strategische Architektur eines Unternehmens kann als Baum gesehen werden, mit den Kernkompetenzen als Wurzeln, den Geschäftsbereichen als Früchten, dem Stamm als die allen Geschäftsbereichen gemeinsamen Kernsysteme und den bereichsspezifischen Systemen als Zweige. Im Fall DuPonts wäre die Prozeßkatalyse eine Wurzel des Baums, Lycra® und Nylon wären zwei seiner Früchte.

Nach dem herkömmlichen Managementansatz würde man gewissermaßen den Früchten Wasser injizieren, anstatt die Wurzeln zu gießen und das Unternehmen den Saft aufsaugen zu lassen. Im ersten Fall erhält man vielleicht kurzfristig eine täuschend saftig aussehende Frucht, doch ist in den folgenden Jahren mit nachlassenden Ernteerträgen zu rechnen. Und sollte zufällig ein Blitz in sie einschlagen, würde die zuvor als so robust verehrte Eiche ihren hohlen Kern offenbaren. Demgegenüber nährt das Unternehmen, das sich auf seine Kernkompetenzen konzentriert, einen gesunden Stamm und ebensolche Zweige; es bietet sich deshalb als ausgezeichneter Kandidat für das Aufpfropfen neuer Äste an, auf denen neue und exotische Früchte mit hohem Nährwert wachsen können.

Viele Unternehmen haben große Chancen verpaßt, durch gegenseitige Befruchtung der Kernkompetenzen neue Geschäftsfelder zu erschließen. Die Mehrzahl der großen westlichen Konzerne hat – Akquisitionen ausgenommen – in den letzten 25 Jahren ein reales jährliches Wachstum von einem oder zwei Prozent verzeichnet. Man könnte beispielsweise anführen, General Electric, als Modellunternehmen hochgelobt, habe die Chance gehabt, die amerikanische Version von Sony zu werden, diese aber verpaßt, weil man es nicht schaffte, die bereichsübergreifende produktive Kombination von Kompetenzen einzuleiten. Mit seinen RCA-Komponenten, seinem TV-Gerätegeschäft (das man später an Thomson in Frankreich verkaufte) und seinem Einfluß auf NBC hatte GE alle Ingredienzen für einen Megaflitzer auf dem elektronischen Super-Highway.

Ohne die zahlreichen, oft bahnbrechenden Leistungen von GE unter den Tisch kehren zu wollen, scheint es doch zuzutreffen, daß dieses

Unternehmen heute eine führende Rolle in der Medienrevolution spielen könnte und nicht die eines Zuschauers – wenn man sich nicht auf eine Strategie der isolierten Einzelerfolge der individuellen Unternehmen kapriziert und die potentiellen Schlüsselkomponenten des Kompetenzportfolios nicht verkauft hätte. Auch die größten Konzerne haben eben ihre Achillesferse.

Entdecken von Kompetenzen durch Handeln

„Klingt ansprechend", dachte man in vielen Unternehmen, als das Konzept der Kernkompetenzen auf der Bildfläche erschien, „aber wie identifiziere ich diese Kompetenzen, und wie kann ich sie in Wachstum umsetzen?"

Die analytische Suche nach den Kernkompetenzen hat bei manch einem Unternehmen zu Enttäuschungen geführt. Gar nicht selten ergeben solche Versuche ein recht triviales Modell der strategischen Architektur eines Unternehmens und liefern weder die Erkenntnisse noch die Handlungen, die man sich erhofft hatte. Ein Problem ist, daß der Prozeß ziemlich langweilig sein kann, mit langen Listen von Technologien und Fähigkeiten, die zahllosen Tests unterzogen werden. Der Versuch, spannende Ideen zu entwickeln, scheitert aus Mangel an Interesse. Worauf kommt es also an? Wie läßt sich die Kraft der Kernkompetenzen freisetzen?

Es handelt sich hauptsächlich um ein Verhaltensproblem, nicht um ein analytisches Problem – die Antwort liegt im methodischen Ansatz. Abteilungsübergreifende *Projekte* sind besser als abteilungsübergreifende *Reflexion*. Die Leute müssen sich persönlich engagieren und miteinander reden, dann stellen sich die Einsichten und die zielführenden Aktionen oft von selbst ein. Wesentlich ist das Prinzip „Design as you go". Schnappen Sie sich ein paar Initiativen, deren Erfolg die produktive Kombination von Fähigkeiten mehrerer Geschäftsbereiche erfordert, und machen Sie sich mit diesen auf den Weg. Die Leute sollten den Wert gemeinsamer Informationen und Kenntnisse über organisatorische Grenzen hinweg selbst entdecken.

Sears mischt „Stocks and Socks"

Der Einzelhandelsriese Sears Roebuck and Company demonstrierte, daß Wachstum aus gegenseitiger Befruchtung durchaus von einer

High-level-Strategie abgeleitet werden kann. In Kapitel 4 haben wir gezeigt, wie Sears den Shareholder Value durch den Spinoff verschiedener Geschäftsbereiche in die Höhe schnellen ließ. Das wahre Geheimnis dieses Erfolgs war ein fundamentaler Wechsel der strategischen Grundhaltung. Damit ist insbesondere die Anfang der achtziger Jahre getroffene Entscheidung des Unternehmens gemeint, sich ein Standbein auf dem Sektor der Finanzdienstleistungen zu verschaffen – ein Vorgehen, das man damals als Sears' „Stocks-and-Socks"-Strategie* bezeichnet hat.

Die Konzernführung hat sich ziemlich systematisch an die Aufgabe gemacht. Ausgehend von seiner Position als Einzelhandelskette und Versicherungsgesellschaft (Versicherungen durch Allstate, gegründet in den frühen dreißiger Jahren) drängte man in rascher Abfolge ins Immobiliengeschäft durch Coldwell Banker, ins Maklergeschäft durch Dean Witter und ins Hypothekenbankgeschäft durch Sears Mortgage Banking. Nahezu zehn Jahre lang standen die Wirtschaftsanalysten dieser Entwicklung ausgesprochen skeptisch, wenn nicht gar ablehnend gegenüber. Was konnte ein Handelsunternehmen wie Sears schon von Finanzdienstleistungen verstehen?

Doch Sears hatte eine klare Vorstellung davon, worauf man sich eingelassen hatte. Über seine Handelstätigkeit und sein Kataloggeschäft hatte das Unternehmen detailliertes Wissen über seine Kundenbasis: das *gesamte* Mittelklasse-Amerika. In seinem Verhältnis zum Amerika der Mittelklasse hatte Sears sowohl seine eigene Kernkompetenz entdeckt wie auch einen Bruch in der Entwicklung des Marktes. Die Mittelklasse Amerikas wurde immer wohlhabender. Sie brauchte Investmentfonds, sie brauchte mehr Versicherungen, und sie war drauf und dran, sich ein neues Haus zu kaufen. Das Management-Team war der Ansicht, das sei typisches „Sears-Geschäft" – und die Stocks-and-Socks-Strategie war geboren!

Der Kundenreligion bei Sears zufolge läßt sich die Klientel des Unternehmens wie folgt definieren: Streichen Sie die sehr Reichen und die sehr Armen – und schon haben Sie den Sears-Kundenstock, mithin 60 bis 80 Prozent der amerikanischen Bevölkerung! Was noch mehr zählt, ist die Tatsache, daß Sears detaillierte Informationen über diese Kunden besitzt. Dank des hohen Anteils an Kreditkarteninhabern kennt

---

* Deutsch etwa „Aktien- und Sockenstrategie". (Anm. d. Übers.)

das Unternehmen die Namen dieser Menschen und dazu noch eine Menge mehr. Wer einen Rasenmäher kauft, besitzt höchstwahrscheinlich ein Haus. Dies bedeutet, daß er möglicherweise einen Hypothekenkredit, eine Versicherung oder Immobiliendienstleistungen benötigen könnte. Wenn eine Kundin Babykleidung kauft, hat sie wahrscheinlich Kinder. Gut möglich, daß da ein Finanzierungsplan für die Collegeausbildung des Nachwuchses angebracht wäre. Und die Leute, die Heimwerkergeräte kaufen, sind wahrscheinlich Do-it-yourself-Fans, was sie zu Kandidaten für ein günstiges Darlehen zur Finanzierung ihrer Aktivitäten macht. Sears kennt die Kreditgeschichte der Leute, kann ihr Einkommen abschätzen und weiß, wie sich ein Dienstleistungspaket innerhalb einer riesigen Kundenbasis optimal plazieren läßt.

Im Rahmen der Socks-and-Stocks-Strategie stellt die Einführung der Discover Card* eines der erfolgreichsten Beispiele für die Schaffung eines neuen Geschäftes an der Schnittstelle mehrerer bestehender Geschäftsbereiche dar.

Wie Stocks-and-Socks wurde auch die Discover Card von Wirtschaftsanalysten und konkurrierenden Kreditkartengesellschaften kritisiert, wenn nicht regelrecht verlacht. Sears, so hieß es, leide offenbar unter Größenwahn, der Krankheit, die in der Vergangenheit viele Mischkonzerne zu Fall gebracht hatte. Es war ein stark dezentralisierter Konzern, mit großem Handlungsspielraum für die Spartenmanager. Deshalb glaubten die Kritiker auch nicht daran, daß eine spartenübergreifende Kooperation funktionieren würde. Und außerdem, fragte man, wer braucht denn überhaupt *noch* ein Stück Plastik?

Die Kritiker übersahen aber, daß die Konzernspitze bei Sears – wie stark das Unternehmen auch dezentralisiert sein mochte – eine klare Vorstellung von den Kernkompetenzen des Gesamtunternehmens hatte und wußte, wie man die neue Karte zum Erfolg führen konnte. Gründliche Kenntnis der Kundenbasis war der Ausgangspunkt. Zielmarkt für die Discover Card war die amerikanische Mittelklasse. Außerdem konnte man anhand des bestehenden Portfolios an Kundenkarteninhabern und Finanzdienstleistungskunden die Bonität potentieller Kartenbenutzer vorab prüfen. Indem man die (aufgrund der Vorabprüfung) sofort gültige, gebührenfreie Discover Card Millionen Menschen gleichzeitig anbot, schuf man sich über Nacht eine solide Kundenbasis für

---

* Kreditkarte von Sears. (Anm. d. Übers.)

die neuen Geschäftsbereiche. Zur Bearbeitung der Transaktionen hatte man in den Bereichen Handel und Finanzdienste mehr Kompetenz, als man je brauchen würde. Man verfügte über die Bankfunktionen der Greenwood Trust Company als alleinige Ausgabe- und Eingangsstelle, wodurch sich kostspielige Bankgebühren für den Zahlungsverkehr erübrigten. Auf diesem Weg verschaffte man sich einen Wettbewerbsvorteil, indem man den Händlern günstigere Konditionen einräumen konnte. Wenn die Händler bei Verkäufen über Discover Cards den einen oder anderen Prozentpunkt an Provision sparen konnten, was hatten sie da schon zu verlieren? Außerdem war Sears imstande, Versicherungs- und Finanzdienstleistungen an die Karteninhaber direkt zu verkaufen. In diesen Fähigkeiten hatte das Unternehmen die Wurzeln eines mächtigen Baumes, dessen Früchte sich – so hoffte man bei Sears – als blühendes Kreditkartengeschäft erweisen sollten.

Die höhnischen Kommentare von Kritikerseite verstummten auch nicht, nachdem die Kreditkartenorganisation aufgebaut war. Nach drei Jahren hatte Discover saftige Verluste in Höhe von 230 Millionen Dollar eingebracht. Doch dann fingen die schlaueren unter den Analysten an, ihre Ohren zu spitzen, denn die Discover Card hatte bis dahin nicht weniger als 3,8 Milliarden Dollar an Forderungen akkumuliert! Um das in der richtigen Relation zu sehen, eine Vergleichszahl: First Chicago hatte eben der Beneficial National Bank 247 Millionen Dollar überwiesen, um 1 Milliarde an Forderungen anzusammeln. Dazu kommt noch, daß die integrierte Strategie von Sears Größenvorteile mit sich brachte, die die Discover Card zum Low-cost-Anbieter auf dem Markt werden ließen. Der jährliche Aufwand pro aktivem Kundenkonto lag um durchschnittlich 12 Prozent unter dem Branchenschnitt, weshalb man die Karte auch weiterhin gebührenfrei anbieten konnte; ganz zu schweigen von einem Rabattprogramm, das die Kundenloyalität auf ähnliche Weise fördert wie die Frequent-Flyer-Programme der Fluggesellschaften. So gesehen, stellen die 230 Millionen Dollar Verlust vielleicht die günstigste Investition in der Geschichte des Kreditkartengeschäfts dar.

Was letztendlich zählt, ist jedoch allein das Geschäftsergebnis. Bis 1992 konnte Dean Witter, Discover Einnahmen aus den Kreditdienstleistungen in Höhe von 207 Millionen Dollar melden, was einer zwanzigprozentigen Steigerung im Vergleich zum Vorjahr gleichkam. An die 90 Prozent dieses Gewinns sind der Discover Card zuzuschreiben.

Über Discover wurden weltweit nahezu sieben Prozent sämtlicher Kreditkartengeschäfte abgewickelt; die Karte wurde von 15 Prozent aller Kreditkartenbenutzer verwendet und vereinigte acht Prozent aller offenen Forderungen auf sich. Zum Ermittlungszeitpunkt gab es fast 40 Millionen Discover-Card-Besitzer.

Und wie geht's Stocks-and-Socks? Nun, die Strategie hat sich erübrigt, da sich die Sears-Führung zum Ausstieg aus dem Finanzdienstleistungsgeschäft entschlossen hat – in erster Linie, um den Finanzmärkten eine Bewertung der unterschiedlichen Unternehmensbestandteile zu ermöglichen. Sears hat seine Anteile an Dean Witter und Discover abgegeben. Coldwell Banker Residential wurde an die Fremont-Gruppe verkauft, die Hypothekenbank Sears Mortgage Banking an die PNC Bank. Dazu wurde angekündigt, daß der verbliebene Anteil an der Allstate-Holding auf Aktionäre übergehen soll. Sears wird bald wieder sein, was es einst war: eine Handelskette.

Und die Ergebnisse können sich sehen lassen. Sears hat aus all diesen Transaktionen 4,2 Milliarden Dollar gezogen. In den zehn Jahren, in denen Sears im Finanzdienstgeschäft engagiert war, haben sich die Umsätze aus diesem Bereich auf fast 30 Milliarden Dollar verdreifacht und die Aktiva auf fast 90 Milliarden Dollar vervierfacht. Zwischen 1990 und 1994 hat sich der Kurs der Sears-Aktie mehr als verdoppelt, und wenn man die 1993 von Dean Witter ausgeschüttete Dividende hinzurechnet, ergibt sich beinahe eine Verdreifachung. Sears hat in einem Zeitraum von zehn Jahren eindrucksvoll unter Beweis gestellt, wie die gegenseitige Nutzung von Kernkompetenzen ein starker Motor für das Wachstum sein kann.

Eine weit hergeholte Idee bei Woodbridge ... oder nicht?

Als wir uns von Karl im letzten Kapitel verabschiedeten, kam er gerade aus einem Kunden-Workshop, in dem er wertvolle Erkenntnisse zur Lösung seines Dilemmas mit der Produktpalette gewonnen hatte. Es gab keinen Zweifel mehr – das breite Produktprogramm von Woodbridge stellte einen potentiellen Wettbewerbsvorteil dar. Sie würden ihr Produktprogramm beibehalten, vielleicht sogar erweitern, während sie gleichzeitig Produktionsanlagen, Maschineneinsatz und Preisstrukturen neu gestalteten, um die Probleme ihrer Kunden zu lösen.

Der Erfolg des ersten Workshops hat Anlaß zu zahlreichen weiteren gegeben, und jetzt führen sie bereits eine Art Eigenleben. Wenn die

Kunden einverstanden sind, macht Woodbridge Videoaufnahmen von den Veranstaltungen. Die redigierten Bänder werden später in der gesamten Firma als „Kundenfokus"-Videos verteilt. Sogar der CEO sieht sich diese Bänder am Abend mit Frau und Kind an. Was für ein aufregendes Leben der führen muß ...

Es gibt einen Raum, in dem alle Workshop-Daten an den Wänden aufgehängt werden. Kunde für Kunde wird hier ermittelt, worauf es den einzelnen Geschäftspartnern ankommt. Außerdem werden sie in Segmenten zusammengefaßt, je nachdem, welchen Nutzen sie von Woodbridge erwarten. Einer der Werktechniker, der mit diesem unwissenschaftlichen Vorgehen überhaupt nicht einverstanden ist, nennt das „Segmentierung per Augenschein". Nun, wissenschaftlich oder nicht, es erregt die Aufmerksamkeit der Leute. Sie schlendern im Zimmer herum und schauen sich neugierig an, was die Welt da draußen von ihnen will.

Karl hat sich zu einem ziemlich überzeugten Apostel der Kundenfokussierung gemausert. Er spricht mit dem Eifer des frisch Konvertierten und wird nicht müde, seiner Meinung Ausdruck zu verleihen, die Firma sei zu sehr nach innen orientiert. „Ihr müßt herausfinden, wie unsere Kunden ihre Kunden bedienen und deren Kunden wiederum ihre Kunden, bis zum Ende der Wertschöpfungskette", predigt er. Seine Kollegen können Karls Wandel nicht fassen – das soll derselbe Karl sein, der Kunden vor die Tür setzte, wenn sie es wagten, sich nach den Fortschritten ihres Auftrags zu erkundigen?!

„Nur Idioten ändern niemals ihre Meinung", sagt Karl gerne. „Das hab' ich schon immer gesagt – und daran wird sich auch nichts mehr ändern", fügt er augenzwinkernd hinzu.

Der heutige Workshop findet mit einem deutschen Hersteller von Druckmaschinen statt. Er wurde eingeladen, weil er innovative Technologien entwickelt haben soll.

Karl ist gerade nach draußen gegangen und genießt eine dringend benötigte Kaffeepause. Bislang war die Sitzung langweilig und mühsam. Der Deutsche hat einen Akzent, der ihn nicht gerade leicht verständlich macht, und er hat Schwierigkeiten, die Feinheiten in den Fragestellungen der Woodbridge-Leute zu verstehen. Es ist bereits Mittag, und etwa zwei Drittel der Zuhörer haben aufgegeben. Karl ist rausgegangen, deshalb fühlt er sich ein wenig schuldig – allerdings auch nicht allzu sehr. Er hat viel gelernt in den letzten Monaten, aber seine globalen Instinkte können bestenfalls als rudimentär bezeichnet werden. Er hat nie eine Fremdsprache gesprochen – seine drei Jahre High-School-Französisch sind spurlos an ihm vorübergegangen –, und er kann mit Ausländern, die versuchen, sich in gebrochenem Englisch auszudrücken, wenig anfangen. Wie er allerdings feststellt, zeigen sich die Leute von der Forschungs- und Entwicklungsabteilung noch immer sehr interessiert. Glücklicherweise spricht einer von ihnen fließend Deutsch und kann gegebenenfalls dolmetschen. Der Deutsche hat da etwas im Sinn, scheinen sie zu denken, und das Gespräch wird sehr technisch; es ist viel von Druck, Temperatur und Zugfestigkeit die Rede. Als Karl wieder auf das Konferenzzimmer zusteuert, zeichnen sie eben die Skizze eines Ofens auf das Flip-chart und reden offenbar von einer Kühlvorrichtung.

Von Woodbridge sind nur mehr die drei F&E-Leute zugegen. Ein wenig verlegen nimmt Karl Platz. Er möchte nicht, daß Woodbridge seinen deutschen Gästen gegenüber einen unhöflichen Eindruck macht. Seine Augen wandern im Raum umher.

Zuerst ist er nicht sicher, was er da auf dem Flip-chart sieht. Doch mit der Zeit und dank der langsam fortschreitenden Diskussion kann er es sich Stück für Stück zusammensetzen. Oder das glaubt er vielmehr, denn eigentlich traut er seinen Augen und Ohren nicht. Sie sprechen über eine vollintegrierte Papier- und Druckmaschine! Ja, ganz genau, das muß es sein! Er erkennt den Behälter für Zellstoff am Anfang der Produktionsstraße, die Antriebsmotoren, den Trockenofen; hmmmm, ja, eine Kühlanlage, und dann die angeschlossene Druckerpresse. Eine komisch aussehende Ente, diese integrierte Papiererzeugungs- und Druckmaschine.

Sein erster Gedanke gilt natürlich der Produktionsplanung. Die 20 technischen Wunder einmal beiseite gelassen, die notwendig sind, um so eine Maschine in Gang zu bringen – das Ding würde natürlich eine ganze Menge Planungsprobleme aus der Welt schaffen. Das wäre noch besser als *Just-in-time,* das wäre *Simultanproduktion!* Sie brauchten sich keine Sorgen mehr über halbfertige Produkte oder Papiervorräte zu machen. Ein direkter Weg vom Zellstoff zur bedruckten Verpackung – Mann oh Mann, welche Aussichten!

Doch andererseits: Wieviel Kopfzerbrechen wird ihm das alles noch bereiten? Karl sieht eine Million potentieller Probleme. Wer wäre Eigentümer der Maschine? Woodbridge? Die Drucker? Oder gar der Suppenproduzent? Es ginge jedenfalls nicht ohne eine komplette Neuordnung der gesamten Supply Chain. Au weia, angst und bange könnte einem werden ...

Aber macht ja nichts – das Ding wird ohnedies nie, nie funktionieren. Seht es euch an! Unglaublich, diese Verwegenheit! Das Papier ist so zerbrechlich, wenn es aus der Papiermaschine kommt. Es muß zuerst einmal abkühlen. Keine Kühlanlage auf der ganzen Welt schafft das in so kurzer Zeit. Und aus Kostengründen muß der Papiermaschinen-Output sehr, sehr breit sein, während die Breite der Druckmaschine aus Layoutgründen wiederum sehr viel geringer sein soll. Außerdem kann man weder von der Druckindustrie verlangen, daß sie plötzlich das Papiermachen lernen, noch von den Papierproduzenten, sich zu Druckexperten auszubilden. Oh nein, ganz gewiß! Das funktioniert niemals!

Und doch ...

Die F&E-Kollegen sind so aufgeladen, daß Karl ihre Energie förmlich spüren kann. Sie spielen mit dem Gedanken, einen Prototyp zu bauen. Karl, der alte Fuchs, hat eine Idee: Er kennt einen kleinen Produzenten in Wisconsin mit einer einzigen Fertigungsstraße, der gerade den Betrieb aufgegeben hat. Seine Maschine könnte man sicher für einen Spottpreis haben. Vielleicht ließe sich die integrierte Papier- und Druckmaschine auf Basis dieser Maschine bauen!

Ein paar Tage später zitieren der CEO und der Leiter der F&E-Abteilung Karl ins Büro. Er weiß schon, was läuft, bevor sie ein Wort sagen. Ja, er freut sich, die Verantwortung für die Verwirklichung des Prototyps zu übernehmen. Nein, kein Problem, das noch in seiner 80-Stunden-Woche unterzubringen. O ja, er ist entzückt, daß er und sein Team zur Lokomotive des gesamten Transformationsprozesses im Unternehmen werden.

Karl macht sich über zwei Dinge Sorgen: Erstens, wie er seiner Frau klarmachen soll, daß er sich noch eine Verantwortung aufgehalst hat, und zweitens, wie er eine plötzliche Gehirnauflösung verhindert. Wenn er die beiden Sorgen bewältigt, wird sein Leben eine ganz andere Dimension gewinnen, davon ist er überzeugt. Und allmählich gefällt ihm das sogar.

CIGNA P&C gewinnt Respekt im Konzernverband zurück

CIGNA P&C ist länger, als sich die meisten CIGNA-Führungskräfte zurückerinnern können, das schwarze Schaf in der CIGNA-Unternehmensfamilie gewesen. Nun allerdings, da sich die Bilanzen zu verbessern beginnen, gewinnt man eine neue Reputation. Zu guter Letzt können die CIGNA-Bosse in der P&C-Division wieder einen potentiellen Wachstumsmotor sehen. Und im Frühjahr 1994 steht Gerry Isom vor der Frage, wie er auf die neue Konzerninitiative reagieren soll.

Das Mutterunternehmen spielt nämlich mit der Idee, ein neues, integriertes Angebot zu schaffen, das sich über die Sparten „Gesundheitsvorsorge", „Renten" und „Sach und Unfall" erstreckt. Das Servicepaket würde als „24-Stunden-Schutz" positioniert. CIGNA würde mittlere und große Unternehmen ansprechen und ihnen ein maßgeschneidertes Konzept anbieten, das alle drei Bereiche einschließt. Anstatt separate Versicherungsdeckung in den einzelnen Sparten zu erwerben, würden die Kunden mit einem einzigen CIGNA-Vertreter sämtliche Versicherungsangelegenheiten aushandeln.

Die Idee ist aus drei Gründen attraktiv. Erstens: Vor allem Unternehmenskunden sind es leid, sich mit der Komplexität von Versicherungen herumzuschlagen. Es gibt zu viele Versicherungsträger, zu viele Policen und viel zu viele Vertragsverhältnisse zu managen.

Zweitens: Die meisten Unternehmenskunden betrachten Kranken- und Pensionsversicherungen als Einheit, da beide integrative Bestandteile von Vergütungspaketen sind. Daneben werden einige Sach- und Unfallversicherungspolicen, wie etwa die Berufshaftpflichtversicherung, als Teil der betrieblichen Zusatzleistungen betrachtet. Drittens: Healthcare und P&C könnten sich ein gemeinsames Netz von Leistungsanbietern teilen, einschließlich Ärzten und Krankenhäusern. Das Dienstleistungsnetzwerk der Healthcare-Sparte bietet interessante Kostensenkungsmöglichkeiten für P&C.

Das vielleicht Attraktivste an der Idee ist jedoch, daß CIGNA einer der wenigen Anbieter ist, der in allen drei Geschäftszweigen stark genug ist, um das Angebot in die Tat umzusetzen. Die Barrieren für den Eintritt ins Versicherungsgeschäft sind relativ niedrig, weshalb sich in den einzelnen Geschäftsfeldern auch viele Mitbewerber tummeln. Wenn die „24-Stunden-Deckung" gelingt, könnte CIGNA Unternehmen, die jetzt mit drei oder vier unterschiedlichen Anbietern zu tun haben, integrierte Leistungspakete anbieten. CIGNA würde Economies of Scale schaffen, die es Nischenanbietern schwermachten, da mitzuhalten. Doch vor allem würde man den Kunden das Leben so erleichtern, daß ihnen das Angebot einfach zusagen müßte. CIGNA würde viele Kundensegmente zu einem einzigen neuen, wesentlich größeren Segment zusammenfassen. Derart würde man den anderen Anbietern den Marktzugang beträchtlich erschweren und sich einen beruhigenden Vorsprung verschaffen.

Dennoch: Trotz seiner konzeptionellen Eleganz wird sich die „24-Stunden-Deckung" schwerer implementieren als formulieren lassen.

Gerry Isom fragt sich, wie schnell er vorgehen kann. Über ein Jahr lang hat er in zäher Kleinarbeit versucht, die funktionalen Wände innerhalb von P&C niederzureißen, und er hat kaum die erste Runde geschafft. Jetzt wird er die Leute zur Zusammenarbeit über die P&C-Grenzen hinweg auffordern. Kein Zweifel, es handelt sich um eine große strategische Herausforderung – aber wird sein Team sie bewältigen? Wird die Aufforderung zur Zusammenarbeit mit den stärkeren Sparten CIGNAs den Erfolg seiner Team-building-Versuche unterminieren? Ist das Ganze nicht einfach zuviel verlangt?

Ein praktischeres Problem ist die EDV. Die haben schon jetzt genug Probleme mit ihren alten Systemen, ohne daß sie die Schadensanspruchs-, Underwriting- und Maklerakten von drei Sparten aufeinander abstimmen müssen. Aber warum sollte man andererseits nicht beiden Problemen gleichzeitig zu Leibe rücken?

Trotz seiner Bedenken ist Isom davon überzeugt, daß die besten Wachstumschancen zwischen den Geschäftsbereichen angesiedelt sind, nicht in ihrem Inneren, und allzu viele interne Möglichkeiten zum Revitalizing stehen ihm auch gar nicht zur Verfügung. Nicht zu vergessen der Status von P&C innerhalb der CIGNA-Gruppe. Zur Zeit hat er Rückenwind, und den gilt es zu nutzen! Die beiden anderen Sparten haben an der Idee der „24-Stunden-Deckung" wahrscheinlich schon längere Zeit Gefallen gefunden, aber ernsthaft erst angesichts der aktuellen Leistungssteigerungen bei P&C darüber nachgedacht. Würde er in dieser Situation signalisieren, P&C sei zu sehr mit eigenen Problemen beschäftigt, um mitzumachen, könnte dies dem Ruf der Sparte auf Jahre hinaus schaden.

Das kann er einfach nicht riskieren; also wird Isom zu einem bereitwilligen, wenn auch etwas bange in die Zukunft blickenden Partner im „24-Stunden-Schutz"-Projekt.

ALLIANZEN AUFBAUEN

Unternehmen können zwar für neuen „Nachwuchs" sorgen, indem sie Kompetenzen gegenseitig nutzen, doch wer sich auf die Inzucht beschränkt, läuft Gefahr, einen ungesunden genetischen Pool zu schaffen. Allianzen sind eine Möglichkeit, das Unternehmensgenom selektiv zu revitalisieren, indem Fertigkeiten und Know-how zwischen Unternehmen ausgetauscht und kombiniert werden, damit neue Kompetenzen entstehen und neue Geschäftsfelder erschlossen werden.

Die letzten zehn Jahre sind von einer wahren Flut von Allianzen gekennzeichnet, die zunehmend globalen Charakter annehmen. Allianzen können danach klassifiziert werden, welche Stufe an Komplexität sie einnehmen. In ihrer einfachsten Form sind sie bloß *opportunistisch,* das heißt, man schließt sich zusammen, weil es wirtschaftlicher ist, Know-how von anderen Unternehmen zu erwerben, als es selbst zu entwickeln. Im Extremfall können Allianzen die Entstehung einer neuen wirtschaftlichen Ordnung darstellen, in der die einzelnen Unternehmen Knoten in Netzwerken sind und in der das effektive Management der Netzwerke zum neuen Maß für den Erfolg wird. Diese zweite Perspektive könnte man auch als die *Big-Bang-Theorie* oder *Urknalltheorie der Allianzen* bezeichnen.

Allianzen der opportunistischen Sorte sind hauptsächlich aus zwei Gründen notwendig: *die enorme Geschwindigkeit, mit der sich Technologien branchenübergreifend ausbreiten,* und *die Globalisierung der Märkte.*

Früher haben die Unternehmen den technischen Fortschritt in ihren eigenen Branchen vorangetrieben. Heute verhält es sich eher umgekehrt: Die Technologie treibt unternehmerischen Fortschritt über unterschiedliche Branchen hinweg an. Es kommt nur noch selten vor, daß die in einer Branche führenden Unternehmen ein Monopol auf die technologische Innovation besitzen. Heute sind die Unternehmen gezwungen, Allianzen mit kreativen Partnern einzugehen, wenn sie mit dem Tempo der technologischen Innovation mithalten wollen. Man greift nicht mehr die starke Marktposition des Wettbewerbers an, sondern greift auf seine Innovationen zu. Der Forschungs- und Entwicklungsaufwand steigt weltweit, und der Anteil kooperativer F&E-Ausgaben nimmt ebenfalls zu. Einzelunternehmen schaffen es alleine offenbar nicht mehr – nicht einmal Giganten wie IBM oder NEC.

Merck, der sehr erfolgreiche amerikanische Pharmakonzern, ist ein gutes Beispiel für ein Unternehmen, das sich auf buchstäblich Hunderte von Allianzen eingelassen hat. Im Zuge seines Abkommens mit DuPont etwa hat Merck sich bereit erklärt, einige seiner Produkte der engagierteren und erfolgshungrigen Verkaufsmannschaft bei DuPont zu überlassen, damit die eigenen Verkäufer sich auf die „großen Brocken" konzentrieren konnten. DuPont wiederum verfügte über eine vielversprechende Technologie, von der man hoffte, daß man sie mit Mercks Hilfe besser auf den Markt bringen konnte.

Die *Globalisierung der Geschäftswelt* ist der zweite Faktor, der für die Zunahme von Allianzen verantwortlich zeichnet. Wirklich weltumspannende Unternehmen sind selten. Wer also den Zutritt zu den Weltmärkten anstrebt, wird nicht umhinkönnen, Partnerschaften mit anderen Firmen einzugehen, die an bestimmten Orten auf der Welt eine stärkere Position haben. Im Rahmen dieser Kooperationen werden Produktions-Know-how, Technologie, Economies of Scale oder andere Unternehmenspositionen eingetauscht, um einen besseren Marktzugang zu bekommen.

So haben sich beispielsweise in ihrem Bemühen um globalen Marktzugang 12 weltweit operierende Elektronikkonzerne zusammengeschlossen, um ihr Wissen auszutauschen und die Schalttechnik zu standardisieren: LM Ericcson in Schweden; Digital Equipment, IBM, Honeywell und Texas Instruments in den USA; Siemens in Deutschland; Seiko in Japan; Plessey und Thorn-EMI in Großbritannien; Matra und CGCT in Frankreich. Um sich Zugang zur europäischen Luftfahrtindustrie zu verschaffen, hat sich General Electric in einer Partnerschaft mit der französischen SNECMA zur Produktion von Flugzeugmotoren zusammengetan. Pilkington verläßt sich überall dort, wo der Konzern eine gute Position hat, auf Tochterunternehmen; man geht aber Allianzen mit anderen Unternehmen ein, wenn es gilt, auch andere Teile des Weltmarkts zu erobern, zum Teil sogar mit Konkurrenten: mit Nippon Sheet Glass in den USA, Mexico, Südkorea und Taiwan sowie Saint-Gobain in Frankreich, Argentinien und Brasilien. Merck ist eine Allianz mit Johnson & Johnson eingegangen – pharmazeutisches Know-how im Tausch gegen die Consumer-Marketing-Fähigkeiten von Johnson & Johnson. British Airways und USAir haben sich mit dem Ziel zusammengeschlossen, ein globales Luftliniennetz zu spannen.

Allianzen können aber auch Sorgen bereiten. Zwei Köpfe sind nicht immer besser als einer. Allianzen führen auch nicht selten zu kulturellen und operativen Konflikten, die ein allein agierendes Unternehmen vermeiden kann. Sie erzeugen vielleicht mehr und besseren Wert, aber da die Erträge geteilt werden müssen, müssen sie schon sehr viel mehr Wert schaffen. Wer eine Allianz eingeht, betritt das Territorium der Partnerfirma und schafft sich damit unter Umständen neue Konkurrenten an den Hals. Das größte Risiko liegt aber wahrscheinlich in der Gefahr der Preisgabe von Kernkompetenzen. Die Welt der Allianzen ist alles andere als vollkommen!

Die Big-Bang-Theorie der Allianzen

Die Motive für Allianzen sind oft sehr einfach und an opportunistischen Zielen ausgerichtet, wie die Kostenposition verbessern, eine neue Technologie erwerben, Zugang zu einem Markt gewinnen oder Risiko streuen. Eine Motivation verdient allerdings besondere Aufmerksamkeit: *der Wunsch, voneinander zu lernen.* Die Lernfähigkeit verdrängt in vielen Branchen zunehmend physische Vermögenswerte, Marktanteil, technologische Position und Patente als entscheidende Erfolgsfaktoren. Die Fähigkeit, Wissen rasch aufzunehmen und es in Produkte und Dienstleistungen einfließen zu lassen, erweist sich als Schlüssel für den Unternehmenserfolg. Da aber der Löwenanteil an Wissen und Informationen außerhalb des eigenen Unternehmens existiert, entwickelt sich die Fähigkeit, wissenserweiternde Allianzen einzugehen, zu einer der wichtigsten Waffen im Wettbewerb.

Insbesondere japanische Firmen zeichnen sich durch die Fähigkeit aus, von anderen mittels Allianzen zu lernen. So war zwar Ampex der ursprüngliche Innovator in der Entwicklung des kommerziellen Videorecorders, aber JVC und Matsushita hatten am Ende die Nase vorn, weil sie in der Einführung des VHS-Standards den Ton angaben. In der TV-Industrie liegt prinzipiell dasselbe Muster vor: Amerikanische Innovatoren lizenzierten ihr Know-how an japanische Firmen, die dann am Ende den Markt selbst beherrschten.

Wenn Wissen zum fundamentalen Faktor für unternehmerischen Erfolg wird, dann wird die Fähigkeit, den Fluß, den Erwerb und die Anwendung von Wissen zu steuern, zu einer wesentlich bedeutenderen Meßgröße für den Wert eines Unternehmens als der Verkehrswert seiner Aktiva. Je dichter sich das Netz von Allianzen zwischen den Firmen entwickelt, desto lockerer und schwerer faßbar werden die Kapitalstrukturen; die klaren Eigentumskonturen in den einzelnen Branchen sind inzwischen eher ein Relikt der Vergangenheit als ein relevantes Maß für die Wettbewerbsposition. Daraus folgt, daß die etwas eingefrorenen, wenngleich rasch auftauenden Gesellschaftsstrukturen, wie wir sie kennen (und wie sie uns beispielsweise in den Notierungslisten an der New Yorker Börse oder den Performance-Reports von *Fortune* und *Business Week* begegnen), unweigerlich in einem wirtschaftlichen „Big Bang" bzw. „Urknall" explodieren müssen. Wenn wir uns den „Tag danach" vorstellen, sehen wir ehemalige Konkurrenten in kosmischer Umarmung, die, eng miteinander verbunden, aus dem gemeinsamen Wissensfundus schöpfen.

Man muß aber gar nicht so weit in die Zukunft blicken, um die allerorts sichtbaren Anzeichen für den Aufbau strategischer *Netzwerke* wahrzunehmen. Manche davon basieren auf industriepolitischen Erwägungen. Sematech, der Verband der Chip-Hersteller, ist so ein Beispiel, wenn auch nicht gerade ein reibungslos funktionierendes. Andere Netze entstehen durch die Konvergenz von Technologien. So haben wir etwa bereits erlebt, wie die verschiedenen „Electronic-Highway"-Projekte Halbleiterhersteller, Elektrogerätefirmen, Computeranbieter und Telekommunikationsgesellschaften mit den sogenannten „Content"-Anbietern verbinden.

Gemäß dem Urknall-Szenario wird eine Allianz in Zukunft bei weitem nicht mehr nur auf opportunistischer Grundlage entstehen. Möglicherweise ist ihr ein Schicksal als Galaxi bestimmt, mit den Unternehmen als Sonnensystemen. Wir waren einmal der Meinung, die Erde sei das Zentrum des Universums, um das die Sonne, der Mond und die Sterne tanzen. Heute wissen wir, daß wir auf einem winzigen Fleckchen wohnen, dessen Bewegungsdynamik von Millionen anderer Körper im universalen Tanz der Gravitationskräfte gesteuert wird. Allianzen werden vielleicht zur Gravitationskraft des neuen Unternehmensuniversums, und die Dynamik der einzelnen Unternehmen wird vom Zusammenspiel der Allianzen bestimmt. Für die vorhersehbare Zukunft wird das Einzelunternehmen zwar noch im Mittelpunkt der Leistungserstellung stehen, doch wird sein Schicksal in zunehmendem Maße von seinem Allianzen-Netzwerk abhängen bzw. von der Stärke der Galaxie, in der es sich befindet.

Concert – Aufbau einer Allianz im Laufschritt

In keinem Sektor zeichnet sich der Big Bang so klar ab wie auf dem globalen Markt der Telekommunikation. Die Wachstumsraten sind – dank Privatisierung und Entstehung der EU – im internationalen Telekommunikationsgeschäft geradezu explodiert, mit durchschnittlichen Zuwächsen von 20 Prozent jährlich. Große multinationale Gesellschaften stellen das größte und schnellstwachsende Segment dar. Sie wickeln 80 Prozent ihres Sprechverkehrs in nicht mehr als zehn Ländern ab, darunter die Vereinigten Staaten und Großbritannien. Um das Geschäft ist ein heißer Verdrängungswettbewerb entbrannt, und man ist in Fachkreisen einhellig der Auffassung, daß sich in etwa zehn Jahren nur mehr drei oder vier Telekommunikationsgiganten den gesamten Kuchen teilen werden.

Es herrscht aber auch Übereinstimmung darüber, daß es keiner, auch nicht die mächtige AT&T, alleine schaffen wird. Das Ergebnis ist ein Boom von Allianzen. Die anfallenden Investitionskosten sind gigantisch, und in so einer Situation bieten Allianzen die Möglichkeit, Finanzierung und Ressourcen aufzuteilen. Internationale Netzwerke sind nur so stark wie ihr schwächstes Glied (d.h. das schwächste Netz in einem Land), und Allianzen sind eine Methode, sich Zugang zum besten zu verschaffen. Gesetzliche Hürden sind – insbesondere im Sprechverkehr – sehr schwer zu überwinden, und Allianzen eröffnen lokalen Zugang zur Beschleunigung der Verfahren.

Was sich bereits abzeichnet, ist ein Dreieckskampf zwischen komplexen Netzen äußerst wettbewerbsorientierter Allianzen. In einer Ecke befindet sich AT&T mit seinem WorldPartners-Konsortium aus Eigentümergesellschaften und gebührenzahlenden Mitgliedsunternehmen (KDD, Singapore Telecom, Unisource etc.). In der zweiten Ecke befindet sich eine voraussichtliche Allianz mit dem Codenamen Phoenix, kürzlich abgeschlossen zwischen Sprint, France Telecom und der Deutschen Telekom. In der dritten Ecke sitzt Concert, ein Joint-venture-Unternehmen zwischen BT (vormals British Telecommunications) und dem internationalen Long-Distance-Netzbetreiber MCI. Wir werden für unsere Zwecke Concert ein wenig näher unter die Lupe nehmen. Nippon Telephone und Telegraph, wichtigster Vertreter der japanischen Telekommunikationsindustrie und ein potentiell mächtiger und begehrter Partner, bleibt dieser globalen Party auffallenderweise fern.

Zur Zeit scheinen WorldPartners und Concert die Hauptkonkurrenten zu sein, von denen Concert die erste Runde klar für sich entschieden hat. Der Startschuß ist gefallen für das Rennen um den lukrativen Markt der sogenannten „Virtual Network Services" (VNS). Mit VNS können Unternehmen innerhalb ihrer eigenen Netzwerke über öffentliche Leitungen kommunizieren, als wären sie über ein Privatnetz verbunden. Mit Hilfe von VNS kann beispielsweise ein in New York sitzender Mitarbeiter eines internationalen Konzerns über eine dreistellige Nummer ein Büro in Paris, London oder Rom anrufen. Dazu können die Benutzer über ein virtuelles Netz ein internes E-Mail-System oder eine interne „Knowlegde-sharing Application" (zum Beispiel Lotus Notes) betreiben. Ungefähr 50 Prozent der wichtigsten US-Firmen setzen VNS im Inland ein, verglichen mit nur 16 Prozent in Europa. Das Wachstumspotential auf diesen Märkten ist schwindelerregend, und BT/MCI's Concert hat auf der Jagd nach dem Kuchen bereits einen Vorsprung von sechs Monaten herausgeholt.

Wie bereits erwähnt, handelt es sich bei Concert um ein Joint-venture von BT und MCI. Es wurde Mitte 1993 abgeschlossen, die offizielle Gründung erfolgte im Juni 1994. Im November 1994 hat man das erste Produkt auf den Markt geworfen: Das Baby heißt „Concert Virtual Network Services" (CVNS) und war anfänglich in acht Ländern erhältlich. An dem Tag der CVNS-Einführung mußte AT&T kleinlaut eingestehen, daß man vergleichbare Dienstleistungen erst in frühestens einem halben Jahr anbieten könne. Es heißt, die AT&T-Manager hätten auf die schmerzhafte Niederlage empfindlich reagiert und würden ihre Anstrengungen verdoppeln, möglichst bald ein eigenes Produkt herauszubringen.

Concert wurde ins Leben gerufen, um die einander ergänzenden Kompetenzen von BT und MCI zu kombinieren, und um MCI's Kundenbasis in Nordamerika und die von BT in Großbritannien (sowie in Europa und im pazifischen Raum) besser anzugehen. Die Firmen schlossen sich im Concert-Konzern zusammen, um globale, nahtlose Kommunikationslösungen oder Produkte zu entwickeln, die exklusiv von MCI und BT vertrieben werden. Der Sinn liegt darin, Concert zu einem Komplett-Anbieter zu machen, so daß etwa ein multinationales Unternehmen Concert als einzigen Vertragspartner für sämtliche Kommunikationsangelegenheiten engagieren würde. Dieser Ansatz unterscheidet sich von AT&Ts Vorgehen: AT&T bildet Allianzen mit Unternehmen, ohne diese allerdings zu kontrollieren, das heißt, diese vermarkten ihre Produkte in Eigenregie. Concert ist der Meinung, seine Vorgehensweise werde die Lieferung von Kommunikationsdiensten weltweit auf eine Weise erlauben, die anderen, lockerer gebildeten Allianzen nicht offensteht.

Die Eigentümerstruktur von Concert ist komplex – ganz im Stile des Urknalls. Aus rechtlichen Gründen begann man die Unternehmenstätigkeit als hundertprozentige BT-Tochter. BT entschloß sich in der Folge zum Ankauf eines zwanzigprozentigen Anteils an MCI für 4,3 Milliarden Dollar (ausländische Betreiber können bis zu 25 Prozent eines US-amerikanischen Fernmeldeunternehmens übernehmen). Von der Idee her und in der operativen Praxis war Concert jedoch von Anfang an ein 50:50-Joint-venture zwischen den beiden Unternehmen.

Der spektakuläre Erfolg von Concert, als erster am Markt zu sein, verschleiert allerdings ein wenig den turbulenten und recht schmerzhaften Prozeß, der zur Einführung des CVNS-Angebots geführt hat. Die Concert-Führung mußte an vielen entscheidenden Wegkreuzungen persönliche und kulturelle Konflikte bewältigen.

Die Personalpolitik war so eine Wegkreuzung. In der Gründungsphase der Allianz wurden bei MCI und BT zwar jeweils firmenintern unabhängig voneinander Vorgaben für Prozesse, Rollen und Verantwortlichkeiten entwickelt, doch keiner stellte Mitarbeiter für Concert ab. Kurz nachdem die Führungsmannschaft des neuen Unternehmens ernannt war, erkannten die neuen Concert-Manager, daß sie für das Unternehmen von Grund auf eine neue Belegschaft rekrutieren mußten, und zwar schnell! Concert sollte planmäßig bis April 1994 große und komplizierte Produkte liefern, darunter CVNS. Dabei hatte das Unternehmen seine ersten Mitarbeiter erst im Juni 1993 eingestellt, also nur 10 Monate zuvor! Das war mehr als eine schlichte Reduzierung von Entwicklungs- und Produktionszeiten – das war schon eher ein Akt schierer Akrobatik!

Chris Ernshaw, ehemals bei BT und Mitglied des Teams, das die Zusammenarbeit mit MCI verhandelte, wurde unmittelbar nach den ersten Entwürfen für das Concert-Projekt zum CEO ernannt. Er stellte in kurzer Zeit ein Führungsteam auf die Beine, dessen Mitglieder die verschiedensten Karrieren in den beiden Unternehmen hinter sich hatten. Kathleen Flaherty von MCI übernahm die Verantwortung für Marketing und Produktmanagement. Tom Rowbotham von BT wurde Leiter der Produktentwicklung. Mike Read von BT übernahm den operativen Bereich. Roy Nash von MCI wurde Finanzchef, und leitende Manager einer amerikanischen BT-Tochterfirma, die dem Concert-Projekt einverleibt wurde, übernahmen die Verantwortung für die Bereiche Personal und Recht. Eines war den Mitgliedern dieses Führungsteams von vornherein klar: Die Losung hieß „Vogel friß oder stirb!"

Als CEO war es die wichtigste Aufgabe von Chris Ernshaw, Frieden zu stiften und den Teamgeist zu fördern. Einerseits mußte er seine Mannschaft erst kennenlernen, andererseits waren sofort einige strategische Entscheidungen zu treffen. Er übertrug der Marketingabteilung die Verantwortung für Gewinne und Verluste, verschaffte aber gleichzeitig dem technologischen und operativen Bereich leichten Zugang zu Kapital. Diese Konstellation sorgte in der schwierigen Anfangsphase für ausgewogene Machtverhältnisse und einen geglückten Start der Entwicklungs- und Investitionsprogramme.

Angesichts der beschränkten Ressourcenzuweisung von den Muttergesellschaften und der nicht vorhandenen Personalentwicklungsprozesse hatte die Führungscrew gar keine andere Wahl, als sich in ihren ehemaligen Unternehmen nach Mitarbeitern umzusehen. Dies brachte die Gefahr mit sich, daß bei der Besetzung bestimmter Funktionen Mitarbeiter aus dem einen oder dem anderen Mutterunternehmen bevorzugt werden könnten. Außerdem erwies es sich als nicht gerade einfach, in Frage kommende Mitarbeiter zu einem Wechsel zu Concert zu bewegen. Die Frage des persönlichen Nutzens stellte sich, und auch die Frage, warum man einen sicheren Job aufgeben sollte, um für das gleiche Geld doppelt so viel zu arbeiten – und das in einer Firma, die vielleicht gar nicht überlebte! Concert wurde sich sehr schnell bewußt, daß Fragen wie „Was passiert mit meiner BT-Pension?" und „Was ist mit meinem MCI-Aktienoptionsprogramm?" rasch und befriedigend beantwortet werden mußten. Manchmal reicht eben Abenteuergeist nicht aus, um Talente anzulocken, erkannte man in dem jungen Unternehmen.

Concert schloß einen Kompromiß mit seinen Mitarbeitern – die im Unternehmensjargon als „Secondees"[*] bezeichnet wurden: Die Leute würden sich anfänglich nur für zwei Jahre verpflichten. Sie sahen sich im Grunde weiterhin als BT- oder MCI-Angestellte, insbesondere da sie ihre Zukunft doch eher in der Rückkehr zu ihren ursprünglichen Arbeitgebern sahen. Nun allerdings, wo Concert auf dem Markt Furore gemacht hat, fangen die Mitarbeiter an, sich mit dem Unternehmen zu

---

[*] Etwa „Abkommandierte". (Anm. d. Übers.)

identifizieren, und betrachten sich in zunehmendem Maß als Concert-Beschäftigte. In lediglich zwölf Monaten ist das Unternehmen um das Hundertfache gewachsen – von neun Mitarbeitern auf 900!

Die beschriebenen Rekrutierungsschwierigkeiten forderten allerdings ihren Tribut bei der Erfüllung des Zeitplans. Der CVNS-Start war eigentlich für April vorgesehen gewesen, wurde dann auf August und schließlich auf November verlegt. Aber selbst dieser Termin schien vielen nicht zu halten.

Bis Juni hatten die Leiter der Abteilungen Marketing, Technologie und des operativen Bereichs gemeinsam mit Ernshaw und einigen anderen leitenden Angestellten in Diskussionen nach Wegen gesucht, diesen destruktiven Trend der Terminverschiebung aufzuhalten. Besonders Flaherty hatte genug davon. Als Produkt der MCI-Kultur glaubte sie an aggressives Marketing und hatte sich in der letzten Zeit einfach zu oft in peinlichen Situationen wiedergefunden, wenn sie ihren Kunden die neuerliche Aufschiebung des Markteinführungstermins erklären mußte. Es mußte sich etwas ändern, soviel war allen klar!

Da allerdings die Verantwortlichkeiten im Führungsteam nicht eindeutig geregelt waren, erging man sich in wochenlangen Debatten über die beste Vorgehensweise, um schließlich an Ernshaw mit der Frage heranzutreten, wer eigentlich gefeuert würde, wenn CVNS bis 1. November nicht am Markt sei. Ernshaw blickte sie ernst an und sagte dann: „Tom, du fliegst raus – gefolgt von Kathleen Flaherty und Mike Read." Das hieß also, daß Tom die Hauptverantwortung trug, aber gleichzeitig war auch klar, daß sie alle scheitern würden, wenn einer von ihnen scheiterte.

Tom Rowbotham und seine Technologie–Vice Presidents waren seit längerem der Meinung, daß die Aufteilung der Entwicklung auf getrennte MCI- und BT-Arbeitsteams zwar unter kulturellem Aspekt zweckmäßig, aber technisch nicht ratsam war. Sie verlangten nach einem schnelleren, besser integrierten Ansatz. Anfang Juli nahm Concert mit der Gründung einer Task force für die Entwicklung des neuen Produkts einen neuen Anlauf. Die Task force bestand aus 35 funktionsübergreifend rekrutierten Teammitgliedern von Concert, MCI und BT, die sämtlich auf den Novembertermin für die Einführung von CVNS eingeschworen waren und sich dafür auch verantwortlich fühlten. Zum ersten Mal fand damit auf operativer Ebene so etwas wie eine wirkliche Blutvermischung statt.

Tom Rowbotham war der Verantwortliche für das Team, er bezog aber seine beiden Kollegen in die Überwachung der Fortschritte und die Lösung kritischer Fragen ein. Er machte Ron Hilton zum Leiter der Task force und stellte ihn mit folgenden Worten vor: „Ich habe mir eine Kugel aufbewahrt, und die ist für Ron Hilton bestimmt, für den Fall, daß er das Ziel nicht erreicht. Aber ich habe auch Ron eine Waffe mitgegeben, die ihm helfen soll, gemeinsam mit uns den 1. November zu halten. Und diese Waffe seid *ihr,* Leute! Ihr seid die Besten aus euren Firmen und habt gemeinsam 100 Tage zur Verfügung, CVNS herauszubringen. Ich werde alles tun, um Hindernisse auf dem Weg dahin zu beseitigen, doch den Löwenanteil der Arbeit müßt ihr schaffen, indem ihr Kommunikation und Koordination verbessert."

Der anfängliche Enthusiasmus begann sich zu verflüchtigen, als die Teammitglieder erkannten, daß sie mehr oder weniger bei Null anfangen mußten. Ron Hilton erwies sich als perfekte Wahl für die Aufgabe, das Team zu dem scheinbar unerreichbaren Ziel zu führen. Ron hatte die für Texaner so typische, schleppende Redeweise und den dazupassenden texanischen Charme. Dank seines ausgeprägten technischen Hintergrunds kannte er CVNS besser als alle anderen. Im Lauf der Jahre hatte er sich auch ein tragfähiges und beeindruckendes Netzwerk in MCI, BT und Concert geschaffen, das er jetzt zu seinem Vorteil zu nutzen wußte. Sein Talent, Hindernisse durch Süßholzraspeln per Telefon zu beseitigen, brachte ihm bald den Spitznamen „Tele-Cowboy" ein.

Wie nicht anders zu erwarten, kam es innerhalb der Task force zu Konflikten zwischen der BT- und der MCI-Kultur. Die hauptsächlich operativ ausgerichteten BT-Leute favorisierten einen sequentiellen Ablauf der unterschiedlichen Aktivitäten. Sie bestanden darauf, daß die technischen Lösungen und Feinplanungen fertig sein mußten, bevor deren funktionale Ablaufprozesse im Detail erarbeitet würden. Sie konnten sich gar nichts anderes vorstellen als sorgfältig ausgearbeitete Planung höchster Qualität, wie sehr die Zeit auch drängen mochte. Die MCI-Task-force-Mitglieder neigten dem anderen Extrem zu: strategische Planung im Schnellverfahren und Aktivitätenplanung gewissermaßen unterwegs. „Achtung ... Schuß ... getroffen", schien ihr Motto zu lauten, und so fühlten sie sich auch am wohlsten.

Die Notlage und ein paar Kugeln aus der Pistole des „Tele-Cowboys" sorgten dafür, daß die beiden konträren Kulturformen zu verschmelzen begannen und auf diese Weise Modellcharakter für die gesamte Concert-Organisation bekamen. Das Team führte Produkttests mit drei Unternehmen durch. Diese drei Unternehmen wurden so in die Allianz eingeflochten und erhielten kostenlose Nutzerzeit als Kompensation dafür, daß sie sich bereit erklärten, sich als „Beta-Standorte" für das neue Produkt zur Verfügung zu stellen.

Concert schaffte den Novembertermin, und die drei Versuchskaninchen sind jetzt Kunden. CVNS wurde eingeführt, vielleicht mit weniger Funktionen als ursprünglich geplant, aber der Konkurrenz noch immer um Längen voraus. Anläßlich der Feier zur erfolgreichen Produkteinführung wurde Ron Hilton von seinen Kollegen mit sämtlichen „Tele-Cowboy"-Utensilien ausgestattet: neuer Cowboyhut, Sheriffstern und Cowboystiefeln; nur das Pferd fehlte – zu seinem größten Bedauern.

Concert ist jedenfalls entschlossen, in vollem Tempo weiterzumachen. Man plant ein komplettes Portfolio von Produkten in unterschiedlichen Kommunikationsbereichen. Man hofft, bald in der Lage zu sein, Audio- und Videokonferenzkapazitäten auf der CVNS-Plattform durchführen sowie die Datenprodukte weiterentwickeln zu können. Aller Wahrscheinlichkeit nach wird sich Concert innerhalb der nächsten fünf Jahre (oder noch früher) zu einem Multimilliardendollar-Unternehmen entwickeln.

Wenn es so weit ist, werden sich viele Task-force-Mitglieder daran erinnern, daß der erste Concert-Auftritt eher einer freien Improvisation gleichkam als einem vollendet gestalteten Kontrapunkt. Doch wenn man gewinnt und dabei noch so viel lernt, spielt die Ästhetik keine so große Rolle ...

AKQUISITIONEN DURCHFÜHREN

Die ehrgeizigste, anspruchsvollste und riskanteste Art, neue Geschäftsbereiche zu gründen, ist die Kombination von Kernkompetenzen durch Fusionen und Akquisitionen. Hier gibt es keine Probeläufe. Und denken Sie daran, daß Sie sich im Falle einer Akquisition auch nicht auf Eheverträge berufen können. Also passen Sie gut auf Ihr Vermögen auf!

Bei Akquisitionen bezahlen Sie in der Gegenwart einen Aufpreis, weil Sie sich in der Zukunft Wachstum erhoffen. Das erwerbende Unternehmen bezahlt in der Regel einen Aufpreis für das erworbene, weil es darauf spekuliert, daß es zu Synergien kommen wird, die organisches Wachstum auslösen. Kurz vor Abschluß spielen Überlegungen zum Shareholder Value die dominierende Rolle, und viele Unternehmen gehen in dieser Phase sehr geschickt vor.

Die rationelle Marktlogik vermag nicht zu erklären, warum die meisten Akquisitionen zu Preisen getätigt werden, die signifikant über dem aktuellen Wert des Unternehmens liegen. Warum sollte sich in einem effizienten Markt der Wert eines Unternehmens plötzlich verdoppeln oder gar verdreifachen? Die Erklärung für dieses Phänomen hat wohl eher mit der Freßgier zu tun, die sich mit den ersten Blutstropfen einstellt. Aber steht ein wirtschaftlicher Wert hinter dieser Preistreiberei, oder handelt es sich um eine Art von unternehmerischem Ego-Wettbewerb?

Studien haben wiederholt gezeigt, daß aufgekaufte Unternehmen von Akquisitionen profitieren, während die Käufer dies in der Mehrzahl nicht tun. Es gibt natürlich Ausnahmen. Es gibt Fälle, in denen zwei Unternehmen so ideal zusammenpassen, daß ein Aufpreis gerechtfertigt ist. Trotzdem bleiben Akquisitionen in erster Linie ein hochriskantes Spiel.

Nach dem Abschluß besteht die größte Herausforderung darin, die hinter dem Abschluß stehende Intention umzusetzen. Dies ist auch die Phase, in der die meisten Akquisitionen scheitern. Die Erfahrung lehrt, daß die Unternehmen dazu neigen, sich stärker auf die Phase vor dem Abschluß zu konzentrieren und demgegenüber die Assimilierung danach vernachlässigen. Zwar kann ein Unternehmen natürlich in jedem Stadium scheitern, aber nach dem Abschluß handelt es sich gewöhnlich um einen langwierigeren, schmerzlicheren und kostspieligeren Prozeß.

Was aber macht die Sache so schwierig? Oberflächlich betrachtet, scheinen Akquisitionen die einfachste Form der Expansion zu sein. Ein Unternehmen besitzt genau diejenigen Kompetenzen, die Sie brauchen, und deshalb kaufen Sie den Laden – was könnte einfacher sein?

Akquisitionen bringen jedoch eine fundamentale und plötzliche Veränderung des Genpools eines Unternehmens und damit eine höhere Komplexität der Wachstumsgrundlagen mit sich. Viele Akquisitionen werden in der Hoffnung getätigt, eine Belebung des Kerngeschäfts auszulösen, indem man sich Zugang zu Wachstumsbranchen verschafft. Unternehmen, die in mehr oder weniger stagnierenden Bereichen gefangen sind, spekulieren bewußt damit, sich durch die Akquisition von Firmen mit steileren Wachstumskurven aus ihrer Situation herauszumanövrieren. Nehmen Sie als Beispiel zwei kürzlich erfolgte Akquisitionen im Spezialproduktbereich: Hitco durch BP und Beatrice Composites durch BASF.

Die Welt des Post-Fusionsmanagements ist wesentlich weniger glamourös als die Welt der Verhandlungen in der Phase davor. Doch der wahre Wert einer Akquisition ergibt sich aus diesen prosaischen Prozessen nach dem Erwerb.

Eine Hochzeit zwischen Unionisten und Nationalisten in Irland

Die Geschäftswelt gibt gelegentlich ein Vorbild für die Gesellschaft als Ganzes ab. Wenn nun ein Geschäft jemals diesen Modellstatus für sich beanspruchen konnte, dann war dies die Akquisition der Nordirischen Division der Trust Savings Bank (TSB), einer bedeutenden, in Nordirland und Großbritannien operierenden Clearing-Bank, durch die Allied Irish Bank (AIB), die profitabelste Bank der Republik Irland. TSB wurde in Nordirland traditionell dem Unionistenlager zugerechnet, während die AIB tief in der nationalistischen Tradition verankert war. Die Fusion entsprang den Köpfen dreier AIB-Führungskräfte: Brian Wilson, Eamon McElroy und Dan Harvey.

Dem außenstehenden Beobachter schien die Akquisition schon vor dem Abschluß zum Scheitern verurteilt zu sein. Die Angelegenheit spielte sich vor dem Hintergrund zahlreicher terroristischer Aktionen in Nordirland ab, und die Vereinigung einer nationalistischen und einer unionistischen Institution konnte daher beinahe wie eine Provokation wirken.

Der Deal war also sowohl kulturell als auch politisch außerordentlich heikel. Die Northern Ireland Division der TSB war mit viel Engagement von dem hart und effektiv arbeitenden Nordiren Brian Johnston aufgebaut worden. Das Institut profilierte sich als schlanke und rentable Bank für den kleinen Mann; die Klientel bestand hauptsächlich aus Arbeitern aus dem protestantischen Milieu. Johnston kannte die Zahlen jeder Filiale und jeden Filialleiter persönlich. Er führte die Bank mit eiserner Hand. Es war praktisch seine Bank, an allen Ecken und Enden durch seine Handschrift geprägt.

Die Stärke von TSB lag – wie die ihres Direktors – eindeutig im operativen Bereich. Die Transaktionskosten pro Scheck lagen beträchtlich unter denen von AIB. Die Bank verfügte über leistungsstarke Informationssysteme und ein gutes und profitables Produktportfolio, dazu noch ein eng geknüpftes Netz finanzieller Meßgrößen.

Die AIB hatte demgegenüber ihren Schwerpunkt hauptsächlich im Süden; die Präsenz in Nordirland war ziemlich beschränkt. Der Kundenstock setzte sich in erster Linie aus Mittelschichtkatholiken und Kleinbetrieben aus Industrie und Gewerbe zusammen.

Das AIB-Team ließ sich von der Größe der Aufgabe nicht einschüchtern. TSB bedeutete für sie die Gelegenheit, sich einen bedeutenden Marktanteil in Nordirland zu sichern. Daneben erkannte man eine gut zueinander passende Kompetenzstruktur. AIB war eine „Relationship"-Bank mit einer sehr starken Kundenbasis aus kleinen Unternehmen, Familien aus der mittleren Einkommensschicht und Freiberuflern. Sie hatte höchste Kompetenz im Personalmanagement, insbesondere was die Heranbildung qualifizierter Filialleiter betraf. In die Personalentwicklung hatte man viel Zeit investiert. Man förderte die Leute durch MBA-Programme, finanzierte Kurse für fortgeschrittenes Management und entwickelte ausgefeilte Managementpraktiken.

Es gab zwar Überschneidungen in der geographischen Abdeckung und beim Produktangebot, doch die potentiellen Synergien übertrafen diese bei weitem. Strategisch gesehen, paßten die beiden Institute gut zusammen.

Aus der Perspektive der TSB-Muttergesellschaft bedeutete der Verkauf der nordirischen Sparte eine willkommene Gelegenheit, einige finanzielle Löcher zu stopfen. Das Unternehmen war durch den Kauf von Hill Samuel und einer anderen Firma, Target Leasing, in finanzielle Schwierigkeiten geraten. Der Verkauf der Nordirland-Sparte würde Shareholder Value freisetzen. Außerdem paßte das Nordirlandgeschäft strategisch nicht mehr optimal in den Kernbereich der Banking-Gruppe.

Brian Wilson sah in der Akquisition der TSB eine gute Gelegenheit, den Marktanteil auszubauen und sich eine solide Grundlage für ein Wachstumsprogramm zu sichern. Er machte das Zustandekommen der Akquisition zur Bedingung für seine eigene Karriere und setzte sich daher vehement dafür ein.

Die Implementierung hatte einen schlechten Start. So wurde etwa Brian Johnston erst informiert, als alles schon beschlossen war. Man kann sich vorstellen, wie er sich fühlen mußte und wie leicht es für ihn gewesen wäre, die Erfolgschancen des Deals drastisch zu senken, wenn ihm dies ein Anliegen gewesen wäre. Als Schlüssel für den Erfolg der Akquisition erwies sich die verbindliche Zusage gegenüber Johnston, daß er ein „gleichwertiges Betätigungsfeld" erhalten werde und daß sein bedeutender Beitrag an Neuerungen in der TSB nicht plötzlich durch AIB-Anweisungen beseitigt werden würde. Der Post-Akquisitionsprozeß wurde integrativ geplant: Unternehmensübergreifende Teams schafften ein neues, konsolidiertes Unternehmen, in das die jeweils besten Managementpraktiken eingingen. Die Wahl des neuen Namens, First Trust Bank, war keineswegs Zufall – er stellte das Symbol einer neuen, vereinigten Firma dar.

Es gab natürlich Spannungen, Konflikte und in gewissem Ausmaß Schmerzen, wie immer beim Post-Akquisitionsprozeß. Die AIB-Vision erwies sich aber letzten Endes als tragfähig, und der Gegensatz protestantisch – katholisch spielte keine Rolle. Nach den Worten McElroys haben die Ergebnisse alle Erwartungen übertroffen. Die First Trust hat ihr Geschäftsvolumen gesteigert, Kunden und Marktanteile von der Konkurrenz gewonnen und viele *Best practices* erfolgreich verschmolzen. Heute entwickelt sich das Unternehmen zu einem Musterbeispiel für die gesamte Branche.

QUANTENSPRÜNGE DURCH TECHNOLOGIEEINSATZ ERZIELEN

Neben den Kundenbedürfnissen und den Kernkompetenzen bildet die Informationstechnologie das dritte Element, das – frei mit den beiden anderen kombiniert – neue Marktchancen durch Revitalisierung schafft. Das technologische Element ist so mächtig, daß es den Ausgangspunkt für *Quantensprünge* bilden kann, die zu veränderten Spielregeln im Wirtschaftsleben führen können.

Im Leben eines Unternehmens ist die Technologie das Äquivalent zum Nervensystem im menschlichen Körper. Sie verbindet die unterschiedlichen Teile des Körpers in einem integrierten Netzwerk aus Informationsaustausch und Entscheidungsfindung. Sie „verdrahtet" getrennte Teile der Organisation und ermöglicht ihnen, sich auf ein gemeinsames Ziel hin zu bewegen, anstatt sich hoffnungslos voneinander zu isolieren. Sie kann die Geschwindigkeit und Effizienz von Prozessen steigern, beispielsweise durch Automatisierung langsamer und fehleranfälliger Aufgaben.

Vor allem aber bietet Technologie die notwendige Verdrahtung und Programmierung, um Verbindungen über die Unternehmensgrenzen hinaus zu anderen Organisationen herzustellen und damit neue unternehmerische Gemeinschaften zu schaffen. Deshalb rechnen wir die Technologie zur Revitalisierung, obwohl sie auch in der Restrukturierung ihren Platz hat. Technologie kann zum Beispiel direkte elektronische Verbindungen zwischen einem Unternehmen, seinen Kunden und Allianz-Partnern herstellen und damit die Reichweite der Kernkompetenzen beträchtlich vergrößern.

Wenn sonst ungenutzte Information in die Lernprozesse einfließen kann, werden die Möglichkeiten für kreatives Wachstum schier unendlich, und die Technologie wird zur Wettbewerbswaffe schlechthin. Ihre vielleicht wichtigste Leistung besteht darin, Instrumente bereitzustellen, mit denen das Wissen von Einzelpersonen innerhalb des Unternehmens sowie unternehmensübergreifend verknüpft und integriert werden kann. Dies ist vermutlich sogar die interessanteste Anwendung von Technologie in der Transformation. Die moderne Wirtschaft ist stärker auf den gut informierten Mitarbeiter angewiesen als auf die industriellen Produktions- und Distributionsmittel. Dementsprechend spielt Technologie in der Wissensvermehrung oder in der Beschleunigung der Weitergabe von Fertigkeiten in und zwischen Unternehmen zunehmend eine strategische Rolle. Hier nimmt die Technologie wahrhaft transformatorischen Charakter an, und die technologischen und wirtschaftlichen Strategen werden zu einer geschlossenen Mannschaft.

Nach dem von N. Venkatraman entwickelten Konzept hat das Technologie-Chromosom fünf Gene, denen fünf Ebenen der Unternehmenstätigkeit entsprechen, und zwar bei zunehmendem Ausmaß von Ambition und Komplexität: isolierte Aktivitäten oder Aufgaben, verknüpfte oder integrierte Gruppen aufeinander bezogener Aufgaben, Geschäftsprozesse, unternehmensübergreifende Netzwerke und die gesamte Bandbreite der Geschäftstätigkeit. Dem Topmanager als genetischem Architekten kommen die folgenden fünf Aufgaben zu:

1. *Technologieeinsatz zur gezielten Effizienzsteigerung fördern.* Der offenkundigste und meistgenutzte Vorteil der Technologie liegt in ihrer Fähigkeit zur Automatisierung informationsintensiver (und ehemals papierintensiver) Transaktionen und Dienstleistungen. Dabei handelt es sich um die traditionelleren Anwendungen, die in der Regel funktional orientiert sind. Gehaltsabrechnung, Auftragseingang, Kundendienst, CAD/CAM, Reservierungen und JIT-Inventarsysteme sind nur ein paar Beispiele. Die meisten Unternehmen wissen solche Systeme zu schätzen und zu nutzen und sichern sich damit erhebliche Effizienzsteigerungen im Vergleich zu vergangenen Zeiten. Doch die meisten Unternehmen leiden noch immer unter unnötigen Prozessen und Managementebenen, die vor dem Zeitalter der „Bit-Magie" installiert wurden.

Es ist die Aufgabe der Unternehmensführung, derartige Verschwendung zu beenden und den Einsatz von Technologie in Bereichen mit starker Hebelwirkung anzuregen und aktiv zu fördern. Warum sollte man beispielsweise Hunderte Mitarbeiter zur Beantwortung von Telefonanrufen haben und dabei unzählige Fehler machen lassen, wenn ein vollautomatisches Voice-response-System die gleiche Aufgabe effizienter und praktisch fehlerfrei erledigt? Führungskräfte mit gutem technologischem Verständnis haben nicht nur ihr Ohr ständig am Markt und sorgen dafür, daß ihr Unternehmen neue Entwicklungen nutzt; sie erkennen auch, daß kein System generisch, d. h. strategieunabhängig ist. Jede Entscheidung über Technologieeinsatz wird vor dem Hintergrund der strategischen Gesamtausrichtung des Unternehmens getroffen.

2. *Geschäftsprozesse und -systeme intern integrieren.* Gemeinsame Information ist die zentrale Komponente in der Integration von Geschäftsprozessen. Daten aus der Gehaltsliste wirken sich auf die Berechnung der Zusatzleistungen aus. Die im Auftragseingangsprozeß erhaltenen Informationen wirken sich aus (oder *sollten* sich auswirken) auf Marketing, Produktionsplanung, Auftragsabwicklung, Lagerverwaltung, Debitorenbuchhaltung und so weiter. Dank der modernen Technologie können wir heute eine elektronische „Hauptstraße" bauen, auf der aufeinander bezogene Geschäftsprozesse mittels gemeinsamer Daten auf einer übergreifenden IT-Plattform verknüpft sind. Das erfordert wiederum die Integration organisatorischer Rollen und Verantwortlichkeiten, die zur Nutzung dieser gemeinsamen Daten nötig sind.

Diese Art Hauptstraße ist das elektronische Gegenstück des Unternehmens zu seiner physischen Infrastruktur. Wie bei der physischen Infrastruktur, stellt auch die Planung und Installation der technologischen Infrastruktur eine extrem strategische Entscheidung dar, bei der es zahlreiche Optionen zu berücksichtigen und die Tradeoffs sorgfältig abzuwägen gilt. Es ist Aufgabe des Führungsteams, die strategische Ausrichtung festzulegen, aus der ein logisches System von Verfahrensregeln abgeleitet werden kann. Bei der Bestimmung dieser Richtung geht es nicht nur darum, Effizienz und Effektivität interner Optionen zu vergleichen – der Blick muß auch nach außen gerichtet sein, um sicherzustellen, daß die Hauptstraße gute Anschlüsse zu den Zubringerstraßen und Autobahnen aufweist, über die das Unternehmen mit Zulieferern, Kunden und anderen Gliedern der Wertschöpfungskette verbunden ist.

3. *Technologiegetriebenes Reengineering forcieren.* Die Verknüpfung von Prozessen, indem man sie auf dieselbe technologische Plattform stellt, ist die Startrampe zur Erforschung schöner neuer Welten der Prozeßumgestaltung und markiert den Eintritt in das Reich des Bio-Reengineering. Hier ist der Ort, an dem die radikalen Änderungen anfangen, wo aus dem „Soll" das „Ist" wird. Alte Prozeß- und Organisationsgrenzen beginnen zu verschwimmen, zusammengehalten durch das geordnete Chaos freifließender Information innerhalb eines Unternehmens. Auf diese Weise kann *Land's End* Ihre telefonische Kleiderbestellung in weniger als einer Minute entgegennehmen und die Ware innerhalb von drei Tagen an Ihre Tür liefern.

Es genügt nicht mehr, einen Prozeß zu entwerfen und diesem dann Technologie überzustülpen, um ihn zu vereinfachen. Wir sind inzwischen so weit, daß die Unternehmen gleichzeitig prüfen, wozu Technologie imstande ist, und ihre Systeme und Prozesse entsprechend entwerfen. Für die Technikfeinde unter den heutigen Unternehmensleitern mag dies ein abwegiges Verfahren sein. Doch es ist Aufgabe der Unternehmensführung, das technologiegetriebene Reengineering zum neuen Standard zu machen.

4. *Aufbau von Netzwerken mit Geschäftspartnern vorantreiben.* Wenn technologiegetriebenes Reengineering die schönen neuen Welten der Prozeßumgestaltung eröffnet, dann katapultieren technologieverstärkte Geschäftspartnernetzwerke die Unternehmen geradezu in neue Galaxien. Viele Unternehmen bilden bereits enger verflochtene Beziehungen mit ihren Zulieferern, Distributeuren, Einzelhändlern und Kunden. Und während die Politiker in ihren Reden den „Information Super-Highway" beschwören, haben sich einige Firmen darangemacht, ihre eigene Datenautobahn zu bauen und neue strategische Grenzen abzustecken, indem sie nicht nur Informationen miteinander teilen, sondern auch vormals geschütztes Wissen.

Auf dem Weg in den „Big Bang der Allianzen" (vgl. Kapitel 8) sind die Vorstände erfolgreicher Unternehmen darin Vorreiter, Netzwerke von Allianzen und Partnerschaften mit anderen Firmen zu knüpfen, die allen Beteiligten zum Vorteil gereichen. Dies geht über die Entwicklung adäquat verknüpfter Technologiesysteme hinaus. Die Unternehmensführung mischt den kosmischen Klebstoff, der das geistige Band gemeinsamer Interessen und gegenseitigen Vertrauens stärkt, das den unternehmensübergreifenden Systemen die Überwindung von Raum und Zeit ermöglicht; die Prozeßgrenzen verschwimmen nicht nur innerhalb eines Unternehmens, sondern über Systeme, Unternehmen und Kontinente hinweg.

5. *Technologiesprünge für die Entwicklung neuer Geschäftsfelder nutzen.* Wenn ein Unternehmen seine Geschäftsprozesse und Netzwerke mittels Technologie modernisiert, wird allein damit schon der Umfang des Geschäftsbereiches erweitert oder sogar grundlegend gewandelt. Mit anderen Worten, die „Bit-Magie" wirkt sich auf einige Unternehmen so aus, wie Automobile auf die alten einspännigen Kutschen oder PCs auf Mainframes. Das Beste für ein Unternehmen ist, wenn es durch innovative Anwendung von Technologie sich selbst überholt und es diese Innovationsenergie gleichzeitig in die Neudefinition seiner Geschäftstätigkeit kanalisieren kann.

Mit Hilfe der Technologie neue Geschäftsfelder zu erschließen oder den Geschäftsbereich eines Unternehmens von Grund auf neu zu definieren, ist vielleicht die größte Revitalisierungsherausforderung für die Unternehmensführung. Das kann sich wie eine zweite Entwöhnung von der Mutterbrust anfühlen; schließlich wird die Quelle, aus welcher das Wachstum einer Organisation womöglich jahrzehntelang gespeist wurde, verändert oder gänzlich aufgegeben. Wenige Führungsteams nehmen diese Herausforderung an – und noch weniger haben sie bewältigt. Doch sie *existiert* gleichwohl – wie der Mount Everest. Doch *anders* als bei einer Everestbesteigung handelt es sich hier nicht um eine rein persönliche Entscheidung – die Beherrschung der Technologie ist im Wirtschaftsleben zu einer Überlebensfrage geworden.

Die Rhetorik der Veränderung kann hohl klingen und mit der Zeit ermüdend wirken. Im Reich der Technologie hat Veränderung allerdings eine reale, über bloße Rhetorik hinausgehende Bedeutung. In den Bereichen Hardware- und Softwareentwicklung erscheint die Welt wie eine einzige Forschungs- und Entwicklungsabteilung, die Amok läuft und immer neuere, bessere, schnellere und ausgeklügeltere Anwendungen ausbrütet. Und zwar schneller als ein einzelner oder ein Unternehmen sie je aufnehmen und nutzen kann. Das eine Ende des Spektrums ist auf T-Shirts verewigt: „Wer mit den meisten Spielsachen stirbt, hat gewonnen." Und am anderen Ende steht die Philosophie: „Ich warte bis zum nächsten Jahr, wenn alles noch billiger und besser ist." Welche Einstellung Sie auch haben mögen – Kreativität wird jedenfalls nicht mehr durch einen Mangel an technischen Optionen behindert.

Diese Tatsache führt zu einem Wandel im Verhältnis zwischen Unternehmensführung und Technologie. In der Vergangenheit mußten die Topmanager über Technologie recht gut Bescheid wissen, um sie kreativ nutzen zu können. Heute können sie beruhigt davon ausgehen, daß es für jeden ihrer technologischen Einfälle jemand gibt, der ihn ausführen kann. Sie sollten sich deshalb über „Rapid prototyping", „relationale Datenbanken" und „Parallel processing" nicht mehr Gedanken machen als darüber, was sich unter der Motorhaube ihres BMW befindet. Leute mit „Business Creativity" sind heute verlangt – keine Techno-Freaks.

Die meisten Topmanager haben der Technologie gegenüber eine erstaunliche Scheu, ganz so als hätte das alte Paradigma der Technologiebefangenheit einen bleibenden Eindruck in ihren Gehirnen hinterlassen. Doch die erfolgreichsten unter ihnen haben sich von derartigem Denken befreit. Sie haben erkannt, daß sie es in der Hand haben, die Spielregeln der Bio-Organisation zu ändern.

TECHNOLOGIEEINSATZ ZUR GEZIELTEN EFFIZIENZSTEIGERUNG FÖRDERN

Informationstechnologie kann das Leben erleichtern oder erschweren, je nach Ihrem Blickwinkel. Heute können Sie ein Dokument in London erstellen, es nach New York, Frankfurt und Tokio faxen oder mit E-Mail senden und innerhalb einer Stunde eine Videokonferenz darüber abhalten. Die drei Tage Wartezeit auf den Brief gehören der Vergangenheit an. Die Technologie komprimiert Zeit und Raum und erlaubt dadurch eine effizientere Nutzung der Zeit. Es ist logistisch gesehen einfacher, doch persönlich anspruchsvoller. Sie müssen, um mitzuhalten, in kürzerer Zeit mehr erledigen. Die Terminkalender sind wesentlich voller als früher.

Die Unternehmenswelt bietet zahllose Beispiele, wie mit dem Einsatz von Technologie gezielte Effizienzsteigerungen erreicht wurden: der Ersatz von Kassierern durch Geldausgabeautomaten, automatisierte Genehmigung von Kreditkarteneinkäufen und Strichcode-Scanner, um nur einige zu nennen. Dies sind Anwendungen, die den Arbeitsablauf innerhalb eines Prozesses oder einer Funktion schlanker und schneller machen. Der Schwerpunkt liegt dabei in der Regel auf Kostensenkung und Zeitersparnis. Manchmal allerdings entpuppt sich Effizienz als entscheidender strategischer Faktor.

Nehmen wir als Beispiel das „Mortgage Power Plus"-Hypothekenkreditprogramm der Citibank. Kreditvermittler, die dem Programm angeschlossen sind, können sich von ihren Büro-PCs aus in das System einklinken und *on line* im Namen ihrer Kunden einen Kredit beantragen. In das System ist ein Kreditentscheidungsmodell integriert, das den Kreditantrag des Kunden anhand verschiedener Quellen prüft. In mehr als der Hälfte der Fälle sendet das System eine verbindliche Kreditzusage zurück. Oberflächlich betrachtet, scheint dies bloß ein weiterer Fall von Effizienzsteigerung durch elektronische Unterstützung zu sein. Die Realität sieht aber so aus, daß Hauskäufer mit einer Kreditzusage in der Hand offensiver bieten können und deshalb häufiger den Zuschlag bekommen. Außerdem hat die Bank, die als erste eine Kreditzusage gibt, die größten Chancen, das Geschäft zu erhalten, auch wenn der Zinssatz geringfügig über dem eines Konkurrenten liegt. Das Ergebnis? Wenn sich ein Vermittler einmal dem „Power Plus"-Programm angeschlossen hat, wickelt er 20 bis 30 Prozent mehr Geschäfte über die Citibank ab.

Aber was Citibank kann, können andere Banken auch. Der strategische Vorteil wird sich im Lauf der Zeit rasch verflüchtigen. Trotzdem: Wenn Citibank die Sache richtig angeht, kann diese zielgerichtete Anwendung von Technologie über einen hohen Multiplikator den Weg für die nächste Integrationsstufe in finanzieller und strategischer Hinsicht freimachen.

Gerade in der Entwicklung eines derartigen technologischen Stufenplans spielt der Vorstandsvorsitzende eine entscheidende Rolle bei der Förderung einer zielgerichteten Technologie-Nutzung. Das Führungsteam muß dazu angetrieben werden, Bereiche zu identifizieren, in denen neue technologische Kapazitäten rasch und mit dem größtmöglichen Nutzen angewendet werden können. Und es gilt zu erkennen, daß auch die auf Effizienzsteigerung ausgerichteten Technologien strategische Implikationen haben können. Soll das Unternehmen ein Standardsystem kaufen? Oder soll es eigene Entwicklung zur Generierung von Wettbewerbsvorteilen vorantreiben?

ERAM oder ein Computer, der sich in einem Schuh versteckt

Der französische Schuherzeuger ERAM weiß eine Menge über die Steigerung der Prozeßeffizienz durch Technologie. Das Unternehmen produziert und verkauft Unmengen von Schuhen. Mit ungefähr 700 Geschäften erzielt man einen Bruttoumsatz in Höhe von annähernd 1 Milliarde Dollar. Das Unternehmen besitzt 12 Produktionsbetriebe in ganz Europa und ist auf kleine Losgrößen spezialisiert. Modische Produkte für spezifische Kundensegmente werden zu einem für das breite Publikum erschwinglichen Preis angeboten. Einer der Hauptgründe dafür, daß ERAM seine Produktionsbasis nicht an die billigen Arbeitsmärkte im Fernen Osten verloren hat, liegt in der Tatsache, daß das Unternehmen Technologie als Wettbewerbswaffe eingesetzt hat.

Um seine führende Position als Anbieter von Mode für die Massen zu behaupten, muß ERAM seine Preise niedrig halten. Andererseits muß man aber auch sehr schnell sein, was in diesem Fall bedeutet, sechs oder sieben neue Schuhkollektionen pro Jahr herauszubringen. Die Modeströmungen ändern sich seit den sechziger Jahren rasch, und daran hat sich bis heute nichts geändert. ERAM hat diesen schnellen Wandel sogar als Waffe im Kampf gegen die Konkurrenz instrumentalisiert. „Versucht mal, mit uns mitzuhalten", scheint das Unternehmen den Mitbewerbern herausfordernd zuzurufen.

ERAM treibt seine technologische Entwicklung seit 30 Jahren voran. Das Unternehmen hat bereits 1964 den ersten Computer installiert, also praktisch in der Geburtsstunde des Kommunikationszeitalters. 1966 wurden sämtliche Geschäfte mit elektronischen Kassen ausgestattet; damit konnten die Verkaufsdaten rasch erhoben und an die Zentrale weitergeleitet werden, wo man um so rascher auf die sich ständig ändernden Produktionsanforderungen reagieren konnte. 1969 wurden die ersten interaktiven Systeme installiert, wodurch die Einkaufs- und Buchhaltungsprozesse drastisch vereinfacht wurden. 1977 kam der erste vernetzte Computer hinzu, auf den mehrere Benutzer gleichzeitig zugreifen konnten. Im Jahr 1980 wurden unternehmensweit PCs installiert und dadurch das Bestellmanagement sowie die Produktionssysteme automatisiert.

Dank seines Netzwerks auf PC-Basis war ERAM kürzlich in der Lage, eines seiner ältesten Probleme zu lösen: sechs- oder siebenmal im Jahr einen nach Regionen unterschiedlichen Katalog mit Hunderten von Schuhen herauszubringen. Man stelle sich nur vor, wie viele Fehler sich allein aufgrund der zahlreichen Bestellungen aus veralteten Katalogen ergeben müssen oder einfach infolge von Schreibfehlern beim Ausfüllen der Bestellformulare. Als in Frankreich die ISDN-Technik eingeführt wurde, mit der die Bildübertragung über Telefonleitung möglich ist, ergriff ERAM die Gelegenheit und stellte sich auf elektronische Kataloge um. Jetzt können die Einzelhändler die Kataloge durchblättern, sich die Schuhe ansehen und ihre Bestellungen on line durchgeben, praktisch ohne die Gefahr, einen Fehler zu machen. Die Lieferung dauert im Normalfall nicht länger als ein paar Tage. Damit hat man eigentlich die Ideallösung: ein papierloser, niemals veralteter Katalog und ein System, das dem Bedürfnis der Verkaufsstelle nach Geschwindigkeit und Flexibilität entgegenkommt. Für ERAM ist der Einsatz der Technologie der geeignete Weg, um seine auf hohe Geschwindigkeit und starke Segmentierung abgestellte Strategie zu unterstützen.

„Bitte, Karl, besorg uns ein neues Planungs-Programm!"

In der Woodbridge-Zentrale genießt Karl inzwischen seine jüngsten Erfolge. Ihm war nicht klargewesen, wieviel Wirkung er erzeugen kann. Das fokussierte Produktionsprogramm ist jetzt im Implementierungsstadium. Alle sind der Ansicht, daß das Produktsortiment breit bleiben muß, ja vielleicht sogar erweitert werden sollte, damit die Konkurrenten nicht so leicht nachziehen können. Mit seinem ursprünglichen Projektziel ist er mehr als nur im Plan: Die Lieferfrist hat sich auf 16 Tage reduziert und geht weiter zurück. Neue Partnerschaften mit Kunden entstehen, angeregt durch Workshops, an deren Organisation er beteiligt war. Jetzt richtet er seine Aufmerksamkeit auf den Ursprungspunkt seines großen Abenteuers: die Produktionsplanung.

Karl bespricht mit einem Softwareanbieter die Möglichkeit, eine neue Anwendung zu implementieren, die sie das „Schnittoptimierungsprogramm" nennen. Für Karl bedeutet diese Anwendung möglicherweise einen wichtigen Schritt zu einer verbesserten Planungseffektivität und zur weiteren Reduzierung der Auftragsabwicklungszeit.

Die Sache mag auf den ersten Blick einfach erscheinen, aber wer versucht hat, das Problem manuell zu lösen, weiß, daß dem nicht so ist. Es geht darum, so viele Kundenaufträge wie möglich – Aufträge für alle möglichen Längen- und Breitenmaße – in dem sehr langen Papierrechteck unterzubringen, das von der Walze vorgegeben wird. Sieht ja zunächst wirklich aus wie ein Kinderspiel: kleine Rechtecke aus einem großen Rechteck herausschneiden, und zwar so, daß möglichst wenig Abfall entsteht. Das gehörte zu Karls Aufgaben als Planer, und er hatte sich ein paar Faustregeln zurechtgelegt, die ganz gut funktionierten – bis ihm eines Tages dämmerte, daß es dafür bessere Mittel und Wege geben mußte. Jetzt präsentiert ihm der Softwaremensch ein „Package", das die Optimierung automatisch hinkriegt, mit einem „Algorithmus". Wieder eins dieser Wörter, die Karl so schwer im Magen liegen.

Wenn das Programm auch nur geringfügig besser als Karl arbeitet, dann wird es sich wegen der geringeren Abfallmengen bald rentiert haben. Karl ist neugierig. Er will unbedingt mit der Maschine in einen Wettstreit treten. Er ist bereit, den Simulationswettkampf aufzunehmen – Mensch gegen Maschine! Wie Anatoli Karpow beim Test des neuesten Schachcomputers kommt er sich vor. Der Softwareverkäufer ist sichtlich nervös und scheint gar nicht so sicher zu sein, ob sein Programm den alten Planungshasen auf dessen ureigenstem Gebiet schlagen kann. Karl wirft dem Verkäufer möglichst einschüchternde Blicke zu, genau wie beim Schach, wo man ja auch gelegentlich mit solchen Mätzchen zum Erfolg kommen will.

Das erste Spiel gewinnt die Maschine mit großem Abstand. Karl ist am Boden zerstört. Doch das zweite Spiel kann er in der Verlängerung für sich entscheiden, und er schöpft neue Hoffnung. Das dritte und das vierte Spiel gehen erneut an die Maschine, wiederum um mehrere Längen! Spiel, Satz und Sieg! Karl ist zwar ein griesgrämiger Verlierer, empfiehlt aber dennoch den Ankauf der Software. Der Softwareverkäufer ist glücklich. Woodbridge wird das neue Schnittoptimierungsprogramm installieren.

Ein paar Minuten später starrt Karl gedankenverloren auf den Computermonitor. Nicht daß er verstimmt wäre – er hat nur realisiert, daß er in den letzten zwei Jahren eigentlich im Kreis gegangen ist: mit der Schnittoptimierung hatte alles begonnen. Karl sieht noch den Produktionschef in sein Büro kommen und ihn auffordern, „die Produktionsplanung zu verbessern, weil das alles so verdammt lange dauert". Lebhaft erinnert Karl sich an die Empfehlung seines Vorgesetzten: „Ihr müßt die Bestellungen anders zusammenfassen, und zwar möglichst schnell. Da muß es doch irgendein Computerprogramm geben, das uns dabei hilft. Bitte Karl, besorg uns ein neues Planungs-Programm!"

Karl, ganz der brave Soldat, erinnert sich sogar daran, wie er von Anbieter zu Anbieter pilgerte und von jedem ein anderes Spezialprogramm angeboten bekam. Er erinnert sich, wie er keines dieser Programme kaufen wollte, bevor er sich ein klareres Bild über die Gesamtzusammenhänge verschafft hatte. Und an die Kritik, die er dafür einstecken mußte: „Karl, worauf wartest du?" und „Karl, wenn du das Problem nicht lösen kannst, werden wir jemand anderen finden ..." Noch heute klingen diese Worte ihm Kopf nach.

Und was für ein Stück Weges er inzwischen zurückgelegt hat! Von den bescheidenen Anfängen, als er versuchte, den neuen Planungs-„Algorithmus" herauszubekommen, über Fragen, wie umfangreich das Produktprogramm sein sollte und ob sie in Papier und Zellstoff integriert sein sollten, bis hin zur Neuausrichtung des kompletten Produktionsplans in allen sechs Betrieben des Unternehmens. Kein Wunder, daß es ihm anfangs schwerfiel, sich für ein Softwarepaket zu entscheiden. Er mußte doch all die anderen Fragen durcharbeiten und Hunderte Menschen in den Entscheidungsprozeß einbeziehen, ehe er eine intelligente Wahl treffen konnte.

Und jetzt, da alle diese Fragen geklärt sind, kann er sich schließlich dem Problem des Planungsalgorithmus widmen. Jetzt, da er weiß, welche Produkte auf den Maschinen erzeugt werden sollen, hat er tatsächlich Verwendung für ein nützliches Softwareprodukt. Es schaudert ihn bei dem Gedanken, daß er den Ratschlag seines Bosses beherzigt und einfach das nächstbeste Programm gekauft hätte. Er weiß genau, was er gemacht hätte: Er hätte das SAP-Produktionsmanagementmodul installiert – und es hätte prächtig funktioniert! Doch hätte das Unternehmen ein paar wesentlich bedeutsamere Optimierungspotentiale versäumt, wie zum Beispiel den Focus-Plan. Heute werden sie das SAP-Modul installieren, aber modifiziert durch das Schnittoptimierungsprogramm, das ihm eben im Planungsduell eine so schmähliche Niederlage beschert hat.

Karl ist heute recht zufrieden mit sich. Nicht einmal die Tatsache, daß er drei von vier Simulationen gegen die doofe Maschine verloren hat, kann ihm die Stimmung verderben, auch wenn dies seine in zwanzig Jahren angesammelte Erfahrung ein wenig erschüttert. Tief in seinem Herzen ist Karl sich ganz sicher, daß er wesentlich mehr wert ist als die Maschine. Schließlich hat er bewiesen, daß er bedeutend mehr zu leisten vermag, als bloß den Papierschnitt zu optimieren.

„Technologie ist gleichzeitig das Beste und das Schlechteste", murmelt er in sich hinein, der frischgebackene New-Wave-Philosoph.

GESCHÄFTSPROZESSE UND -SYSTEME INTERN INTEGRIEREN

Während die meisten führenden Unternehmen die Vorteile der Technologie innerhalb von Prozessen nutzen, starten andere jetzt Initiativen, um ihre Prozesse durch Technologie zu verknüpfen. Sie wollen eine elektronische und digitale Infrastruktur aufbauen, die als Hauptstraße für interprozessuale Transaktionen über alle Unternehmensbereiche hinweg fungiert. Angestrebt wird ein gemeinsamer Pool von Daten und Informationen, die einmal eingegeben werden und dann automatisch in jedem betroffenen Prozeß dorthin fließen, wo sie benötigt werden. Eine neue Information, die innerhalb der Prozesse entsteht, muß ebenfalls in den Pool aufgenommen und zu den Prozessen gelangen, die von ihr beeinflußt werden.

Im Prinzip klingt dies ganz einfach. In der Praxis sieht die Sache dann immer anders aus. Vielen Unternehmen haben die leichtfertigen Ausgaben ihrer MIS-Abteilungen für interne Anwendungsentwicklungen schwer zu schaffen gemacht – deshalb entschlossen sie sich, Standard-Pakete von Fremdanbietern zu kaufen. SAP, eine ursprünglich in Deutschland entwickelte Software, ist vielleicht das beste aktuelle Beispiel für eine derartige Anwendung; MRP spielte dieselbe Rolle eine Generation früher. Viele dieser Programme sind zwar gut konzipiert, ihre Implementierung wirft aber sehr oft zwei größere Probleme auf.

Zum ersten zwingt die Einführung eines neuen, leistungsstarken, integrierten Softwarepakets den Reengineeringstrom in vielen Fällen, seine natürliche Flußrichtung umzukehren. Zwar soll die Software auf die Prozesse zugeschnitten sein, die sie unterstützen soll, doch lassen sich viele Anwender in der Praxis von der Software einschüchtern und passen ihre Prozesse der Technologie an. Zum zweiten suchen Prozeßbetreiber nach denselben Vorteilen in denselben Bereichen, normalerweise Lagerwirtschaft, Produktionszyklus und interne Dienstleistungen. Doch das ist genau der Stoff, aus dem Katastrophen gemacht sind, weil dasselbe Softwarepaket einem Konkurrenten nach dem anderen verkauft und so das Wettbewerbsterrain vollkommen nivelliert wird. Schließlich bleibt der Softwareverkäufer als einziger Nutznießer aus der ganzen Aktion übrig, nachdem er zuvor eine ganze Branche in eine Pattstellung geführt hat, indem er ihnen allen die gleiche teure Waffe verkaufte.

Andere Firmen verzichten auf die neuen, integrierten Softwarelösungen und setzen statt dessen auf den Versuch, ihre bestehenden Systeme in die neue Welt zu übertragen. Dies bringt unterschiedliche Herausforderungen mit sich. Man hat es mit alten Großrechnerystemen zu tun. Die vorhandenen lokalen Spezialsysteme können nicht miteinander kommunizieren. Und es gibt unsichtbare kulturelle Mauern, die der Kooperation widerstehen und die Folgen integrierter Systeme fürchten. Einige Leute sind sich bewußt, daß sie durch die neuen Systeme ersetzt werden. Warum sollten sie beim Aufbau eines Systems behilflich sein, das sie ihren Job kosten wird? Und dann erst die Ausbildung! Tausende Arbeitsstunden an Ausbildung und in der Regel nicht genug hochqualifizierte Trainer für die neue Software. So herrscht zum Beispiel derzeit weltweit ein extremer Mangel an SAP-Implementierungsexperten.

Doch wenn Sie auf eine Integration Ihrer Prozesse durch Technologie verzichten, wird einer Ihrer Konkurrenten zugreifen und Ihnen dabei voraus sein. Erfolgreiche Vorstände führen die interne Prozeßintegration durch Technologie sehr sorgfältig ein, denn auf dieser Logik werden die detaillierten technologischen und organisatorischen Entscheidungen gefällt werden. Moderne technologiegestützte Prozeßumgestaltung und Partnernetzwerkintegration sind anders gar nicht machbar.

Zeneca verwendet technologische Systeme als Trojanisches Pferd für den Wandel

Zeneca, ein britisches agrochemisches und pharmazeutisches Unternehmen mit 7 Milliarden Dollar Umsatz, bietet ein interessantes Beispiel für Transformation durch Technologie. Die Firma wurde 1993 gegründet, als sie sich von dem Chemiekonzern ICI abspaltete, um Shareholder Value freizusetzen, den man im ICI-Portfolio „verborgen" glaubte. Ein Ergebnis der Entflechtung war die Bedingung, daß Zeneca letzten Endes andere Informationssysteme als ICI betreiben müsse.

Die kurzfristige Lösung war ein Rückleasingvertrag, demzufolge ICI die entsprechenden Dienste bis Ende 1994 liefern würde; Zeneca hatte also zwei Jahre Zeit, eigene Systeme auf die Beine zu stellen. In der Zeneca-Zentrale entschied man sich für eine Standardisierung der weltweiten Beschaffungs-, Produktions- und Logistikprozesse und der Finanzdienste mittels des integrierten SAP-Softwarepakets. SAP ist so konstruiert, daß eine Transaktion in einem bestimmten Bereich gleichzeitig Transaktionen in anderen Gebieten auslöst. (Ein Beispiel: Die Auslieferung einer Bestellung kann eine Reduktion des Lagerbestands, die Erstellung einer Rechnung und die Buchung einer Forderung auslösen.) Den einzelnen Zeneca-Geschäftsbereichen wurde es jeweils überlassen, ihre eigenen Systeme auf Basis der SAP-Plattform zu entwickeln.

Bob Woods, Präsident von Zeneca Agricultural Products in den USA, betrachtete die Herausforderung durch das System als einmalige Gelegenheit für ein gleichzeitiges Reengineering der Geschäftsprozesse. Woods spielte mit dem Gedanken, daß Zeneca sogar noch weiter gehen könnte, indem es die Spielregeln einer ganzen Branche änderte, die im allgemeinen als genauso konservativ galt wie die Bauern, die Zeneca belieferte. Die gleichzeitig laufenden Systementwicklungs- und Reengineering-Programme konnten, so dachte er, die Rolle eines Trojanischen Pferds für einen fundamentalen Wandel des Unternehmens spielen.

Seiner Ansicht nach nahm Zeneca eine durchwachsene Wettbewerbsposition ein. Das Produktportfolio war ausgewogen. Der Nettoumsatz pro Verkäufer war absolute Branchenspitze. Aber es gab auch weniger erfreuliche Daten. Zeneca war beim Marktanteil an fünfter oder sechster Stelle. Die Umsatzzuwächse waren im Vergleich zu früheren Jahren schwankend, doch die Kosten stiegen weiterhin. Der Return on Net Assets (RONA), also die Kennziffer, für die er persönlich verantwortlich zeichnete, war inakzeptabel.

Ehe Woods jedoch daran denken konnte, die Agrarindustrie durch Technologie zu verändern, mußte er vorerst einen Schritt zurücktreten. Wenn er am Markt etwas bewegen wollte, mußte er zunächst einmal ein Team in seinem eigenen Unternehmen dafür gewinnen. Das wurde seine erste Priorität.

Sein größtes Problem in diesem Zusammenhang waren die Widerstände gegen Veränderungen. Die Organisation war rund um Funktionen aufgebaut, nicht um Prozesse. Und wie so oft, waren auch hier mit der Zeit die Mauern zwischen den einzelnen Funktionen gewachsen. Dies erschwerte die Mobilisierung der Leute über unterschiedliche Funktionsbereiche hinweg. Woods wollte jeden Mitarbeiter für die Transformationsreise „an Bord" wissen.

Woods ernannte einen hauptamtlichen Transformations-Agenten aus dem Kreis der Zeneca-Mitarbeiter: Jerry Quinn, einen Amerikaner, der in England für den Konzern arbeitete. Quinn ist ein Veteran im Agrarchemiegeschäft, und als er sich an die gewaltige Transformationsaufgabe machte, stellte er bald fest, daß es keine einfache Sache sein würde, die Mitarbeiter für das Programm zu gewinnen.

Sowohl Woods als auch Quinn erkannten, daß die Rolle des Führungsteams entscheidend sein würde; damit war ein gemeinsames Verständnis der Vision erforderlich. Das zentrale Element dieser Vision war das „Den Kunden begeistern", was wiederum eine neue Definition des Zeneca-Kundenbegriffs mit sich brachte. Nach der neuen Definition waren die Zeneca-Kunden nicht nur die Distributeuren und Zwischenhändler, die ihre Produkte direkt bei Zeneca kauften, sondern auch deren Kunden: Händler, Anwender, Schädlingsbekämpfer und die Farmer auf ihren Feldern. Zeneca würde sich also in Zukunft nicht so sehr auf den Verkauf der Produkte als vielmehr auf Problemlösungen für Farmer konzentrieren; in Zusammenarbeit mit Distributeuren und Anwendern sollte jeder von der neuen Haltung profitieren.

Andere Elemente von Woods Vision hatten unmittelbarer mit den Informationssystemen zu tun. Als Quinn seine Arbeit aufnahm, sagte Woods zu ihm: „Ich will Geschwindigkeit sehen …, und ich will papierlose Prozesse. Wirf alle Aktivitäten, die keinen Wert schaffen, über Bord! Stell das ganze Unternehmen auf den Kopf, falls das nötig ist!" Woods wußte, was er wollte, wenn er auch nicht sicher war, wie er es bekommen konnte.

Die Transformation wurde offiziell im April 1993 gestartet. Anfänglich wurde der Schwerpunkt demonstrativ auf die Implementierung der SAP-Software in der Firma gelegt, obwohl die Verantwortlichen genau wußten, daß das Vorhaben wesentlich umfangreicher war. In den folgenden Monaten entwarfen funktionsübergreifende Arbeitsteams ihre „Soll"-Prozesse. Dabei arbeiteten sie untereinander und mit einem IT-Team eng zusammen, um einen integrierten Plan zu entwerfen, der das Potential der SAP-Plattform maximal ausschöpfte. Gleichzeitig entwickelte Zenecas Führungsteam eine Balanced Scorecard, die die Entwicklung der Unternehmensvision vorwegnahm.

Sie entschieden sich dafür, die Prozesse und Systeme gleichzeitig umzugestalten – trotz des Drucks, die Systeme definitiv bis Ende 1994, also bis zum Ablauf des Rückleasingvertrags mit ICI, funktionstüchtig installiert zu haben. Die Reengineering-Anstrengungen waren in erster Linie auf die Umgestaltung der Beschaffungs-, Produktions- und Logistikprozesse und die Implementierung von SAP konzentriert.

Woods und das Führungsteam wußten allerdings, daß es sich nur um einen Anfang handelte ...

TECHNOLOGIEGETRIEBENES REENGINEERING FORCIEREN

Hier wird Technologie zum Spaß. Revolutionen werden angezettelt, neue Ideen sprießen aus dem Boden und gedeihen. Die eher sachlich-nüchternen ersten beiden Führungsaufgaben haben die Szenerie eingerichtet, sozusagen die Abschußrampe klargemacht. Jetzt beginnt die Unternehmensführung damit, das eigentliche Spiel zu inszenieren bzw. – um in unserem Bild zu bleiben – die Triebwerke zu zünden. Vergessen Sie Prozeßgrenzen. Weg mit starren Prozeßrahmen. Jetzt werden neue Prozesse erfunden! Lassen wir der Kreativität freien Lauf!

Technologiegetriebenes Reengineering umfaßt mehr als die Vereinfachung herkömmlicher Prozeßumgestaltungen mittels Technologie. Es geht dabei um ein fundamentales Umdenken darüber, welche Arbeit warum und von wem getan werden muß – vor dem Hintergrund dessen, was Technologie möglich macht und mit besonderer Betonung auf Lernschleifen und Informationsaustausch. Es handelt sich um Bio-Reengineering (vgl. den letzten Teil des Kapitels 6) mit einer starken Gewichtung auf der Technologiekomponente.

Beim Bio-Reengineering geht es um die Erzeugung von Optimierungsschleifen innerhalb von Prozessen und über sie hinweg, die das Unternehmen seinen Zielen näherbringen. Im Zusammenhang mit Bio-Reengineering kann Technologie oftmals dazu herangezogen werden, diese Daten zu interpretieren bzw. auf ihrer Grundlage Entscheidungen zu treffen oder zu handeln. Die wirkliche Kunst der Technologienutzung im Bio-Reengineering ist der dritte Schritt in einem dreiteiligen Prozeß:

1. Identifizierung der entscheidenden Lernschleifen, die die Unternehmensleistung den in der Balanced Scorecard formulierten Zielvorgaben näherbringen.

2. Definition der Kausalzusammenhänge – der metabolischen Pfade – zwischen den Lernschleifen.

3. Entscheidung, wie und in welchem Ausmaß Technologie die Lernschleifen mit Informationen versorgen und sie miteinander verknüpfen kann.

Alle drei Komponenten dieses Prozesses sind von entscheidender strategischer Bedeutung. Oft wird das Ausmaß der strategischen Flexibilität eines Unternehmens und die Art seiner Differenzierung im Wettbewerb gerade von der dritten Stufe bestimmt. Wo immer technologische Innovation uns auch hinbringt, letztlich ist der menschliche Faktor – die Fähigkeit, auf der Grundlage von Wissen zu handeln und eine andere Wahrnehmung der Realität zu schaffen – die entscheidende strategische Waffe. Technologie stellt oft die einzige Möglichkeit dar, „viele mit vielen" kreativ zu verbinden. Letzten Endes ist die Technologie bloß ein Instrument, mit dessen Hilfe der einzelne Wissen erwerben und nutzen kann, um einen Wettbewerbsvorteil zu erzielen.

Technologiegetriebene Risikoprüfung und Schadensabwicklung bei CIGNA

Gerry Isom war von Anfang an klar, daß sich die Spezialisierung nur mit hohem Fachwissen machen ließ, also in erster Linie mit Risikoprüfern, die in unterschiedlichen Marktsegmenten spezialisierte Kenntnisse haben. Er wußte aber auch, daß es CIGNA gerade daran mangelte. Er brauchte ein ganzes Bataillon davon, nicht bloß eine Handvoll. Die Zeit und die Ressourcen für Schulungen in Spezialtechniken standen nicht zur Verfügung. Aber das hätte ohnedies wenig Sinn gehabt – das beste Training für einen Spezialisten ist immer noch die Erfahrung. Er mußte die vorhandenen Spezialisten so effektiv wie möglich einsetzen. Mit seinem unerschütterlichen Vertrauen in die Macht der Technologie bei der Bewältigung von Wissensproblemen engagierte er ein Technologieteam, um eine Lösung zu finden.

„Früher habe ich Lernsysteme mit großem Erfolg benutzt", erinnert er sich. „Wenn man nicht genug qualifizierte Leute hat, kann Technologie oft helfen."

Gehen wir nun zurück zu einem Technologie-Workshop im Frühjahr 1994. Für die Mitglieder des Technologieteams ist es der „Alles-oder-nichts-Tag". Sie gehen nervös auf und ab, blicken alle paar Augenblicke auf die Uhr und kratzen sich auffällig oft am Hinterkopf, während sie darauf warten, mit ihrer Präsentation dranzukommen. Mitglieder der MIS-Abteilung, einige Underwriter und ein externer Dienstleister haben sich zusammengetan, um ein PC-gestütztes Lernsystem für die Underwriter zu entwerfen. Sechs Wochen lang haben sie am Prototyp gearbeitet, und jetzt soll die feierliche Enthüllung ihres Produkts stattfinden.

„Keine Sorge, es wird Ihnen gefallen", versucht der Projektleiter seine Mitarbeiter zu beruhigen. „Sie", das sind 30 Underwriter, also die Leute, die das System letzten Endes benutzen sollen. Diese dreißig haben ein Einspruchsrecht gegen das Projekt. Wenn es ihnen nicht gefällt, ist das Projekt gestorben. So einfach ist das.

Die Präsentation ist sorgfältig geplant. Es handelt sich um eine zweitägige Veranstaltung, während der die Underwriter möglichst viele technische Optionen kennenlernen sollen. Die Veranstaltung beginnt mit einer Serie von Demonstrationen, in denen gezeigt wird, wie die Konkurrenz Informationstechnologie beim Risikoprüfungsvorgang nutzt. Verschiedene Anbieter wurden eingeladen, ihre Produkte vorzustellen. Das interne Team erhält genausoviel Zeit, sein System zu präsentieren: zwei Stunden am Ende des ersten Tages.

„Meine Damen und Herren", kündigt der Moderator an, „wir überlassen das Podium jetzt unserem internen MIS-Team."

Die Lichter werden abgeblendet, und die Aufmerksamkeit ist auf die Leinwand konzentriert. Der Präsentator hält den Atem an und betet, daß die Software wie geplant „anspringt". Es hat zwar die siebzehn Mal funktioniert, die er es in der letzten halben Stunde versucht hat – aber man weiß ja nie! Das erwartete Bild erscheint, und der gute Mann atmet schon ein wenig entspannter.

„Unser Team hat in den vergangenen Wochen an diesem Prototyp des Underwriting-Unterstützungssystems gearbeitet", beginnt er seine

Vorführung. „Wir wollen Ihnen nun unsere Arbeitsergebnisse vorstellen und Ihnen Gelegenheit geben, uns mitzuteilen, was Ihnen daran gefällt, und was nicht. Und ob Sie der Meinung sind, das Projekt sollte fortgeführt werden. Wir möchten Sie auch bitten, unsere weiteren Arbeiten dadurch zu unterstützen, daß Sie uns sagen, welche Eigenschaften und Funktionen für Sie besonders hilfreich wären."

Er setzt sich und gibt das Mikrophon an einen seiner Mitarbeiter weiter, einen Underwriter, der das System beschreibt, während sein MIS-Partner mit der Computermaus die passenden Darstellungen abruft. Sicher kein Nachteil, wenn die Underwriter das Produkt von einem Kollegen vorgestellt bekommen.

„Nehmen wir an, wir werden beauftragt, ein Kinderheim in South Carolina zu versichern", fängt er an. „Der Risikoprüfer bekäme zunächst folgendes zu sehen." Auf der Leinwand erscheint die grafische Darstellung des Underwriting-Prozesses, genauso wie die Underwriter ihn kürzlich entworfen hatten, aber mit den Spezifika des hypothetischen Problems versehen. Der Anblick ihres eigenen Prozesses in dem Gerät führt zu einem hörbaren Raunen im Publikum – hat also doch irgendwer irgendwo zugehört.

„Beginnen wir mit den großen Risiken", fährt der Vortragende fort. „Die erste Frage lautet, ob wir uns in einem Erdbebengebiet befinden. Nun, wie wir sehen, kann die Frage mit Nein beantwortet werden. Wir fragen uns natürlich auch, ob wir uns in einem Tornadogebiet befinden, und in diesem Fall ist die Antwort Ja. Dies löst nun eine ganze Menge weiterer Fragen aus, nicht wahr?" Das Publikum ist jetzt ganz Ohr.

„Nehmen wir mal an, Sie wollen mehr über die mit Tornados verbundenen Risiken wissen", fährt er fort. „In diesem Fall würden Sie einfach zu dem Lernprogramm über Windschäden gehen und es anklicken, genau so." Ein Multimedia-Paket mit allem Drum und Dran erscheint: Klangeffekte, Bilder von Häusern nach einem Tornado, schematische Zeichnungen über die Auswirkungen eines Tornados auf Mauern und Dächer und eine Checkliste präventiver Maßnahmen mit Bewertung ihrer risikomindernden Wirkung.

„Das ist ja so, als hättest du Winslow in deinem Team", meint einer der Risikoprüfer. Winslow, muß man wissen, ist in der Firma der unbestrittene Experte für Windschäden.

„Winslow hat uns bei der Erstellung dieses Abschnitts geholfen", antwortet der Präsentator lächelnd, „und wenn Sie mit ihm in Kontakt treten wollen, dann können Sie das problemlos über dieses Fenster. Winslow hat versprochen, alle Fragen innerhalb von 24 Stunden zu beantworten."

Winslow bestätigt diese Zusage, indem er seine Hand hebt und anmerkt, er stehe auch für informelles Coaching jederzeit zur Verfügung. Und er setzt noch hinzu: „Wenn Ihr nichts dagegen habt, hätte ich gern Zugang zu eurer Arbeit; nicht, um eure Arbeit zu beurteilen, sondern um meine Kenntnisse über Windschadensrisiken zu vertiefen. Auf diese Weise kann ich unsere Handbücher, Tabellen und Preisdatenbanken aktualisieren und jeweils den letzten Erfahrungen anpassen."

Den 30 versammelten Risikoprüfern schwebte schon ein neues Bild ihrer Arbeitsmöglichkeiten vor.

Das neue Leistungsbewertungsmodell wurde in das Lernsystem eingebettet, und alle erforderlichen Formulare und Policen wurden integriert, wodurch sich der ganze Papierkram und die Aktenbearbeitung erübrigen. Mit diesem System, erkannten die Risikoprüfer, könnten sie ihre ganze Energie auf die Problemlösung konzentrieren. Am wichtigsten war jedoch, daß das Wissen eines Spezialisten eingebaut war – und wo dies nicht der Fall war, stand eine Online-Verbindung zu dem Experten zur Verfügung. Und die gestellten und beantworteten Fragen würden gesammelt und zu einem Teil des Lernsystems werden.

Inzwischen gehen überall Hände hoch, und der Vortragende wird mit Fragen überschüttet.

„Können wir auf Schadensdateien on line zugreifen?"

„Letzten Endes schon. Wir sind dabei, ein ähnliches System für die Schadensabteilung zu entwickeln, und werden es dann mit der Underwritingabteilung verbinden – vorausgesetzt, daß beide Projekte weitergehen."

„Wer hat Zugriff auf meine Arbeit? Ich finde es großartig, wenn mir Winslow über die Schulter blickt, weil ich weiß, daß er mir helfen kann, aber ich möchte nicht, daß mein Boß das tut."

„Das müssen wir gemeinsam ausdiskutieren," sagt der Vortragende. „Dazu ist es jetzt noch zu früh. Wir haben zunächst mal nicht mehr als einen Prototyp. Die organisatorischen und menschlichen Implikationen müssen erst noch definiert werden. Fürs erste wollten wir von euch nur wissen, wie euch die Sache grundsätzlich zusagt und wie wir eurer Meinung nach weitermachen sollen."

Die Abstimmung ergab 29 Pro-Stimmen bei einer Enthaltung, und das interne Technologie-Team sammelte Seiten über Seiten an Vorschlägen, wo man die nächsten Schwerpunkte setzen sollte. Sie hatten nicht nur den Auftrag in der Tasche – sie hatten die Mitbieter vernichtend geschlagen. Gerry Isom, der in der letzten Reihe des Konferenzraums saß, gönnte sich ein zufriedenes Lächeln.

AUFBAU VON NETZWERKEN MIT GESCHÄFTSPARTNERN VORANTREIBEN

Hier erweitert die Unternehmensführung die Grenzen von Prozessen und Technologien über die sicheren Mauern des einzelnen Unternehmens hinaus. Wir befinden uns auf fruchtbarem, aber düsterem Terrain – wo die Eigentumsgrenzen nur mehr schwer auszumachen sind. Es handelt sich aber auch um *reichen* Boden, der durch eine neue Form des Kolonialismus erforscht, besiedelt und kultiviert wird, durch einen Kolonialismus, in dem Visionen und Wissen regieren, nicht die blanke Macht.

Dies ist das Territorium des Vorstands par excellence, da es sowohl um eine Vision wie auch um die Schaffung strategischer Allianzen geht. Hier ist die Zusammenarbeit mit anderen Unternehmen angesagt, um neue Fähigkeiten aufzubauen und den Markt durch kreative Sprünge zu beleben; eine Infrastruktur muß errichtet und unterstützt werden, die den kontrollierten Austausch und die gemeinsame Nutzung von Information und Wissen ermöglicht. Die Optimierungsschleifen des eigenen Unternehmens müssen mit denen anderer Unternehmen verknüpft werden. Die möglichen Vorteile reichen von Kostensenkungen bis zu gesteigerter Effektivität, von Türen, die sich öffnen, bis hin zur Entstehung vollkommen neuer Geschäftsfelder. Die Prinzipien des technologiegetriebenen Reengineerings werden auf die Wertschöpfungskette als Ganzes angewendet.

Die Geschäftswelt hält viele Beispiele für Netzwerkanwendungen bereit. Mitte der achtziger Jahre war beispielsweise Robert Haas, Präsident und CEO bei Levi Strauss & Co, der erste in der Bekleidungsindustrie, der mit dem LeviLink-System einen EDI-Service (elektronischen Datenaustausch) eingerichtet hat. LeviLink bietet Leistungen wie elektronische Auftragsvergabe, Abfrage der Lieferbereitschaft, Finanzdienste, elektronische Geldüberweisung und einige Spezialprogramme.

Heute werden nahezu 60 Prozent des Einkaufsvolumens von Levi Strauss in den USA über dieses schnelle und zuverlässige System abgewickelt. Wie viele andere Unternehmen nutzt Levi's das System dazu, engere Bande zu Zulieferern und Kunden zu knüpfen.

Diese Art von Netzwerkbau geht über die gemeinsame Informationsnutzung hinaus in den Bereich vernetzter *Lernsysteme*. In jedem Geschäftsbereich gibt es Möglichkeiten zum Aufbau untereinander verknüpfter Lernsysteme. Sie werden zunehmend zum entscheidenden Faktor, wenn es darum geht, sich die nächste Generation dauerhafter Wettbewerbsvorteile zu sichern. Und wie wir im nächsten Abschnitt sehen werden, können derartige Verbindungen sogar zu einer Neubestimmung des gesamten Unternehmens führen.

Zeneca verändert die Branche durch neue Technologie

Von Zeit zu Zeit ist es recht nützlich, wenn man nicht nur sich selbst, sondern gleich seine gesamte Branche einem Wandel unterwirft. Das ist zumindest Bob Woods' Philosophie bei Zeneca – und das ist auch der Grund dafür, daß Zeneca Teil einer industriellen Task force ist, die in ihrer Branche bei der Schaffung neuer Informationsstandards eine führende Stellung einnimmt.

Doch warum tut man sich das alles an? Was kommt für Zeneca dabei heraus, wenn all die Technologie doch nur den Wasserspiegel für alle Boote gleich anhebt? „Weil die Kunden Hilfe brauchen", ist Zenecas erste Antwort. Dennoch: Zeneca nimmt die Führungsposition nicht aus rein altruistischen Motiven ein. Man geht vielmehr davon aus, daß sich – sozusagen nebenbei – jede Menge Wettbewerbsvorteile für dasjenige Unternehmen ergeben, das die gesamte Branche auf ein höheres Niveau im Informationsmanagement bringt.

„Der Vorteil liegt nicht in der Infrastruktur", sagt Woods. „Es geht darum, wie man die Information verwertet – und auf dem Gebiet sind wir ziemlich gut."

So wie JVC die Vorteile eines einzigen, einheitlichen VCR-Standards erkannt hat, ist Woods überzeugt, daß die gesamte Branche von einer Standardisierung ihrer elektronischen Transaktionsplattform profitieren wird. Eine Standardisierung beschleunigt die Verfügbarkeit von Information, und sobald diese Information zur Verfügung steht, beginnen erst die Möglichkeiten zur Implementierung wirklicher Innovationen.

Zenecas Elan resultiert aus den Frustrationen der Kunden über Schwächen in den bisherigen Geschäftspraktiken:

Die Anbaubetriebe verlangen höhere Flexibilität und höhere Produkt- und Dienstleistungsqualität.

Lager- und distributionsbezogene Prozesse sind zum Teil ineffizient und damit kostspielig.

Die Einhaltung der gesetzlichen Vorschriften wird für jeden in der Wertschöpfungskette immer schwieriger und kostspieliger.

Das Betriebskapitalniveau ist zu hoch, hauptsächlich aufgrund von Überbevorratung und einer ausgeuferten Produktpalette.

Mit Hilfe der ACPA (American Crop Protection Association; amerikanische Nutzpflanzenschutzverband) hat die Industrie zur Bewältigung des Problems eine gemeinsame, auf fünf Jahre ausgelegte Vision entworfen. Man hat sich auf eine sogenannte Pull-Strategie geeinigt, derzufolge die Anbaubetriebe diktieren, was von den Herstellern der Grundprodukte erzeugt und ausgeliefert werden soll. Diese gemeinsame Vision ruht auf vier Säulen:

1. Die gesamte Wertschöpfungskette soll über einen gemeinsamen EDI-Standard elektronisch verknüpft werden; dadurch werden Real-Time-Produktbewegungsdaten und Just-in-Time-Lagerwirtschaftspraktiken möglich.

2. Die Anbaubetriebe erhalten im Lauf der Zeit sogenannte Smart Cards, die ähnlich wie Bankkarten funktionieren und mit denen sie ihre Produkte elektronisch kaufen können.

3. Dynamische Prognosepraktiken ermöglichen Real-Time-Lagerbestandsdaten und Produktionsprognosen, um die Lagerbestände möglichst gering zu halten und häufig umzuschlagen.

4. Technologiegetriebene, flexible Produktionstechniken minimieren die Vorlaufzeiten und ermöglichen die Herstellung der Produkte in größerer zeitlicher Nähe zur Saison. (Heute fahren viele Agrarbetriebe das ganze Jahr über Volldampf, auch wenn die Verkaufssaison extrem kurz ist.)

Die Umsetzung dieser Vision erfordert die elektronische Verknüpfung der gesamten Branche. Die ACPA hat einer Task force die Verantwortung für das RAPID-Projekt (Responsible Agricultural Product und Information Distribution/verantwortliche Distribution von Agrarprodukten und Information) übertragen, um die Industrie in diese Richtung zu bewegen. Die Task force, der Jerry Quinn als Co-Chairman vorsteht, ist ein branchenweites Reengineering-Team mit der Aufgabe, die technische Netzwerkinfrastruktur zu entwickeln und die Standardprozesse um die Infrastruktur herum zu planen.

Eine der ersten Herausforderungen der Task force war die Entwicklung von gemeinsamen EDI-gestützten Standards für die Branche. Viele Unternehmen in der Branche verwendeten EDI und Strichcodesysteme bereits in beschränktem Umfang. Das Problem war bloß, daß Systemanwender, Hersteller, Distributeuren und Einzelhändler unterschiedliche Definitionen und Praktiken anwandten. In einem System könnte das Inventar beispielsweise als „Produkt im Lager" definiert sein, in einem anderen als „Lagervorräte plus getätigte, aber noch nicht empfangene Einkäufe"; oder als „Lagervorräte minus Produkte, die in den nächsten zwei Wochen zum Verkauf vorgesehen sind". Wenn die Systeme miteinander sprechen sollten, brauchten sie eine gemeinsame Sprache. Die Task force benötigte sechs Monate, um sich auf einen neuen Standard zu einigen.

Doch das Team ging weit über die Einführung des EDI-Standards hinaus. Es entwickelte einen Dreistufenplan, der in einem Zeitraum von fünf Jahren verwirklicht werden sollte. Bis Mitte 1994 hatte das Team zudem sechs integrierte Prozesse neu definiert, in die Hersteller, Distributeuren und Einzelhändler involviert waren. Dazu gehören das Auftragsmanagement und die Logistik für verpackte und für unverpackte Ware, Container-Tracking, die Einhaltung gesetzlicher Vorschriften, Lagerbewirtschaftung und Prognosen sowie das Finanzberichtswesen.

Zum Zeitpunkt der Entstehung dieses Buches werden die neuen Prozesse gerade in einem Pilotprogramm in mehr als einem Dutzend Standorte getestet. Und langsam dringt die Vision in das Bewußtsein von Distributeuren, Groß- und Einzelhändlern ein. Die Anzeichen von Verbesserungen sind bereits sichtbar; Produktverfügbarkeit und Produktionsflexibilität haben zugenommen, während Lagerbestände und Betriebskapitalerfordernisse sinken.

Zeneca will in seiner Branche beim Erklimmen der Systempyramide, an deren Errichtung man selbst beteiligt war, eine führende Stellung einnehmen und hofft, daß da so viele Vorteile wie möglich für das Unternehmen abfallen. Und obwohl die technologische Komponente integraler Teil dieses Vorgangs ist, ist sie nicht sein zentraler Schwerpunkt – der liegt nämlich nach wie vor beim Kunden. „Schließlich", sagt Quinn voraus, „wird ein Farmer zu einem Händler kommen, um ein Zeneca-Produkt zu kaufen, weil er weiß, daß es das beste ist. Der Farmer wird den Kauf mittels *Smart Card* vornehmen, die die Kaufdaten in das branchenweite System einspeist. Doch der Kunde erhält jetzt nicht das Produkt und eine Rechnung: jeder Aspekt des Geschäfts wird automatisch abgewickelt, auch das Ausfüllen der gesetzlich vorgeschriebenen Formulare. Da der Farmer bei Zeneca einkauft, erhält er nicht nur ein großartiges Produkt, er verschwendet auch keine Zeit mit Papierkram."

„Und eines Tages", fügt er hinzu, „werden wir ein nationales Unterstützungssystem haben, das dem Farmer Anwendungsberatung unter Berücksichtigung der Spezifika seines Feldes, seines Standortes und sogar der herrschenden Wetterverhältnisse erteilt."

TECHNOLOGIESPRÜNGE FÜR DIE ENTWICKLUNG NEUER GESCHÄFTSFELDER NUTZEN

Technologie kann Unternehmen dabei helfen, die Spielregeln völlig neu zu definieren. Genau das haben erfolgreiche Unternehmensführer in zahlreichen Branchen getan, etwa bei der Erfindung des Homeshopping, der Geburt von CNN und Kabelstationen sowie beim Aufbau der Videospielindustrie und der On-line-Informationsdienste. Ein Problem bleibt allerdings bestehen: diese Geschichten zeigen nur die glänzende Seite der Medaille.

Für jeden dieser Erfolgsfälle steht ein Opfer, das auf der falschen Seite gekämpft hat. Dem klassischen Einzelhändler schlottern die Knie, wenn er sich mit Recht fragt, ob die Kunden noch in seinen Laden kommen, wenn sie auf ihre persönlichen Bedürfnisse zugeschnittene Produkte elektronisch bestellen können. CBS, NBC und ABC können in den letzten Jahren nicht gerade als Ausbund an Profitabilität bezeichnet werden. Sie sind nicht nur von CNN und dessen globalem, satellitengestütztem Netzwerk bedroht, sondern auch von der rasanten

Vermehrung von Kabelkanälen, die ihnen einen großen Teil der Werbe-
einnahmen streitig machen. Die alten Hersteller von Glücksspiel- und
Flipperautomaten kämpfen gegen „Sonic the Hedgehog" und „Super-
Mario Brothers". Und seit kurzem müssen Tageszeitungen und Zeitschriften im Wettstreit mit On-line-Diensten ihr Recht zur Verbreitung
von Nachrichten und Kundeninformationen verteidigen. Kreative Unternehmensführer werden aber von der Technologie profitieren können,
und sei es nur für defensive Zwecke.

Fast ohne Ausnahme besitzen die Vorreiter, die ihre Branchen durch
Technologie revolutioniert haben, kein überragendes technisches Wissen. Sie sind im Grunde kreative Strategen, die sich für die Rolle der
Technologie im Geschäftsleben interessieren und still darauf vertrauen,
daß die Technologie, wie die Infanterie im Felde, ihnen schon folgen
wird. Es sind Leute, die Anteil an technologisch bedingten Marktver-
änderungen nehmen, ohne allerdings über sämtliche technische Möglichkeiten von Bits und Bytes Bescheid zu wissen. Dies verleiht ihnen
die seelische Gelassenheit, unverkrampft nachzudenken und einzelne
Elemente der Wertschöpfungskette im freien Gedankenspiel zu verbinden und ihre Phantasie wandern (und sich wundern) zu lassen.

Wenn Taxis auf High-Tech umsteigen

Wer von uns kann nicht von einer schrecklichen Erfahrung mit einem
Taxi berichten? Sie rufen an und werden erst mal in eine unendliche
Warteschleife eingereiht. Endlich meldet sich jemand in der Funkzen-
trale und fragt nach Ihrem Wunsch. Sie geben Ihren Standort und das
Fahrziel bekannt, nur um gleich wieder in der Wartestellung zu landen.
Nach einer Weile wieder die Stimme: Ihr Wagen sei unterwegs. Wann
er ankommt? In etwa 15 bis 30 Minuten. Wenn er bis dahin nicht auf-
getaucht ist, rufen Sie nochmals an.

Seit Sie angerufen haben, sind fünf Minuten vergangen, und als Sie
auflegen, sind Sie schon ein wenig nervös. Wenn das Taxi nicht pünktlich ist, versäumen Sie womöglich Ihr Flugzeug. 25 Minuten später
kommt endlich der Wagen. In den letzten 10 Minuten der Wartezeit hat
es Ihnen wieder mal verdammt leid getan, mit dem Rauchen aufgehört
zu haben. Der Fahrer fragt Sie nochmals nach dem Fahrtziel, nur um
sich lautstark über die Aussicht aufzuregen, sich jetzt durch den Flug-
hafenverkehr kämpfen zu müssen. Irgendwie schaffen Sie's dann doch

noch. Schweißtriefend nehmen Sie im Flugzeug Platz und halten sehnsüchtig Ausschau nach dem Getränkewagen.

Und nun stellen Sie sich das folgende Szenario vor: Sie rufen bei der Taxizentrale an, und eine angenehme weibliche Stimme begrüßt Sie, fragt höflich nach Ihrem Namen, Ihrem Standort, dem Fahrtziel und – wenn Sie ein Firmenkunde mit G7-Vertrag sind – nach dem Namen Ihrer Firma. „Einen Moment, bitte", sagt die Stimme. Innerhalb von 15 Sekunden erfahren Sie, daß der Wagen in 10 Minuten vor Ihrem Haus stehen wird. Zu Ihrer großen Überraschung beschreibt sie Ihnen den Wagen und nennt dessen Nummer. Das Taxi kommt pünktlich an, der Fahrer steigt aus und begrüßt Sie höflich mit Ihrem Namen, während er Ihnen schon entgegeneilt, um Ihnen Ihr Gepäck abzunehmen. Im Wagen wiederholt er noch einmal das Fahrtziel (nicht, daß er danach fragt!) und teilt Ihnen mit, daß die Fahrtgebühr direkt mit Ihrer Firma verrechnet wird, einschließlich eines Standardtrinkgeldes von 15 Prozent – und schon sind Sie auf dem Weg!

„Nicht schlecht", denken Sie jetzt wahrscheinlich, „und im Jahr 2010 vielleicht mal Realität." Tatsächlich jedoch hat die traditionelle Pariser Taxigesellschaft G7 genau dieses System erst kürzlich eingeführt. G7 hat sein Service-Niveau auf das eines privaten Limousinendienstes angehoben, und dies zu den günstigeren Taxitarifen. Jeder Wagen ist mit einem Funkgerät ausgerüstet, das mit der Taxizentrale verbunden ist. Dort werden die Daten des Kunden eingegeben oder, wenn bereits vorhanden, abgerufen, und das System, das den aktuellen Standort und Betriebsstatus sämtlicher Fahrzeuge permanent gespeichert hat, verständigt das nächstgelegene freie Taxi bzw. einen Wagen, der demnächst in diesem Bereich frei wird. Im Taxi befindet sich ein Display, auf dem der Name des Kunden, sein Standort, das Fahrtziel und die zugesagte Abholzeit erscheinen. Durch Drücken eines Knopfes bestätigt der Fahrer, daß er unterwegs ist. Wenn er die Fahrt ablehnt, schaltet das System automatisch zum nächsten verfügbaren Wagen um, und das erste Taxi verliert seinen Platz in der Warteschlange.

Das ist nicht nur vom Standpunkt des Kunden aus ein wunderbares System, sondern es hat auch Vorteile für die Fahrer. Es erspart ihnen das mühsame Abhören des Funks den ganzen Tag über und das möglichst rasche Drücken der Antworttaste, wenn man eine Fahrt unbedingt will und es gilt, sich gegen die anderen Fahrer durchzusetzen. Gewiß, einige Fahrer, die vielleicht Angst vor dem *Big Brother* haben, bevorzugen das alte System und wechselten zu anderen Gesellschaften. Im großen und ganzen war das Experiment aber ein Riesenerfolg. Unterm Strich bleibt nicht nur eine höhere Kundenzufriedenheit, sondern auch eine bessere Fahrzeugauslastung, sprich: mehr Geld für das Unternehmen, aber auch mehr Geld für die Fahrer, die auf Provisionsbasis entlohnt werden. Und es handelt sich um eine geschickte Art, Größendynamik – oder zumindest Vernetzungsdynamik – in eine sonst eher als hausbacken geltende Branche einzubringen.

Zeneca ändert die Spielregeln

Im Frühjahr ist Anbauzeit, und das ist für Agrarchemiehändler die hektischste Zeit des Jahres. Wochenlange Hetze, bis alle Chemikalien beim Kunden sind, alle Formulare ausgefüllt und alle Vorschriften eingehalten. Die Beschäftigten machen Überstunden, und alle sind erschöpft. Die Notizen eines Arbeitstages landen auf irgendwelchen Zetteln, auf der Rückseite von Visitenkarten oder auf den gelben Post-its am Schwarzen Brett. Manchmal dauert es Tage, bis man alles in die Bücher übertragen hat, und in der Zwischenzeit können Unterlagen verlorengegangen oder verlegt worden sein, und Lagerbestandsdaten verlieren rasch an Aktualität. Fehlbestände sind unvermeidlich. Umsätze gehen verloren. Die Geschäftsergebnisse leiden.

Oder der Händler ist so im Streß, daß er einen unerfahrenen Arbeiter mit dem Füllen von Großcontainern beauftragt. Die falschen Chemikalien gehen in den falschen Container, und es kommt zu einer wechselseitigen Kontaminierung. Hunderte Gallonen wertvoller Chemikalien gehen verloren. Und außerdem ist jetzt wieder ein Bericht an die Umweltbehörde fällig, um eine Sondererlaubnis zur Entsorgung der Chemikalien zu erhalten.

Bei Zeneca war man sich bewußt, wie schwierig diese Zeit für die Händler ist, und man beschloß, etwas dagegen zu unternehmen. Man tat sich mit Fillrite zusammen, einer Sparte der Tuthill Corporation, einem weltweit führenden Unternehmen in der Entwicklung von Technologien zur Handhabung von Flüssigkeiten in der Erdöl- und Chemie-Industrie. Zeneca arbeitete mit Fillrite zusammen, um ein System zu entwickeln, mit dessen Hilfe die Händler ihre Lagerbestände effektiver verwalten konnten: Bestandsschrumpfung ausschalten, Sofortinformationssystem zur Vermeidung von Umsatzverlusten, gegenseitige Kontaminierung unterbinden, weniger Papierkram und weniger Schwierigkeiten bei der Einhaltung gesetzlicher Vorschriften waren die Stichworte des geplanten Programms. Sie wollten ein Verfahren entwickeln, das so einfach war, daß jeder es in ein paar Minuten erlernen konnte. Die Lösung, die sie schließlich zuwege brachten, nennt sich Chemdata™.

Chemdata™ ist ein integriertes, strichcodiertes System auf Kartenbasis, das dem Händler das Leben wesentlich erleichtern soll. Es handelt sich um eine Kombination aus Hardware und Software, die am Händlerstandort installiert wird. Der Händler zahlt für die Nutzung des Systems nur eine Jahresgebühr und eine nominale, einmalige Gebühr für die Verwendung von Chemikalien anderer Hersteller im System.

Eine typische Transaktion läuft wie folgt ab:

Bill, der Farmer, erscheint am Verkaufsschalter, um eine kleinere Menge Eradicane® zu kaufen, ein Herbizid zur Unkrautvernichtung. Sam, ein Mitarbeiter des Händlers, holt Bills Karte heraus und zieht sie durch ein Lesegerät. Auf dem Bildschirm erscheinen alle Informationen, die Sam über Bill als Kunden wissen muß: Kreditvereinbarungen, besondere Lizenzen und so weiter. Nach Eingabe der Bestellung zeigt ihm das System sofort an, ob vorgefüllte Behälter mit dem gewünschten Produkt vorhanden sind. Ist dies nicht der Fall, erfährt Sam über das Programm, welche leeren Container am Standort für diese spezielle Chemikalie verwendet werden dürfen. In unserem Fall sind keine vorgefüllten Container vorhanden, also gibt Sam einfach die gewünschte Menge ein, und die beiden vereinbaren, sich an der Laderampe wieder zu treffen.

Draußen fährt der Farmer Bill seinen LKW an die Rampe, und Sam stellt den Container drauf. Dann legt er die Pumpendüse in den Container, wählt mit einem Schalter auf der Pumpe die Chemikalie und liest den Strichcode auf dem Container ein, um die Pumpe zu aktivieren. Nichts passiert. Sam hat unabsichtlich die falsche Chemikalie gewählt. Da die Transaktion aber vorab eingestellt wurde, läßt das System nur die Abgabe der richtigen Menge des richtigen Mittels in den zugelassenen Container zu. Sam stellt den Auswahlschalter um, liest den Container erneut ein und löst den Pumpvorgang aus. Das System schaltet automatisch aus, wenn die voreingestellte Menge geladen ist. Schließlich wird noch eine Rechnung ausgedruckt, die fast so aussieht wie bei einer Kreditkartentankstelle.

Das beschriebene System bringt zahlreiche Vorteile:

Real-Time-Lagerbestandskontrolle.

Komplette Dokumentation der Transaktion: Datum, Uhrzeit, abgegebene Chemikalie, Menge, durch wen, in welchen Container, für welchen Kunden und zu welchen Zahlungsbedingungen (bar oder auf Kredit).

Die Strichcodierung bewahrt den Kunden vor Kontaminierungen und der Überfüllung von Containern. Außerdem sind die jeweiligen Standorte der Container leichter zu ermitteln (für Rückholungen bzw. aus gesetzlichen Erfordernissen).

Aufzeichnungen von kundenspezifischen Einkaufsprofilen und Produktanforderungen.

Automatische Einhaltung gesetzlicher Vorschriften und Erstellung gesetzlich verlangter Unterlagen.

Das System wurde entworfen, bevor die ACPA-Standards verabschiedet wurden, aber Zeneca und Fillrite bemühen sich, es rasch zu adaptieren, damit alle vom System generierten Informationen direkt in andere ACPA-Standardsysteme eingespeist werden können.

Vom Standpunkt des Händlers gesehen, beseitigt das System alle Schwierigkeiten, die sich üblicherweise bei Abgabesystemen für Großmengen ergeben und reduziert gleichzeitig die Kosten. Händler, die das System verwenden, gehen – konservativ geschätzt – von einer Ergebnisverbesserung von mindestens 1 Prozent aus – und dies ist in einer Branche mit notorisch geringen Margen gar nicht wenig! Zeneca garantiert tatsächlich, daß das System die Betriebskosten des Händlers reduziert.

Für Zeneca liegt der echte Vorteil darin, daß die am Händlerstandort gesammelten Informationen direkt ins Zeneca-System eingespeist werden, wodurch das Unternehmen die Fühler seiner eigenen Lernschleifen in Verkauf, Marketing und Produktion viel weiter vorstrecken kann. Chemdata™ ermöglicht Zeneca, mehr und schneller zu erfahren, was am Händlerstandort vor sich geht. Damit kann das Unternehmen diese Informationen zu aussagekräftigem Wissen destillieren, um seine eigene Strategie und operative Taktik weiterzuentwickeln.

RENEWING – ERNEUERUNG

Letzten Endes ist das menschliche Leben mehr als bloße Biologie. Ab einem gewissen Punkt kann es nicht mehr als Ansammlung von Atomen, Zellen und körperlichen Systemen beschrieben werden. Das Hirn wird zum Bewußtsein und die von Synapse zu Synapse springenden Neurotransmitter werden zu Gedanken. Der DNA-Code wird zur Spur der Familiengeschichte und der Körper tritt hinter eine Abstraktion zurück, die wir – mit all ihrer reichen Vielfalt an Emotionen und Hoffnungen – gern als Persönlichkeit bezeichnen. Das Individuum wird zum Ausdruck der Interaktion mit anderen Menschen. Und den *Menschen* in den Unternehmen gilt auch in diesem Abschnitt unsere besondere Aufmerksamkeit, nicht ihrem Fleisch und Blut, sondern ihrem Geist, ihrer Seele!

Denn *Menschen* sind die Seele eines Unternehmens. *Reframing* war das Königreich des Rationalisten, *Restructuring* das Betätigungsfeld des Chirurgen, *Revitalizing* die Domäne des Ökologen. *Renewing* ist jetzt das Terrain des Spiritualisten. Wie den Menschen, so betrachten wir auch Unternehmen nicht oft als spirituelle Wesen. Wir sehen sie lieber im Zusammenhang mit ihren Produkten oder Dienstleistungen oder als Ausdruck der Prozesse und Systeme, die sie benutzen. Doch sehr oft rufen Unternehmen in uns Gefühle wach: die Freude eines Kindes, das mit einem Macintosh-Computer spielt, das ehrliche Vertrauen in den Finanzberater unserer Hausbank, das erhebende Gefühl, wenn wir einen neuen Wagen nach Hause fahren. Jede dieser Emotionen wurzelt in der spirituellen Qualität der anbietenden Firma und löst bei uns ähnliche spirituelle Reaktionen aus. Der Macintosh-Computer beispielsweise verkörpert alles, was die Firma „Apple Computers" für uns bedeutet; vielleicht die Vorstellung eines rasch wachsenden, phantasievollen Unternehmens, das gewissermaßen mit uns gemeinsam aufgewachsen ist und bei uns in diesem Fall ein angenehmes Gefühl wachruft. Sein Kind beim Spielen mit einem Macintosh zu beobachten, verkörpert Apples Seele und verknüpft diese Seele direkt mit den Seelen der stolzen Eltern.

Geist und Seele sind, wenn sie in einem geschäftlichen Kontext genannt werden, schwierige Begriffe. Sie erinnern an philosophische und andere intellektuelle Abenteuer, weshalb sie sich schwer mit der pragmatischen Welt in Einklang bringen lassen, in der es um das gewinnorientierte Anbieten von Waren und Dienstleistungen geht. Und doch ist Spiritualität eine Schlüsselkomponente erfolgreicher Unternehmen. Ohne Geist und Seele keine Transformation! Der Geist des Lernens und Wachsens animiert alle großen Menschen und alle großartigen Unternehmen. Die Seele des Unternehmens manifestiert sich im Aufbau immer größerer Netzwerke untereinander verbundener Knoten. Sie ist das konstitutive Element der Erneuerung.

Die Welt des *Renewing* beginnt mit den Anreizen, um die es in Kapitel 10 geht. Anreize richten sich an unser Bedürfnis nach innerer Zufriedenheit. Dies ist die niedrigste Ebene der Spiritualität, die einfachste Form menschlicher Verbundenheit. Wer für ein Unternehmen arbeitet, erwartet eine Kompensation in irgendeiner Form, zumindest eine gerechte materielle Vergütung seiner Arbeit. Auch in einem spirituelleren Kontext suchen die Menschen nach materiellen Belohnungen: Sie bieten ihren jeweiligen Göttern ihre Liebe und ihren Respekt und hoffen, dafür weltlichen Trost und Hilfe zu bekommen.

Doch ab einem bestimmten Punkt sind die Menschen durch Anreize alleine nicht mehr motivierbar. Das Verhältnis zwischen dem einzelnen und der Umwelt scheint sich umzukehren; der einzelne stützt sich nicht mehr auf das Unternehmen als „Geber", sondern beginnt, die Verantwortung für seine Entwicklung selbst zu übernehmen. Damit hat er den Bereich individuellen Lernens betreten, die nächsthöhere spirituelle Ebene, auf der er zu einem an der Welt Lernenden und einem aktiveren Teilnehmer am Lauf der Welt wird.

Es handelt sich eigentlich um die Übertragung von John F. Kennedys berühmter Losung auf das Wirtschaftsleben: „Frag nicht, was dein

Land für dich tun kann, sondern was du für dein Land tun kannst." Die Menschen definieren sich nicht mehr über die erwarteten materiellen Gewinne, sondern vielmehr über den Einfluß, den sie auf die Menschen und die Welt um sich herum ausüben können. Ihre Verbindungen zu Menschen und Dingen werden dynamischer, entwickeln sich zu permanenter Interaktion mit gegenseitiger Beeinflussung. Die Grenze zwischen dem Selbst und der Umwelt verschwimmt, wobei das Selbst sich in die Umwelt ausdehnt und die Umwelt in das Selbst vordringt.

Schließlich findet der Wunsch des einzelnen nach geistiger Freiheit seinen höchsten Ausdruck in einer gemeinsamen Suche. Individuelle Anstrengungen machen der lernenden Organisation Platz, dem Thema des Kapitels 12. Damit sind wir bei der höchsten Stufe der Spiritualität angelangt, auf der Gruppen gleichgesinnter Individuen gemeinsam nach neuen Verbindungen zu anderen suchen. Die Vernetztheit wird zu „viele mit vielen", anstatt wie vorher „einer mit vielen". Der einzelne löst sich aus seiner Isolation und bezieht Energie von anderen; er kommt zu der Erkenntnis, daß gemeinsam in der Gruppe verfolgte Ziele die besten Resultate erbringen. Die Einsamkeit des Mönchs weicht der wohligen Wärme der ökumenischen Gemeinde.

Renewing ist bei weitem die schwierigste Form der Transformation. Viele Unternehmen haben *Reframing* und *Restructuring* perfektioniert. Manche sind auf dem Weg zu erfolgreichem *Revitalizing*. Doch nur wenige können von sich behaupten, die *Renewing*-Phase gemeistert zu haben. Trotzdem stellt die Fähigkeit, eine große Zahl von Menschen dazu zu bringen, einander zu fördern und zu unterstützen, letzten Endes den einzig echten Vorteil dar, den das Unternehmen erreichen kann.

ANREIZSYSTEM SCHAFFEN

W enn sich ein Mensch grundlegend ändert, so ist es eigentlich sein Verhalten, das anders wird. Doch auf einer tieferen Ebene ändern sich der Nutzen bzw. die *Belohnungen,* die er als Folge seines Tuns bezieht oder zu beziehen hofft.

Ob implizit oder explizit, bewußt oder unbewußt, jeder Mensch hat ein für ihn typisches mentales Belohnungsschema entwickelt. Und ob es nun innerlich zusammenhängend und einheitlich ist oder nicht, es ist dieses Anreizsystem, das uns tagtäglich motiviert. Da Belohnungen psychologisch verankert sind, nehmen sie vielerlei Formen an. Insbesondere sind sie von dem Verlangen nach Freude oder dem Bedürfnis der Schmerzvermeidung abgeleitet.

Ein Vorstandsvorsitzender nimmt vielleicht einen weniger autokratischen Stil an, wenn er erkennt, daß ein auf Mitarbeiterbeteiligung beruhendes Führungsmodell eher geeignet ist, ein lädiertes Unternehmen wieder auf die Beine zu bringen. Eine Verkäuferin ordnet ihre Prioritäten neu und widmet sich dem zuvor gescheuten, komplexeren Produkt, um ihre Provision zu steigern. Ein ehemals widerspenstiger mittlerer Manager nimmt plötzlich das Kostensenkungsprogramm des Unternehmens ernst und erkennt zum ersten Mal, daß die Zukunft des Unternehmens – und damit seine eigene Fähigkeit, für seine Familie zu sorgen – von seinem Erfolg abhängen kann. Ein Alkoholiker hört zu trinken auf, angespornt von Kollegen und Bekannten und aufgerüttelt von der Prognose, die man ihm im Rehabilitationszentrum gestellt hat: Er werde als einsamer Mann sterben, wenn er sein Verhalten nicht ändere.

Obwohl das Verlangen nach Freude und das Bedürfnis nach Schmerzvermeidung unser Belohnungsempfinden steuern, haben wir dennoch keine Garantie, daß das, was wir als wohltuend empfinden, auch tatsächlich substantiell produktiv ist, oder umgekehrt, was wir als schmerzhaft empfinden, substantiell destruktiv ist. Wir hängen im Unterbewußtsein bestimmten Werten und Überzeugungen an, die als Filter für unser Anreizsystem fungieren. Demnach basiert die Wirksamkeit des Anreizsystems auf den „objektiven" Mechanismen, die vom Unternehmen geschaffen wurden, und dem „subjektiven" Filter jedes einzelnen Mitarbeiters. Daran liegt es auch, daß die Unternehmensführung nicht immer das bekommt, was sie anstrebt.

In der Bio-Organisation zielt das Anreizsystem auf die innere Zufriedenheit ab. So wie das Anreizsystem eines Individuums dessen Verhalten steuert, so steuert das Anreizsystem eines Unternehmens die Art und Weise, wie dessen Beschäftigte arbeiten. Das Anreizsystem ist das Bindeglied, über das die Menschen entscheiden, ob sie sich die Ziele des Unternehmens zu eigen machen wollen, ob sie diese als persönliche Ziele übernehmen wollen oder nicht. Das Unternehmen enthüllt durch sein Anreizsystem seine Seele und lädt die Menschen dadurch implizit ein, das Wesen des Unternehmens zu akzeptieren oder nicht.

Die Entwicklung des Anreizsystems ist die Funktion des zehnten Chromosoms der Bio-Organisation. Es hat drei Gene, denen drei entsprechende Aufgaben für die genetischen Architekten des Unternehmens zugeordnet sind:

1. *Anreizsysteme an die Ziele und Meßgrößen des Unternehmens koppeln.* Die Ziele und Meßgrößen eines Unternehmens sind unentwirrbar miteinander verknüpft, und die Anreize sind der Klebstoff, der sie zusammenhält. Im Idealfall spiegeln die Anreize die Ziele des Unternehmens wider, indem sie die Menschen an mehrdimensionale Meßgrößen binden, die ihre eigene Leistung und die des Unternehmens steuern. Diese ideale Verknüpfung zu verwirklichen, fällt allerdings den meisten Unternehmen nicht leicht, zumal deren Anreizsysteme in erster Linie auf finanziellen Anreizen beruhen, die an den finanziellen Erfolg des Unternehmens gekoppelt sind. Der finanzielle Erfolg ist aber nur einer von vielen Erfolgsfaktoren, und darin liegt auch der Grund, daß viele zukunftsorientierte Unternehmen Anreizsysteme entwickeln, die von einer ausgewogenen Betrachtung aller Ziele und Meßgrößen ausgehen.

Die Balanced Scorecard bietet ein nützliches Gerüst zur Entwicklung und Ausrichtung von Meßgrößen- und Anreizsystemen. Auf den vier umfassenden Meßgrößen-Kategorien der Balanced Scorecard (finanziell, kundenbezogen, operativ, lernen) zur Errichtung eines Meßgrößensystems können die Unternehmen auch ihr Anreizsystem aufbauen. In beiden Systemen geht es darum, die Meßgrößen und Belohnungen zu einer integrierten „Story" zu verbinden, zu einer Geschichte darüber, auf welche Weise die Organisation sich zu transformieren beabsichtigt. Den Führungspersönlichkeiten kommt dabei die Rolle zu, Meßgrößen und Belohnungen auszurichten und die Wechselbeziehungen zwischen den beiden intakt zu halten.

2. *Kunden und Lieferanten in das Anreizsystem einbinden.* Wenn die Unternehmen ihre Netzwerke nach außen in die Unternehmen von Kunden und Lieferanten ausdehnen, muß auch das Anreizsystem entsprechend angepaßt werden. Dies erfordert eine enge Zusammenarbeit mit Kunden und Allianzpartnern, um die Anreizsysteme der unterschiedlichen Unternehmen an den entscheidenden Schnittstellen auszurichten. So kann es beispielsweise für einen Hersteller notwendig sein, sein Anreizsystem so anzupassen, daß anstelle erfüllter Produktionsquoten die Kundenzufriedenheit in den Vordergrund tritt. Unter Umständen müssen die Lieferanten in das Leistungsbewertungssystem eines Unternehmens integriert werden, vielleicht sogar bis zu dem Punkt, daß sie es als integrativen Bestandteil ihres eigenen Systems übernehmen.

Es ist Aufgabe der Unternehmensführung, das Verhältnis zu den Zulieferern auf eine solide Basis zu stellen und das Vertrauensniveau zu schaffen, das für eine Integration der Anreizsysteme erforderlich ist. Wenn der „Big Bang" der Allianzen (vgl. Kapitel 8) immer näher rückt, kann sich die Fähigkeit zur Anpassung von Meßgrößen und Belohnungen als die entscheidende Gravitationskraft erweisen, die die Galaxien der Allianzen zusammenhält.

3. *Die Mitarbeiter in die Definition der „Belohnungen" einbinden.* Jedes Unternehmen bietet – zumindest implizit – seinen Mitgliedern einen Pakt an, der die Grundlage für ihre Teilnahme am Leben des Unternehmenskörpers bildet. Wir nennen diesen Pakt den *psychologischen*

Vertrag. Der vorherrschende psychologische Vertrag war einst das väterliche „Gib uns Jahr für Jahr 40 Stunden pro Woche deine volle Arbeitskraft, und wir geben dir die Sicherheit lebenslanger Beschäftigung und eines bequemen Ruhestands." Dieses Prinzip hat sich dann weiterentwickelt zu der kalten Aussage: „Menschen sind wie physische Vermögenswerte, die man je nach den Bedürfnissen des Unternehmens benutzen und wieder abstoßen kann." Heute tendieren erfolgreiche Firmen zu einer menschlicheren Form des psychologischen Vertrags: „Du bist ein Individuum, für dein eigenes Leben verantwortlich. Unterstütze das Wachstum und die Weiterentwicklung des Unternehmens, und wir werden deine Möglichkeiten unterstützen, selbst zu wachsen und dich weiterzuentwickeln."

Ein Unternehmen drückt durch die Belohnungen, die es seinen Mitarbeitern anbietet, seine Sicht des menschlichen Lebens aus. In dieser Hinsicht geht heute der Trend dahin, die „Unverletzlichkeit" des Individuums als Voraussetzung für unternehmerischen Erfolg zu betrachten. Dementsprechend weichen heute die alten starren und hierarchisch aufgebauten Anreizsysteme solchen, die zwar strukturiert sind, aber auch genug Flexibilität aufweisen, daß der einzelne seine eigene Motivation darin entdecken und sich seinen eigenen Entwicklungspfad im Unternehmen suchen kann. Die wirksamsten Systeme bieten materielle Belohnungen – wozu auch formelle Anerkennung und finanzieller Anreiz für besondere Leistungen zählen – sowie immaterielle Belohnungen, wie zum Beispiel, den Menschen gestalterischen Freiraum zur Realisierung ihrer Ideen einzuräumen. Vor allem fördern diese modernen Systeme Lernprozesse und Wissensaustausch, nicht nur auf Unternehmensebene, sondern auch auf der Ebene der einzelnen Mitarbeiter.

ANREIZSYSTEME AN DIE ZIELE UND MESSGRÖSSEN DES UNTERNEHMENS KOPPELN

Einer der bedeutendsten metabolischen Pfade in der Bio-Organisation ist derjenige, der Meßgrößen und Belohnungen verbindet. Viele erfolgreiche Manager widmen einen großen Teil ihrer Aktivitäten diesen beiden Gebieten. Diese Führungspersonen haben verstanden, daß eine *Nichtanpassung* von Meßgrößen und Belohnungen einem Verhalten gleichkäme, das innere Blutungen ignoriert und stillschweigend auf das Beste hofft.

Die meisten Unternehmensführer sind sich darin einig, daß die schwierigste Herausforderung der Transformation in der Bewältigung kultureller Konflikte liegt. Dazu bemerkt allerdings Jerry Stead, der alte Transformationsprofi, in einem Interview mit dem *Fortune*-Magazin: „Neunzig Prozent von dem, was die Leute als kulturelle Konflikte bezeichnen, geht auf Konflikte bei Meßgrößen und Belohnungen zurück." (Jerry Stead, erfolgreicher Leiter zahlreicher Transformationen, ist derzeit CEO bei AT&Ts Global Information Solutions, der 7,3-Milliarden-Dollar-Gesellschaft, die AT&T nach dem Erwerb von NCR gründete; anschließend integrierte das Unternehmen seine eigene Computersparte und pfropfte noch Teradata drauf, einen Hersteller weitgehend ähnlich gebauter Computer).

Der Schluß liegt auf der Hand: Richten Sie Ihre Meßgrößen und Belohnungen aus, und Sie haben einige, wenn nicht die meisten Ihrer heikelsten Transformationsprobleme gelöst. Die Aufgabe wird allerdings mit der zunehmenden Komplexität der Meßgrößensysteme immer schwieriger. Zu Zeiten, als die Meßgrößensysteme hauptsächlich finanziell ausgerichtet waren, gestaltete sich ihre Ausrichtung relativ einfach. Die meisten Anreizsysteme basierten auf Kapitalrendite, Umsatzrendite, Umsatzwachstum, Nettoertrag oder in letzter Zeit auch auf Shareholder Value. Das einzig wirklich Komplexe lag in dem Bemühen, zwischen diesen Elementen ein ausgewogenes Verhältnis herzustellen.

Wie in Kapitel 3 besprochen, spiegeln wirksame Meßgrößensysteme ein komplexes Gewebe aufeinander bezogener Meßgrößen wider, die wiederum Ausdruck der wichtigsten Kausalzusammenhänge im Unternehmen sind und – zumindest im Falle der Balanced Scorecard – Ziele und Meßgrößen unter Berücksichtigung der Elemente Finanzen, Kunden, Prozesse und Lernen verknüpfen. Das Anreizsystem muß diese vier Zielbereiche widerspiegeln und den Mitarbeitern gleichzeitig relevant bzw. „real" erscheinen.

Obwohl die Lloyd's Bank alle Komponenten der Balanced Scorecard (in unterschiedlichem Ausmaß) berücksichtigte, erkor man doch unzweifelhaft den Shareholder Value zum wichtigsten Faktor der außerordentlich erfolgreichen Transformation.

Wandel auf der Basis des Shareholder Value bei der Lloyd's Bank

Als Brian Pitman (nunmehr Sir Brian Pitman) 1983 CEO der Lloyd's Bank wurde, spiegelte die Vision der Bank – sofern sie eine hatte – die im britischen Bankwesen allgemein vorherrschenden Grundsätze wider. Jeder ging davon aus, daß Lloyd's ein großer, internationaler „Player" sein sollte, aber keiner konnte einen Grund dafür nennen. Wagte einer zu fragen, so erntete er diesen gewissen Blick, der sagte: „Wenn du's noch nicht weißt, kann ich es dir auch nicht erklären." Vielleicht kamen noch ein paar vage Hinweise auf die erforderliche Ausgewogenheit zwischen Inlands- und Auslandsgeschäft sowie die provozierende Frage, doch eine einzige große britische Bank zu nennen, die keine bedeutende internationale Abteilung unterhalte. Es spielte keine Rolle, daß das internationale Geschäft auf schwachen Beinen stand und einige ausländische Akquisitionen sich als nachteilig erwiesen – all dies wurde damit entschuldigt, daß Lloyd's ohne seine internationalen Geschäfte irgendwie verwundbar wäre.

Ausgehend von Lloyd's unzulänglichen Ergebnissen beim Versuch, Shareholder Value zu schaffen, unternahm Pitman einen Angriff auf diese herrschende Meinung. Er war ursprünglich im Inlandsbereich des Instituts – dem dominierenden „Profit Generator" – groß geworden und wurde später in die internationale Arena geschickt. Daher wußte er mehr vom Auslandsgeschäft als die meisten Topmanager und konnte nicht verstehen, warum die internationalen Mitarbeiter wie Goldjungens behandelt wurden, während sie die ganze Zeit über miserable Resultate einbrachten. Er stellte auch fest, daß sämtliche Bankangestellte eher wie Beamte arbeiteten als wie Banker. Sie wurden dafür bezahlt, daß sie am Arbeitsplatz erschienen und standen unter keinerlei Leistungsdruck.

Pitman sah, daß das Unternehmen eine neue Vision brauchte, und organisierte eine Reihe von Meetings mit dem Topmanagement, in denen er versuchte, den Führungskräften die Augen für die Realität zu öffnen. Der ganze Prozeß lief sehr emotional ab, voller Verdrängungen und nicht ohne Blutspuren zu hinterlassen. Der Leiter der internationalen Abteilung verteidigte standfest das alte Vorgehen und ließ davon bis zum Tag seiner „Frühpensionierung" nicht ab.

„Ich versuchte, dem Management-Team die Realität vor Augen zu führen", erinnert sich Pitman. „Immer wieder stellte ich ihnen die Frage,

‚Was macht den Erfolg aus?' – Dabei konzentrierte ich mich insbesondere auf den Shareholder Value. Niemand konnte behaupten, wir hätten für die Aktionäre gut gearbeitet. Ich benutzte nun unser Versagen auf diesem Gebiet dazu, die Vorurteile meiner Kollegen in Frage zu stellen: ‚Wird dieses besondere Geschäft, dieser Plan oder diese Firmenpolitik Shareholder Value schaffen?' war meine Standardfrage."

Er gab bekannt, daß Lloyd's seine Geschäfte in Zukunft nicht mehr unter der Annahme betreiben werde, daß man, weil man in einem bestimmten Bereich tätig sei, auch unbedingt in einem anderen aktiv sein müsse. Zukünftig müsse jede Abteilung, wie beispielsweise die Auslandsabteilung, ihre Existenz ganz unabhängig von den anderen rechtfertigen. Die Beweislast liege bei jenen, die im Geschäft bleiben wollen, nicht bei jenen, die sich zurückziehen wollen. Niemand konnte Pitman zum Beispiel erklären, was so besonders wertvoll an der Geschäftstätigkeit in Kalifornien war. „Wir mußten einfach zur Kenntnis nehmen", erinnert er sich, „daß wir als die Nummer sieben oder acht nicht der Beste auf diesem Markt sein konnten; und ich war der Meinung, wenn wir in einem Segment nicht der Beste sein konnten, sollten wir uns zurückziehen."

Manchmal hatte es den Anschein, als bestünde Pitmans Methode darin, festzustellen, in welche Richtung sich die Herde bewegte, und dann die entgegengesetzte Richtung einzuschlagen. Kurz nach seiner Ernennung stellte sich beispielsweise die Frage, ob Lloyd's als Wertpapierhändler für Staatspapiere agieren sollte – eine durch Deregulationen geschaffene Gelegenheit, die den anderen Londoner Banken, ob britisch oder ausländisch, den Mund wäßrig machte. Innerhalb Lloyd's tendierte man stark zu der Ansicht, es sei geradewegs „rechtswidrig", diese Gelegenheit nicht wahrzunehmen.

Pitman ordnete die genaue Prüfung der Option an, die eine nur sehr geringe Gewinnwahrscheinlichkeit aufzeigte. Er entschied sich dagegen, was sich als sehr kluge Geschäftsentscheidung und als eindrucksvoller symbolischer Akt erweisen sollte.

Andererseits führte Pitman Lloyd's in Bereiche, die von anderen Banken ängstlich gemieden wurden. So war Lloyd's die erste britische Finanzdienstleistungsgruppe, die in Immobilienagenturen investierte – und die einzige, die dabei Gewinne machte! Man war die erste Bank, die eine Lebensversicherung kaufte, und die erste, die sich eine Bausparkasse zulegte.

Während sich im Topmanagement ein neuer unternehmerischer Geist auszubreiten schien, waren die unteren Etagen nach wie vor von starrem Bürokratismus und Motivationslosigkeit gekennzeichnet. „Die Angestellten kapierten nicht, daß sie eine bestimmte Leistung erbringen mußten", erinnert sich Pitman. „Es war nicht genug Begeisterung oder Engagement vorhanden." Die Leute glaubten, sie würden dafür bezahlt, daß sie taten, was man ihnen sagte – und nicht mehr!

Da entschloß sich Pitman gegen den heftigen Widerstand der konservativeren Elemente in der Bank, ein leistungsabhängiges Entlohnungsschema einzuführen. Die Reaktion? Schockiertes Schweigen, gefolgt von einer Reihe altbekannter Verteidigungsmechanismen. „Sie können das doch in den Filialen nicht tun!" sagten einige. Doch Pitman blieb standhaft. „Wir haben alles an das Ziel des Shareholder Value gebunden", sagt er, „und veränderten schließlich die gesamte Kultur der Bank."

„Wir begannen beim Topmanagement", erinnert sich Pitman. „Wir arbeiteten eine Methode aus, die Topmanager auf der Grundlage ihrer eigenen Leistung und der Bankleistung zu entlohnen. Dann gingen wir zu unseren 30 Generaldirektoren über, die den Plan wiederum an ihre unmittelbaren Untergebenen verkauften." Innerhalb eines Zeitraums von drei Jahren hatten wir 1 000 Leute im leistungsbezogenen Gehaltsschema, wobei die einflußreichsten Mitarbeiter und Gruppen die anderen von den Vorteilen des Systems überzeugten. Heute, ungefähr zehn Jahre später, werden alle Mitarbeiter leistungsbezogen entlohnt.

„In einem leistungsgebundenen System gibt es keine automatischen Gehaltserhöhungen, und auch die Inflation wird nicht selbstverständlich abgegolten", erläutert Pitman. „Die Gewerkschaften waren dagegen, aber wir sind direkt zu den Angestellten gegangen. Entscheidend war, daß wir alle Personalverantwortlichen für unsere Zwecke einspannen konnten."

Zusätzlich führte Pitman ein Programm ein, das den Mitarbeitern die Möglichkeit bietet, in Bankaktien zu investieren, anstatt in Geld entlohnt zu werden. „Als wir damit begannen", erzählt Pitman, „besaß kein einziger Mitarbeiter Lloyd's-Aktien. Heute [Sommer 1994] haben wir 28 000 Mitarbeiteraktionäre, und viele sind damit ausgezeichnet gefahren. Unser Aktienwert hat sich in den letzten 10 Jahren alle drei Jahre verdoppelt. Manche unserer Mitarbeiter können heute mit Ersparnissen in den Ruhestand treten, von denen sie ohne das Mitarbeiteraktionärsprogramm nicht zu träumen gewagt hätten."

Das leistungsabhängige Entlohnungsschema weist vier Hauptelemente auf:

1. *Gewinnausschüttungen.* Nach einem egalitären, alle Mitarbeiter einschließenden Gewinnausschüttungsplan gehen 5 Prozent der Gewinne vor Steuern an die Mitarbeiter, und zwar wahlweise in Form von Unternehmensanteilen oder Barauszahlungen. Wer sich für die Aktien entscheidet, führt im Grunde seinen Anteil in das Unternehmen als Investition zurück und genießt die damit verbundenen Vorteile des Stammkapitaleigners. Außerdem bietet der „Save-as-You-Earn-Plan" der britischen Regierung den Aktionären noch Steuervorteile für den Fall, daß sie die Anteile fünf Jahre oder länger halten.

2. *Anreizschema.* Auf individueller Grundlage erhalten die Mitarbeiter zusätzliche Zahlungen, wenn sie bestimmte Leistungsvorgaben erfüllen. Diese Zahlungen werden als Prozentsatz vom Grundgehalt ausgedrückt und variieren je nach der Stellung des Mitarbeiters im Unternehmen. Die Bandbreite ist groß; sie reicht von 60 Prozent für den Vorstandsvorsitzenden bis hinunter zu 3 Prozent für die einfachen Bankangestellten in den Filialen. Die Leistungsvorgaben werden auf das Niveau und die Art der Arbeit abgestimmt, in der Regel auf der Grundlage einer Gruppenleistungsnorm. In einer Filiale werden die Zahlungen beispielsweise an Kundendienstmeßgrößen festgemacht. Allgemein gilt, je höherrangig der Mitarbeiter, desto spezifischer das vorgegebene Ziel. Theoretisch beziehen sich alle Leistungsmeßgrößen auf die übergeordneten Gesamtziele der Bank, doch erfordert die Natur der Sache ständige Feinabstimmung.

3. *Leistungsbezogene Grundgehaltserhöhungen.* 1993 führte Lloyd's in sein Kompensationsprogramm eine noch stärker individualisierte Komponente ein: leistungsabhängige Erhöhungen des Grundgehalts. Automatische oder kollektiv vereinbarte Anhebungen sind nun untersagt. Die Manager sind einmal jährlich aufgerufen, über die Entlohnung jedes einzelnen ihnen unterstellten Mitarbeiters zu entscheiden. Jeder Manager hat einen bestimmten Pool von Mitteln zur Verfügung, den er nach seinem Gutdünken aufteilen kann. Die Mitarbeiter erhalten eine ausführliche Erklärung zum Entlohnungsschema, zum dahinterstehenden Prinzip und inwiefern ihr Gehalt mit ihrer Leistung verknüpft wurde.

4. *Anreize für Führungskräfte.* Leitende Manager sind in einen ziemlich konventionellen, anreizgebundenen Aktienoptionsplan eingebunden, der mit wichtigen, übergeordneten Finanzzielen verknüpft ist.

Bemerkenswert an der Transformation von Lloyd's – einer der weltweit spektakulärsten in den letzten 20 Jahren – ist vor allem ihre Einfachheit und Eleganz. Kein schmuckes Beiwerk, bloß einfache Konzentration auf Meßgrößen und Anreize.

KUNDEN UND LIEFERANTEN IN DAS ANREIZ-SYSTEM EINBINDEN

Die Prinzipien der Anpassung des Anreiz- an das Meßgrößensystem gelten gleichermaßen für Kunden, Lieferanten und Allianzpartner. Die externen Mitglieder der Wertschöpfungskette können als Mitarbeiter mit einem besonderen Status betrachtet werden. Wie die eigentlichen Mitarbeiter, stellen sie – auf der Grundlage unterschiedlicher Motivationsquellen – Produkte und Dienstleistungen gegen einen Preis zur Verfügung. Wie reguläre Mitarbeiter sind sie womöglich mehr oder weniger motiviert, je nachdem, wie sie behandelt werden. Und wie Mitarbeiter erwarten sie sich für gewöhnlich mehr von der Beziehung als nur finanzielle Sicherheit.

Doch anders als im Verhältnis zu den regulären Angestellten ist es bei diesen Mitarbeitern schwierig, ihnen auf unmittelbarem Weg andere als finanzielle Entlohnungen zukommen zu lassen. Innerhalb der Firma stellt sich das Anreizsystem einigermaßen transparent dar, nämlich in Form einer Gehaltsüberweisung, eines unmittelbaren Kompliments oder Dankeschöns oder in Form einer Beförderung. Die Vermittlung einer Belohnung an einen Kunden, einen Lieferanten oder einen Allianzpartner ist schon per definitionem eine subtilere, indirektere Angelegenheit. Sie kann unter anderem in Form eines Preisnachlasses erfolgen, einer Ehrung oder einer Einladung zu einer Tagung oder einer Feier.

Ausdehnung der Unternehmensgrenzen durch „Schicksalsgemeinschaften" bei Unipart

Bei der Ausdehnung der Anreizsysteme auf Kunden und Lieferantennetzwerke sind wenige Unternehmen so erfolgreich wie die Unipart Group of Companies in Großbritannien unter der Führung von John Neill. In Kapitel 2 haben wir kurz die auf Interessengruppen beruhende Vision von Unipart untersucht, die sich zu lebenslangen Kundenbeziehungen, zu Lieferanten als Anteilseignern des Unternehmens und zum intensiven Austausch mit der Kommune bekennt. Hinter dieser Vision steht Neills Glaube an die Herausbildung eines neuen Unternehmensparadigmas.

Für Neill gibt es zwei Arten von Unternehmen: „Modell-A"-Unternehmen, die jene kurzfristigen, konfrontativen Beziehungen pflegen, die für das Industrielle Zeitalter kennzeichnend waren, und „Modell-B"-Unternehmen, die dem Prinzip der „Schicksalsgemeinschaften" huldigen.

Nach Neills Ansicht ist das Modell B vorzuziehen. In einer Schicksalsgemeinschaft – etwa einer Beziehung zu einem Lieferanten – werden von Anfang an annehmbare Margen vereinbart. So können sich beide Beteiligten darauf konzentrieren, mehr Wertschöpfung zu gleichen oder niedrigeren Kosten zu erzielen. Wenn derartige Beziehungen die gesamte von ihm so genannte „Nachfragekette" entlang geschmiedet werden, entsteht ein gemeinsamer Antrieb zur Verbesserung von Effizienz und Qualität sowie zur permanenten Kostensenkung. Er argumentiert, daß ein eng geknüpftes Netz von Produzenten, Zulieferern und Kunden, sofern es aktiv gepflegt und gemanagt wird, den Bedrohungen durch die Konkurrenz weniger schutzlos gegenübersteht als ein isoliertes Einzelunternehmen. Auf einer eher pragmatischen Ebene weist er darauf hin, daß es „fünfmal mehr kostet, neue Kunden zu gewinnen, als die bestehenden zu halten".

Trotzdem sind Schicksalsgemeinschaften nicht immer das reine Honiglecken. Eigeninteresse verlangt einen nach außen gewandten Blickwinkel. Im Kampf gegen konkurrierende Nachfrageketten muß jedes Glied einer solchen Kette unablässig danach trachten, den Bestand des Ganzen zu sichern; dies erfordert eine ständige Suche nach Möglichkeiten zur Verbesserung und Kostensenkung im eigenen Haus. Letzten Endes sind Leute in den einzelnen Firmen dafür verantwortlich, und dazu braucht man laut Neill „kenntnisreiche und selbstverantwortliche Mitarbeiter, die zur Zusammenarbeit mit den unterschiedlichen Interessengruppen fähig sind, mit dem gemeinsamen Ziel, Verschwendung und nicht-wertschöpfungsorientierte Aktivitäten zu eliminieren".

Nicht-wertschöpfungsorientierte Aktivitäten stehen bei Unipart ganz oben auf der Feindliste. Neill behauptet, 65 Prozent der menschlichen Aktivitäten in westlichen Produktionsbetrieben seien überflüssig, das heißt ohne Wertschöpfungsbeitrag; 30 Prozent seien notwendig, aber ohne Wertschöpfungsbeitrag; und 5 Prozent der Aktivitäten seien wertschöpfend. Er ist imstande, 72 Geschäftsaktivitäten aufzuzählen, die nicht wertschöpfend sind, darunter die Produktion von Fehlern, Inspektionen, Wartung und Lagerung. Wenn die britische Automobilindustrie 1993 insgesamt eine Umsatzrendite von 3 Prozent erzielte, fragt er: „Ist es nicht besser, 65 Prozent Verschwendung loszuwerden, als um 3 Prozent Marge zu kämpfen?" Und die Entscheidung zum Abbau unproduktiver Elemente, führt er weiter aus, bedingt nur selten die Kündigung von Mitarbeitern. „Das ist der Lohn der Tugend", so Neill, und weiter: „Die Praxis liefert alles, was die Theorie voraussagt."

Gemäß der Unipart-Philosophie sind die Tradeoffs, die in Modell-A-Beziehungen zwischen Kunden und Lieferanten zwangsläufig sind, nachteilig für das Interessengruppenkonzept. „Die Beziehung wurzelt im traditionellen Geschäftsmodell, demzufolge die Kosten gleichbleiben", erläutert Neill. „Wenn das stimmt, dann muß es für jeden Sieger einen Verlierer geben. Doch Kosten können permanent gesenkt werden, weshalb jeder gewinnen kann. Das ist Kapitalismus in Bewegung. Derartige Beziehungen sind gewiß nicht bequem, sie sind ausgesprochen anspruchsvoll. Doch wenn Sie daran glauben, daß die Kosten permanent niedriger werden können, dann besteht auch die Möglichkeit, daß alle Interessengruppen gewinnen, wenn sie zusammenarbeiten."

1993 startete Unipart die zweite Phase von „Zehn zu Null", einer im Jahr 1988 ins Leben gerufenen Initiative zur Verbesserung der Lieferantenbeziehungen. Das Programm wird an der „U" (das ist Uniparts „Universität", von der in Kapitel 12 noch ausführlicher die Rede sein wird) gelehrt und durch Videos und Literatur unterstützt, die in Präsentationen für Zulieferer verwendet werden.

Gemessen wird die gemeinsame Leistung anstatt bloß die des Zulieferers, und dies verleiht den Zuliefererbeziehungen eine starke Dynamik. Die Leistung wird anhand von 10 Kriterien gemessen, von denen die folgenden fünf für alle Divisionen gelten:

1. Null Lieferzeit,
2. Null Fehllieferungen,
3. Null Fehler,
4. Null Transaktionskosten,
5. Null Logistik.

In dieser Bewertungsskala ist für jedes Kriterium die Null die beste und die 10 die schlechteste Note. Wenn man bei 100 als dem schlechtesten möglichen Ausgangswert beginnt, geht es in der Folge darum, die Punktezahl in allen zehn Bereichen kontinuierlich zu reduzieren. Theoretisch ist eine Gesamtnull möglich, also muß permanente Verbesserung (das *Kaizen* der Japaner) das natürliche Bestreben sein.

So ist beispielsweise jetzt der elektronische Datenaustausch (EDI) ein integratives Element des Zehn-zu-Null-Programms. Ein Zulieferer, der EDI als kompletten Unsinn bezeichnet, kriegt auf diesem Gebiet 10 Punkte aufgebrummt. Wenn er sagt: „Klingt ja ganz interessant, wir werden sehen, was wir tun können", hat er die Note 9. Wenn er einen Auftrag über EDI annimmt, verbessert er sich auf 8; wird auch die Auftragsbestätigung über EDI versendet, sind wir schon bei 7 Punkten, und so weiter. Ein glattes Nullergebnis wäre nur möglich, wenn beispielsweise die Transaktionskosten im Geschäftsverkehr mit dem Zulieferer bei Null lägen – theoretisch unmöglich, und dennoch die ultimative Leistungsnorm.

Das Zehn-zu-Null-System ist eine klare, quantifizierbare Methode zur Bewertung der Beziehungen zu den Zulieferern innerhalb der „Schicksalsgemeinschaft". Sie hat sich so gut bewährt, daß einige Unipart-Divisionen daran denken, Lieferanten nur mehr unter der Bedingung zu akzeptieren, daß sie an Zehn-zu-Null teilnehmen.

„Auch wenn wir selbst Weltklasse sind", erklärt Neill, „wenn ein anderes Element in unserer Leistungskette dies nicht ist, verlieren wir alle gegenüber der besten Kette. Das Zehn-zu-Null-System ist übertragbar: Wir können unsere Zulieferer darin instruieren, ihre eigenen Zulieferer zu instruieren. Schließlich stehen einander viele Menschen gegenüber, die alle dieselbe Sprache sprechen."

Eine wichtige Grundbedingung für das Funktionieren der Schicksalsgemeinschaft ist die faire Behandlung sämtlicher Interessengruppen. Unipart strebt nach langfristigen, angemessenen Erträgen, weil man der Ansicht ist, daß vertrauensvolle, langfristige Beziehungen die Kosten schneller reduzieren und früher zu Qualitätsverbesserungen führen; gleichzeitig erwartet man sich von stabilen Geschäftsbeziehungen eine dämpfende Wirkung auf die im Zuge der Geschäftszyklen unvermeidlichen Einnahmeschwankungen.

„Wenn Sie jeden gleich behandeln", meint Neill, „werden Sie auf lange Sicht mit besseren Ergebnissen belohnt. Das ist das mentale Modell des Unternehmens, das Leitprinzip, nach dem wir uns richten."

Als Beispiel erzählt Neill, Unipart habe Wert darauf gelegt, daß seine Mitarbeiter Aktien der Gesellschaft kaufen. Dahinter standen keine Privatisierungsabsichten des Unternehmens, sondern vielmehr der Wunsch, daß die Mitarbeiter sich als echte Beteiligte, als Interessengruppe fühlten. „Unsere Werte und unser Glaube an das freie Unternehmertum standen Pate bei der Geburt dieser Idee. Ich war immer der Meinung, daß der Kommunismus dem menschlichen Geist widerspricht. Wir wollten den Menschen die Gelegenheit geben, ihr Arbeitsleben mit der erfreulichen Erkenntnis abschließen zu können, daß sie sich mehr Wohlstand geschaffen haben, als sie erwarten konnten – einfach weil sie Aktionäre des Unternehmens waren."

Die Sache war natürlich nicht vollkommen risikolos, und Unipart machte es von vornherein klar, daß es keine Gratisaktien oder Preisnachlässe geben werde. Das Management bemühte sich jedenfalls redlich, den potentiellen Aktionären die Risiken, aber auch die Chancen ihres Engagements eindrücklich vor Augen zu führen. „Bislang", berichtet Neill in aller Bescheidenheit, „hat das Programm gut funktioniert."

Das ist allerdings eine glatte Untertreibung. Aktien, die 1987 um 0,5 Pence zu haben waren, wechselten Ende 1993 um 130 Pence den Besitzer (das entspricht einem Gewinn von 26 000 Prozent!).

Karl freundet sich mit der Transportabteilung an

Karl ist wieder mal mit seinem alten Lieblingsthema beschäftigt: Streiten mit den Transportleuten und ihren Spediteuren. Ja, er weiß schon, daß er jetzt eine wichtige Persönlichkeit geworden ist und sich auf derlei Dinge nicht mehr einlassen sollte. Doch es ist nun mal eine unerschütterliche

Tradition bei Woodbridge Papers, daß die Produktionsplaner mit den Transportleuten nicht können und umgekehrt. Karl weiß auch, daß Bob, der Transportleiter, sich schon seit Wochen auf das geplante Scharmützel freut, und er will ihn nicht enttäuschen. Bob hat Mr. Gundersen, den Chef von Gundersen Van Lines, eingeladen, an ihrer Diskussion teilzunehmen. Gundersen ist einer der regionalen Spediteure, die mit Woodbridge während der Transformation zusammenarbeiten, damit das Unternehmen auch im Wandlungsprozeß mit der „realen Welt" in Kontakt bleibt.

„Wie wäre es möglich, die Güter schneller an den Bestimmungsort zu kriegen?" wendet Karl sich ungeduldig an Gundersen, um die Debatte in Gang zu bringen. „Vor zwei Wochen hat eine Lieferung nach Kalifornien sieben Tage gedauert. Sieben Tage! Das Papier hätte per Anhalter reisen können und wäre damit immer noch schneller da gewesen als mit euch. Wir sind ja mit der Produktion des Zeugs schneller als ihr mit dem Transport!"

Bob, der Transportleiter, meint nun, für seinen Geschäftspartner Partei ergreifen zu müssen.

„Ist ja alles gut und schön, dein Gerede über Auftragsabwicklung und möglichst kurze Lieferzeiten, aber du kannst die Gesetze des Straßentransports nicht auf den Kopf stellen, und es dauert nun mal seine Zeit, nach Kalifornien zu fahren. Wenn du deine Ware per Luftpost verfrachten willst, gib mir Bescheid. Ich beschaff' uns einen dieser *Flying Trucks* von DHL – du weißt schon, die sie im Fernsehen zeigen –, aber das ist halt verdammt viel teurer, mein Lieber", schließt er seine Rede etwas sarkastisch.

Karl findet das gar nicht lustig. Er will die Auftragsabwicklung auf 10 Tage drücken, und in diesem Fall hat der Transport allein 7 dieser 10 Tage verschlungen. Aber er hat in letzter Zeit viel über den Umgang mit Menschen gelernt, und deshalb entscheidet er sich dafür, seine Gesprächspartner zu „bearbeiten", wie er das schon oft zuvor getan hat.

„Schauen wir uns mal an, was eigentlich passiert", fängt er an, beiläufig zu einem Flip-chart schlendernd. Das ist offenbar etwas ganz Neues für das Heilige Bündnis des Transportwesens, und Gundersen beginnt zu befürchten, daß man ihn in eine Falle locken will. Doch Karl hat kein Erbarmen; er zeichnet Kästchen für jede Prozeßphase, von dem Augenblick der Papierherstellung bis zur Auslieferung im Kundenlager.

„Was macht Ihr also, wenn Ihr das verpackte und versandfertige Papier bekommt?" wendet Karl sich an Gundersen. Bob beschwört Gundersen mit Blicken, sich doch auf sein Recht zur Aussageverweigerung zu berufen, doch zu spät: Gundersen antwortet bereits.

„Wir warten, bis sich genug Fracht in dieselbe Richtung angesammelt hat, damit wir die Fahrt wirtschaftlich rechtfertigen können", sagt Gundersen. „Wir haben ein Software-Paket zur Optimierung von Containerbeladung und Routenführung. Wenn ein Container voll ist, wird er verschickt. Manchmal gibt es überhaupt keine Wartezeit. Ein anderes Mal kann es drei oder vier Tage dauern, besonders wenn's an die Westküste geht. Wir wickeln das meiste Geschäft im Osten und im Mittleren Westen ab; Kalifornien dauert deshalb für gewöhnlich etwas länger."

„Wenn ich dich ganz lieb bitten würde, die Ware sofort nach Kalifornien zu schicken, anstatt auf einen vollen LKW zu warten, würdest du das tun?" fragt Karl in schmeichelndem Tonfall, sehr darum bemüht, so auszusehen wie die smarten Rechtsanwälte in den Fernsehserien.

„Das kann ich nur machen, wenn Ihr den LCL-Preis statt des FCL-Preises[*] zahlt", antwortet der Zulieferer. „Eigentlich hab' ich euch das ja schon mal angeboten, aber Ihr Transportleute habt das wegen des Preisunterschiedes abgelehnt."

Mit einem maliziösen Lächeln im Gesicht wendet Karl sich an Bob. „Nun denn, lieber Bob", fragt er, „warum wollt Ihr von LCL nichts wissen, insbesondere für Zielorte wie Kalifornien, wo die Geographie gegen uns arbeitet? Gewiß, die Kosten wären ein wenig höher, aber es würde uns gegen Konkurrenten schützen, die ständig versuchen, uns durch besseren Service die Butter vom Brot zu nehmen."

Jetzt wird Bob klar, warum er den neuen Karl noch weniger leiden kann als den alten. Mit dem alten Karl konnte man wenigstens einen netten, kleinen, irrationalen Streit haben, und in der Tatsache, daß die Auseinandersetzung unvermeidlich mit einem Unentschieden enden würde, lag etwas Beruhigendes. Das Problem mit dem neuen Karl liegt darin, daß er die Schlacht diesmal *gewinnen* kann. Bob findet das unsympathisch.

---

[*] LCL = „Less than Container Load" (Teilbeladung); FCL = „Full Container Load" (Vollbeladung). (Anm. d. Übers.)

„Wir werden dafür bezahlt, die Kosten zu minimieren. Und genau das tun wir auch", erklärt Bob. „Darauf beruht letztlich unser gesamtes Budget. Wie Gundersen haben auch wir ein Computersimulationsprogramm, das Transportkostenmodelle entwirft und unsere Kosten pro Meile optimiert. Danach wird unser Budget errechnet. Unsere Aufgabe liegt darin, das Budget zu halten, und LCL ist nicht gerade die optimale Methode dafür."

Jetzt ist Gundersen dran, seinen Kollegen vom Transport aus der Klemme zu helfen.

„Ehrlich gesagt, ich würde euer Kaliforniengeschäft gern aufgeben und gegen ein anderes an der Ostküste oder im Mittelwesten eintauschen", meldet er sich zu Wort. „Wir haben keine starke Position in Kalifornien, und andere Spediteure können euch dort bessere Dienste leisten. Aber ich würde liebend gern euer Boston- und Philadelphiageschäft haben. Ich hab' von beiden Zielorten großartige Rückfrachtgelegenheiten und könnte euch deshalb Superservice und einen guten Preis anbieten."

Zum Schluß der Besprechung haben sich die drei Beteiligten auf eine neue Geschäftsvergabepraxis an Gundersen Van Lines und auf neue Abwicklungsgrundsätze geeinigt. FCL-Fracht bleibt nach wie vor die Norm, aber Woodbridge wird LCL beanspruchen, wenn der 10-Tage-Zyklus auf dem Spiel steht. Zur finanziellen Abdeckung des restlichen Geschäftsjahres wird Karl einen Teil der Projektmittel abtreten, um damit Freiraum für gelegentliche LCL-Frachten zu schaffen. Die Transportabteilung soll in der Lage sein, zum gemeinsamen Besten zu handeln, ohne dafür bestraft zu werden. Karl wird sich bei der Budgeterstellung für Transport im nächsten Jahr dafür einsetzen, daß LCL berücksichtigt wird. Außerdem will er Änderungen im Anreizsystem der Abteilung durchsetzen, damit das prozeßorientierte gegenüber dem kostenorientierten Denken die Oberhand gewinnt. Zum ersten Mal verabschieden sich die drei Beteiligten von der Sitzung in optimistischer Stimmung.

Karl und Bob klopfen einander kameradschaftlich auf die Schulter – obwohl: Irgendwie beginnen sie bereits, die alten Tage zu vermissen ...

DIE MITARBEITER IN DIE DEFINITION DER „BELOHNUNGEN" EINBINDEN

Das schwingende Pendel des psychologischen Vertrags

Wie Menschen können auch Unternehmen nicht umhin, einen Lebenssinn anzunehmen, eine Ansicht darüber, worum es im menschlichen Leben eigentlich geht. Und wie bei den Menschen deckt sich die wirkliche Meinung eines Unternehmens nicht immer mit der explizit ausgedrückten. Für das Individuum bedeutet der „Lebenssinn" eine unbewußte, psychologische Bewertung der Beziehung der Welt zu sich selbst. Für das Unternehmen bedeutet der „Lebenssinn" seine Bewertung der Beziehung zwischen ihm selbst und seinen Mitarbeitern. Die vorherrschende Auffassung, die ein Unternehmen von dieser Beziehung hat – aus dem Blickwinkel ihrer Mitarbeiter – macht die Essenz des sogenannten „psychologischen Vertrags" aus.

Nach dem Zweiten Weltkrieg und bis in die achtziger Jahre hinein war der vorherrschende psychologische Vertrag paternalistisch geprägt. Das Unternehmen bot seinen Beschäftigten einen lebenslangen Arbeitsplatz und bezahlten Ruhestand für ein ihm geweihtes Arbeitsleben. Das Unternehmen erwartete von seinen Mitarbeitern Engagement und Loyalität sowie eine solide Arbeitsleistung. Umgekehrt wußten die Arbeiter und Angestellten, daß „die Firma" sich um sie und ihre Familien kümmern würde. Zahlreiche europäische Länder verankerten diesen paternalistischen Pakt in ihren Rechtsordnungen, was die Kündigung von Mitarbeitern sehr erschwerte. In Japan entwickelte sich die Lebensstellung in ein und demselben Unternehmen nicht nur zu einer universal angewandten Praxis, sondern geradezu zu einem elementaren Bestandteil der Landeskultur.

In den letzten 15 Jahren hat das Pendel des psychologischen Vertrags allerdings stark in die andere Richtung ausgeschlagen. Nachdem ein Unternehmen nach dem anderen im „Downsizing" Zuflucht nehmen mußte, haben die ökonomischen Realitäten den lebenslangen Vertrag nach dem Prinzip „Arbeit für Sicherheit" unpraktikabel gemacht. Die Menschen mußten erleben, daß sogar Giganten wie IBM oder General Motors finanziell verwundbar waren. Die Unternehmen haben explizit zugegeben, daß sie keine lebenslangen Arbeitsplätze mehr anbieten können; die Mitarbeiter müssen sich des Risikos bewußt sein, den Job zu verlieren. Ein Sicherheitsversprechen konnte nicht mehr gegeben werden. Von Paternalismus und Loyalität schwang das Pendel zu „Asset Management" in seiner krassesten Form, und damit einher ging das unvermeidliche Gefühl eines seelischen Verlusts – und die Leute fragten sich: „Wo ist bloß *meine* Firma geblieben?"

Es ist aber gut möglich, daß sich der Trend gerade jetzt wieder umkehrt. In vielen Unternehmen schwingt das Pendel bereits wieder in die andere Richtung aus, und momentan gewinnt man den Eindruck, als wollte es sich zwischen den beiden Extremen des Paternalismus und des darwinistischen Kapitalismus einpendeln. Immer mehr Unternehmen beginnen zu erkennen, daß die Zeit der Sicherheitsgarantie von der Wiege zur Bahre wohl abgelaufen ist, man aber doch eine gewisse Verantwortung dafür hat, dem Individuum ein Umfeld zu bieten, in dem es wachsen und gedeihen kann. Und unter den richtigen Rahmenbedingungen wird auch heute der einzelne dem Unternehmen seine volle Arbeitskraft zur Verfügung stellen, aber nicht aus altruistischen Motiven, sondern weil es dem Team, dem Unternehmen und *ihm selbst* nützt.

Das Konzept der „Anreize" gewinnt denn auch für viele Unternehmensverantwortliche neue Bedeutung. Fragen Sie die Topmanager einmal, was die Leute heutzutage motiviert, und es wird zwar immer auch Geld dabei sein, aber eben nicht nur. Ein Anreiz ist es etwa auch, wenn die Mitarbeiter dazu ermutigt werden, neue Initiativen zu verfolgen, die auf ihren eigenen Ideen beruhen. Oder wenn man sie dazu anspornt, persönliche Verantwortung für ihre Arbeitsergebnisse zu übernehmen, gewissermaßen ihr Eigentümer zu werden; wenn man sie direkt verantwortlich für die Leistung ihres Teams macht und ihnen die Freiheit gibt, Risiken einzugehen, auch wenn damit gelegentliches Scheitern verbunden ist.

Eine neue, aufgeklärtere Sicht des psychologischen Vertrags ist im Entstehen. Eine Version, die Selbstverantwortlichkeit als selbstverständlich betrachtet, aber dabei gleichzeitig die wichtige soziale Rolle des Unternehmens nicht vernachlässigt. Die Wurzeln der kapitalistischen Gesellschaft sind im Denken der Aufklärer zu suchen, wie etwa bei dem britischen Arzt und politischen Philosophen John Locke, demzufolge das Recht auf Eigentum eine Erweiterung des unveräußerlichen Lebensrechts des einzelnen sei. Nach Locke ist das Eigentum nichts weiter als das Produkt unserer Anstrengungen, und das Recht auf Eigentum ist die Freiheit, das Produkt seiner eigenen Bemühungen nach Belieben zu nutzen und abzustoßen. Aus diesem Grund, so Locke, ist das Recht auf Eigentum geradezu die Essenz individueller Freiheit und Quell individuellen Selbstwertgefühls.

Ausgehend von Lockes philosophischen Überlegungen wurden die Eigentumsrechte in der westlichen Welt in unterschiedlichem Ausmaß verankert, in besonders hohem Ausmaß aber in den Vereinigten Staaten, wo Lockes Definition der Eigentumsrechte die Grundlage für viele Gesetze bildet. Das Unternehmen ist in dieser Sichtweise nichts anderes als ein rechtlicher Rahmen für eine verteilte Form des Eigentums. Ironischerweise hat diese neue Form verteilten Eigentums das Faktum des Eigentums von der unmittelbaren Arbeitserfahrung losgelöst. Trotzdem haben die in den Unternehmen angestellten Mitarbeiter nicht nur das Gefühl, Eigentümer ihrer Arbeit zu sein, sondern auch Miteigentümer am Unternehmen selbst zu sein. Die Tatsache, daß die Aktionäre oder sonstigen Anteilseigner natürlich in technischer Hinsicht als Eigentümer des Unternehmens gelten, tut der anderen Grundtatsache wenig Abbruch, daß die leitenden Manager und die Beschäftigten des Unternehmens ebenfalls ein unmittelbares Gefühl der Eigentümerschaft an der Organisation haben, mit all den Sorgen und Freuden, die das mit sich bringt.

Leider betrachten jedoch sehr viele Unternehmensführer die Menschen als automatisierte Teile der Unternehmensmaschinerie und haben ihre Arbeitsprozesse dementsprechend ausgelegt. Das „Eigentum" der Mitarbeiter erschöpft sich in der Lohnzahlung und den Dingen, die sie sich damit kaufen – nichts weiter. Die Menschen lösen sich seelisch von den Resultaten ihrer Arbeit und lernen, nur mehr für ihr Gehalt zu arbeiten, überwacht von Managern, die streng darauf achten, daß alle tun, was von ihnen verlangt wird. Die Möglichkeit, sich am Arbeitsplatz ein Gefühl persönlicher Befriedigung zu verschaffen, wurde weitgehend eliminiert. Die Motivation des Mitarbeiters leitet sich immer mehr davon ab, finanzielle Sicherheit zu erreichen und möglichst viel Freizeit zu konsumieren.

Diese mechanistische Sicht der Dinge wurde keineswegs schweigend hingenommen. Management und Belegschaft entwickelten sich zu antagonistischen Interessengruppen auseinander. Die Menschen fanden in den Gewerkschaften Ventile für ihre Frustrationen sowie eine machtvolle Rückendeckung im Kampf um mehr Arbeitsplatzsicherheit und Freizeit. Daß die Unternehmen auf den paternalistischen Kurs einschwenkten, war in hohem Ausmaß auf den Einfluß der Gewerkschaften zurückzuführen. Der Arbeitgeber sorgte für Sicherheit, gewisse Annehmlichkeiten und ausreichend Freizeit – nicht allerdings für das tiefer verwurzelte Bedürfnis der Menschen, sich in bestimmter Weise als Eigentümer der Früchte ihrer Arbeit zu sehen, mit allem Druck und all der Befriedigung, die das mit sich bringt.

Zwischen Paternalismus und rein ökonomischem Mechanismus schwingt sich das Pendel nun in einen mittleren Bereich ein, und einige Unternehmenslenker beginnen langsam damit, sich dem Kern des Problems zuzuwenden. Sie etablieren vielfältige Anreizsysteme, die dem Bedürfnis des einzelnen nach selbstbewußter Eigentümerschaft Rechnung tragen: und dies in einem Kontext, der flexibel und anpassungsfähig genug ist, die unterschiedlichsten Motivationen der Mitarbeiter anzuzapfen. Diese modernen Manager entwickeln einen psychologischen Vertrag, der zwar keine Sicherheit garantiert, dafür aber ein Umfeld voller Chancen.

Ward, der Underwriter, mischt sich ein

„Ich bin schockiert!" platzt es urplötzlich aus Ward heraus. „Wie kannst du aus dieser einzigen Beobachtung so einen Schluß ziehen?" Sein Tonfall ist emphatisch, ja beinahe anklagend. Die 30 Mitglieder des Transformationsteams halten gespannt inne und richten ihre Blicke auf das Opfer von Wards Angriff, das erstarrt wie ein Reh im Scheinwerferlicht eines Autos. Zwei oder drei Sekunden lang herrscht eine unheimliche Stille, und man macht sich allgemein auf den großen Zusammenstoß gefaßt. Doch dann erwischt Ward gerade noch rechtzeitig die Bremse; mit quietschenden Reifen bringt er das Fahrzeug zum Stehen, bevor es zur Katastrophe kommt.

„Du solltest sowas wirklich nicht sagen, wenn dir die Fakten nicht bekannt sind," sagt er, offenbar wieder beruhigt. Durch das Transformationsteam geht ein hörbares Aufatmen. Die Sitzung kann weitergehen. Doch viele schütteln ungläubig ihre Köpfe – Ward hat es wieder mal nicht lassen können …

Dürfen wir vorstellen: Ward Jungers, der Underwriter. Ward ist ein großgewachsener Kalifornier, blitzgescheit und eine sehr gepflegte Erscheinung mit großem Schnurrbart und dominantem Auftreten.

Es kann recht mühsam sein, mit Ward zusammenzuarbeiten, zumal er eine Menge ganz und gar unverrückbarer Ansichten darüber hat, was zu tun ist und was nicht. Manche Kollegen ärgern sich darüber und versuchen, ihn wegen seines antisozialen Verhaltens zur Seite zu nehmen und zu „coachen". Andere sehen in ihm einen Rohdiamanten, Träger der alten und der neuen Flamme der CIGNA P&C. Es ist allgemein anerkannt, daß Ward für die Transformation eine Schlüsselfigur ist. Wenn Ward sich Isoms Transformationstruppen anschließt, werden gewiß viele nachfolgen. Es würde als Symbol einer möglichen Wiedergutmachung an den talentierten, aber enttäuschten Mitarbeitern der CIGNA P&C gewertet. Schließt Ward sich nicht an ... dann weiß niemand wirklich, was passiert.

Wir schreiben Oktober 1993, Gerry Isom ist seit sechs Monaten in seiner Position. Ward wurde in Isoms Transformationsteam berufen, und er erweist sich als etwas widerspenstiger Geselle. Ward ist der überaus einflußreiche Vice President für Underwriting-Service, verantwortlich für die Ausarbeitung von Risikoprüfungsprinzipien und die Überwachung ihrer Einhaltung.

„Ich war immer ein Underwriter", stellt Ward fest. „Ich hab' nie was anderes gemacht."

Zu behaupten, Jungers sei ein leidenschaftlicher Underwriter, ist eine Untertreibung. Für ihn ist die Entscheidung der Versicherung, ob sie die Haftung für ein Risiko übernimmt oder nicht, und wenn ja, zu welchen Bedingungen, die Essenz des Versicherungsgeschäfts. Seit seiner Graduierung im Jahr 1966 ist er nie etwas anderes gewesen als Underwriter. Zuerst bei Travelers, dann bei INA, die sich 1982 mit der Connecticut General zur CIGNA zusammenschloß. Er spricht über das Versichern wie Carl Sagan über den Kosmos.

„Ich mag meinen Job", sagt er und blickt seinem Gesprächspartner unverwandt in die Augen. „Das war schon immer so. Ich mag das Objektive daran, die trügerische Simplizität. Ich bin nicht heiß auf persönliche Kontakte. Vermisse bei meiner Arbeit auch nicht einmal den Umgang mit Menschen. Ich bin ein ungeduldiger Analytiker."

Inzwischen ist ein Jahr vergangen, und Jungers erinnert sich seiner recht skeptischen Haltung gegenüber dem Boot, in das er sich da im Herbst 1993 unversehens geworfen sah.

„Die neue Umgebung bereitete mir Unbehagen", entsinnt er sich. „Bevor das alles anfing, hatte ich ein nettes Büro im dreizehnten Stock und eine Sekretärin, die ich seit vier oder fünf Jahren kannte und mit der ich sehr zufrieden war. Urplötzlich war das alles weg. Ich hatte einen Stuhl und ein Telefon in einer Kabine und war von 40 Leuten umgeben, die mich andauernd störten. Außer einer gleichaltrigen Kollegin waren alle jünger als ich."

Obwohl er nicht der emotionale Typ ist, kann er seine Gefühle ganz gut vermitteln. Damals waren es offenbar schmerzhafte. Er macht eine kurze Pause und runzelt die Stirn.

„Es war eine wirre Zeit", erinnert er sich. „Ich sagte meinem Boß, Rich Franklin, daß ich an diesem Transformationsprogramm teilnehmen wollte, falls es je dazu käme, aber ich hatte keine Ahnung, worauf ich mich da einließ. Niemand wußte viel darüber. Ich zum Beispiel hatte keine Ahnung, daß es eine Full-time-Aufgabe sein würde, also vollkommener Rückzug aus meinem früheren Job. Und ich wußte nicht, wann es anfangen würde. Als es dann soweit war, erhielt ich 24 Stunden vorher Bescheid. Außerdem hatte ich gedacht, ich würde der Gruppe als Fachberater angehören. Statt dessen sagte man mir, ich sei ein ganz normales Teammitglied und werde mich außer mit meinem Spezialgebiet mit vielen anderen Dingen beschäftigen. Ich fühlte mich überfahren, und ich hielt auch nicht hinter dem Berg damit."

Isoms Ankunft weckte großes Unbehagen in ihm.

„Sein Eintritt war eine große Sache", erinnert er sich. „Keiner kannte ihn. Ich machte mir Sorgen um die Sicherheit meines Arbeitsplatzes, wie alle anderen auch. Meine erste Begegnung mit ihm fand in der Kantine statt. Er hatte ein gutes Auftreten, sehr professionell und vertrauenerweckend. Ich wurde ihm vorgestellt als ‚zuständig für die Qualität der Risikoprüfung'. Er meinte, das sei ‚ein sehr wichtiger Job'. Ich kann mich erinnern, daß ich nach diesem ersten kurzen Gespräch eine bessere Einstellung gegenüber Isom hatte. Wahrscheinlich ist alles wichtig, was du zu irgend jemandem sagst, solange du der Boß bist."

Es gab aber auch Ängste und Befürchtungen – und gar nicht so wenige.

„Kaum war Isom in Philly angekommen, machte er sich auf zu seiner Tour in die Regionen. Es entstand ein Vakuum. Er begann dann auch damit, seine eigenen Leute in die Firma zu bringen. Leute wie Dick Wratten, meinen neuen Boß zwei Stufen über mir. Ich fragte mich allmählich, ob wir alten CIGNA-Leute überhaupt noch erwünscht waren. Ich brauchte eine Weile, um Wratten kennenzulernen und herauszufinden, daß unsere Ansichten gar nicht so weit auseinanderlagen. Rich Franklin, mein unmittelbarer Vorgesetzter, schätzte Wratten jedenfalls, und Richs Urteil vertraute ich."

Als Isom das OAR-Projekt* startete, also die zweite Phase seines Transformationsprogramms, fand Jungers sich unvermittelt in dem großen Team wieder, das herausfinden sollte, was zu tun war.

„Wir analysierten Dinge, die mir schon bekannt waren", erinnert er sich. „Wir hatten jede Menge Sitzungen und zwar über die Maßen strukturierte Sitzungen. Manche hatten sehr naive Ansichten zum Business, andere hatten nicht die geringste Ahnung, und doch gab jeder seine Meinung ab, was mich ziemlich ärgerte. Mit der Zeit entdeckte ich, daß meine Underwriting-Kenntnisse mir einen relativ großen Einfluß auf den Lauf der Dinge gestatteten, und das gab mir Hoffnung. Insbesondere konnte ich die Gruppe dazu bringen, eine grundsätzliche Umgestaltung des Risikoprüfungsprozesses in Erwägung zu ziehen, anstatt bloß einige Funktionen in der Zentrale anzupassen, wie ursprünglich geplant."

Auf keinem Gebiet erweist sich Jungers redegewandter, als wenn es darum geht, den Widerspruch zu beschreiben zwischen der grundlegenden Versicherungsentscheidung, d. h. der Entscheidung für die Risikoübernahme, die eine kühle, rationale Auswahl von Versicherungsobjekten auf der Basis von Risikomanagementkriterien erfordert, und dem Gebot, den Umsatz zu steigern, das in schlechteren Zeiten eine Lockerung dieser Beschränkungen verlangt. Über Jungers Stellung in diesem Zwiespalt besteht wenig Zweifel, zumal er diesen Widerspruch unverblümt als Kampf zwischen Underwriting-Seriosität und Verkaufs-Unseriosität definiert. „Wenn du die Richtlinien ignorierst und den Respekt vor der Risikoprüfungsdisziplin verlierst, wirst du über kurz oder lang die Rechnung in den Geschäftsbilanzen präsentiert bekommen", prophezeit er mit vielsagendem Blick.

Ende 1993, als Isom das Team drängte, erste Erkenntnisse aus dem OAR-Projekt in die Tat umzusetzen, blieb Ward bemerkenswert vorsichtig. „Wir alle hatten so um Weihnachten herum ein Dinner mit Gerry", erzählt er, „alle zehn Full-time-Teammitglieder, und keiner von

---

* Organization Alignment Review (Überprüfung der Organisationsstrukturen). (Anm. d. Übers.)

uns wollte freiwillig die Durchführung anpacken. Ich persönlich hatte noch immer meine Zweifel, ob das Unternehmen voll und ganz hinter dem Projekt stand. Und ich überlegte auch noch, ob mein alter Job mir nicht eine bessere Ausgangsposition geboten hätte als das Projekt. Aber Gerry war fest entschlossen und rückte uns ziemlich auf die Pelle. Seine persönlichen Äußerungen hatten viel Gewicht. Er betrachtete die Risikoprüfung als Schlüsselfunktion, und ich ließ mich überreden." Und nachdenklich fügt Jungers hinzu: „Und mir fiel ja wirklich niemand ein, der den Underwriting-Prozeß besser reformieren konnte als ich." Eigentümlicherweise klingt diese Bemerkung gar nicht unbescheiden, vielmehr wie eine sachliche Feststellung.

Bis Anfang 1994 hatte sich jedenfalls herausgestellt, daß Jungers ein Mann mit einer Mission war. Das entging auch Isom und dem President's Executive Council nicht, und Ward wurde gelegentlich eingeladen, dem PEC die Ansichten seines Teams vorzutragen.

Als eine der ersten Aktivitäten nach der Weihnachtspause erstellte Wards Team ein Arbeitspapier, in dem die Ziele und das Vorgehen für die Neugestaltung des Risikoprüfungsprozesses festgehalten waren. Zu den frühen Aufgaben gehörte es außerdem, die erforderlichen Ressourcen zu beschaffen.

„Es war eine ungewöhnliche Erfahrung, und wir machten alle Stationen der Teambildung durch, vor denen ich gewarnt worden war", erzählt Ward. „Sie wissen, was ich meine, so Sachen wie *Storming, Forming, Norming*[*] und so weiter. Wir hatten einen leitenden Angestellten aus der Schadensabteilung, einen Manager aus der Verwaltung, einen leitenden Underwriter, einen Fachmann für Systemanwendung und einen Moderator. Und wieder hatte man mich nicht informiert, daß ich die Führung übernehmen sollte. Aber ich war nun mal der Erfahrenste in der Risikoprüfung, also wurde ich natürlich zur tragenden Figur in der Sache."

Jungers wußte, daß es in erster Linie darauf ankam, mehr Leute stärker in den Prozeß einzubinden und zusätzliche Verbindungen zu den Leuten vor Ort herzustellen. Er etablierte fünf funktionsübergreifende Arbeitsteams, nachdem er den Prozeß in einzelne Elemente zerlegt hatte, wie „Risikoauswahl", „Rollen und Verantwortlichkeiten",

---

[*] Etwa: „Stürmisches Zusammenraufen, Formierung geordneter Strukturen und Festlegung von Normen und Standards". (Anm. d. Übers.)

„Technologie und Underwriting Desktop" und die neumodisch klingenden „gemeinsamen Lernprozesse", die die Verknüpfung zwischen Risikoprüfern und Schadensabwicklung erfassen sollten. Das Team installierte außerdem verschiedene Ad-hoc-Teams und organisierte zahllose Telefonkonferenzen.

„Die Rekrutierung der richtigen Leute war wahrscheinlich der schwierigste Teil", fügt Jungers hinzu. „Wir hatten ein paar Freiwillige, aber das waren im großen und ganzen nicht die Leute, die wir suchten. Wir kannten die guten Leute und haben versucht, sie zu kriegen. Wir hatten erstaunliches Glück mit den Leuten, die wir bekamen. Denn wir hatten es nicht auf die Leute abgesehen, die sich gut einfügten; wir wollten eher so Typen wie mich, die gelegentlich ein wenig Lärm schlagen, aber im wesentlichen einen guten Blick fürs Geschäft und das Herz am rechten Fleck haben. Die von Isom und dem PEC kommende Flut an Informationen war uns ebenfalls eine große Hilfe. Und inzwischen war es ‚politisch korrekt' geworden, bei dem Transformationsprogramm mitzumachen. Das erleichterte unsere Aufgabe natürlich beträchtlich."

Die erste Schlacht war geschlagen. Das Underwriting-Team wurde rasch als Pioniertruppe bekannt, und Ward Jungers entpuppte sich als Transformationsleiter der neuen Ära.

„Im März 1994 hatten wir den ersten Entwurf des neuen Prozesses fertig", erinnert er sich. „Die Außendienstleute nahmen die Arbeit an und bezeichneten die Neuerungen als ‚sinnvoll'. Stück für Stück zeigte sich, was getan werden mußte, die Krönung war aber die Präsentation vor dem PEC, als wir ihnen den neuen Prozeßablauf vorstellten. Wir ernteten unglaublich positive Reaktionen."

Aber das war nur der Anfang. Das Team mußte zur nächsten Ebene übergehen und das Modell mit Details auffüllen. Das stellte sich als wesentlich anspruchsvollere Aufgabe heraus, die die Einrichtung eines „Second-generation-Teams" erforderte. Das Team arbeitete den ganzen Sommer über. Die Technologie entwickelte sich zunehmend zu einem wichtigen Bestandteil der Umgestaltung.

„Ich persönlich bin der Ansicht, daß die Technologie im Transformationsprozeß eine unterstützende und nicht eine bestimmende Rolle spielen sollte", hält Jungers fest. „Ich habe den Technologiefaktor am Anfang absichtlich etwas zurückgenommen, weil es mir darauf ankam, daß wir den Prozeß zunächst mal prinzipiell verstehen. Die EDV-Leute wollten unbedingt gleich loslegen, und ich weiß, daß ich sie hin und wieder ganz schön genervt habe. Aber EDV und Risikoprüfung waren echte Partner. Die Computerleute waren vom ersten Tag an in die Prozeßgestaltung einbezogen. Einer von ihnen spricht jetzt wie ein gestandener Underwriter."

Jungers spricht über Technologie mit dem Eifer des frisch Konvertierten.

„Technologie wird sicher sehr wichtig sein", stellt er fest. „Sie wird die volle Implementierung des neuen Prozesses erst möglich machen. Wir haben bereits vier Pilotprojekte laufen. Die entsprechende Technologie folgt dem neuen Prozeß zwei oder drei Monate später und wird schließlich zwölf Standorte erfassen."

Wenn man ihn fragt, was er in den zwölf Monaten als Transformations-Agent bei CIGNA P&C gelernt hat, lehnt Ward sich in seinem Stuhl zurück: „Ich habe gelernt, daß ich wirklich etwas bewirken kann", sagt er. „Ich weiß, daß ich auf dem richtigen Weg bin. In meinem früheren Job wäre ich nie fähig gewesen, das gleiche zu leisten. Es freut mich, daß ich meine Fachkenntnisse in unsere Arbeit einbringen und damit meinen Beitrag zu guten Resultaten leisten kann. Ich hab' ein Präsentations-Chart, das ich immer wieder zeige. Darauf ist folgender Satz zu lesen: ‚Unser Problem war schlechte Risikoprüfung, nicht schlechte Risikoprüfer.' Wir haben sozusagen unseren Stolz wiedergefunden."

Interessanterweise scheint seine Belohnung wesentlich stärker ideell als materiell gewesen zu sein.

„Ich hab' viel Anerkennung geerntet, jedenfalls mehr als materielle Belohnung", sagt er. „Ich verdiene nicht mehr als vorher. Das kommt ja vielleicht noch irgendwann, aber worauf es mir mehr ankommt, ist die Anerkennung des Topmanagements. Ich bin vor dem PEC aufgetreten. Ich bin als Mann mit einem Ziel und einer Mission bekannt. Ich hoffe, daß CIGNA in fünf Jahren im ganzen Land als ein Unternehmen mit einer soliden und einfallsreichen Risikoprüfungspraxis bekannt sein wird. Was meinen Beitrag dazu betrifft, so hoffe ich, meine Kollegen werden über mich sagen: ‚Ehrlich gesagt, ohne ihn hätten wir das alles nicht so hingekriegt.' Das würde mich freuen. Ja, das wär' schon schön!"

INDIVIDUELLES LERNEN FORCIEREN

Das New England Aquarium in Boston bringt täglich Seelöwenvorführungen, bei denen Kinder und Erwachsene mit Freude beobachten, wie sich die Seelöwen Bälle zuwerfen, mit den Flossen klatschen, über Hürden und durch Ringe springen und auf ein Stichwort hin die erste Zuschauerreihe bespritzen. Nach jedem Trick jubelt das Publikum, und die Seelöwen werden mit Fischen belohnt. Ihre Trainer haben ihnen den wesentlichen Zusammenhang eingeschärft: Kein Trick, kein Fisch! Umgekehrt wissen sie aber auch genau, was ihnen zusteht, und sie protestieren zur Gaudi des Publikums lautstark, wenn ein gelungener Sprung nicht augenblicklich eine Fischbelohnung nach sich zieht. Das System funktioniert gut, und mehrere Generationen von Seelöwen haben sich als zuverlässige Akrobaten vor Publikum erwiesen. Eine Beschränkung gibt es allerdings doch: Kein einziger Seelöwe hat bis dato spontan einen eigenen Trick erfunden.

Die meisten Anreizsysteme in unseren Unternehmen basieren in erheblichem Ausmaß auf einem ähnlichen Pawlowschen Modell. Und in ebendiesem Ausmaß stellen sie die schwächste Form des *Renewing* dar. Geld, Flaggen, Trophäen und andere Symbole werden den Leuten wie Karotten vor die Nase gehalten, um sie zu motivieren, genau definierte Ziele zu erreichen. Mitarbeiter und Manager erwarten mit der Zeit bestimmte Reaktionen auf bestimmte Verhaltensweisen, wobei jeder in den ihm zugewiesenen Bahnen operiert. Das Modell bleibt insofern hauptsächlich paternalistisch, autoritär und reaktiv, als das Topmanagement die unterschiedlichen Entlohnungsarten „liefert" und das

Personal sie „empfängt". Das Problem liegt darin, daß die klar definierten Belohnungen eben ausschließlich die erwarteten Resultate her-
vorrufen, nicht aber die kreativen, unerwarteten und revolutionären Ergebnisse, die das Herzstück jedes echten *Renewing* ausmachen.

Individuelles Lernen stellt ein fortgeschritteneres Stadium innerhalb
des *Renewing* dar. Es fördert das Selbstwertgefühl des einzelnen, indem es ihm eine breitere Wissensbasis verschafft und dadurch Kompetenz und Effektivität bei der Lösung arbeitsbezogener Probleme erhöht.
Darüber hinaus gibt es den Menschen die Gelegenheit, die wahrscheinlich befriedigendste Form von Belohnungen zu erfahren, nämlich das
Gefühl der Selbstverwirklichung – der Stolz, wenn man die Früchte
seines Intellekts in der äußeren Realität des Arbeitsplatzes wiederfin-
det; die Empfindungen von Sinnhaftigkeit, Produktivität und des Ein-
gebundenseins, die sich nach erfolgreichen Lernprozessen einstellen.

Ein Unternehmen, das individuelles Lernen fördert, erkennt die Verantwortung des Individuums für seine persönliche und berufliche Entwicklung an, und es akzeptiert gleichzeitig seine eigene Verpflichtung,
eine chancenreiche Umwelt aufzubauen, in der eine solche Entwicklung stattfinden kann. Wenn eine größere Zahl von Personen mit ge-
steigertem Selbstwertgefühl ihrer Kreativität freien Lauf läßt, verleiht
sie dem Unternehmen neue Konturen. Die Organisation gewinnt an
Lebendigkeit, wenn die Mitarbeiter ihre Arbeitsmethoden beständig
anpassen und verbessern und permanent ihre Rollen und Interaktionen
in Frage stellen und neu definieren. Die Unternehmensführer haben es
nicht mehr mit einer maschinenartigen Firma zu tun – sie werden zu
Dirigenten der Bio-Organisations-Symphonie. In dieser Funktion or-
chestrieren sie das organische Wachstum der Firma, während sich die
Zellen und Organe des Unternehmenskörpers anpassen, verändern und
reproduzieren.

Zu oft sind die Manager an der Spitze eines Unternehmens nicht
mehr fähig, ihre Mitarbeiter als individuelle Menschen mit unbe-
schränktem Potential wahrzunehmen. In einem Unternehmen, das individuelles Lernen forciert, können diese Menschen als lebende Ressourcen bestehen und stellen das bei weitem wertvollste und unersetzlich-
ste Unternehmenskapital dar. Ein ehemals träges Unternehmen wird
lebendig – in ununterbrochenen Lern- und Anpassungsprozessen –, getragen von Willen und Leidenschaften der Menschen. Diesen Willen
und diese Leidenschaften in starre Organisationsprinzipien zu pressen,

stellt sowohl für das Unternehmen als auch für den individuellen menschlichen Geist eine schreckliche Verschwendung dar.

Der Manager neuer Prägung begnügt sich nicht mehr damit, die Fähigkeiten und Kenntnisse jedes einzelnen Mitarbeiters mechanisch mit dem Anforderungsprofil des Unternehmens zu vergleichen. Er hat es heute vielmehr mit einer rasch wachsenden Komplexität von Fähigkeiten zu tun und ist damit beschäftigt, Innovation und Kreativität im Unternehmen auszusäen, indem er entscheidende Leute und Teams an die richtigen Stellen setzt und das Unternehmen animiert, sich zu neuen Horizonten aufzumachen. Anstatt sich mit den schnöden Fakten des beruflichen Werdegangs und des Qualifikationsprofils der einzelnen Mitarbeiter abzugeben, nutzt der Manager die Energie des Individuums, wichtige Ziele zu verfolgen. Phantasie und Begeisterungsfähigkeit sind wichtiger als „etwas schon mal gemacht zu haben". Anstatt ratternder Motoren ist das lebendige Pochen menschlicher Herzen zu hören. Die Unternehmensführung beobachtet die Entstehung neuer Zellen im Unternehmenskörper; sieht zu, wie sich die Zellen teilen und wie sie wachsen, indem die Menschen ihre Aufgaben zum Wohl des gesamten Unternehmenskörpers selbst definieren. Die Definitionen von *Job* und *Projekt* sind nicht mehr eindeutig unterscheidbar. Daraus folgt, daß die Grenzen von Qualifikation und Innovationskraft sich im Unternehmen nach außen verschieben und es dadurch neue Gebiete erschließen kann.

Dem Chromosom für individuelles Lernen sind vier Gene zugeordnet, denen vier Aufgaben für den genetischen Architekten des Unternehmens entsprechen:

1. *Klares Bekenntnis zur Förderung des Individuums abgeben.* Der von einer Firma geschaffene Wert gründet auf dem akkumulierten Wissen der Menschen im Unternehmen, ausgedrückt in den verkauften Produkten und Dienstleistungen. Eine Firma ist erfolgreich, wenn sie *zuerst* die Fähigkeiten ihrer Mitarbeiter fördert. Diese Fähigkeiten werden sich dann in effizienteren Prozessen, zufriedeneren Kunden und besseren Finanzdaten niederschlagen.

Es liegt in der Verantwortung der Unternehmensführung, ein klares Bekenntnis zur Förderung des Individuums abzugeben. In vielen Unternehmen wird die individuelle Förderung der Mitarbeiter einer mehr oder weniger machtlosen Personalabteilung übertragen und so der unmittelbaren Aufmerksamkeit des obersten Managements entzogen. Die Unternehmensführung kann dieses Bekenntnis vielleicht am besten kommunizieren und demonstrieren, wenn sie die leitenden Manager dazu bringt, sich an den Förderungsaktivitäten unmittelbar in Form einer natürlichen Ausweitung ihrer Verantwortlichkeit zu beteiligen.

2. *Mentorengeführte Entwicklungspfade für die „High Potentials"* *etablieren.* Die Menschen lernen am besten direkt „on the job"; insbesondere bei der Durchführung von Ad-hoc-Projekten, die häufig von denjenigen Mitarbeitern selbst definiert werden, die sich für ein spezielles Gebiet besonders begeistern. Die Schaffung von Positionen und Projekten für die herausragenden „High Potentials" unter den Mitarbeitern zu unterstützen, gehört deshalb auch zu den wichtigsten Aufgaben des Führungsteams. So können besonders begabte Mitarbeiter neue Kenntnisse erwerben und ein höheres Maß an persönlicher und beruflicher Befriedigung erlangen. Sie bereichern damit nicht nur ihre eigene Existenz, sondern flößen auch der Bio-Organisation neues Leben ein.

Die Auswahl der geeigneten Mentoren für die einzelnen „High Potentials" ist eine weitere bedeutende Aufgabe des Führungsteams. Als Mentoren eignen sich leitende Manager mit der notwendigen Ausstrahlung und Geduld, um weniger erfahrene Kollegen zu entwickeln. Sie haben während der gesamten vorab definierten Periode die Aufgabe, ihre „Schützlinge" zu führen und den Lernprozeß zu steuern.

3. *Qualifikationsanforderungen bestimmen und Qualifizierungsstrategien entwickeln.* Die Hauptsünde der meisten Trainingsprogramme besteht darin, sich vom Kerngeschäft des Unternehmens abzukoppeln und ein Eigenleben zu führen. Derartige Programme müssen in einem Modell der individuellen und organisationsbezogenen Qualifikationen, die weiterentwickelt werden sollen, verankert sein. Modelle für Qualifikationsanforderungen herauszuarbeiten, ist eine komplizierte Sache. Dazu müssen einige Schlüssel-Qualifikationen ausgewählt werden, die direkt an das Transformationsprogramm des Unternehmens gekoppelt sind. Sind diese Qualifikationsanforderungen einmal ermittelt, entscheiden sich erfolgreiche Unternehmen oft dafür, eigene Qualifizierungseinrichtungen zu etablieren, deren Programme auf die „Real-Life"-Problemlösung in ihrer Branche konzentriert sind.

Die Aufgabe der Unternehmensführung besteht darin, die Rolle der Weiterbildung im Rahmen der individuellen Entwicklung zu betonen und persönlich die Qualifizierungsstrategie als Transformationsmotor zu nutzen.

4. *Qualifikation laufend bedarfsgerecht steuern.* Vorstände haben längst erkannt, wie ökonomisch unsinnig und ethisch fragwürdig es ist, auf der einen Seite ganze Belegschaften hochqualifizierter Mitarbeiter abzubauen, während in einem anderen Bereich eine oft ebenso große Zahl neuer Fachleute mit großem Aufwand rekrutiert und ausgebildet werden muß. In einigen Ländern, insbesondere in Europa, haben die hinter dieser Problematik stehenden ethischen Fragen die Gesetzgebung insofern beeinflußt, als es den Unternehmen geradewegs untersagt wurde, Kündigungen als Kostensenkungsinstrumente einzusetzen. Große Unternehmen in aller Welt experimentieren deshalb auch mit neuen Wegen, Lernprozesse effektiver zu gestalten und die Menschen so einzusetzen, daß ihre Qualifikationen den Unternehmenserfordernissen entsprechen.

Die verhaltensbezogenen und psychischen Probleme, die oft beim Arbeitsplatzwechsel auftreten, machen es manchmal unmöglich, Menschen erfolgreich auf einer neuen Position einzusetzen. In manchen Fällen stellt die Technologie die entscheidenden Zusammenhänge her, damit die Menschen ihren Lernbedarf erkennen, sich die geforderten Kenntnisse aneignen und mit ihrer neuerworbenen Qualifikation die Chancen im Unternehmen nutzen. Das Führungsteam hat die Aufgabe, mit neuen Lernmethoden zu experimentieren und die einzelnen Mitarbeiter und ihre Fähigkeiten mit den Anforderungen der Unternehmensentwicklung in Einklang zu bringen, neue Programme zu testen, die individuelle Chancen eröffnen und gleichzeitig das Qualifikationsprofil des Unternehmens neu prägen.

EIN KLARES BEKENNTNIS ZUR FÖRDERUNG DES INDIVIDUUMS ABGEBEN

Der Wert eines Unternehmens konstituiert sich in erster Linie aus den Kenntnissen und Fähigkeiten ihrer Mitarbeiter. Wenn wir Software von Microsoft kaufen, erwerben wir damit das kollektive Wissen der

Microsoft-Mitarbeiter, die diese Software entwickelt haben. Wir kaufen keineswegs die Zentrale des Unternehmens in Redmond, Washington, und auch nicht sein Verkaufs- und Distributionsnetz oder seine Patente. Wir kaufen die kollektive Fähigkeit einer Gruppe von mehreren tausend Menschen, ausgedrückt in Form eines Softwareprogramms.

Irregeleitet von traditionellen Praktiken im Rechnungswesen, haben die Unternehmen lange Zeit ihren Wert nach dem Verkaufswert ihrer „harten" Vermögenswerte berechnet. Vom vorhandenen Know-how in punkto Finanzentscheidungen und den Menschen, die es besitzen, hat man beinahe vollständig abgesehen. Man braucht ja nur zu beobachten, wie Banker darauf bestehen, ausschließlich harte Vermögenswerte als Sicherheiten zu akzeptieren, und dies damit begründen, daß Land, Gebäude und Maschinen nicht über Nacht weglaufen können, Mitarbeiter aber sehr wohl. Es stimmt schon, daß die „Loyalität" eines Mitarbeiters an seinen Arbeitgeber ein vergängliches Gut ist – aber daraus läßt sich nicht der Schluß ziehen, daß nur Unbelebtes seinen Wert im Lauf der Zeit behält. Sachanlagen sind vielleicht beständiger, aber das gereicht ihnen andererseits auch zum Nachteil: Sie werden proportional zur Innovationsrate obsolet und deshalb in gleichem Maße irrelevant für den Wert einer Firma. Menschen sind demgegenüber die Quelle der Innovation, und sie können mit ihr noch wachsen und sich an ihr aufrichten. Das Unternehmen, dem es gelingt, hochqualifizierte Mitarbeiter zu gewinnen, weiterzuentwickeln und im Unternehmen zu halten, sichert sich damit die kontinuierliche Aufstockung seiner Qualifikationsbasis. Dies wiederum garantiert eine ständige Steigerung der Wertschöpfungskapazität und schließlich der Gesamtleistung des Unternehmens.

Werfen wir zu Vergleichszwecken einmal einen Blick auf die Welt des Sports. In jeder Sportart auf jedem Kontinent gibt es Mannschaften, die beträchtliche Ressourcen verschleudern, und andere, die mit viel weniger Mitteln viel mehr erreichen. Im französischen Fußball zum Beispiel hat Olympique Marseille eine lange Tradition als großer Einkäufer internationaler Stars zu exorbitanten Preisen. Alle paar Jahre gelingt es ihnen auch, an die Spitze des französischen, und in letzter Zeit des europäischen Fußballs vorzudringen. Diese blitzartigen Gipfelstürme werden jedoch von Perioden des kompletten Niedergangs unterbrochen – die Mannschaft spielte schon häufiger nicht einmal mehr in der ersten französischen Liga. Alles in allem hat es der Club nie geschafft, während seiner Berg- und Talfahrten seine Finanzen in Ordnung zu halten, und ist zum Überleben auf kommunale Unterstützung angewiesen. Demgegenüber hat sich der Fußballclub A. J. Auxerre einen sicheren Platz unter den besten vier oder fünf Teams in der ersten französischen Liga gesichert und sich in den vergangenen 15 Jahren fast jedes Jahr für die diversen europäischen Pokalwettbewerbe qualifiziert. Auxerre ist eine mittelgroße Stadt, die bei weitem nicht die Zuschauermassen zu mobilisieren vermag wie Marseille in seiner guten Zeit. Der Schlüssel zu Auxerres Erfolg liegt in seiner Fußballschule und dem Entwicklungsprogramm. Der Club gibt beträchtliche Mittel aus, um überall im Land nach jungen, talentierten Spielern zu suchen, die man in die Nachwuchsteams integriert, um sie, wenn alles gutgeht, zu Profispielern heranzuziehen. Es wird oft schwer für Auxerre, seine hochbegabten Kicker zu halten, wenn sie es einmal zu größerem Ruhm gebracht haben. Aber immerhin erzielt man beträchtliche Transfersummen und erachtet es außerdem als natürliche Folge seines Bekenntnisses zur Spielerentwicklung, wenn seine besten Spieler in reicheren Clubs im Ausland mehr Geld verdienen.

Dasselbe gilt auch für Unternehmen. Doch wie viele von ihnen bekennen sich schon wie Auxerre dazu, die eigenen Mitarbeiter zu fördern? Wenn wir davon sprechen, das Wachstum des einzelnen zu forcieren, denken wir in erster Linie an Rekrutierung, Training, Karriereplanung, Nachfolgeplanung und ähnliches. Nur zu oft verschnüren wir aber all diese wichtigen Prozesse in einem einzigen großen Sack: *Human Resource Management*. Die ganze Sache der Personalabteilung zu übertragen, scheint eine saubere Lösung zu sein, und wir anderen können uns befriedigt zurücklehnen in dem Bewußtsein, daß sich schon jemand um diese Fragen kümmert.

Diese Einstellung ist aber nur ein weiterer Ausdruck einer pervertierten Logik, die unser Denken viele Jahre lang unheilvoll geprägt hat. Wenn wir uns nochmals an die Zielsysteme der Balanced Scorecard erinnern – Finanzen, Kunden, Prozesse, Lernen und Innovation –, so gehen wir fälschlicherweise von der Annahme aus, daß die Abfolge bei der Festlegung der finanziellen Ziele beginnt, als nächstes die Kundenziele und dann die operativen Ziele formuliert werden, und schließlich noch zur Unterstützung der restlichen Strategie im Hinterzimmer die erforderlichen Lern- und Innovationsfähigkeiten bestimmt werden. Lernen und Innovation kommen demnach als letztes dran, nachdem die Organisation die anderen drei Elemente definiert hat.

Diese Annahme verwechselt die Chronologie der konzeptionellen Entwicklung mit der Chronologie der Umsetzung. Wenn man sich Gedanken darüber macht, wie die Firma vorgehen soll, ist es in der Tat sinnvoll, bei den finanziellen Zielen zu beginnen, dann zu den Kundenzielen überzugehen und sich in der Folge zu den erforderlichen Qualifikationen und Fähigkeiten zurückzuarbeiten, um die zuvor gesteckten Ziele zu verwirklichen. Damit solche Ziele in die Realität umgesetzt werden können, muß das Unternehmen allerdings zunächst die Kapazitäten aufbauen, um dann erleben zu können, wie fähige und intelligente Menschen Resultate erbringen, die sich im gesamten operativen Bereich bemerkbar machen, die Kundenbeziehungen beeinflussen und letztlich die erwarteten finanziellen Ergebnisse bescheren. Der Fußballclub Auxerre hat es vorexerziert: Dauerhafte Leistungen lassen sich nur erzielen, wenn *zuerst* die Kompetenzen geschmiedet werden. Individuelle Förderung macht den Anfang; Kunden und Bilanzdaten hinken dem Aufbau von Leistungskapazitäten hinterher.

Die meisten Firmen befinden sich ja in einer eher traurigen Situation. Sie überlassen das *Recruiting* den Personalabteilungen, die vom Management beauftragt werden, „gute Leute zu finden". In diesen Personalabteilungen tummeln sich zumeist eine Menge Akademiker, die eifrig bemüht sind, Berufseinsteiger und ältere Bewerber von den Vorteilen eines Einstiegs in ihre Firma zu überzeugen. Es gibt nur ein Problem: Es handelt sich um Human Resources-Spezialisten ohne echte Praxiserfahrung. Die Firma existiert für sie hauptsächlich in Form von Lohntabellen und Bonus-Paketen. Potentielle Einsteiger merken sehr bald, daß sie nur durch „ein Personalabteilungssieb" gehen – mit dem Ergebnis, daß das Gespräch ohne das nötige Engagement geführt wird, insbesondere wenn der Bewerber bei einem Konkurrenten das Glück hatte, von höherrangigen Abteilungsmanagern interviewt worden zu sein.

Zu oft werden Aus- und Fortbildung in die Hände des mittleren Managements gelegt. Deren Expertise beschränkt sich oft auf Moderation und Verhaltenstechniken, ohne wirkliche inhaltliche Kenntnisse über das Unternehmen. Einmal jährlich versendet der Leiter der Aus-, Fort- und Weiterbildung einen Fragebogen an die Abteilungsleiter, in dem sie gefragt werden, „welche Qualifikationen und Fähigkeiten ihren

Leuten vermittelt werden sollen". Die Antworten sind, wenn sie überhaupt kommen, oberflächlich, da die Linienmanager nicht immer am besten geeignet sind, den Qualifikationsbedarf zu beurteilen; außerdem haben sie nicht immer volles Vertrauen darauf, daß die Personalabteilung ihren Bedarf decken kann. So gehen die Qualifizierungsmaßnahmen nur zu oft an den wahren Bedürfnissen der Firma vorbei. Unabhängig von der offiziellen Politik des Unternehmens, erachten die Mitarbeiter Fort- und Weiterbildung hauptsächlich als unverbindliche Angebote, und Absagen in letzter Minute sind denn auch ein häufiges Phänomen. Pflichtbewußt führt die Personalabteilung unter den Teilnehmern Befragungen durch, meist gegen Ende eines Kurses, die aufgrund der zu diesem Zeitpunkt oft euphorischen Stimmung typischerweise positiv ausfallen. Ein paar Wochen später hat sich die Relevanz des Kurses aber in den meisten Fällen auf praktisch Null reduziert. Kein Wunder, daß das Budget für Fort- und Weiterbildung zu den ersten gehört, die in schlechteren Zeiten beschnitten werden.

In solchen Firmen verkommen Karriere- und Nachfolgeplanung zu bürokratischen Übungen. Die Menschen entwickeln nur dann Vertrauen in die Fähigkeit ihres Arbeitgebers, ihnen zu helfen, wenn sie Profis an der Arbeit sehen, die sich wirklich für ihr Weiterkommen engagieren – nicht aber, wenn nur Papierkram zwischen ihren Managern und der Zentrale hin- und hergereicht wird. Die Zusammenstellung von „High Potential"-Listen mit den Namen potentieller Führungskräfte und die formelle Nachfolgeplanung für strategische Positionen ist an sich von geringem Wert, wenn sich nicht erfolgreiche Mitarbeiter aus dem Unternehmen selbst daran beteiligen. Nur so bekommen die hochtalentierten Leute der nächsten Generation das Gefühl, daß sie sich auf einen echten Unterstützungsapparat verlassen können. Ohne ein solches persönliches Engagement werden Karriereplanungen und Nachfolgeprogramme kaum erfolgreich sein.

Die Situation ist vielleicht nicht *ganz* so schlimm wie hier beschrieben. Vielen Unternehmen wird die Bedeutung der Förderung menschlichen Potentials bewußt. Die Personalabteilungen befreien sich zunehmend aus ihrem Dornröschenschlaf, und immer öfter sind deren Leiter auf der zweiten Ebene in der Unternehmenshierarchie, gleich unter dem Topmanager, angesiedelt. Immer mehr setzt sich die Erkenntnis durch, daß Erfolg im Überschreiten funktionaler Grenzen liegt und unter anderem eben davon abhängt, daß sich alle Mitarbeiter in einem

Unternehmen an den Qualifizierungs- und Förderungsprozessen beteiligen. In manchen Fällen haben die Verantwortlichen in der Personalabteilung das Recht erworben, die Firmenstrategie entscheidend zu beeinflussen, da sich unter ihrer Führung die Entwicklung neuer Firmenqualifikationen vollzieht, indem sie maßgeblich daran beteiligt sind, neue Firmenqualifikationen zu erschließen.

Professor Karl oder die unerwartete Berufung zum Lehrer

Karl, der Woodbridge-Planer, dachte, er habe alles durchgemacht, was so auf einen zukommen kann. Wie sich herausstellt, ist dem nicht so. Er soll eine Diskussion mit neuen Mitarbeitern über das laufende Transformationsprojekt leiten. *„Ich als Lehrer? Das soll wohl ein Witz sein! Da können sie mir ebensogut eine Clownnase umbinden oder mich in ein Ballettröckchen stecken."*

Da steht er also und wartet in einem Nebenraum, während die Trainingsmanagerin ihn coacht. Er hat an die 200 Folien mitgebracht – aus Angst, er könnte dastehen und nichts mehr zu sagen haben. Für zwei Stunden müßte das eigentlich reichen. *O.K., sie will was Interaktives. Ich frag' die Leute einfach, ob's irgendwelche Fragen gibt, und wenn sie was fragen, sind wir schon interaktiv. Wie viele Leute sitzen denn überhaupt da drinnen?* – Ungefähr zwanzig, aus allen Abteilungen des Unternehmens, erklärt sie ihm und versucht, Karl ein wenig auf Touren zu bringen.

Als sie ihn dann vorstellt, weiß Karl nicht einmal, wo er stehen soll. *Mein Gott, schauen die jung aus! Der Bursche da in der ersten Reihe hat ja die Pubertät noch vor sich. Auf seinem Namensschild steht, daß er aus dem Vertrieb kommt.* Karl weiß, daß er so einem jungen Knaben ganz gewiß keinen Meter Papier abkaufen würde. Die Neueingestellten blicken ihn erwartungsvoll an, wie einen Eisbären im Zoo.

Er räuspert sich nervös, bevor er loslegt. Auf seinen ersten Folien ist veranschaulicht, wie das Projekt zustande kam, wie die Auftragsabwicklung verkürzt werden mußte und wie sie im Unternehmen Strukturen aufbauten, um das in die Tat umzusetzen. Karl ist aufgeregt, murmelt ein wenig in sich hinein, versucht, die Zuseher zu vergessen. Es sind erst 20 Minuten vergangen, aber er scheint sehr langweilig zu sein, wie er aus dem gelegentlichen Gähnen im Publikum schließt. Die Trainingsmanagerin kaut unruhig an ihren Nägeln. Wenn sich ihr Blick mit dem Karls trifft, versucht sie, ihm aufmunternd zuzulächeln, in der Hoffnung, es werde noch besser werden.

Gott sei Dank meldet sich jetzt eine junge Frau. „Wie wird Papier eigentlich hergestellt?" fragt sie mit entwaffnender Unschuld.

Karl starrt sie zehn Sekunden mit offenem Mund an – völlig entgeistert. Er präsentiert hier die Feinheiten von Produktionsplanung und Auftragsabwicklung, und jetzt stellt sich heraus, daß die jungen Leute da unten offenbar nicht die geringste Ahnung haben, wovon er spricht. Mit einem hoffnungslosen Blick auf die restlichen 170 Folien stellt er sich die Frage, wie er diese nun verwenden kann, ohne das Loch noch tiefer zu graben, das er sich bis dahin geschaufelt hat. Dann hat er plötzlich eine Idee – wie ein Blitzschlag fährt ihm die Inspiration in die Glieder.

„Gehen wir doch mal auf die andere Straßenseite", schlägt er vor. „Ich zeig' euch die Fabrik und wie wir das Papier machen. Eigentlich kann ich viel von dem, was ich heute sagen wollte, auch direkt an der Maschine vortragen."

Die Trainingsmanagerin in der letzten Reihe dankt dem Vater im Himmel und allen Heiligen für die wahrhaft göttliche Fügung. Sie springt auf und bedeutet den Leuten, Karl zu folgen.

In seiner vertrauten Umgebung legt Karl das introvertierte, unsichere Gehabe vom Trainingscenter sofort ab. Jetzt ist er ganz der begeisterte Manager mit selbstbewußtem Lächeln und glänzenden Augen. Er versammelt die Leute ganz nahe um sich, und die hören ihm interessiert zu, trotz der lärmenden Geschäftigkeit um sie herum. Nachdem Karl ihnen die Sicherheitsvorschriften erklärt hat, wirken sie ein wenig eingeschüchtert, mit ihren ungewohnten Sicherheitsbrillen und den Helmen.

Karl erläutert ihnen den gesamten Ablauf. Zuerst gehen sie zu den riesigen Behältern mit Zellstoff, wo sie sich von dem hin- und herschwappenden, rätselhaften Gebräu mit seinen geheimnisvollen Zusätzen und Farbstoffen beeindrucken lassen. Dann geht's zu der mächtigen Papiermaschine mit ihrem schnell laufenden Zellstoffbett, das rasch zu Papier trocknet. Im Heizbereich beschlagen sich flugs die Brillen der neuen Mitarbeiter, und sie müssen ordentlich den Kopf heben, um etwas sehen zu können, was die Arbeiter, die auf diesen Augenblick gewartet haben, natürlich in grölende Begeisterung versetzt. Dann in den Aufrollbereich, wo riesige Rollen von großen Kränen zum

Bestand an Halbfertigwaren transportiert werden. Schließlich zur Abschlußstation, an der die Rollen mit gigantischen Scheren auf das gewünschte Längen- und Breitenmaß zugeschnitten werden.

Plötzlich beginnen in der Abschlußstation die Warnlichter zu blinken, und das Geheul der Sirenen übertönt jedes andere Geräusch. Ein Schwarm von Arbeitern läuft zur Papiermaschine. Die ahnungslosen Jungmitarbeiter fühlen sich in einen Katastrophenfilm versetzt.

„Keine Angst, Freunde", beruhigt Karl die Jungen, „keine Gefahr im Verzug. Wir nennen das ein ‚Break'. Wenn ihr genau schaut, seht ihr, daß das Papier in der Mitte eingerissen ist. Das werden die Jungs jetzt in Ordnung bringen und dann einen neuen Lauf starten."

Zum Teil gespannt, zum Teil etwas ängstlich, bewegen sich die Neulinge hin und her, darauf bedacht, den Arbeitern, die das Problem lösen wollen, nicht im Weg zu stehen. Sie haben Millionen Fragen. Wie kommt's zu einem Break? Wieviel kostet es? Wie kann es verhindert werden?

Auch als sich die Lage wieder etwas beruhigt hat, geht das Trommelfeuer an Fragen weiter, die meisten einigermaßen naiv. Das macht aber nichts. Karl kennt alle Antworten, so sehr ihn die Jungkollegen auch ausquetschen. Er wußte gar nicht, daß er so gut war. Er spürt, daß irgendwas in ihm drinnen passiert, etwas Angenehmes, auch wenn er es nicht benennen kann. Langsam werden ihm diese eifrigen, gescheiten Köpfe sympathisch, die da Wissen in sich einsaugen wollen. Es ist fast so, als würde er sie an der Hand nehmen und ihnen zum ersten Mal die Welt zeigen. Ein ähnliches Gefühl hatte er zum letzten Mal, als er seiner Tochter im Gymnasium den Weg durch die unendlichen Wüsten der Mathematik wies. Zu seiner eigenen Überraschung entdeckt er in sich – dem legendären Griesgram und Misanthropen – ein Talent zur Geduld. Ein wenig Stolz ist natürlich auch dabei. Plötzlich hat er das Bedürfnis, diesen jungen Menschen einen positiven ersten Eindruck von dem Ort zu vermitteln, dem sie eben erst ihre Zukunft anvertraut haben.

Jetzt wird er richtig pädagogisch, obwohl er das Wort wahrscheinlich gar nicht buchstabieren kann. Als sie nach der Tour in die Trainingsklasse zurückgekommen sind, bittet er sie, den Produktionsprozeß so nachzuzeichnen, wie sie ihn in Erinnerung haben. Als er im Raum herumgeht und sich ansieht, was die Leute so zuwege bringen, stellt er erstaunt fest, daß einige das wirklich sehr gut machen. Sie müssen auch beschreiben, was bei einem Break zu tun ist. Auch da stellt sich heraus, daß sie offenbar eine Menge gelernt haben in der kurzen Zeit. Wenn er gewußt hätte, wie begabt sie sind, hätte er einige von diesen hellen Köpfen ohne weiteres für sein Projekt verwenden können.

Als die Trainingsmanagerin ihm sagt, daß die Zeit abgelaufen ist, tut es ihm leid. Er hätte so viel mehr zu sagen, und er merkt, daß auch seine Zuhörer noch gerne geblieben wären. Doch zumindest ihre Namen kennt er jetzt, und er kann sie grüßen, wenn er ihnen in Zukunft über den Weg läuft. Er weiß auch, daß die jungen Leute jetzt in ihm eine Anlaufstelle für alle Arten von Fragen zum Produktionsprozeß haben. Die Trainingsmanagerin ringt ihm in der Begeisterung des Augenblicks das Versprechen ab, solche Einführungen im restlichen Jahr auch für die anderen Anfängerklassen abzuhalten. Das ist zwar eine große Verpflichtung, aber er sagt letztlich gerne zu, nicht mal so sehr, weil er es für so wichtig hält, sondern einfach deswegen, weil es ihm Spaß macht.

Auf dem Weg zurück in sein Büro ertappt er sich dabei, eine Melodie aus *Schneewittchen* zu pfeifen, dem Lieblings-Disneyfilm seiner Tochter.

MENTORENGEFÜHRTE ENTWICKLUNGSPFADE FÜR DIE „HIGH POTENTIALS" ETABLIEREN

Das Geschick erfolgreicher Unternehmen ist nicht nur von einigen wenigen Topmitarbeitern abhängig. Diese Unternehmen wissen genau, wie sie ihre Mitarbeiter und Fähigkeiten optimal nutzen. Denjenigen, die es beim ersten Mal nicht ganz geschafft haben, deren Werte und Ziele aber in Ordnung sind, gibt man bereitwillig eine zweite und dritte Chance. Alles auf die Hoffnung zu setzen, man habe ohnedies nur die „Qualifizierten" angestellt, ist ganz einfach unrealistisch, wenn nicht naiv. Worin sich erfolgreiche Unternehmen von anderen unterscheiden, ist ihre Fähigkeit, bei Leistungsträgern mittlerer und niedrigerer Stufe Lernprozesse auszulösen und damit auch mehr von diesen zurückzubekommen.

Von allen Formen persönlicher Entwicklung ist keine so effektiv wie „Learning on the job" – also Lernen im unmittelbaren Arbeitsprozeß –

unter der Führung eines Mentors. Die formelleren Trainings- und Entwicklungsprogramme haben zwar unbestritten ihre Vorteile, sie sind aber im Vergleich zum Prinzip „Learning by doing" nur ein schwacher Ersatz. Viele moderne Trainingsprogramme verschleiern die Grenzen zwischen formellem Training und echter Problemlösung, und in den meisten Programmen wird die Verbindung der Menschen zur Arbeit unterbrochen, indem sie das Gefühl bekommen, es handle sich ja nicht wirklich um „the real thing". Deshalb ist es nach wie vor die beste individuelle Förderung, begabte und vielversprechende Mitarbeiter, die „High Potentials", in mentorgeführten, sogenannten „Life-Forming"-Projekten weiterzubilden.

Life-Forming-Projekte sind Projekte, die die Erfahrungs- und Wissensbasis der beteiligten Personen bereichern und zusätzlich das Potential haben, neue Energie und Wachstum in das Unternehmen hineinzutragen. Die Hauptattraktion der Projektarbeit liegt in der Tatsache, daß nicht kategorisch zwischen Arbeiten und Lernen unterschieden wird. Die offizielle Verpflichtung des Individuums mag darin bestehen, bestimmte Leistungsvorgaben zu erfüllen, doch eine gute Job- oder Projektgestaltung sollte garantieren, daß der einzelne auf Dauer nur dann erfolgreich sein kann, wenn er neue Kenntnisse und Qualifikationen erwirbt.

Solche Ad-hoc-Projekte zu planen, gehört zu den wertvollsten Fähigkeiten einer Führungspersönlichkeit. Nur wenige sind wirkliche Spitzenleute auf diesem Gebiet. Diese Fähigkeit wird nicht in Büchern gelehrt, noch ist sie als eigenständige Disziplin anerkannt. Viele Topmanager beschränken sich daher auf schwer faßbare, aber gerade moderne Themen, wie „Reengineering" oder „Total-Quality-Management", und planen in Anlehnung daran ebenso vage definierte Projekte. Erfolgreiche Unternehmensführer konzentrieren sich auf spezifischere Themen und verknüpfen oft die Entwicklung einer neuen Firmenqualifikation mit einem bestimmten Leistungsziel. Die Inspiration für solche Ad-hoc-Programme kommt oft von Personen mit viel Unternehmungsgeist, die sich gerne mit Dingen abseits der ausgetretenen Pfade beschäftigen. Es kann sich enorm bezahlt machen, den Leuten zu gestatten, sich in derartigen Projekten frei auszudrücken und ihren individuellen Leidenschaften gemäß zu handeln. Das Wachstum vieler Firmen läßt sich darauf zurückführen.

Ein kluger Chef ist sich bewußt, daß der Erfolg solcher Projekte von den maßgeblich beteiligten Leuten abhängt, weshalb er sich möglichst früh bemüht, talentierte Mitarbeiter zu rekrutieren. Nach Planung des Projekts sucht er vielversprechende junge Leute, die in der Lage sind, sich unabhängig von den Beschränkungen der Linienorganisation an die Spitze des Projekts zu stellen. Natürlich bieten sich zunächst die Leute, die ein Projekt vorgeschlagen haben, als Kandidaten für die Leitung an – schon deshalb, weil ihre ursprüngliche Begeisterung sie stärker motiviert als die zufällig ausgewählten Teilnehmer. Nachdem der Teamleiter ernannt wurde, wird ihm ein *Mentor* zugeteilt, eine Führungskraft mit Erfahrung, Autorität und dem Willen zur Vermittlung seines Wissens. Der Mentor erfüllt in schwierigen Zeiten Pufferfunktionen und steht den Teammitgliedern als Lern-Ressource zur Verfügung.

Obwohl Mentoren zu den wertvollsten Ressourcen eines Unternehmens gehören können, wird die Mentorschaft in den meisten Unternehmen noch eher als Hobby denn als ernstzunehmende Führungsrolle betrachtet. Die Betreuung durch einen Mentor wird kaum in einem Karriereplan als ausdrückliches Ziel angegeben, und dennoch machen erfolgreiche Manager fast immer einen oder zwei Mentoren für ihre geglückte Karriere verantwortlich.

Mentoren agieren vor allem im Hintergrund. Ihr Rat ist diskret, das Gegenstück zum Mikromanagement. Sie sind im täglichen Umgang oft außerordentlich gutmütig und freundlich, können aber hart sein, wenn es darauf ankommt. Aufgrund ihrer Glaubwürdigkeit im Unternehmen fungieren sie oft hinter den Kulissen als Informationslieferanten. Sie unterrichten die Linienmanager über die Fortschritte des Projekts und machen allenfalls Vorschläge zu notwendigen Änderungen. Die besten Mentoren sind oft Manager vor dem Ende ihrer aktiven Laufbahn, Frauen und Männer, die sich mit den jüngeren und weniger erfahrenen Kollegen identifizieren können, deren Coaching sie übernommen haben.

Wie ein guter Elternteil, erlaubt auch ein guter Mentor der von ihm gecoachten Person, Fehler zu begehen, zumal den nachhaltigsten Lernerfolgen ja sehr oft Fehler zugrunde liegen. Dies kann zuweilen extrem schwierig sein, weil es einer Führungskraft natürlich schwerfällt zuzusehen, wie die Dinge in die falsche Richtung laufen. In so einem Fall ist es am besten, behutsam einzugreifen, um – bei optimalem Lernergebnis – die Schäden so gering wie möglich zu halten. Solch ein kreatives *Fehlermanagement* ist ein integrativer Bestandteil eines gut durchdachten Mitarbeiterentwicklungsprogramms.

John, der CIGNA-Controller, breitet seine Flügel aus

„Wir waren die Alleskönner, die gerissenen Kerle", bekennt John Downham. „Wir waren die Supertypen, haben eigentlich gar nicht richtig zur Firma gehört, sondern fühlten uns eher als Spürhunde des Unternehmens, die der obersten Führungsetage klarmachten, was in der Division so lief."

John Downham beschreibt die Finanzabteilung der CIGNA P&C vor Gerry Isoms Ankunft. Downham ist ein freundlicher Mensch mit einer bildhaften Ausdrucksweise, der heute den Titel eines Transformation Officers von einer der drei Hauptdivisionen der CIGNA P&C trägt, Commercial Insurance Services. Vor Isoms Erscheinen arbeitete er in der Controllingabteilung, wo er mit Ausgabenmanagement und Budgetierung beschäftigt war und sich über offene Forderungen und Cash-flow-Zahlen Sorgen machte.

Obwohl er zu einer Führungsperson im Transformationsprogramm geworden ist, enthält sich Downham jeder Schwarzweißmalerei hinsichtlich Vergangenheit und Gegenwart. „Es ist einfach, heute auf das alte Regime zu schimpfen", stellt er fest. „Aber ich respektierte meinen Boß. Er war ein Mann mit Überzeugungen, der daran glaubte, daß Versicherungen Finanzunternehmen sind, die von Finanzexperten geführt werden müssen. Vielleicht war das sein blinder Fleck. Er vertrat diese Überzeugung mit großem Nachdruck und stieß damit viele vor den Kopf. Aber er war ein integrer Mann, und mir tut es oft leid, daß er nicht mehr bei uns ist."

Downham kann offenbar die Geschichte mit der Kündigung seines Exchefs nur schwer vergessen.

„Mein Boß verließ uns eine Woche, nachdem ich mich als Full-Time-Mitglied für Isoms Transformationsteam gemeldet hatte", fährt er fort. „Ich empfand das als furchtbaren Verlust. Ich scheue mich nicht zuzugeben, daß ich den Tränen nahe war, als ich mich von Howard verabschiedete. Zuerst war ich zornig, dann fühlte ich mich im Stich gelassen."

Langsam fand Downham aus seiner depressiven Stimmung heraus und wurde in den Sog der Aktivitäten des OAR-Projekts (Organisation Alignment Review) gezogen, der zweiten Phase von Isoms Transformationsprogramm im Herbst 1993.

„Jetzt hatte ich ein offenes Feld vor mir", erinnert er sich. „Ich hatte nicht das Gefühl, irgend etwas verteidigen zu müssen. Ich sprach nicht mehr im Namen meines Chefs, sondern konnte mich auf mein eigenes Urteil verlassen. Das war aber andererseits auch beängstigend. Ich brauchte eine Weile, bis ich diesen philosophischen Unterschied begriffen hatte."

Downham erinnert sich an die drei ersten OAR-Monate als größtenteils frustrierend. „In dieser Phase legten wir unser Augenmerk hauptsächlich auf bestehende organisatorische Probleme", erzählt er. „Wir untermauerten den Entdeckungsprozeß auch mit Finanzdaten. Ich konnte alles auswendig und mußte viele Kollegen erst in die verwirrende Welt unserer Zahlen einführen. Wir bearbeiteten auch wieder und wieder die unterschiedlichsten unternehmenskulturellen Themen, was ich für einen ziemlichen Schwachsinn hielt. Heute, ein Jahr später, bin ich zu der Überzeugung gelangt, daß die Unternehmenskultur *der* Faktor in erfolgreichen Unternehmen ist."

Wie Ward Jungers erinnert auch er sich an das Abendessen mit Gerry Isom kurz vor Weihnachten 1993. Die Diagnose-Phase von OAR war vorüber, und Isom versuchte, das Team zu ermuntern, die drei Monate zuvor begonnenen Aufgaben weiterzuverfolgen. „Ich war in miserabler Stimmung", erinnert er sich. „Alle zehn Full-Time-Mitglieder des Teams waren ausgebrannt. Ich war ganz und gar nicht mehr von unserem Erfolg überzeugt. Es erschien mir, als hätten wir das Gelobte Land gesehen, ohne allerdings zu wissen, wie wir das restliche Unternehmen mitnehmen konnten."

Downham war dem „Support Alignment Team" zugeteilt, das die vielleicht schwierigste Aufgabe von allen hatte: Einleitung eines radikalen Personalabbaus in den Servicefunktionen der Zentrale. „Die Zeit des Analysierens war vorbei", erinnert er sich, „jetzt hieß es handeln. Ein völlig neues Spiel hatte begonnen. Ich fing in der Finanzabteilung an, weil ich die am besten kannte. Ich war insgesamt so halbwegs erfolgreich, bei einigen Kollegen mehr und bei anderen weniger. In dieser Position lernte ich sehr bald die Bedeutung des Begriffes ‚Leadership' kennen. Wenn du es mit echten Führungspersönlichkeiten zu tun hast, lohnt sich die Sache – wenn nicht, vergiß es!"

Ein paar frustrierende Erlebnisse sind Downham noch in Erinnerung. „Einmal startete ich in verschiedenen Bereichen einen Blitzkrieg mit meinen funktionsübergreifenden Arbeitsteams, ohne allerdings am Ende klüger dazustehen. Soweit ich mich erinnere, hat man uns aus zwei Abteilungen rausgeschmissen. Hat aber nichts gemacht."

Downham erinnert sich, wie ihnen einmal in der Hitze des Gefechts die angemessene Sicht der Dinge verlorenging. „Anfang Oktober 1994 waren wir kurz davor, unseren eigenen Nachruf zu verfassen", erzählt er. „Wir versammelten uns im Team und stellten eine lange Liste von Gründen zusammen, warum die Transformation als gescheitert zu betrachten war. Die Stimmung war sehr pessimistisch, beinahe morbid. Auf der Basis unserer Liste erarbeiteten wir schließlich einen Bericht, den wir an die Unternehmensleitung schickten."

Zu Beginn des neuen Jahres lud Gerry Isom die Gruppe zu einer Sitzung. Zur Überraschung aller schlug der Boß ausgesprochen optimistische Töne an. „Ausgerechnet Gerry Isom behauptete nun, daß wir sehr erfolgreich gewesen seien", erinnert sich Downham. „Er wies uns auf Dinge hin, an denen wir zu nahe dran waren, um sie überhaupt wahrzunehmen. Vielleicht war unsere Arbeit nicht so spektakulär erfolgreich wie die der anderen, etwa der Underwriter, aber wir übten einen indirekten Einfluß auf das gesamte Unternehmen aus. Jim Engel beispielsweise, der Leiter der Schadensabteilung, hatte sich entschlossen, seine große Organisation besser an die übrigen Geschäftsbereiche anzupassen, und obwohl wir mit ihm nicht täglich unmittelbar zu tun hatten, hat er die entscheidenden Anregungen doch unserer Arbeit zu verdanken, wie er uns sagte."

Gegen Ende 1994 stand Downham wieder an einem Wendepunkt. Er mußte sich entscheiden, ob er in seinen alten Job in der Finanzabteilung zurückkehren oder sich weiterhin für die Transformation engagieren wollte.

„Dieser Ansporn von Isom hat uns aufgemöbelt", strahlt er. „Wir diskutierten, was notwendig war, um den Kampf fortzuführen. Wir handelten nicht aus persönlichen Gründen. Wir wollten einfach das Feuer am Leben erhalten. Wir haben uns in die verschiedenen Positionen richtig hineingeredet, und zuerst fühlte ich mich ein wenig wie Woody Allen: ‚Diese Jobs sind zu wichtig, um sie Leuten wie mir zu geben.' Doch dann sagte ich mir, daß ich im letzten Jahr doch das eine oder andere gelernt hatte und es nicht ausgeschlossen war, daß ich dem Unternehmen weiterhelfen konnte."

Dick Wratten, Leiter der Commercial Insurance Services, bot Downham die Position des Transformationsbeauftragten in der CIS-Abteilung an. Es war nur ein ganz kurzes Gespräch, in dem Wratten ihn bloß wissen ließ, daß er ihn gerne in seinem Team hätte.

„Ich nahm auf der Stelle an", erinnert sich Downham. „Dann ging ich zu meinem alten Boß und erzählte ihm, was ich vorhatte. Er stellte mir ein paar Fragen, wie ,Wem bist du unterstellt?' und ,Wo stehst du in der Hierarchie?' – Ein wenig verlegen mußte ich eingestehen, daß ich keine Ahnung hatte. Es war mir nicht in den Sinn gekommen, diese Dinge als wichtig zu erachten. Also ging ich zurück zu Wratten und fragte ihn, wem ich unterstehen würde. ,Mir natürlich', erwiderte er. Es kam mir aber ohnedies hauptsächlich darauf an, daß ich etwas Wichtiges tat, alles andere war zweitrangig."

Trotz seiner anfänglichen Zweifel ist Downham jetzt überzeugt, daß das abgelaufene Jahr [1994] das wichtigste in seinem gesamten Berufsleben war. „Ich kann mir keine Umstände vorstellen, unter denen ich in meinem alten Job ähnlich viel hätte bewirken können", sagt er. „Meine Erlebnisse in der neuen Funktion waren so unvergleichlich, daß mir die Worte fehlen, sie zu beschreiben. Manchmal schauen mich alte Bekannte an, als hätte ich drei Köpfe. Ich spreche anders, ich denke anders – doch tief in mir drinnen weiß ich, daß ich nichts weiter bin als ein einfacher Controller, der sich an dieser Transformationssache versucht."

QUALIFIKATIONSANFORDERUNGEN BESTIMMEN UND QUALIFIZIERUNGSSTRATEGIEN ENTWICKELN

Die Einbindung in Projekte und die Mentorbetreuung sind die effektivsten Methoden zur Förderung individuellen Lernens, sie können aber nur eine beschränkte Zahl von Personen erreichen. Die zweitbeste Methode ist eine Qualifizierungsstrategie, die zwar weniger individuell ist, aber dafür mehr Mitarbeiter einbezieht.

Gute Qualifizierungsprogramme unterscheiden sich von schlechten nicht so sehr durch das Maß der dafür aufgewandten Mittel oder die Qualität der Einrichtungen, sondern in der Relevanz für das Unternehmen. Die meisten Gelder werden heute verschwendet, weil sie in die mangelhaft fokussierte Förderung allgemeiner Qualifikationen fließen, oft veranlaßt durch das persönliche Steckenpferd eines Managers oder als Reaktion auf das Angebot eines Fortbildungsinstituts oder einer Unternehmensberatung.

Qualifizierungsprogramme können nicht in einem Vakuum geplant werden. Zuerst muß ein Qualifikations- oder Kompetenzenmodell erarbeitet werden; erst dann ist ein fokussiertes und sinnvolles Qualifikations- und Kompetenztraining möglich. Um ein Qualifikationsmodell zu errichten, muß man den Ausgleich zwischen zwei Extremen finden. Einerseits ist es sicher nicht zielführend, *kein* Qualifikationsmodell zu haben, andererseits ist es aber gleichermaßen gefährlich, das *gründlichste* aller Modelle entwickeln zu wollen.

Wir erinnern uns heute noch lebhaft an eine Firma, die ein derart umfassendes und komplexes Qualifikationsmodell entwickelte, daß sich dieses quasi verselbständigte. Millionen von Beraterdollars wurden ausgegeben, um so absurde Details herauszuarbeiten wie die Kategorie „Versucht die meiste Zeit, mit seinen Kollegen freundliche zwischenmenschliche Beziehungen aufzubauen, ohne in Notfällen die nötige Entschlossenheit vermissen zu lassen." Wie soll man eine derartige Fähigkeit testen? Jetzt stellen Sie sich vor, daß dieses Attribut eins von 35 ist, die sich wiederum auf eine aus 68 Gruppen von „Schlüsselpersonen" beziehen. Und stellen Sie sich die Verwirrung von Personalchef oder Vorstand bei dem Versuch vor, in dieser 68-mal-35-Matrix, in der jede Koordinate offensichtlich einen Förderungsbereich darstellt, die zukunftsträchtigen Qualifikationen herauszufinden, in die es sich zu investieren lohnt.

Aus Effizienzgründen muß sich das Qualifikationsmodell auf lohnende „High-payoff"-Qualifikationen beschränken. Die Erfahrung lehrt, daß solche Qualifikationen normalerweise mit den Kernprozessen und den Optimierungsschleifen des Unternehmens (vgl. Kapitel 6) zu tun haben. Auch hier bewahrt uns die Verflechtung der Bio-Systeme davor, einzelne Qualifikationsnischen fein säuberlich abzutrennen, denen man sich dann isoliert vom Rest widmen würde. Qualifikationsentwicklung ist ein integrativer Bestandteil der Transformation, und sie kann nicht vom Geflecht der wichtigen anderen Wechselbeziehungen innerhalb der Firma getrennt werden. Doch nur wenige Unternehmen schließen in ihre Umwandlungspläne regelrechte Qualifizierungsprogramme ein, und wenige Personalabteilungen sind in der Lage, schlüssige Zusammenhänge zwischen dem Qualifizierungsbedarf des Unternehmens und seinem Transformationsprogramm herzustellen.

Alle Weiterbildungsprogramme laufen Gefahr, ihre Relevanz für die Kernaktivitäten des Unternehmens einzubüßen. Selbst die hochangesehene Urmutter aller Qualifizierungsprogramme, das *Crotonville Executive Training Program* von General Electric, verlor seine Relevanz in den siebziger Jahren, als man zu sehr mit anderen Schulen verglich, statt auf die spezifischen Bedürfnisse von GE konzentriert zu bleiben. Training-Center fallen nur allzuleicht der Versuchung zum Opfer, sich in sich selbst und in ihre hochkarätige Trainingsmannschaft zu verlieben und den Blick für ihre eigentliche Aufgabe zu verlieren.

Am besten läßt sich die Gefahr der Irrelevanz bannen, wenn das Qualifizierungsprogramm mit einem Meßgrößensystem verknüpft wird. Im Idealfall sollte es möglich sein, die in Qualifizierungsprogrammen geförderten Fertigkeiten direkt mit Geschäftsergebnissen in Verbindung zu bringen. So haben beispielsweise Allstate Insurance und Federal Express die Verbesserung der Qualifikation ihrer im Kundenkontakt stehenden Mitarbeiter mit einer objektiv meßbaren Zunahme der Kundenloyalität und sogar der Umsätze in schlüssige Verbindung bringen können.

Unipart U

In den Kapiteln 2 und 10 haben wir gesehen, wie Unipart, der von CEO John Neill geführte britische Hersteller und Vertreiber von Fahrzeugteilen, sich mit seiner Interessengruppenstrategie zu beachtlichen Leistungen emporschwingen konnte. Insbesondere interessierten wir uns für das ausdrückliche Bekenntnis des Unternehmens zu den von ihm so genannten *Schicksalsgemeinschaften* mit Kunden, Zulieferern und die gesamte Supply Chain hindurch. In Kapitel 10 haben wir uns eingehender mit Uniparts Außenbeziehungen beschäftigt und untersucht, wie das Unternehmen Meßgrößen und Belohnungen an seine „Demand Chain Partner" anpaßt, wie sich Neill ausdrücken würde. Unipart ist auch mit seinem Bekenntnis zur Personalentwicklung ein bemerkenswertes Unternehmen. Das Bekenntnis reicht sogar so weit, daß die Firma ihre eigene Universität gegründet hat, weitgehend dem von Neill bewunderten Motorola-Modell nachgebildet.

Im September 1993 wurde Unipart U, die von Unipart ins Leben gerufene Unternehmensuniversität von John Patten, dem britischen Secretary of State for Education, offiziell eröffnet. „Die U hat eine klar umrissene Aufgabe", sagt Neill, „die sich logisch von der Mission der Firmengruppe ableiten läßt: ein dauerhaftes Unternehmen zu schaffen, das zu den besten 25% seiner Branche gehört, und an dem unsere Interessengruppen mit Begeisterung teilnehmen."

„Die U spiegelt unsere Absicht wider, den Menschen durch Ausbildung und Inspiration zu Weltklasseleistungen zu verhelfen, sowohl innerhalb der Unipart-Gruppe selbst wie auch unter den Interessengruppen", fährt er fort. „Es gibt ein gutes wirtschaftliches Argument für die U: Sie ist nicht nur der beste Weg zu kommerziellen Vorteilen, sie steigert auch den Shareholder Value, indem sie verhindern hilft, daß wir je obsolet werden."

Unipart hat für die U die Vision, daß sie ihnen dazu verhelfen soll, „das beste ‚Lean Enterprise' der Welt zu werden", sagt Neill. „Unsere Zusammenarbeit mit den Interessengruppen in langfristigen Schicksalsgemeinschaften und unsere optimierten Qualifizierungstechniken helfen uns dabei, Verschwendung zu eliminieren und Qualität und Service zu verbessern. Lernen und Training sind mit der bloßen Existenz unseres Unternehmens auf fundamentale und untrennbare Weise verknüpft."

„Wir haben deshalb unsere ‚Dekangruppe' gegründet, bestehend aus den Generaldirektoren der einzelnen Divisionen. Sie haben ihre eigenen ‚Fakultäten' und sind verantwortlich für die Definition der wesentlichen Erfolgsfaktoren ihrer Geschäftsbereiche und dafür, daß entsprechende Fort- und Weiterbildungskurse zur Verfügung stehen, die diesen Erfolgsfaktoren gerecht werden", erklärt er nicht ohne Stolz. Man stellt sich vielbeschäftigte Topmanager vor, die auf dem Weg zu einer Vorlesung hastig auf dem Rücksitz eines Autos ihre Professorenroben über die Anzüge werfen.

„Unsere Generaldirektoren haben also jetzt zwei Rollen: erstens als Manager ihrer Unternehmen und zweitens als Dekane ihrer Fakultäten und Vollmitglieder der Dekangruppe", erklärt Neill. „Auf diese Art und Weise ist ein beständig hohes Ausbildungsniveau gewährleistet. Jeder Dekan verfaßt und hält Trainingskurse in der U, und wir sind alle didaktisch ausgebildet – nicht nur die Dekane, sondern auch Manager und Angestellte auf allen Ebenen unterrichten sich gegenseitig in der U. Wir machen unsere Manager zu erfolgreichen Coaches."

Die Unipart U hat 10 Fakultäten, von denen jede auf einen Unternehmensbereich zurückzuführen ist:

1. Wirtschaft
2. Kommunikation

3. Kerngeschäft
4. Finanzen
5. Branchen
6. IT
7. Marketing
8. Niederlassungen
9. Vertrieb
10. Lagerwirtschaft und Distribution

Der Dekangruppe sitzt Professor Dan Jones von der Cardiff Business School vor, ein weltweit anerkannter Experte in der Motorenindustrie und Co-Autor des Buches *The Machine That Changed the World*. Professor Jones fungiert als Unternehmensphilosoph und Mentor der Unipart U. Zwei Tage im Monat hält er Vorlesungen zum Thema „Lean Thinking".

Nichts an der Unipart U ist bloß „virtuell". Sie besitzt modernste Einrichtungen, hat 14 Trainingsräume und einen mit neuester Technik ausgestatteten Vorlesungssaal. In der U-Bibliothek, der sogenannten „Learning Curve", finden sich Bücher, Audio- und Videokassetten, Nachschlagwerke, Karten, Zeitschriften und Zeitungen, betreut von Bibliothekaren, die über ein Fernleihsystem alles Gewünschte beschaffen können. Laptop-Computer können über Nacht oder übers Wochenende ausgeliehen werden. Die Bibliothek ist auch mit verschiedenen Online-Diensten verbunden. Nicht schlecht für ein Ein-Milliarden-Dollar-Unternehmen in der traditionell gegen Niedrigmargen kämpfenden Kraftfahrzeugteilebranche!

An die U angeschlossen ist „The Leading Edge", ein Ausstellungs- und Klassenraum für Computerhardware und -software, in dem die Mitarbeiter nach ihrem eigenen Rhythmus lernen können, angefangen bei Computergrundkenntnissen bis hin zu den anspruchsvollsten Anwendungen. Die neuesten Softwareversionen sind ausgestellt und können von den Firmenangehörigen getestet werden. „Leading Edge" hat Glaswände und wurde absichtlich in unmittelbarer Nähe zum Eingangs- und Rezeptionsbereich von Uniparts Oxford-Zentrale errichtet. Es ist Neill ein besonderes Anliegen, daß jeder – bestehende und zukünftige Interessengruppen, Geschäftsleute, Besucher oder zufällige Passanten – deutlich vorgeführt bekommt, wie sehr Unipart bemüht ist, die Informationstechnologie zur Vorbereitung auf die Zukunft einzusetzen; die Betrachter sollen aber auch angeregt werden, über ihre eigenen Möglichkeiten nachzudenken, im Umgang mit Unipart informationstechnologische Hilfsmittel zu benutzen.

Neill ist überzeugt, daß viele in die U eingegangene Ideen für die gesamte Industrie von Nutzen sein könnten. „Wir bauen eine physische Infrastruktur, eine neue Plattform. Wir müssen das jetzt in Angriff nehmen, um sicher ins nächste Jahrhundert zu kommen."

Er sagt, die Menschen ließen sich noch immer durch IT einschüchtern, obwohl seiner Ansicht nach kein Weg an Computerkenntnissen vorbeiführt. „Wir müssen die Leute dazu bringen, die Schmerzgrenze zu überwinden, und wir brauchen einen Platz, wo wir das tun können."

Laut Neill ist es die wichtigste strategische Absicht der Unipart U, die Linienmanager für Aus- und Weiterbildung verantwortlich zu machen. Ihr Zeitaufwand wird zu einem angemessenen Satz kalkuliert, exklusive Opportunitätskosten. Und auch die gesamten Programme werden kostenmäßig erfaßt. Die Vermittlung des „Zehn-zu-Null-Systems", der Unipart-Qualitätsphilosophie, nimmt an der U beispielsweise zehn Tage in Anspruch. Der Kurs beginnt mit einer Vorlesung über die dem Prinzip zugrundeliegende Philosophie, gehalten von Neill höchstpersönlich.

Viele U-Prinzipien ließen sich nach Ansicht Neills industrieweit anwenden. „Die U ist eine Plattform, von der aus wir Zukunftsmöglichkeiten auf eine Art und Weise wahrnehmen können, die uns sonst wahrscheinlich verschlossen geblieben wäre", sagt er. „Unsere Universität spielt eine grundlegende Rolle in der Anregung der Lernprozesse, die uns sicher ins nächste Jahrhundert bringen werden."

QUALIFIKATION LAUFEND BEDARFSGERECHT STEUERN

Sozial eingestellte Vorstände und Politiker träumen schon lange davon, Beschäftigte, deren Arbeitsplatz einer Umstrukturierung an einem Ende der Firma zum Opfer fällt, am anderen Ende derselben Firma, oft nach entsprechender Schulung, wieder aufzunehmen. Dieses großzügige Denken wurzelt sowohl in menschlichem Mitgefühl wie auch in der Überzeugung, daß die meisten Firmen in ihrem internen Arbeitsmarkt ineffiziente Strukturen aufweisen. Derartige Ineffizienzen bestehen zweifellos, insbesondere in großen, etablierten Unternehmen, die gleichzeitig mit der Umstrukturierung älterer Geschäftsbereiche und der Erschließung neuer beschäftigt sind.

Am besten wird dieses Phänomen vielleicht in der Telekommunikationsindustrie veranschaulicht, in der eine dramatische Umstrukturierung des regulierten Telefonbetriebs Hand in Hand geht mit dem explosionsartigen Wachstum der deregulierten Märkte, wie etwa Mobiltelefone, Gelbe Seiten und viele andere Facetten des zukünftigen „elektronischen Super-Highways".

Die Herausforderung liegt natürlich auf praktischem Gebiet. Unternehmen wie Regierungen haben einsehen müssen, daß Qualifikationen nicht beliebig verschiebbar sind, auch wenn man großzügige „Umschulungsprogramme" durchführt. Es ist gewiß keine einfache Sache, einen Vorarbeiter in einen Automatisierungsspezialisten zu verwandeln, oder innerhalb einer Telefongesellschaft einen Reparatur- und Wartungstechniker so ohne weiteres zum Kundendienstfachmann zu machen. Manche Leute *wollen* sich schneller als andere anpassen, manche *können* sich schneller als andere anpassen. Objektive Gegebenheiten können selbst den großzügigsten und bestgemeinten Wiedereingliederungsprogrammen Hindernisse in den Weg legen.

Die Hauptschwierigkeiten sind jedoch verhaltenspsychologischer Natur. Wir stellen uns den betroffenen Arbeitnehmer als rational denkendes Wesen vor, der eine Chance zu Umschulung und Neueinsatz an anderer Stelle sofort freudig ergreifen würde. Doch so läuft die Sache nur sehr selten, und die Verhältnisse sind auch selten so eindeutig. Viele Menschen, die wissen, daß ihr Arbeitsplatz abgebaut werden soll, kommen nicht ohne weiteres über ihre Wut hinweg und über das Gefühl, verraten worden zu sein. Wer schon einmal schwierige Zeiten ohne Jobverlust durchgestanden hat, hofft vielleicht, sein Arbeitsplatz werde auch diesmal erhalten bleiben – warum soll er also etwas unternehmen, bevor er dazu gezwungen ist? In vielen Fällen ist die Umschulungsalternative auch nicht gerade klar definiert und erschöpft sich im vagen Versprechen einer hypothetischen Zukunft, ohne genaue Angaben über die Gehaltsperspektiven – und all dies basiert auf einem Programm, von dem keiner weiß, ob es wirklich greifen wird. Erst jetzt beginnen die Unternehmen langsam, die psychologische Situation von Mitarbeitern zu verstehen, deren Arbeitsplatz sich im Zusammenhang mit Umstrukturierungen erübrigt hat.

Für den einzelnen bedeutet die Übergangsphase ein persönliches Trauma. Das Selbstwertgefühl fällt in den Keller. Verdrängung, Zorn und Depressionen spielen herein. Die Mitarbeiter werden verwirrt, defensiv und legen manchmal ein irrationales Verhalten an den Tag. Dies wirkt sich wiederum frustrierend auf die Unternehmensführung aus, deren Mitglieder kein Verständnis dafür haben, daß die von Arbeitsplatzverlust bedrohten Beschäftigten nicht spontan die Hand nach dem Strohhalm ausstrecken, der ihnen gereicht wird. „Ich an ihrer Stelle", denkt der Manager, „würde die Gelegenheit ohne Zögern beim Schopf packen." Doch der gefährdete Arbeitnehmer hat keinen so klaren Blick auf die ihm zur Verfügung stehenden Möglichkeiten wie das Führungsteam, und außerdem fällt ihm verständlicherweise eine leidenschaftslose, rationale Einschätzung der Situation sehr schwer.

Um die guten Absichten mit wirtschaftlichen Argumenten zu stützen, haben viele Länder, vor allem in Europa, einen Schutzwall hoher sozialer Kosten rund um Kündigungen und andere Formen von Personalabbau errichtet. Dies hat die Unternehmen dazu angeregt, nach Alternativlösungen zu suchen. Ein Aufschwung interner Umschulungsprogramme und zahllose Experimente mit unternehmensinternen Personalverschiebungen waren die Folge.

Die Ergebnisse sind bislang bestenfalls als zwiespältig zu bezeichnen, obwohl einige Unternehmen sich auf dem Gebiet zu bewähren beginnen. Der Erfolgsschlüssel liegt im Aufbau eines firmeninternen Äquivalents zu nachfrage- und angebotsausgleichenden Marktprozessen. Die auf diesem Gebiet erfolgreichsten Unternehmen bieten zudem gut fundierte verhaltenspsychologische Unterstützung an, und gleichzeitig eröffnet man dem einzelnen Wege, seine Möglichkeiten in der Firma zu erkunden. Den betroffenen Arbeitnehmern wird geholfen, mit dem psychischen Trauma umzugehen. Außerdem stellt man ihnen Prozesse zur Verfügung, die sie auf der Suche nach einem neuen Job nützen können.

In neuester Zeit ist noch die Technologie ins Spiel gekommen, vielfach mit großem Erfolg. Entscheidend für den Erfolg einer internen „Jobbörse" ist ein Forum, das „viele mit vielen" verbinden kann. In Konzernen mit Zehntausenden von Arbeitnehmern – in denen die potentielle Ineffizienz aufgrund der hohen Zahl an Beteiligten am größten ist – kann die Logistik für die Kommunikation von Arbeitsplatzmöglichkeiten schon sehr hohe Anforderungen stellen. Moderne

Technologie kann dieses Forum bereitstellen, und sie kann dem einzelnen auch die Plattform bieten, auf der er sein Qualifizierungs- und Karriereentwicklungsprogramm im Rahmen der unternehmensweiten Möglichkeiten planen kann.

Die Barclays Bank in Großbritannien hat diese Technologie entwickelt. Vor einigen Jahren hat Barclays das Versprechen abgegeben, man werde die große Gruppe der MIS-Spezialisten[*], die sich auf die inzwischen obsolet gewordene COBOL-Programmiersprache für Großrechner spezialisiert hatten, nicht einfach freisetzen. Anstatt diesen Leuten zu kündigen und neue Kräfte, die „technisch auf dem neuesten Stand" sind, einzustellen, investierte die Firma in die Entwicklung einer großangelegten IT-Applikation, die ursprünglich nur den MIS-Leuten helfen sollte, schließlich aber allen Mitarbeitern in ihrem Bemühen, sich mittels neuer Qualifikationen eine Zukunft im Unternehmen zu sichern, zur Verfügung stand.

Das auf PCs zugeschnittene Programm startet mit einem Multimedia-Modul, über das der CEO von Barcleys die grundlegende Strategie der Bank und die Implikationen dieser Strategie im Hinblick auf die Weiterbildungserfordernisse in der MIS-Abteilung darlegt. Als nächstes erscheint eine Liste mit neuen Positionen und Beschreibungen, wie sich diese in den nächsten Jahren wahrscheinlich entwickeln und welche Qualifikationen sie verlangen werden. Die Mitarbeiter werden dann in einer interaktiven Phase aufgefordert, ihre aktuellen Jobs und die dafür notwendigen Qualifikationen zu charakterisieren, um in der Folge potentielle Wege von den aktuellen zu den neuen Qualifikationen zu erforschen. In jeder Phase kann der Benutzer auf elektronischem Weg einen Personalberater hinzuziehen, der Ratschläge geben oder die Selbsteinschätzung bestätigen kann. Einen zusätzlichen Anreiz für den einzelnen, sich einzuklinken, bietet die im Programm enthaltene Übersicht über sämtliche freie Stellen bei Barcleys. Die Beschäftigten wissen auch, daß ihre Vorgesetzten die Nutzung des Programms als Indikator für die Bereitschaft betrachten, zu lernen und sich gemeinsam mit Barclays weiterzuentwickeln.

---

[*] MIS = Management Information System. (Anm. d. Übers.)

AT&T Resource Link®

Von allen Experimenten auf dem Gebiet unternehmensinterner Wiedereingliederung von Arbeitskräften ist das im Oktober 1991 von AT&T gestartete eines der erfolgreichsten. AT&T Resource Link® ist eine hausinterne Unit, die sämtlichen AT&T-Divisionen Manager, Ingenieure und Techniker für einen beschränkten Zeitraum vermittelt und so dazu beiträgt, die ständig variierenden Personalanforderungen im gesamten Konzern zu erfüllen.

Damit sollte die Reaktionsfähigkeit und Flexibilität des AT&T-internen Arbeitsmarktes gesteigert werden, um talentierte Manager, die das Unternehmen wegen der Umstrukturierung sonst vielleicht verlassen hätten, zu halten und zu entwickeln. Es ist bei AT&T heute offizielle Firmenpolitik, daß sämtliche Geschäftsbereiche und Divisionen zuerst AT&T Resource Link® konsultieren müssen, ehe sie sich an Personalvermittlungsagenturen oder andere Vertragspartner wenden, um ihren Bedarf an Managern zu decken. Obwohl die so zustande gekommenen „Verpflichtungen" in den AT&T-Divisionen zeitlich beschränkt sind, behalten die Link-Teilnehmer ihren Status als reguläre AT&T-Mitarbeiter.

Seit seiner Gründung hat sich AT&T Resource Link® zu einem engagierten, selbstbewußten Lieferanten von internem Know-how entwickelt, der seine Aufgabe, AT&T beim Management seiner fluktuierenden Qualifikationsbedürfnisse zu helfen, in hohem Ausmaß erfüllt und inzwischen eine sehr klare Vorstellung von seiner Mission und seinen Kunden hat.

Die Unit bietet ihre Dienste den Kunden – also dem restlichen Unternehmen – genauso an, wie ein externer Vermittler von Zeitarbeitskräften dies tun würde. Ihre Marktpositionierung ließe sich wie folgt definieren: „In der heutigen wettbewerbsintensiven Geschäftswelt müssen Führungskräfte ständig nach neuen und kreativen Wegen suchen, um ihre Ziele zu erreichen. AT&T Resource Link® bietet Ihnen die nötige Flexibilität, um kurzfristige Projektarbeiten durchführen, Vakanzen vorübergehend besetzen und Spitzenbelastungen bewältigen zu können. Die von AT&T Resource Link® vermittelten Kräfte bieten den Kunden eine Vielfalt technischer und Managementkenntnisse, und sie sind – im Unterschied zu extern vermittelten Fachkräften – mit den Produkten, Dienstleistungen und der Infrastruktur von AT&T vertraut.

Dadurch werden nicht nur die ‚Einstellungskosten' minimiert, sondern der Kunde profitiert zudem von Kenntnissen und Erfahrungen, die der neue Mitarbeiter in anderen Teilen der AT&T-Gruppe erworben hat, und erhält dadurch die Möglichkeit, sein Netzwerk auszuweiten und sein Kooperationsengagement zu intensivieren."

Die Unit ist sich bewußt, daß man sie als Zuflucht für AT&T-Umstrukturierungsopfer abwerten könnte. Dem wird die operative Grundannahme entgegengehalten, daß Arbeitnehmer, die infolge von Umstrukturierungen abgebaut wurden, nicht an und für sich abzulehnen sind. Diese Leute haben zufällig Qualifikationen, die an einem bestimmten Ort zu einem bestimmten Zeitpunkt nicht benötigt werden. AT&T Resource Link® überprüft Qualifikationen, Kenntnisse und Anpassungsfähigkeit der Kandidaten. Wenn sie richtig eingesetzt werden, können sie für andere Teile des Unternehmens eine ungeheure Ressource darstellen. Bis März 1994 hatte die Abteilung über 400 Leute bei mehr als 25 Unternehmensabteilungen und Divisionen im gesamten AT&T-Konzern unter Vertrag.

Im März 1994 lag der Technikeranteil der vermittelten Arbeitnehmer bei etwa einem Drittel, wobei die Nachfrage nach nichttechnischen Qualifikationen zunahm. Die meisten Vermittlungszeiträume betrugen 3 bis 12 Monate, einige auch viel länger, und die meisten Anstellungen wurden verlängert. Daraus folgt, daß ein freigesetzter Mitarbeiter, der sich bei AT&T Resource Link® verpflichtet, weniger als 2 Prozent seiner Gesamtzeit auf einen neuen Job wartet. Dies ist im Vergleich zu den Durchschnittswerten normaler Vermittler ein hervorragendes Resultat.

Umfragen zur Kundenzufriedenheit ergeben sehr gute Werte (90 Prozent und höher) hinsichtlich Qualität und „Nutzungskomfort" von AT&T Resource Link®, und die überwiegende Mehrzahl zeigt eine hohe Bereitschaft, die Dienste der Abteilung auch weiterhin in Anspruch zu nehmen. Die betroffenen Mitarbeiter schätzen das große Einfühlungsvermögen der internen Agentur und ihre Fähigkeit, Qualifikationen und Arbeitsanforderungen aufeinander abzustimmen. Die folgenden Berichte von vermittelten Klienten illustrieren die Funktionsweise des Systems:

Die Arbeit für AT&T Resource Link® war eine der befriedigendsten und anspruchsvollsten Erfahrungen meiner AT&T-Laufbahn. Ich bekam dadurch die Chance, neue Qualifikationen zu erwerben und andere Bereiche des Konzerns kennenzulernen. Damit qualifizierte ich mich schließlich für eine Beförderung in die NSD-Personalabteilung.

[AT&T Resource Link®] bietet mir die Chance, meinen Marktwert zu erhöhen, indem ich die Möglichkeit erhalte, mich selbst und meine Qualifikationen weiterzuentwickeln, in vielen neuen und bestehenden Unternehmensbereichen zu arbeiten, mir ein besseres Verständnis für die Ziele der unterschiedlichsten Unternehmensabteilungen zu verschaffen und Anteil am Wachstum der gesamten AT&T-Familie zu nehmen.

Dieses Programm, das ursprünglich dafür vorgesehen war, die vom *Restructuring* geschlagenen Wunden zu lindern und der „Common-Bond"-Philosophie von AT&T greifbare Substanz zu verleihen, hat sich in der Zwischenzeit zu einer völlig neuartigen Karriereoption entwickelt und einen neuen Typ des AT&T-Managers hervorgebracht. Eine nicht unbeträchtliche Zahl vermittelter Mitarbeiter erreicht auf diesem Weg wieder eine Dauerstellung, und von diesen Festanstellungen erfolgen zumindest 15 Prozent in Form von Beförderungen. Und was noch mehr für die Qualität der Arbeit von AT&T Resource Link® spricht: Viele haben das Angebot einer Dauerstellung abgelehnt, weil sie lieber von der Angebotsvielfalt von AT&T Resource Link® profitieren möchten. AT&T Resource Link® hat sich zu einem gleichwertigen Karrierepfad ausgewachsen.

Über 50 Prozent seiner Klienten sehen Resource Link® als karrierefördernd, zumal es eine Gelegenheit darstellt, die Unternehmensgruppe besser kennenzulernen, neue Qualifikationen zu erwerben, seinen Bekanntheitsgrad zu erhöhen und Verbindungen aufzubauen. Bei diesen Menschen handelt es sich also keineswegs um traumatisierte Umstrukturierungsopfer. Sie sind vielmehr als Erfolgsmenschen zu sehen, die sich im Konzern umtun, da und dort Vertragsverpflichtungen eingehen, sich einen soliden Ruf erwerben und auf der Suche nach den interessantesten Tätigkeitsbereichen oder den aussichtsreichsten Wegen an die Spitze sind.

Umschulungsprogramm bei France Telecom

France Telecom steht der gewaltigen Herausforderung riesiger Arbeitsplatzumschichtungen, die allen Telekommunikationsgesellschaften bekannt sind, in zweifacher Hinsicht gegenüber. Zum einen operiert die Gesellschaft in einem Land, dessen Sozialgesetze zu den umfassendsten und restriktivsten überhaupt gehören, weshalb France Telecom die von ihren amerikanischen oder britischen Gegenstücken vorexerzierten Umstrukturierungsmethoden verwehrt sind. Zum zweiten ist die Belegschaft außerordentlich gut gewerkschaftlich organisiert, wodurch die Bewegungsfreiheit des Unternehmens bei der Reduzierung seiner Belegschaft noch zusätzlich beschnitten wird.

Dies alleine wäre noch keine Katastrophe, wenn France Telecom weiterhin als nationale, von Landesgesetzen geschützte Gesellschaft operieren könnte. Das ist aber nicht der Fall. Um zu überleben, hat France Telecom keine andere Wahl, als am globalen Telekommunikationsrennen teilzunehmen. Daher muß sie sich so rasch wie möglich als „Global Player" etablieren. Zu diesem Zweck hat France Telecom in den letzten paar Jahren ein massives Transformationsprogramm durchgezogen und sieht heute dem etwas verschlafenen Monopolbetrieb so gar nicht mehr ähnlich, über den die Franzosen sich gerne lustig machten. Das Unternehmen hat seit 1991 einen neuen Status als teilprivatisierte Gesellschaft. Dazu ist man eine Allianz mit der Deutschen Telekom eingegangen, um ein globales Dienstleistungsangebot auf die Beine zu stellen (vgl. Concert-Geschichte in Kapitel 8). Schluß mit dem gallischen Isolationismus – der globale Krieg ist in vollem Gange!

Die umfassende Transformation von France Telecom bedingt einen ebenso massiven Wandel der erforderlichen Qualifikationsstruktur; dies hat aber den potentiellen Abbau zahlreicher Arbeitsplätze zur Folge. So hat man beispielsweise entdeckt, daß bei der Anschlußabwicklung – darunter ist die möglichst kurzfristige und effiziente Bereitstellung einer Telefonleitung für jeden Auftraggeber zu verstehen – beträchtliche Personaleinsparungen möglich wären. Angesichts der sozialen Gegebenheiten war man sich bei France Telecom allerdings ganz und gar nicht sicher, wie man diese Erkenntnis nun umsetzen sollte.

Der Regionaldistrikt Toulouse erhielt schließlich den Auftrag, ein Pilotprojekt zur Einführung eines neuen Verfahrens zur Anschlußabwicklung durchzuführen und Lösungsvorschläge für die akute soziale

Frage zu erarbeiten. Man kam zu dem Ergebnis, daß von den 80 Vollzeitarbeitsplätzen in der Anschlußabwicklung – insgesamt waren nahezu 180 Leute beschäftigt, davon allerdings viele auf Teilzeitbasis – aufgrund des neuen Verfahrens 14 abgebaut werden konnten.

Daraufhin machte sich das Management des Distrikts Toulouse auf die Suche nach Ersatzarbeitsplätzen für 14 Mitarbeiter. Sie fanden freie Stellen in den unterschiedlichsten Funktionsbereichen, wie Beschwerdemanagement, Kundendienst, Außendienst, Verkabelungsdienst für große Gebäude und Betreuung von Geschäftspartnern in städtischen Verwaltungen und Planungsbehörden.

Man organisierte also mit großem Aufwand ausführliche Interviews mit allen 14 Mitarbeitern, wobei man besonders auf die sorgfältige Abstimmung von Qualifikationen und Interessen mit den verfügbaren Optionen achtete. Zusätzlich bestimmte man gemeinsam, welche Qualifikationen die freigestellten Beschäftigten noch erwerben müßten. Letzten Endes waren alle 14 Leute erfolgreich untergebracht, jeder auf einem Gebiet, das auf ihn weitestgehend zugeschnitten war. Erstaunlicherweise wurde das Programm von den sonst eher als widerspenstig erlebten Gewerkschaften unterstützt.

Eine Lösung für 14 Angestellte im Distrikt Toulouse zu finden, erscheint angesichts der Tatsache, daß die Telecom insgesamt nicht weniger als 168 000 Beschäftigte hat, nicht eben weltbewegend. Doch der gewählte Ansatz hatte Signalwirkung für die gesamte Organisation. Zum ersten Mal hatte man konkret etwas unternommen, um die individuelle Erneuerung von Menschen zu unterstützen, deren Zukunft durch die Unternehmenstransformation gefährdet war. Wie einer der vierzehn kürzlich mit großer Dankbarkeit feststellte: „Es ist wunderbar, wenn sich unsere Bosse um die Implementierung von Programmen auf dieser Detailebene kümmern – denn genau da ist schließlich meine Zukunft angesiedelt, in diesem winzigen Detail!"

DIE ORGANISATION ERNEUERN

Jeder war schon einmal in dieser Situation. Sie sind im Theater, im Stadion oder bei einer Sitzung. Der Vorhang fällt, der Ball ist im Netz oder die schwierige Entscheidung ist endlich getroffen. Urplötzlich kommen in Ihnen die Emotionen hoch. Sie springen, so wie alle anderen, von Ihrem Sitz hoch, und alle lachen, schreien und lärmen gleichzeitig, haben teil am kollektiven *Ja!* Sie brüllen mit der Menge und werfen sich wildfremden Menschen um den Hals. Oder Sie tauschen gerührte Blicke mit Kollegen, gehen auf in dem intensiven Gefühl der Zusammengehörigkeit, des Stolzes und – ja, der Liebe. Es handelt sich um eine zutiefst persönliche Erfahrung, und Sie spüren körperlich: „Das ist *richtig!*" Und doch wissen Sie auch, daß alles irgendwie großartiger erscheint, weil andere es mit Ihnen teilen.

Menschen, die ein ähnliches Lebensgefühl wie wir haben, werden zu psychologischen Spiegelbildern. Wir vereinigen uns mit ihnen, um unsere eigene innere Erfahrungswelt zu bereichern, und wir schließen dabei das Positive wie das Negative ein, um das Gefühl der Identität voll auszuleben. Wir erleben das Selbst am intensivsten gemeinsam mit verwandten Seelen. Wir ersehnen die Gesellschaft anderer Menschen und beschreiben unser Bedürfnis nach ihnen als „Hunger". Wonach uns hungert, ist ein Gemeinschaftsgefühl, das sich nur durch menschliche Interaktion erreichen läßt.

Dieses Gemeinschaftsgefühl ist ein *Bedürfnis* für die Bio-Organisation, und zwar ein zunehmend wichtiges in unserem Informationszeitalter. Wenn Wissen zunehmend den Platz materieller Werte als Maß für den Wohlstand einnimmt, wenn die gemeinsame Arbeit zunehmend vom gemeinsamen Wissen als Maß für Effizienz verdrängt wird, werden die Unternehmen immer mehr darauf angewiesen sein, interne und externe Gemeinschaften zu entwickeln, in denen es auf den einzelnen ankommt. Angesichts der riesigen Daten- und Informationsmengen, die es zu bewältigen und anzuwenden gilt, wird die Bedeutung von Teamwork weiter zunehmen. Doch paradoxerweise gilt dasselbe für die Abhängigkeit der Unternehmen von der Selbständigkeit, der Durchsetzungsfähigkeit und der Integrität des Individuums. Die Unternehmen müssen familiäre Gemeinschaften entwickeln, deren einzelne Mitglieder unabhängig denken und interaktiv zusammenarbeiten können; Menschen, die genau wissen, wie man alleine arbeitet, und wann es auf Kooperation mit anderen ankommt; Menschen, die stolz auf ihre Leistungen sind und sich über die Leistungen anderer freuen können.

Die Geschichte der Organisationsentwicklung ist gekennzeichnet durch eine zunehmende Überlegenheit des Intellekts über körperliche Arbeit. Nach dem autoritären industriellen Modell stellte die Belegschaft praktisch eine Verlängerung des Verstands von Unternehmensführung und Produktionstechnikern dar. Der gute Arbeiter war folgsam, schnell und effizient wie eine gut geölte Maschine, und das militärische Modell einer Befehls-Kontroll-Struktur schien dem angemessen. Mit zunehmender Automatisierung infolge des technologischen Fortschritts verschoben sich die Prioritäten mehr in Richtung hochqualifizierter Arbeit und Bewältigung der wachsenden Informationsmengen. Was nun zählte, war funktionelles Fachwissen, und es zahlte sich immer mehr aus, Unternehmen an funktionalen Fähigkeiten auszurichten. Die Organigramme waren schön übersichtlich in Kästchen und Linien gestaltet, und Schicht um Schicht wurden die Managementebenen in Pyramiden veranschaulicht.

Dieser Trend schwächt sich ab, seit die Kommunikationstechnologie eine Managementebene nach der anderen überflüssig macht. Viele Unternehmen begannen, sich auf die Optimierung funktionsübergreifender Arbeitsprozesse zu konzentrieren, und einige richteten sogar ihre Organisation an diesen Prozessen aus. Andere Unternehmen stellten ihre Kernkompetenzen in den Mittelpunkt, und ihre Organigramme sahen aus wie eine Pizza mit Pepperoni. Diese neuen Modelle beginnen sich aber auch schon wieder zu verkomplizieren, als würden sie sich gegen allzu große Vereinfachungen zur Wehr setzen. Nachdem das

Manager-Arbeiter-Modell verschwunden ist, die Unternehmen sich immer mehr zu einer Mannschaft integrierter Spezialisten entwickeln und der Verstand zum dominierenden Faktor der Unternehmensaktivitäten wird, fällt es zunehmend schwerer, die einem ständigen Anpassungsprozeß unterworfenen Unternehmen in die zweidimensionale Welt der Kästchen, Kreise und Linien zu zwängen.

Im Kommunikationszeitalter muß ein Unternehmen zwei scheinbar widersprüchliche Eigenschaften besitzen: einerseits klar und fokussiert und andererseits zu ununterbrochenem Wandel und Anpassung bereit. Das Individuum braucht für sich selbst ein Gefühl der Klarheit und Eindeutigkeit; der einzelne muß genau wissen, wofür er verantwortlich ist. Mehrdeutigkeit wird naturgemäß als Quelle von Verwirrung abgelehnt. Nachdem die übersichtlichen Befehls-Kontroll-Managementstrukturen zusammengebrochen sind, klagen die Manager über die Kompliziertheit moderner Organigramme und Verantwortungsstrukturen, die sich nur mehr in Form eines Gewirres von durchgehenden, gepunkteten, doppelten und doppelt gepunkteten Linien darstellen lassen. Die meisten Leute sehen zwar ein, daß das übersichtliche, hierarchische Modell der Aufbauorganisation ausgedient hat, doch in der Praxis sehnen sie sich bisweilen danach zurück.

Der Weg in die Zukunft läßt aber keine andere Wahl. Jede gesunde Organisationsstruktur muß sich auf den laufenden Anpassungsprozeß einstellen, bei dem bestehende unternehmensinterne Grenzen verschwimmen und neue Zugehörigkeiten geschaffen werden, die mit dem alten Organigramm nicht mehr viel zu tun haben. Das Wesen menschlichen Fortschritts besteht ja in der Anwendung neuen Wissens auf neue Art, wodurch althergebrachte Vorgangsweisen obsolet werden müssen. Nicht die Organisationen machen Fortschritte, sondern die *Menschen*. Die Organisation ist nichts anderes als ein Vehikel für menschliche Kooperation. Seine Form paßt sich den sich wandelnden Bedürfnissen der Menschen an, und die Bedürfnisse der Menschen ändern sich mit dem kontinuierlich wachsenden Wissen und dessen Anwendung. Derzeit verdoppelt sich die Menge unseres kollektiven Wissens alle zehn Jahre. Neunzig Prozent aller jemals lebenden Forscher sind heute am Leben. Es ist nicht anzunehmen, daß sich das Tempo dieser Entwicklungen verlangsamen wird. Um mitzuhalten, werden die Unternehmen immer mehr wie Pools von Qualifikationen gestaltet sein, die sich wie Gedanken zusammenfinden und wieder teilen, sich beständig entwickeln, anpassen und verbessern, um die Bereiche des Menschenmöglichen auszudehnen.

In der Bio-Organisation ist die Organisationsentwicklung Aufgabe des zwölften Unternehmenschromosoms. Richtig gehandhabt, schließt dieses Chromosom den Kreis der Bio-Organisation und versetzt diese in die Lage, wahrhaft transformationsfähig zu werden. Das Chromosom der Organisationsentwicklung hat vier Gene, denen vier Aufgaben für den genetischen Architekten des Unternehmens entsprechen:

1. *Die Organisationsarchitektur entwerfen.* Es gibt Organisationsdesigns, die funktionieren, und andere, die nicht funktionieren. Obwohl die Art der Organisation nicht die einzige Sorge der Unternehmensführung sein sollte – die Art und Weise, wie die Organisation zu dem geworden ist, was sie jetzt ist, ist oft von ebenso großer Bedeutung –, bleibt die Organisationsarchitektur dennoch ein wichtiges Element im Leben eines Unternehmens. Es gibt viele Ansätze und Modelle für Organisationsarchitekturen: den klassischen funktionellen Ansatz; das SBU-Modell; Matrix-Modelle und seit kurzem auch die Ausrichtung der Organisation an Kernkompetenzen und Geschäftsprozessen (manchmal als *horizontale Organisation* bezeichnet).

Wofür die Unternehmensführung sich auch entscheiden mag: Keine Lösung wird mit allen Problemen fertig werden, weil jede Organisationsarchitektur nur eine Annäherung an das Qualifikationsnetzwerk sein kann, das von dem Unternehmen geschaffen werden muß. Das Organisationsdesign – wie wichtig es auch sein mag – kann niemals sämtliche erwünschten Verhaltensweisen der Firmenmitarbeiter in sich einschließen. Erfolgreiche Manager verwenden die Organisationsformen als Instrumente zur Realisierung wichtiger Unternehmensziele. Sie erkennen aber auch, daß die reiche Vielfalt untereinander verknüpfter Netzwerke von Individuen und Teams unabhängig von irgendwelchen spezifischen Modellen entsteht. Vielmehr werden sie ausgelöst durch individuelle Zielsetzung, Schaffung von Anreizen und vor allem durch die unerforschliche Alchemie individueller Motivation.

2. *Teams als Treiber der Organisationsentwicklung aufbauen und nutzen.* Da die Organisationsarchitektur unweigerlich den Virus der Unbeweglichkeit in sich trägt, muß die Unternehmensführung beständige Anpassung mittels eines dynamischeren Prozesses stimulieren. So wie die für spezifische Ziele ins Leben gerufenen Ad-hoc-Teams die beste Quelle für individuelles Lernen sind, bilden sie auch die Grundlage für Lernprozesse der gesamten Organisation und – im Erfolgsfall – für das zukünftige Organisationsdesign. Durch die Einrichtung solcher Teams opfert die Unternehmensführung freiwillig ein gewisses Maß an organisatorischer Klarheit, allerdings in der Hoffnung, Aufschlüsse über die Natur ihres zukünftigen Unternehmens zu gewinnen.

Mit Hilfe dieser Teams können die verantwortlichen Manager die Gültigkeit ihrer Organisationspläne sowie die Fähigkeiten der in den Teams engagierten Mitarbeiter prüfen. Wenn beide – Architektur und Fähigkeiten – die folgende Ausscheidungsschlacht überleben, kann das Führungsteam darangehen, eine neue Organisation in dem Vertrauen aufzubauen, daß sich sowohl das neue Design wie auch die neuen Führungspersönlichkeiten bewährt haben.

3. *Die lernende Organisation schaffen.* Erst jetzt setzt sich allmählich die Einsicht durch, daß Lernprozesse die strategisch wichtigsten Aktivitäten in einem Unternehmen sind. In der Vergangenheit haben die Unternehmen Qualifikationen und Kompetenzen als etwas gesehen, das zwar zu den Unternehmensprozessen und -systemen in Bezug steht, aber dennoch von diesen getrennt existiert als Gut, das die Menschen zur Arbeit mitbringen. Jetzt erkennen die Unternehmen, daß jedes Ereignis im Rahmen jedes Prozesses innerhalb jedes Systems eine Lernmöglichkeit darstellt, die – wenn sie genutzt wird – die Qualifikations- und Kompetenzbasis des Unternehmens erweitert. Ein Unternehmen, das diese Lernprozesse für sich fruchtbar macht, nimmt den Kampf als integrierte Armee auf, anstatt als isoliertes Bataillon.

Eine Organisation, die alle Lernpotentiale nutzen will – die sich zu einer lernenden Organisation entwickeln will –, muß ein Wissensgebäude errichten, einen Wissensmanagementprozeß installieren und eine technische Infrastruktur dafür schaffen. Das Wissensgebäude liefert den konzeptionellen Rahmen, innerhalb dessen ein stets wachsender Korpus an Wissen sowie die Grundstruktur zur Anpassung von Wissen an Qualifikationserfordernisse entstehen kann. Der Wissensmanagementprozeß liefert die formelle Methodologie, um Wissen zu sammeln, zu integrieren und zu verbreiten. Und die (über kurz oder lang vollcomputerisierte) technische Architektur ermöglicht es jedem einzelnen, auf das Wissen zuzugreifen, wann immer und wo immer er das will.

4. *Licht- und Schattenseiten des Unternehmens annehmen.* Wenn Unternehmen sich anpassen und Fortschritte erzielen, wenn sie ihre Beziehungsnetze permanent erweitern, stehen sie irgendwann vor der Entscheidung, sich von hauptsächlich *ökonomischen* Institutionen zu hauptsächlich *sozialen* Institutionen des Wissenszeitalters zu wandeln. Die Unternehmen spielen potentiell eine sehr bedeutende Rolle, doch müssen sie sich *das Recht dazu erst verdienen.* Viele Menschen stehen Unternehmen grundsätzlich mißtrauisch gegenüber. Ein kleiner Teil dieses Mißtrauens mag ideologisch begründet sein, doch der Hauptanteil ist dem autoritären Erbe aus dem industriellen Zeitalter zuzuschreiben.

Wie wir Menschen machen auch Unternehmen gelegentlich Fehler. Darüber hinaus sind sie gleichermaßen gut und böse, sind Held und Schurke gleichzeitig. Und wie Menschen werden auch Unternehmen vollkommener und glaubwürdiger, wenn sie den Helden und den Schurken in sich akzeptieren, ihre gute Seele und gleichzeitig deren Schattenseiten. Diejenigen Unternehmen erwerben das Recht, die zukünftige Gesellschaft mitzugestalten, die Selbstakzeptanz und Selbstverantwortlichkeit der Menschen in ihnen widerspiegeln.

ORGANISATIONSARCHITEKTUR ENTWERFEN

Wenn wir erfahren, daß der (in den beiden nächsten Abschnitten diskutierte) Prozeß der Organisationsevolution zumindest ebenso bedeutend ist wie die ihn überlagernde Organisationsstruktur, mag uns die Architektur (bzw. das „Design") der Organisation weniger wichtig erscheinen als früher. Doch täuschen wir uns nicht: Organisationsdesign ist nach wie vor von großem Gewicht, und die Auswahl des besten bleibt eine der wichtigsten Aufgaben der Unternehmensführung. Es gibt immer noch Organisationsdesigns, die funktionieren, und andere, die nicht funktionieren. Wenn die Linien, Kästchen und Kreise nicht an ihrem richtigen Platz sind, hat dies zur Folge, daß sich alles auf die entstandenen Funktionsstörungen konzentriert. Die Firma richtet ihre Aufmerksamkeit nach innen, verliert ihre Marktperspektive und gerät in ihrer Entwicklung ins Stocken.

Organisationsarchitektur ist das Gebiet, auf dem die Unternehmensführung ihren Einfluß am unmittelbarsten ausüben kann, indem sie Rollen und Verantwortlichkeiten unter den Beschäftigten in der Firma

neu definiert und neu zuweist. Niemand kann von der Unternehmensführung verlangen, auf Umgestaltungen zu verzichten, zumal es sich
hier um eine der wenigen Domänen handelt, wo ihr Wille unmittelbar
und ungeprüft kundgetan und durchgesetzt werden kann. Dies ist auch
der Grund, weshalb viele Transformationsverantwortliche organisatorische Umgestaltungen sparsam einsetzen. Sie wissen, daß sie damit
rohe Kräfte freisetzen und ziemliche Verwirrung im Unternehmen stiften können, und wählen daher ihr Timing sehr vorsichtig.

Der für eine Reorganisation übliche Zeitpunkt ist gleich zu Beginn
der Funktionsperiode eines Vorstands, wenn die hervorstechendsten
Fehlfunktionen mit chirurgischer Präzision korrigiert werden können.
In der Regel konzentrieren sich diese Aktionen auf einige wichtige
Funktionsbereiche, während der Großteil der Organisation von massiven Änderungen verschont bleibt. Die fundamentaleren Umgestal-
tungsschritte werden meist viel später vollzogen, normalerweise etwa
zwei Jahre später, wenn die maßgeblichen Elemente der Transformation voll gegriffen haben und der Vorstand sich eine Umgebung geschaffen hat, in dem er zu umsichtigen Entscheidungen in der Lage ist.
Dies ist vielfach dann der Fall, wenn sich die neue Führungsmannschaft abzuzeichnen beginnt, also die Leute, die im Transformationsprozeß ihr Engagement und ihre Fähigkeiten unter Beweis gestellt haben.

Die meisten Führungspersonen beziehen ihren grundlegenden Orga-
nisationsentwurf aus einer beschränkten Auswahl, wobei jede der Optionen mit Vorteilen und Nachteilen behaftet ist. In der Vergangenheit
waren funktionsorientierte, SBU-bezogene und Matrix-Organisationen
die bevorzugten Modelle. Funktionsorientierte Organisationen bewahren die Integrität der unterschiedlichen Qualifikationen, aber die einzelnen Funktionen tendieren dazu, ein Eigenleben zu entwickeln und
sich in der Folge nur mehr schwer den Bedürfnissen der Geschäftsbereiche anzupassen. Auf SBU-Basis beruhende Organisationen ermöglichen zwar den Geschäftsbereichen die Unabhängigkeit, sich optimal
auszurichten, vernachlässigen aber oft die Entwicklung und gegenseitige Befruchtung von Kompetenzen und Funktionen über die Geschäftsbereiche oder Unternehmen hinweg, obwohl dies die Voraussetzung für Unternehmenswachstum ist (vgl. Kapitel 8). Organisationen
auf Matrixbasis versuchen, die Vorteile von funktionsorientierten und
SBU-bezogenen Organisationen zu vereinen, scheitern aber manchmal
an der Mehrdeutigkeit der so entstehenden doppelten Beziehungen.

In letzter Zeit sind zunehmend Organisationen auf der Basis von Kernkompetenzen oder Prozessen *(horizontale Organisationen)* auf der Bildfläche erschienen. Manche Unternehmen richten sich organisatorisch an ihren Kernkompetenzen aus, um die gegenseitige Befruchtung von Kompetenzen zu fördern und auf diesem Wege neue Geschäftsbereiche zu erschließen. Dies hat zwar seine Vorteile, führt aber noch eine zusätzliche Dimension in ein ohnedies bereits komplexes Gebiet ein, wodurch nicht selten die für erfolgreiche Funktions- und SBU-Organisation charakteristische Flexibilität verlorengeht! Prozeßgebundene Organisationen sind der letzte Schrei; die auf der Popularitätswelle des Reengineering schwimmen. Prozesse werden in den Mittelpunkt des organisatorischen Universums gestellt, wodurch die Schwierigkeiten funktionsübergreifender Prozesse zwar gelöst werden, das Problem funktionaler Blöcke aber oftmals durch Prozeß-„Tunnel" ersetzt wird.

Je nach dem besonderen Charakter der betreffenden Unternehmen kann jede dieser Makro-Organisationstypen funktionieren, doch der Schlüssel für den Erfolg ist auf der Mikroebene zu finden. Organisationskonzepte und ihre Darstellungen werden immer komplexer, weil die Unternehmensführer begreifen, daß die Verknüpfung von Lernprozessen und Qualifikationen zu einem unternehmensübergreifenden, integrierten Netzwerk das oberste Ziel ist. Die Darstellung eines solchen Netzwerks in einem Kästchen-und-Linien-Diagramm ist nicht einfach. Wenn wir nur die vierdimensionale Perspektive der Balanced Scorecard zugrunde legen, ist es bereits unmöglich, dieses Verknüpfungssystem in dreidimensionaler Eindeutigkeit visuell zu erfassen, ganz zu schweigen von der zweidimensionalen Simplizität des Kästchen-und-Linien-Organigramms! Angesichts des mit den zwölf Bio-Systemen eingeführten Komplexitätsniveaus wird sogar die Anwendung der modernsten Computersimulationsprogramme höchst problematisch.

Erfolgreiche Unternehmen verstehen, daß ein Organigramm nur eine Annäherung an die Art und Weise sein kann, wie das System funktionieren sollte. Sie versuchen daher erst gar nicht, die Organisation modellartig nachzuzeichnen, sondern errichten einen Rahmen, in den sie die Organisation organisch einfügen; auf der Grundlage von Zielen, Meßgrößen, Anreizen, Ad-hoc-Teams und der Begeisterung des Individuums werden immer noch weiter ausgreifende Lern- und Optimierungsschleifen geschaffen. Die Organisationsstruktur hinkt der Realität des gewünschten Verhaltens stets hinterher, was aber völlig in Ordnung ist, solange der Unternehmenskörper sich weiterentwickelt.

SPAR oder die Zusammenführung eines deutschen Handelsunternehmens

Jeder, der schon einmal in Deutschland herumgereist ist, kennt den SPAR-Schriftzug über dem Eingang des kleinen Lebensmittelladens um die Ecke. Den meist nach frischem Fleisch und Gemüse riechenden SPAR-Läden haftet ein undefinierbares gestriges Flair an, das Gefühl einer zu Ende gegangenen Zeit, in der es noch freundliche Kaufleute gab und die Nachbarn sich im Laden trafen, um bei ihren täglichen Einkäufen über das Wetter zu diskutieren.

Jenseits aller Nostalgie ist SPAR aber ein riesiger Handelskonzern mit einem Umsatz von ungefähr 9,5 Milliarden Dollar und 25 000 Mitarbeitern. Die Handelskette verzeichnete in den letzten fünf Jahren enorme Zuwächse, hauptsächlich aufgrund von Akquisitionen, deren bedeutendste die der HO-Supermarktkette in Ostdeutschland war. SPAR ist als Großhändler für 5 000 selbständige Einzelhändler aktiv, die Läden unter dem SPAR-Markenzeichen führen, sowie als Einzelhändler mit 350 unternehmenseigenen Verbrauchermärkten, ca. 50 SB-Warenhäusern und 350 Discountgeschäften, die unter dem Markennamen NETTO firmieren. SPAR besitzt zudem eine leistungsstarke Logistik mit 23 Lagerzentren, von denen aus jeder Ort in Deutschland täglich beliefert werden kann.

Als Helmut Dotterweich die Geschäftsführung bei SPAR übernahm, wußte er, daß die Steigerung der Rentabilität seine größte Herausforderung sein würde. 1993 betrug der Nettogewinn vor Steuern nur 0,4 Prozent von den Umsätzen, im Vergleich zu den durchschnittlichen 1,5 Prozent in der Branche, deren Klassenbeste gar 3,8 Prozent erzielten. Dotterweich bot sich ein klar vorgezeichneter Weg: SPAR war sehr rasch gewachsen, und es war jetzt Zeit, das Flickwerk der unterschiedlichen Organisationen zu integrieren, das sich in der Wachstumsphase der vorhergehenden Jahre entwickelt hatte.

Dotterweichs erste Frage war, wo er anfangen sollte, denn er brauchte sich über einen Mangel an Problemen nicht zu beklagen. Zunächst gab es im Unternehmen eine kulturelle Trennung zwischen Einzel- und Großhandel. Dotterweich selbst kam aus dem Einzelhandels-bereich, von der REWE, einem der Hauptkonkurrenten von SPAR. (Es gab, nebenbei bemerkt, sogar Gerüchte, er sei von der REWE bei SPAR plaziert, um die Übernahme vorzubereiten). Das ehemals west-deutsche Unternehmen war in fünf Regionen aufgeteilt, die jeweils mit beträchtlichen Machtbefugnissen ausgestattet waren, die sich aus ihrer Großhandelserfahrung und aus ihren Beziehungen zu den 5 000 selb-ständigen Einzelhändlern ableiteten. Die Regionen mißtrauten jedem Versuch, sie in eine landesweite Strategie oder Organisation zu pres-sen.

Die Zukunft der selbständigen Einzelhändler war allerdings keines-wegs gesichert. Der Großteil der SPAR-Läden wurde als zu klein zum Überleben eingeschätzt. Das durchschnittliche Geschäft erreichte nicht mehr als ca. 200 m², und, einige Läden waren noch erheblich kleiner. Das Durchschnittsalter der Ladenbesitzer lag bei 55 Jahren, und viele von ihnen hatten keinen Nachfolger. Die wirtschaftlichen Aussichten waren nicht sehr attraktiv für einen jungen Deutschen mit zahlreichen anderen Berufsmöglichkeiten.

Aber auch die größeren Märkte warfen Fragen auf. Die EURO-SPAR-Verbrauchermärkte wie auch die INTERSPAR-SB-Warenhäuser benötigten beträchtliche Investitionen, die weder der SPAR-Kultur noch dem Cash-flow angemessen waren. Außerdem wurde es immer schwieriger, gute Standorte zu bekommen, insbesondere für SB-Waren-häuser. Die ostdeutschen Läden waren wiederum ganz spezielle Sor-genkinder, deren Integration in den SPAR-Konzern noch nicht einmal begonnen hatte. Und das IT-System stöhnte bereits jetzt unter dem Ge-wicht der neu hinzugekommenen Region.

Zur Abrundung von Dotterweichs Alptraum erwies sich auch noch die Eigenkapitalstruktur von SPAR als problematisch. Gerüchte woll-ten wissen, daß ein Haupt-Anteilseigner verkaufen wollte, was die Tür für einen Strukturwandel geöffnet hätte, möglicherweise unter Beteili-gung der Konkurrenz. Bei diesem Miteigentümer handelte es sich um Bernhard Schmidt, den ehemaligen Vorstandsvorsitzenden und nun-mehrigen Aufsichtsratvorsitzenden. Und zu guter Letzt befand sich Deutschland mitten in der schlimmsten Rezession seit dem Zweiten Weltkrieg.

Dotterweich ist ein Visionär und gleichzeitig auch ein wirkliches Kommunikationstalent – eine Führungspersönlichkeit, der klarwar, was dem Unternehmen zugemutet werden konnte. Er und sein Team beschlossen, in diesem Problemlabyrinth zunächst einmal die operativen Fragen anzugehen. Die politisch geprägten strategischen und organisatorischen Fragen würde Dotterweich zu einem späteren Zeitpunkt in Angriff nehmen. Doch als erstes gab er eine Reihe analytischer Untersuchungen in Auftrag, um die tatsächliche Position des Unternehmens zu ermitteln.

Auf das Führungsteam warteten einige Überraschungen. Zuerst entdeckte man durch die Prozeßkostenrechnung, daß die kleinen Läden, entgegen der ursprünglichen Annahme, sehr wohl ziemlich profitabel sein können. Dotterweich war eigentlich der Meinung gewesen, er müsse zum Abbau der kleineren Geschäfte aufrufen, ehe man feststellte, daß sie einen ertragreichen Distributionskanal bildeten, wenn auch das Ausscheiden einiger Kleinstläden unvermeidlich erschien. Die Regionalleiter triumphierten: „Wir haben's immer schon gewußt!" Umgekehrt erwiesen sich – bei adäquater Bemessung der Servicekosten – die größeren Geschäfte als weniger rentabel als angenommen. „Wenn ein Supermarkt pro Woche vier Erdbeerlieferungen braucht, fällt die Nettospanne bald in den Keller", merkte Dotterweich an.

Weniger Freude hatten die Regionalchefs, als eine Untersuchung ergab, daß ihre Kunden die SPAR-Läden – entgegen ihren Erwartungen – nicht gerade als Inbegriff von Frische und Servicequalität betrachteten. Die SPAR-Läden landeten irgendwo im Mittelfeld, während einige Discounter, die nicht mal eine Frischwarenabteilung führten und sich auf Minimalkundendienst beschränkten, weiter vorne lagen. Wieder ein Paradigma zertrümmert!

Dotterweich und seine Leute begannen nun, das Führungsteam angesichts der vorliegenden Fakten zu mobilisieren. In einem Workshop nach dem anderen versammelte Dotterweich, der große Kommunikator, die Regionalleiter um einen Tisch, um mit ihnen zu diskutieren, was im Lichte der kürzlich entdeckten Fakten zu tun sei.

Der erste Workshop verlief „sehr ruhig", erinnert sich Dotterweich. Die Leute kamen sich mit der Zeit menschlich wirklich nahe. „Wir haben einen neuen Kommunikationsstil erfunden", meint Dotterweich lapidar. „Zugegeben nicht sehr deutsch, was wir da taten, aber es funktionierte."

Auf der Grundlage der beschriebenen Situationsanalyse begann Dotterweichs Vision in seinem Bewußtsein und im Bewußtsein seines Teams allmählich Gestalt anzunehmen.

„Die größten Chancen sahen wir in einer vermehrten Nutzung unserer kollektiven Stärke", sagt er. „Wir mußten einfach die Vorteile unserer Größe nutzen und aufhören, uns wie ein Haufen unzusammenhängender Regionen und Läden zu benehmen."

SPAR entdeckte die Macht in der Größe, und dies besonders in zwei Bereichen. Der erste und offensichtlichere war der Einkauf, wo eine Zentralisierung von SPAR eine bessere Nutzung ihrer Macht ermöglichte. Heute sind 90 Prozent der Einkaufsprozesse zentralisiert; 10 Prozent bleiben in den Regionen, um lokale Produkte in die Sortimente integrieren zu können. Einige Regionen widersetzten sich; sie beklagten die angebliche Schwächung der Regionen, wenn man ihnen den Einkauf „wegnahm". Auch in dieser Angelegenheit spielte das Teamprinzip Dotterweichs eine entscheidende Rolle bei der Überwindung des Widerstands.

Der zweite Bereich war die Zusammensetzung des Produktsortiments bzw. *Category Management,* wie es in der Branche heißt. SPAR stellte fest, daß gekaufte oder verkaufte Gesamtvolumen für Verhandlungszwecke eine geringere Rolle spielen als „Volumen in der Kategorie". Als man noch stärker regional organisiert war, war SPAR nie mit dem integrierten Ansatz an die Lieferanten herangegangen, ihnen die Distribution und Promotion ihrer Produkte im ganzen Land anzubieten, wenn man dafür im Gegenzug vorteilhafte Konditionen und Verkaufsunterstützung erhielt.

Bevor sie ihre Pläne in die Tat umsetzen konnten, mußten die selbständigen Einzelhändler und die Regionen von den Vorteilen überzeugt werden. Dotterweich und sein Team präsentierten die rationalen Argumente, die für ihre Ideen sprachen: „Ihr kriegt niedrigere Preise, mehr Unterstützung von unserem zentralen Informationsdienst, Verkaufsförderung und Werbung einschließlich TV und Radio, und all das wird eure Umsätze steigern." Für viele Selbständige roch das aber immer noch nach einem Verlust von Unabhängigkeit, und sie glaubten deshalb, besonders auf der Hut sein zu müssen. Schließlich stellte sich aber heraus, daß die Einbindung aller Beteiligten ein Schlüsselfaktor für den Erfolg war: In zahllosen Sitzungen und Besprechungen wurden die einzelnen Kategorien in mühevoller Kleinarbeit definiert und beschlossen. Die Sitzungen trugen auch dazu bei, daß die traditionellen SPAR-Händler ihre Aufmerksamkeit stärker auf die Bedürfnisse der Endkonsumenten richteten, und nicht mehr bloß auf die Lieferantenbedingungen, denen bis dahin ihr Hauptaugenmerk gegolten hatte.

Die nächste Herausforderung betraf die Lieferanten – Großproduzenten mit bekannten Markennamen, die bei dem neuen Schema nicht so ohne weiteres mitmachten. Doch hier sollte sich einmal mehr Dotterweichs Kommunikationsgabe bewähren. Dotterweich und sein Team organisierten eine große Messe in der Firmenzentrale, luden 100 Lieferanten dazu ein und forderten diese auf, sich an gemeinsamen Aktionen mit SPAR zu beteiligen. Viele waren skeptisch und in der Erwartung gekommen, das Ereignis sei wieder mal nur der übliche Vorwand für die Neuverhandlung der Lieferbedingungen zugunsten von SPAR.

„Wir wollen Ihnen weder Geld aus der Tasche ziehen, noch haben wir es auf günstigere Konditionen abgesehen", begann Dotterweich seine Begrüßungsrede bei der Veranstaltung. „Wir wollen Ihnen unsere neuen Leistungsfähigkeiten vorführen und zu Ihnen eine neue Beziehung aufbauen. Und dazu brauchen wir Ihre Hilfe."

Es war eine Premiere für die versammelte Lieferantengruppe. Sie füllten Fragebogen aus, nahmen an Workshops teil und arbeiteten Empfehlungen für SPAR aus. Viele waren so begeistert, daß sie überschwengliche Lobeshymnen anstimmten.

„Das passiert zum ersten Mal, daß ein Händler uns zusammenbringt, ohne uns aufzumischen", kommentierte ein Lieferant.

Im Verlauf des Transformationsprozesses stellte sich heraus, daß die Kompetenzen von SPAR eher auf dem Gebiet des Großhandels und der Logistik lagen als im Betreiben eigener Supermärkte (mit Ausnahme von NETTO). Man ist deshalb dazu übergegangen, zwei Typen selbständiger Läden zu entwickeln, während die Bedeutung der unternehmenseigenen Geschäfte zurückgeschraubt wurde. Die erste Art ist ein Laden für Waren des täglichen Gebrauchs, für gewöhnlich in kleineren Gemeinden und sozusagen „um die Ecke" angesiedelt. Er fungiert als Lebensmittelhandel, bietet aber auch Postdienste, einen Geldautomaten und vielleicht eine Lottoannahmestelle und eine Imbißecke an.

Bei dem zweiten Geschäftstyp handelt es sich um einen größeren Laden in Supermarktformat. Die derzeit noch in Konzernbesitz stehenden EUROSPAR-Verbrauchermärkte sollen nacheinander an private Betreiber abgegeben werden. Die eigenen INTERSPAR-SB-Warenhäuser werden weiterhin als wertvolle Aktivposten beibehalten; sie haben zudem auch eine Funktion als Spieleinsatz für einen möglichen Vermögenstausch oder eine zukünftige Fusion. Zusätzlich wird SPAR die sehr erfolgreiche NETTO-Discounterkette weiter betreiben, die von derzeit 350 Filialen auf ungefähr 1 000 in der nahen Zukunft erweitert werden soll.

Helmut Dotterweich ist ein vielbeschäftigter Mann, und er hat im SPAR-Konzern zahlreiche andere Initiativen gestartet. Zum Beispiel ist die Firma mit Eifer dabei, neue Geschäftsfelder zu erschließen, die sich die unvergleichliche logistische Kompetenz von SPAR bei der Belieferung kleiner Einzelhändler zunutze machen. Die MIS-Kapazitäten (Management Information Systems) werden vollkommen neu aufgebaut.

Nach der etwas schmerzhaften Zentralisierung des Einkaufs ist Dotterweich nunmehr auf die zweite Welle der organisatorischen Umgestaltung konzentriert. Sein Schwerpunkt liegt diesmal auf Fragen der Unternehmensleitung, insbesondere auf der Delegation von Verantwortung an sein Führungsteam und die Regionen – all dies in der Hoffnung, daß sich SPAR mehr und mehr zu einer vernetzten Organisation entwickelt. Ein besonderes Anliegen ist es Dotterweich, einige der traditionell dem Vorstand vorbehaltenen Befugnisse abzugeben.

In Zukunft soll SPAR von drei Entscheiderkreisen geleitet werden. Der erste, bestehend aus zwei Vorstandsmitgliedern (einschließlich Dotterweich als Vorsitzendem) und den Regionalleitern, wird sich um die Strategie und die Gesamtsteuerung der Firma kümmern. Ein zweiter Ausschuß (dem ebenfalls Dotterweich vorsitzt), bestehend aus Vertretern von Einkauf, Marketing und der wichtigsten Vertriebsschienen sowie den Regionalchefs, beschäftigt sich mit den Problemen des Verkaufs, aber auch der Organisation der Warenbeschaffung und des Warenflusses. Dem dritten Ausschuß obliegen Fragen der internen Serviceleistungen von Personalaufgaben bis hin zur Informationstechnologie.

Der vielleicht interessanteste Aspekt der SPAR-Geschichte ist Dotterweichs Ansicht, daß das Unternehmen zugleich Zentralisierung und Delegation von Verantwortung benötigt: Zentralisierung, um die Einkaufskosten zu senken und die Stellung gegenüber den Zulieferern zu stärken; und mehr Verantwortungsdelegation deshalb, weil der Vorstand nicht so tun soll, als kenne er alle Antworten, insbesondere auf regionaler Ebene, und weil die Firma die Entwicklung von Führungsqualitäten auf regionaler Ebene fördern muß.

DIE TEAMS ALS TREIBER DER ORGANISATIONS-
ENTWICKLUNG AUFBAUEN UND NUTZEN

Als Modell für die Organisationsentwicklung kann das menschliche Gehirn fungieren.

Die Wissenschaft war lange der Meinung, man könne unterschiedliche menschliche Attribute in genau umrissenen Bereichen des Gehirns isolieren. Die Forscher hatten es insbesondere auf den „rationalen Bereich" und den „emotionalen Bereich" abgesehen, um allerdings dann doch feststellen zu müssen, daß die beiden hoffnungslos miteinander verstrickt waren. Außerdem scheint das Gehirn fähig zu sein, Dinge „herumzubewegen", das heißt, auch wenn ganze Gehirnbereiche zerstört werden, können andere Bereiche einspringen und Funktionen übernehmen, die man für verloren hielt. Das Wesen von Lernen und Intelligenz scheint in der Bewegung jener elektrochemischen Impulse, die Gedanken und Ideen konstituieren, quer durch die Gehirnzellen zu liegen. Kreativität wäre demnach als Prozeß zu verstehen, bei dem zuvor Getrenntes auf neue und nützliche Weise verbunden wird.

Führungspersönlichkeiten alten Schlags haben ein ganz ähnliches Bild von ihren Organisationen, wie es die traditionelle Wissenschaft vom Gehirn hatte. Viele Unternehmen empfinden sich nach wie vor als getrennte Blöcke funktionaler Fähigkeiten, und dementsprechend sind sie auch organisiert. Allerdings begreifen die Unternehmen immer mehr, daß es nicht so sehr auf die Organisation auf der Makroebene ankommt, sondern darauf, was sich auf der Mikroebene abspielt. So liegt beispielsweise das Problem bei funktionsorientierten Unternehmen nicht in deren funktionaler Natur an sich, sondern in den ziemlich starren organisatorischen Barrieren, die sich zwischen den verschiedenen Funktionsbereichen aufgetürmt haben. Wissen und Lernprozesse fließen nicht so zwischen den Funktionen, wie sie das sollten, und die Menschen können sich nicht frei genug zwischen den Funktionsbereichen bewegen, um ihre Energie, ihre Talente und ihre Kreativität dort einzubringen, wo dies am meisten not tut.

Wenn sie sich an die organisatorische Erneuerung machen, tendieren viele Unternehmensleiter dazu, im ersten Schritt die formale High-level-Komponente der Reorganisation zu betonen. Wenn die bürokratische Trägheit jeglichem Fortschritt im Wege steht, ist die Schockbehandlung durch eine größere Reorganisation manchmal am zweckmäßigsten. In vielen Fällen ist das aber so, als würde man mit einem Viehstock in das Gehirnzentrum hineinstechen und den Unternehmenskörper durch Überstimulierung in wilde Krämpfe versetzen. In solchen Fällen kann man nur mehr raten, wo die dermaßen malträtierte Firma am Ende stehen wird.

Eine klügere Methode ist die Einrichtung kleiner Teams aus begabten Mitarbeitern, die mit einem ausreichenden Maß an Handlungsvollmacht ausgestattet sind. Es geht darum, das Wissensreservoir des Unternehmens aufzufüllen, indem die unterschwellig vorhandenen Ströme unternehmerischer Kreativität angezapft werden. Der Erfolg dieser selbständigen unternehmerischen Teams hängt nicht davon ab, ob sie mit massiven Ressourcen bedacht werden, sondern vielmehr von ihrer eigenen Innovationskraft. Jedes Team kann auf seine Wissensbasis als sein größtes Vermögen zurückgreifen und im Fortschreiten seinen eigenen Business Case entwerfen. Wenn das Team überleben und dabei auch noch erfolgreich sein will, muß es letzten Endes mit seinem eigenen Potential auskommen. Unabhängigkeit, ein gesundes Selbstbewußtsein und Eigenverantwortlichkeit sind die Markenzeichen eines guten Teams.

Unabhängigkeit ist diesen Teams zwar eine Tugend, doch ihr höheres Ziel heißt Vernetztheit. Das Führungsteam hat die Aufgabe, Verknüpfungspunkte herzustellen mittels Neudefinierung von Rollen und Verantwortlichkeiten, Förderung der Kommunikation, Belohnung von Leistungen und indem straffrei Fehler begangen werden können. Viele Teams, besonders jene, die neue Geschäftsmöglichkeiten erforschen sollen, werden vielleicht scheitern. Doch wenn letztlich immer mehr Teams erfolgreich sind und die Unternehmensleitung unablässig Verbindungen zwischen den Teams herstellt, beginnen sich die erwünschten Netzwerke herauszubilden.

Diese Netzwerke werden dann zum Herzstück des erneuerten Unternehmens und zur Grundlage der zukünftigen Organisationsstruktur. Für die Unternehmensführung bieten diese Teams eine Möglichkeit, sowohl die zukünftige Architektur als auch die Führungsqualitäten der Teammitglieder zu testen. Geht das Projekt schief, stimmt entweder etwas mit dem Design oder mit den Leuten nicht. Wie auch immer, die Führung hat jedenfalls einen potentiell kostspieligen Fehler vermieden. Ist das Team erfolgreich, haben sowohl die Organisationsarchitektur wie auch die Führung ihre Überlebens- und Entwicklungsfähigkeit unter Beweis gestellt, und die Unternehmensführung hat die involvierten Risiken reduziert.

Transformationsverantwortliche neigen immer mehr dazu, die Entstehung von derlei Ad-hoc-Strukturen zu unterstützen und damit das Gebot der Eindeutigkeit zugunsten der Vorteile des Experiments zu vernachlässigen. Sehr zum Verdruß einiger Mitarbeiter, die auf ihren Posten kleben, wird ein natürliches Ausleseverfahren wirksam, wobei einige der Ad-hoc-Teams unterschiedliche Dimensionen der etablierten Struktur in Frage stellen. Diese Gleichzeitigkeit manchmal nicht ganz eindeutiger Mandate widerspricht zwar herkömmlichen Vorstellungen der Organisationstheorie; sie erlaubt aber einem Unternehmen spontanen Wandel, anstatt die nächste separate und von oben verordnete Neuorganisation abzuwarten.

Sony: Die Kleinen besiegen das Establishment

Wir empfinden oft automatisch das Kleine als gut, das Große als schlecht. Das mag zum Teil wohl daran liegen, daß wir es von vornherein mehr genießen, wenn der scheinbar Schwächere den Stärkeren besiegt. Im Zusammenhang mit Unternehmen liegt es wahrscheinlich daran, daß wir mit dem Großen Starrheit und Unbeweglichkeit verbinden. Nach den Worten eines Sony-Managers kann aber dieses Problem unter anderem durch eine „absichtliche Desorganisation" bekämpft werden.

Der zitierte Manager erzählt immer wieder gerne die Geschichte, wie bei Sony der kombinierte TV-Videorecorder entwickelt wurde. Ein „organisiertes" Unternehmen hätte sich Sorgen über die Ressourcenzuteilung gemacht und nicht im Traum daran gedacht, den Auftrag zu splitten. Nicht so Sony! Das Ziel erschien relativ einfach: ein TV-Gerät mit einem eingebauten Videorecorder zu entwickeln. Das Projekt wurde innerhalb der Sony-Struktur an zwei verschiedene Gruppen vergeben.

Die erste Gruppe bestand eigentlich aus zwei Untergruppen, nämlich den beiden großen technischen Abteilungen in Sonys organisatorisch getrennten TV- und Videodivisionen. Sie erhielten das Projekt unter der Annahme, daß die Herstellung des Kombigeräts durch eine Verschmelzung der Kompetenzen dieser Divisionen erreichbar sein müsse. Die zweite Gruppe war ein Entwicklungsteam bei Aiwa, einem eigenständigen Unternehmen, an dem Sony 51 Prozent der Anteile hielt. Dabei handelte es sich um eine kleine Gruppe, die von Singapur aus operierte. Das Team wurde nur für dieses Projekt gebildet und agierte vollkommen unabhängig von den Sony-Technikern.

Intuitiv würde man annehmen, daß das Projekt für die Sony-Ingenieure ein Kinderspiel hätte sein müssen. Doch im Laufe der Monate kam die interne Gruppe ins Schlingern, unfähig, auf eine gemeinsame Wellenlänge zu kommen. Während das interne Sony-Team sich also in dieser und jener unproduktiven Initiative verlor, strebte das Aiwa-Team geradlinig auf das Ziel zu und brachte schließlich das attraktive integrierte Produkt zuwege, das jetzt am Markt verkauft wird.

Dies beweist, wie wertvoll es sein kann, Projekte an unabhängig denkende Leute zu vergeben, die innerhalb offener, flexibler und leicht wandelbarer Strukturen arbeiten. Ein Punkt jedenfalls für das kleine Team!

Das schöne Gefühl, bei der Schwedischen Post zu arbeiten

Wir schreiben das Jahr 1987, und Sie befinden sich auf Besuch in Schweden. Sie gehen in eine Kneipe um die Ecke, um ein wenig mit den Leuten ins Gespräch zu kommen. An der Bar ergibt sich bald eine Unterhaltung mit einem freundlichen, wenn auch ein wenig verdrießlich wirkenden Mann. Er hat sich offenbar schon ordentlich was hinter die Binde gegossen, obwohl es erst 6 Uhr abends ist. Aber Sie denken sich nichts dabei, schließlich haben Sie ja auch ihre schlechten Tage. Nachdem sie ein paar unverbindliche Freundlichkeiten ausgetauscht haben, wird die Unterhaltung etwas persönlicher. Sie fragen: „Arbeiten Sie hier in der Nähe?"

Ein Schatten scheint sich über das Gesicht des Mannes zu legen, als er zögernd antwortet: „Ja, hier in Stockholm."

Sie spüren, daß irgendwas nicht stimmt. Vielleicht haben Sie unabsichtlich etwas Beleidigendes gesagt? Doch Ihre Neugierde ist jetzt nun einmal angestachelt, also fahren Sie fort. „Ach ja, und wo genau?"

Wieder der Schatten, diesmal begleitet von mißtrauischen Blicken zur Seite, als ob man heimliche Mithörer befürchten müsse. „Nicht weit von hier. Ich bin im öffentlichen Dienst."

Irgend etwas ist doch faul an dem Typen, denken Sie bei sich, und Sie nehmen sich vor, das herauszubekommen. „Aha, tatsächlich – und was machen Sie *genau?*" Die Betonung ist sehr behutsam gesetzt, nur um zu sehen, ob er darauf reagiert.

Er tut es. Er verkriecht sich in seinem Hemdkragen wie eine Schildkröte und gibt dann kleinlaut bekannt: „Ich bin bei der Schwedischen Post beschäftigt."

Diese Anekdote illustriert einigermaßen zutreffend, wie man sich fühlte, wenn man für die Schwedische Post arbeitete – allerdings nur bis zu dem Zeitpunkt, als 1987 Ulf Dahlsten als Präsident und CEO bei dem Unternehmen die Zügel in die Hand nahm. Die Institution genoß einen verheerenden Ruf, überschattet von Skandalen und obskuren Zuständen, ganz zu schweigen von dem schrecklichen Dienstleistungsniveau (das die meisten von uns aus ihren Heimatländern kennen).

Sogar das Gebäude der zentralen Postverwaltung schien den Mangel an menschlichem Esprit widerzuspiegeln, von dem die gesamte Organisation befallen war. Dahlsten erinnert sich, wie er nur drei Tage, nachdem man ihm den Job angeboten hatte, auf das massive, graue Gebäude zuging und nicht einmal den Eingang finden konnte. Er entdeckte ihn schließlich an einer Ecke des Hauses. Als er die Tür öffnete, trat er in ein schäbiges altes Treppenhaus mit einem ebensolchen Lift, der ihn zu seinem Büro im ersten Stock brachte. Dort wurde er von einem altgedienten Beamten begrüßt, der ihm zu verstehen gab, daß er schon viele solche wie ihn gesehen hatte, von denen die meisten nicht sehr lange ausgehalten hätten. Dahlsten erkannte bald, daß die Zukunft der Schwedischen Post in etwa so düster aussah wie dieses Gebäude. Eine jahrhundertealte, aufgeblähte Bürokratie, von staatlicher Kontrolle zu Boden gedrückt und bedroht vom technologischen Fortschritt. Die 358 Jahre alte Organisation hatte ihre Identität verloren.

Bereits im Jahr 1994 konnte Dahlsten allerdings auf einige spektakuläre Errungenschaften zurückblicken. Die Schwedische Post ist jetzt ein Netzwerk aus 1 500 Kleinunternehmen, jedes ein Profit Center im größeren Rahmen von fünf Operationsgebieten. Nachdem das Ziel einer Aufsplitterung der gesamten Organisation in kleine Profit Center zu 60 Prozent verwirklicht ist, erbringen heute 46 000 Beschäftigte mehr Leistung als vor vier Jahren 58 000. Die Produktivität hat sich zwischen 1992 und 1994 um 10 Prozent erhöht, während die Postpreise inflationsbereinigt im selben Zeitraum um 10 Prozent gefallen sind! Einst bloß einer von vielen Beamtenposten, ist ein Job bei der Schwedischen Post heute eine gefragte Stellung, mit Hunderten von Bewerbern bei Stellenausschreibungen. Die vielleicht eindrucksvollste Demonstration für den Erfolg der totalen Transformation ist die Tatsache,

daß die Post 1994 in einer unabhängigen Meinungsumfrage zum ange-
sehensten schwedischen Unternehmen überhaupt (privat oder öffentlich) gewählt wurde.

Ein frischer unternehmerischer Geist ist in die Organisation gefahren. Die Eigentümerstruktur ist jetzt halbprivat und soll in Zukunft
vollständig privatisiert werden. Vierzig der fünfzig Topmanager kommen aus der Privatwirtschaft. Jede Unternehmenseinheit entwirft und
implementiert ihre eigenen Pläne. Die Wechselbeziehungen untereinander werden in formellen Geschäftsplänen zwischen den fünf Bereichen und informellen Abmachungen mit den jeweiligen Geschäftspartnern geregelt. Die verschiedenen Unternehmen betreiben eine gemeinsame Personalpolitik und IT-Plattform, doch darüber hinaus ist jede
Einheit für sich selbst verantwortlich – für ihren finanziellen Erfolg,
die Kundenzufriedenheit sowie für das Engagement und die Leistungs-
bereitschaft ihrer Mitarbeiter.

Die Schwedische Post ist nicht mehr bloß ein Beförderer von Brie-
fen. Zwar werden nach wie vor Briefe und Pakete transportiert, aber
dazu kommen umfassende Schalterdienste, wie Kopieren und Faxen.
Und die Übermittlung von Nachrichten und Zahlungen (über das Girosystem) geht elektronisch vonstatten. Die Schwedische Post hat sich zu
einem integrierten Netzwerk von Spezialisten für den Nachrichten-,
Paket- und Zahlungstransfer entwickelt, das in erster Linie in Schweden und im EU-Raum, aber durchaus auch außerhalb Europas aktiv ist.

Das erst kürzlich gegen härteste Konkurrenz als „Electronic Carrier"
für die schwedische Regierung nominierte Unternehmen ist zum
Marktführer auf dem Gebiet der elektronischen Post (E-Mail) aufge-
stiegen. Sie bietet einen sogenannten „E"-Postservice an, bei dem
Nachrichten auf elektronischem Weg an ein Verteilungszentrum gesen-
det werden, und von dort aus physisch an die endgültige Adresse. Die
Organisation betreibt ein 20 000 Teilnehmer umfassendes „E-Direkt"-
Netz, das die beteiligten Unternehmen über ihr elektronisches Netzwerk miteinander verbindet. Kürzlich wurde auch ein elektronisches
Zahlungssystem eingerichtet, über das andere europäische Länder an
das schwedische Girosystem angeschlossen werden. Es handelt sich
dabei um das erste elektronische Zahlungssystem, das den EU-Anfor-
derungen entspricht. Im Unterschied zu den Postsystemen in den meisten anderen europäischen Ländern hat die Schwedische Post seit jeher
mit dem Telefondienst nichts zu tun gehabt. Dies bedeutet, daß man die

beschriebenen Leistungen erreicht hat, ohne die installierte Infrastruktur dafür zu haben.

Keine Geschäftsmöglichkeit ist von vornherein auszuschließen, wenn es nach Dahlsten geht. „Kümmern wir uns doch um die Postzustellung innerhalb von Betrieben oder Bürokomplexen", schlägt er vor. „Transportieren wir Nahrungsmittel genauso wie Pakete, wenn sich daran etwas verdienen läßt." Angesichts dieses unternehmerischen Geistes nimmt es nicht wunder, daß Weltmarktgrößen wie FedEx und UPS der Schwedischen Post das Paketgeschäft nicht entreißen konnten, während sie schon fast überall die nationalen Postgesellschaften auf deren eigenem Terrain zu schlagen vermochten.

Seien Sie also nicht überrascht, wenn Sie bei Ihrem nächsten Aufenthalt in Schweden einer fröhlichen Kneipenrunde begegnen, die auf die Frage nach ihrem Beruf die Gläser hebt und stolz verkündet „Wir sind bei der Schwedischen Post!"

DIE LERNENDE ORGANISATION SCHAFFEN

Die Größe spielt für ein Unternehmen noch immer eine bedeutende Rolle, allerdings nicht mehr im früheren Ausmaß. Die *Economies of Scale* verschwinden und machen immer mehr den *Economies of Global Learning* Platz.

Lernen ist ein relativ neues Wort in unserem Unternehmensvokabular. Unser befehlsorientiertes Bewußtsein hat seit langem die Begriffe *Planen, Schulen, Kontrollieren, Prüfen* und *Entscheiden* verinnerlicht, nicht aber *Lernen*. Qualifikationen und Kompetenzen sind im Hintergrund geblieben, und zwar unter der stillschweigenden Annahme, daß es sich dabei um selbstverständliche Eigenschaften des Beschäftigen handle, die er zur Arbeit mitzubringen hat wie sein Mittagessen. Im großen und ganzen ist die Vermittlung von Qualifikationen und Kompetenzen von den Unternehmen nach außen delegiert worden, an externe Institutionen wie Schule, Universität oder „Erfahrung".

Jedoch hat alles, was ein Unternehmen tut, einen operativen und einen Lernaspekt. Leider wird der Lernaspekt in der Regel ignoriert oder als nebensächlich erachtet. Die Philosophie von *Renewing* besteht aber in ihrem Kern in der Erkenntnis der vitalen Bedeutung von Lernprozessen.

Wir haben bereits in Kapitel 6 (Prozesse umgestalten) gesehen, wie ein neuer, fruchtbarerer Reengineering-Ansatz der Planung des Informationsflusses den Vorzug vor der Chronologie der operativen Schritte gibt. Wir haben auch ausgeführt, wie kreative Unternehmen immer weiter gefaßte Optimierungsschleifen schaffen und dabei im Grunde nichts anderes tun, als das vorhandene und neu einfließende Wissen im gesamten Unternehmen oder Konzern zu verbreiten. Dadurch verfügt die gesamte Firma jederzeit über die volle Schlagkraft anstelle der begrenzten Feuerkraft einiger Vorposten.

Wenn sie aufeinander bezogen gesteuert werden, bilden Optimierungsschleifen ein integriertes Netzwerk, das das Unternehmen zu einer *lernenden Organisation* werden läßt. Eine lernende Organisation besteht in der Regel aus mindestens drei Hauptelementen:

1. *Eine Wissensarchitektur.* Die Wissensarchitektur ist der konzeptionelle Rahmen, in dem ein ständig wachsender Korpus systematischen Wissens erzeugt wird, sowie die Struktur zur Anpassung des Wissens an die Qualifikationserfordernisse. (Näheres zur Qualifikationsplanung siehe Kapitel 11). Die Wissensarchitektur soll als wegweisende Landkarte den Erwerb von Kenntnissen, die Karriereplanung und Trainingsprogramme steuern.

2. *Ein Wissensmanagement-Prozeß.* Der Prozeß für das Wissensmanagement liefert die formelle Methodologie für Sammlung, Integration und Verbreitung von Wissen. Formelle Informationsveranstaltungen, organisierte Lernprogramme, von Führungskräften besucht und unterstützt, sowie Anerkennungs- und Anreizsysteme sind die wichtigsten Bestandteile eines effektiven Wissensmanagement-Prozesses.

3. *Eine technische Architektur.* Die technische Architektur, die zukünftig in allen Unternehmen EDV-unterstützt sein wird, ermöglicht jedem einzelnen den Zugriff auf Informationen, wann und wo er dies wünscht. Dies garantiert die rasche Weitergabe von Wissen an diejenigen, die es benötigen, und zwar in zunehmendem Ausmaß mittels Groupware und anderer Networking-Software.

Der Wunsch, mit der technologischen Entwicklung Schritt zu halten, veranlaßt viele Unternehmen zu massiven Investitionen in globale elektronische Netzwerke, über die sämtliche Mitarbeiter eines Konzerns auf der ganzen Welt miteinander verbunden sind. Ganz ähnlich wie zu

Beginn des IT-Fiebers, als alles in hektische informationstechnologische Betriebsamkeit ausbrach, wird auch diesmal ein großer Teil der Aktivitäten scheitern. Die Folgen werden Enttäuschung und geringe Erträge für einige sehr große Investitionen sein. Der Prozeß muß *inhaltsbestimmt* sein, also nicht von der puren Technologie getrieben. Viele Unternehmen entdecken bereits, daß das raffinierteste Lernsystem wenig nützt, wenn es von den potentiellen Benutzern nicht angenommen wird. Die nehmen es aber nur an, wenn ihnen die verfügbaren Informationen in ihren Jobs von Nutzen sind. Den elektronischen Super-Highway zu bauen, mag ästhetisch befriedigend sein, doch letzten Endes entscheidet die Qualität der Autos, von denen er befahren wird, ob die Reise lohnt.

John Brown läßt den Elefanten tanzen

Wenn Unabhängigkeit eine *Tugend* ist, dann ist Vernetztheit eine *Pflicht* beim Aufbau kleiner unternehmerischer Teams. Der Technologie kommt eine wichtige Rolle bei der Realisierung dieser Vernetztheit zu. Ein hervorragendes Anschauungsbeispiel für diese Zusammenhänge liefert die Anlagenbaufirma John Brown Engineers and Constructors, ein wichtiges Unternehmen in der technischen Division des Trafalgar-House-Konzerns. Das Unternehmen wurde in der Morgendämmerung der industriellen Revolution gegründet. Es produzierte den Stahl für die erste Dampfmaschine. Lange Zeit ist das Unternehmen organisch gewachsen, und in den frühen achtziger Jahren folgte noch einmal ein Expansionsschub durch einige Akquisitionen. Heute besteht es aus 100 autonomen Regionalniederlassungen, die in 30 Ländern in aller Welt aktiv sind.

Ende der achtziger Jahre geriet die Bauindustrie allerdings in den Würgegriff der Rezession, und besonders schlimm erwischte es die verarbeitende und die Erdölindustrie, wo John Brown seinen Schwerpunkt hat. Diese Krise stellte – gemeinsam mit den Liegenschaftsproblemen der Muttergesellschaft – das Überleben der Firma in Frage.

Dazu kamen auch noch Strukturprobleme. Wie in anderen Branchen auch, nahmen die Kunden der Anlagenbauer zunehmend globalen Charakter an. Eigentümer und/oder Betreiber wie DuPont und Merck bestanden zunehmend darauf, daß ihre amerikanischen, europäischen und asiatischen Anlagen von denselben Leuten unter Verwendung derselben Spezifikationen gebaut wurden. Es wurde zunehmend schwieriger, die alte regional ausgerichtete Methode zu verteidigen, bei der individuelle Niederlassungen eigenverantwortlich wirtschafteten. Die Kunden bestanden darauf, daß für ihre Projekte die besten verfügbaren Kräfte und Mittel eingesetzt wurden, wo auch immer sich der Bauplatz befinden mochte. John Brown verfügte zwar über das Talent, es war allerdings über die gesamte Welt verstreut. Der Unternehmenskörper war riesig und ausladend wie ein Elefant, so daß er sich kaum bewegen konnte. Um neue Geschäfte zu erschließen, mußten die Techniker und die Vertragslieferanten um die ganze Welt geflogen werden, was nicht nur deren Familienleben durcheinanderbrachte, sondern auch höhere Kosten verursachte und eine zu weite Ressourcenstreuung bedeutete.

Aber war das wirklich so? John Brown beschloß, den Elefanten *tanzen* zu lassen und sich dazu der Informationstechnologie zu bedienen. Jim Noble, IT-Direktor von Trafalgar House und der Engineering-Division, initiierte ein Programm zur Verknüpfung der weltweit verstreuten Büros über ein offenes Netzwerk und damit ein „globales Büro mit elektronischen Korridoren".

Heute sind die 25 000 Mitarbeiter des 4 Milliarden Dollar schweren Unternehmens über ein globales Netzwerk mit der sinnigen Bezeichnung *John Brown International Network* (JOIN) verbunden. Bis dato sind im Netz an die 8 000 PCs und fast 1 000 CAD-(Computer-Aided-Design)-Arbeitsplätze über mehr als 150 Server verknüpft. Über das Netz sind auch Video-Konferenzen möglich, bei denen die Planer vom Standort Originaleindrücke von Konstruktions- und Fabrikationsproblemen erhalten können. Kurz, das System ermöglicht Arbeitern aus aller Welt die Mitarbeit an einer einzigen Aufgabe von jedem beliebigen Standort aus und zu jedem beliebigen Zeitpunkt. Noble bezeichnet so gemeinsam an einem Projekt arbeitende Mitarbeiter als „virtuelle Teams". Virtuelle Teams verleihen John Brown in punkto Know-how globale Stärke bei gleichzeitiger lokaler Präsenz.

Dazu Noble in einem Interview mit dem *CIO-Magazine* im Mai 1994: „Mit den offenen Systemen sind unsere individuellen Niederlassungen nun nahtlos in das restliche Unternehmen integriert. [Das Netzwerk] hat Indien [mit vielen anderen abgelegenen Außenposten des Unternehmens] zu einem integrierten Teil unseres weltweiten Büros werden lassen."

Wie man sich vorstellen kann, war die Installation des Netzwerks keine einfache Sache. Der Konzern hatte von den zahlreichen erworbenen Firmen alte Systeme übernommen, deren Verknüpfung für die Techniker nicht selten in Alpträume ausartete. Die Kosten in Höhe von 7,5 Millionen Dollar pro Jahr während der vierjährigen Installationszeit erscheinen heute – angesichts der Tatsache, daß es sich um eines der größten Systeme seines Typs handelt – beinahe bescheiden. Für Verfechter des Business Case in der Informationstechnologie hat Noble einen Rat parat: „Wenn wir eine sehr rigorose Finanzanalyse unseres Entwicklungsplans durchgeführt hätten, hätten wir wahrscheinlich gar nicht erst angefangen."

Obwohl der Mutterkonzern Trafalgar House noch immer unter finanziellem Druck steht, hat sich das Netzwerk doch ausgesprochen positiv auf das Geschäft ausgewirkt. 1993 hat der Anlagenbau zu mehr als 75 Prozent zu den operativen Gewinnen der Muttergesellschaft beigetragen. War sie Ende der achtziger Jahre noch ein Nachzügler, entpuppte sich die Firma 1994 laut seriösen Untersuchungen des *Engineering News Record* als die Nummer eins der internationalen Bauunternehmen und die Nummer zwei der internationalen Konstruktionsfirmen. Die 100 Niederlassungen, einst isoliert in aller Welt verstreut, sind zum tanzenden Elefanten geworden, der, leichtfüßig Pirouetten drehend, durch die elektronischen Korridore schwebt.

Von Zehnkämpfern und losen Teilchen bei der M&G Reinsurance

Das Rückversicherungsgeschäft kann ganz schön hart sein. Im Grunde geht es dabei darum, Versicherungen zu versichern, wobei eine Rückversicherungsgesellschaft einen Teil des Erstversichererrisikos übernimmt und dafür auch einen Teil der Prämie kassiert. Da alle Kunden der Rückversicherer selbst im Risikomanagement tätig sind, stellt sich ihr Geschäft dar wie das eines Buchmachers für Buchmacher oder wie das eines Spielcasinos nur für Spielcasinos. Es geht um das Management von Risiken, und es kommt darauf an, dieses Spiel in hochspezialisierten Gebieten außergewöhnlich gut zu beherrschen. Dazu ist unter anderem konstante Innovation erforderlich.

1992 erlebte die Rückversicherungsgesellschaft Mercantile & General Reinsurance Company (M&G) ein katastrophales Jahr mit einem Rekordverlust von 70,2 Millionen Dollar (zum damaligen Wert). Viele

Marktbeobachter dachten damals, dies sei der Anfang vom Ende für das Unternehmen. Doch als die Gesellschaft ganz unten war, wurde John Engestrom zum Generaldirektor ernannt. Sein Auftrag war klar: das Unternehmen zu retten. Nur ein Jahr später verzeichnete die Gesellschaft bereits einen Rekordgewinn vor Steuern in Höhe von 218,4 Millionen Dollar, der praktisch in vollem Ausmaß auf die allgemeine Geschäftstätigkeit zurückzuführen war, die zuvor Ursache für die Probleme gewesen war.

Engestrom arbeitete eine Doppelstrategie aus, die er, zeitlich versetzt, durchzog. Der erste, nach außen auf den Markt zielende Streich erfolgte sofort. Der zweite Streich ging nach innen und sollte sich, beginnend im Jahr 1994, zu einem vollständigen Transformationsprogramm auswachsen.

Kurzfristig stürzte er sich aber frontal auf den Markt, indem er die Marktpraktiken nicht nur von M&G, sondern die der ganzen Branche in Frage stellte. Dem *Post-Magazin* erklärte er im September 1994: „Sie müssen den Mut haben, bestimmte Marktkräfte zu bekämpfen, wenn sie Kern des Problems sind. Und dies war der Fall, wenn wir über Überkapazitäten, Underpricing und lax gehandhabte Normen als Marktelemente sprachen. Und wir waren Teil dieses Marktes; also blieb uns gar nichts anderes übrig, als aus diesen Verhältnissen auszubrechen und die nötigen Korrekturen vorzunehmen."

Engestrom wußte, daß die Beziehungen zu den Kunden den Nerv seines Unternehmens ausmachten. Er ist der Meinung, daß der Aufbau gesunder, langfristiger Beziehungen auf diesem Gebiet sich nicht allzusehr vom Aufbau einer Beziehung zwischen zwei Eheleuten unterscheidet: „Bei einer Meinungsverschiedenheit muß die Sache auf den Tisch gelegt werden; darüber reden ist die Devise, nicht unter den Teppich kehren – das funktioniert nicht. Nur wenn das Verhältnis der beteiligten Personen auf gesunden Beinen steht, geprägt durch offenen und ehrlichen Dialog zwischen erwachsenen Menschen, ist eine langfristige Beziehung möglich, andernfalls werden Sie an den ständigen Reibereien, Mißverständnissen und Meinungsverschiedenheiten scheitern."

Engestroms Ansicht von der Bedeutung langfristiger Geschäftsbeziehungen hat sich in der Unternehmensmission niedergeschlagen: „Durch Innovation und exzellenten Service erfolgreiche Partnerschaften schmieden." Hohe Kompetenz im Aufbau geschäftlicher Beziehungen ist für ihn die Voraussetzung dafür, die individuellen Kundenbedürfnisse mit den organisatorischen Fähigkeiten der M&G in Einklang zu bringen.

1994 startete Engestrom ein großes Transformationsvorhaben mit dem Codenamen *Rainbow*. Ein Hauptelement des nun in der zweiten Phase befindlichen Programms war die Umgestaltung der Gesellschaft in ein team-orientiertes, kundenfokussiertes Unternehmen. Herausgekommen ist dabei eine schwindelerregende Mischung aus verknüpften Teams, die eine innovative – und irgendwie beängstigende – Organisationsarchitektur ergeben (Abb. 12.1)

M&G's Bekenntnis zu partnerschaftlichen Beziehungen entsprechend, stehen die Kunden im Mittelpunkt der Organisation. Die Teams sind um bestimmte Kunden herum gruppiert. Jedes einzelne Team bietet mehrere Qualifikationen und Know-how in unterschiedlichen Disziplinen und stellt so einen Querschnitt durch die M&G-Kompetenzen dar. Spezialisten wandern zwischen den Teams, die mittels Integration von Rollen und Verantwortlichkeiten verknüpft sind. Die um den Klienten herum angeordneten Teams teilen sich die Verantwortung für die Befriedigung der Kundenbedürfnisse.

Die einzelnen Teammitglieder werden als „Zehnkämpfer" bezeichnet, in Anspielung darauf, daß sich ihr Verpflichtungsspektrum über 10 Geschäftsbereiche erstrecken soll. Jeder von ihnen ist in vielen unterschiedlichen Teams und für mehrere Vorgesetzte tätig. Rollen, Verantwortungsbereiche und Erwartungen sind nicht immer hundertprozentig klar umrissen, zumal an einem einzigen Team bis zu 30 Leute beteiligt sein können, die nach Bedarf in das Team eintreten und wieder aussteigen. „Langsam kommen die Leute drauf, daß es mehr Spaß macht und spannender ist, in einem Netzwerk aus Teams mitzumachen, als in einem spezialisierten Teil einer hierarchisch aufgebauten, funktional spezialisierten Maschinerie zu stecken", bemerkt Engestrom.

Etwas weiter weg von den Kunden sind die Kundenteam-Manager, die einzeln für spezifische und gemeinsam für Gruppen von Kunden verantwortlich sind, unabhängig vom Geschäftstyp. Sie sind für das Management der Beziehungen zwischen bis zu 10 Geschäftssektoren zuständig. Dadurch erhalten die Kunden einen einzelnen Ansprechpartner, wenn dies nötig ist, und einen nahezu direkten Zugang zu den zahlreichen für ihre Betreuung zuständigen Teams. Die Kundenteam-Manager sind für die Gewinne auf Kundenebene verantwortlich.

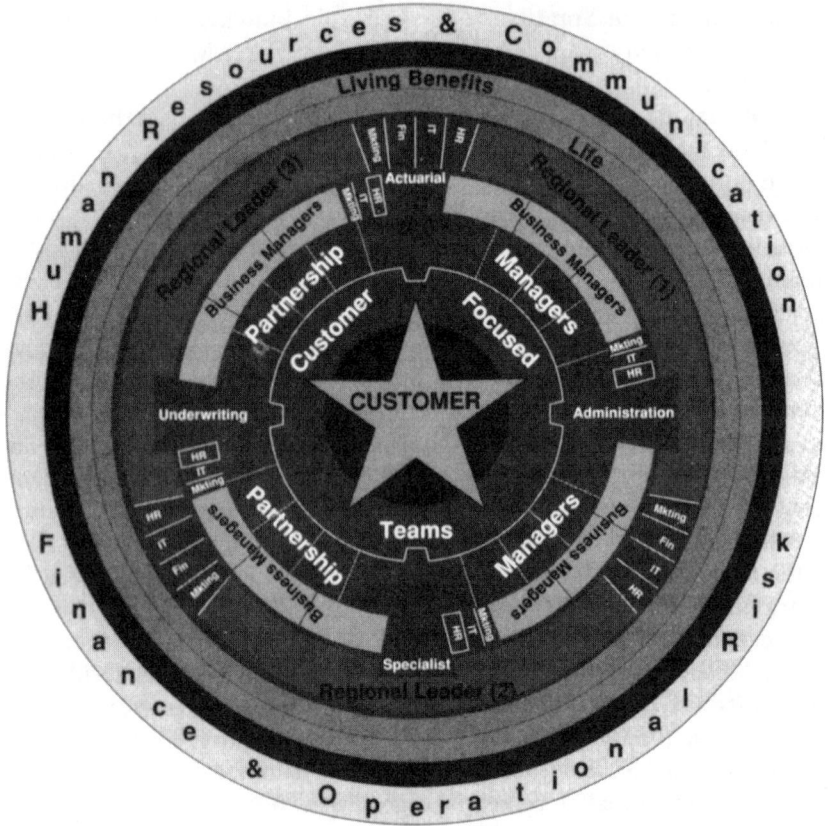

Abb. 12.1: Die schwindelerregende Mischung der verknüpften Teams bei M&G Reinsurance
            (QUELLE: M&G Reinsurance)

Da es sich bei der Darstellung der M&G-Teamstruktur um Original-
material handelt, haben wir auf eine Übertragung ins Deutsche verzichtet. Im nebenstehenden Text wurden folgende deutsche Bezeichnungen
verwendet:

Kundenteam-Manager   (für Partnership Manager),
Bereichsmanager   (für Business Manager) und
Regionalleiter   (für Regional Leader).

Sie agieren als Coaches für die Kunden wie auch für die kundenfokussierten Teams (in denen sie Mitglied sind). Sie vermarkten, verkaufen und vernetzen, um neue Geschäftsbereiche zu erschließen. Und vor allem helfen sie beim Aufbau von Vertrauensbeziehungen zum obersten Kundenmanagement.

Die Bereichsmanager unterstützen die Kundenteam-Manager. Sie agieren als Verantwortliche für das operative Management einer Gruppe von Geschäftsbereichen, die jeweils von einem Kundenteam-Manager geführt werden. Ihr Aktionsradius erstreckt sich innerhalb eines geographisch bestimmten Raums über sämtliche Geschäftssektoren hinweg, was von ihnen auch „Zehnkämpfer"-Qualitäten im Risikomanagement verlangt. Sie coachen die Kundenteam-Manager und die kundenfokussierten Teams, operieren aber gleichzeitig auch schon auf der unternehmensstrategischen Ebene. Eines ihrer Hauptziele ist es, das Unternehmen in eine Richtung zu führen, in der es seine Mission erfüllen kann.

Unterstützende Funktion haben die Regionalleiter, die kollektiv für die globalen Ergebnisse verantwortlich sind. Sie coachen die Bereichsmanager unter geographischem wie unter produktspezifischem Blickwinkel. Daneben sind sie zuständig für die Koordination der globalen Unterstützungsleistungen in den Funktionsbereichen Finanzen, Informationstechnologie, Personal und Kommunikation über sämtliche Geschäftsbereiche und Teams hinweg. Noch mehr als bei den Bereichsmanagern ist es schließlich ihre Aufgabe, das Unternehmen der Verwirklichung seiner strategischen Intention näherzubringen.

Vielleicht ist Ihnen aufgefallen, daß der CEO in dem Schaubild gar nicht vorkommt. Das ist volle Absicht. Engestrom beschreibt sich selbst als „loses Teilchen", das durch das Unternehmen immer gerade dorthin treibt, wo es am dringendsten benötigt wird. „In unserer Organisation", so der CEO, „gibt es keine höheren oder tieferen Ebenen – nur solche, die näher oder weiter entfernt vom Kunden sind."

Engestroms Endziel ist es, sich selbst überflüssig zu machen, das Unternehmen an einen Punkt zu bringen, an dem für ihn keine Entscheidungen mehr übrig bleiben. Er hofft jedenfalls, daß zumindest 80 Prozent aller Entscheidungen vom inneren Kreis von Teams im Kundenkontakt getroffen werden, vielleicht 18 Prozent von den verschiedenen äußeren Kreisen und 2 Prozent – vorzugsweise noch weniger! – von ihm selbst.

CIGNA P&C – eine Vision der Zukunft

Gerry Isom ist sich bewußt, daß die in den vergangenen eineinhalb Jahren erzielten markanten Verbesserungen nötig waren, um lediglich verlorenes Terrain gutzumachen.

„Den einfacheren Teil haben wir hinter uns", räumt er zögernd ein. „Jetzt kommt die eigentliche Herausforderung."

Isom ist sich nicht sicher, ob CIGNA P&C es letzten Endes schaffen wird. „Es ist viel zu früh, darüber Aussagen zu machen", meint er. Doch er weiß auch, daß man schon ein gutes Stück Weges zurückgelegt hat.

Die größte Herausforderung ist jetzt *Renewing,* die geistige Erneuerung des Unternehmens. So wie Isom die Sache sieht, wird *Renewing* in zwei Schritten abgewickelt werden. Zunächst muß das Unternehmen erkennen, daß der Schlüssel für sein zukünftiges Wachstum im Austausch und der gemeinsamen Nutzung von Wissen zwischen drei ehemals separat existierenden Bereichen liegt: Unterwriting, Schadensabteilung und Agenten. Den Beschäftigten ist instinktiv klar, daß es zum Besten des Kunden ist, wenn Informationen rasch und möglichst ungehindert zwischen allen Beteiligten zirkulieren können. Im Prinzip versteht nun jeder, daß die drei Elemente im Sach- und Unfallversicherungsbereich an ihren Schnittstellen aufeinander bezogen und miteinander verknüpft sind. Gelingt es P&C, die drei Inseln operativ zu verbinden, ist der Aufstieg zum Spitzenunternehmen möglich.

Wenn die Verknüpfung in der Praxis realisiert wird, entspricht dies der Beschleunigung des menschlichen Stoffwechsels. Plötzlich wird das gesamte Unternehmen an Fitneß gewinnen und seiner Umgebung aufmerksamer gegenüberstehen. Informationen werden schneller fließen, Entscheidungen früher und mit größerer Präzision getroffen. Die individuellen Prozesse werden sich beständig regenerieren und den Impulsen anpassen, die sie von außen und von den anderen Prozessen empfangen. Der Kunde wird das Gefühl erhalten, daß die Firma mehr auf seine Wünsche und Bedürfnisse eingeht.

Dennoch hat CIGNA P&C noch einen langen Weg vor sich. Die Hindernisse liegen sowohl auf der Verhaltensebene wie im technischen Bereich. Die Schwierigkeiten auf der Verhaltensebene haben damit zu tun, daß es einen derart integrierten Prozeß noch nie gegeben hat. Nach vielerlei gemeinsamer Teamerfahrung haben die Underwriter, die

Schadenssachbearbeiter und die Marketingspezialisten zwar jetzt positive Beziehungen aufgebaut, doch noch kennen sie einander zu wenig. Außerdem sind die Managementprozesse in Risikoprüfung, Schadensbearbeitung und Agentenmanagement eben erst umgestaltet worden, und man ist allenthalben noch ein wenig zurückhaltend, die drei frischen, noch etwas zerbrechlichen Prozesse schon ineinandergreifen zu lassen.

Isom ist sich im klaren, daß CIGNA P&C im technischen Bereich ein integriertes, Underwriting, Schadensbearbeitung und Agenten übergreifendes Lernsystem installieren muß. In den letzten eineinhalb Jahren hat die Firma sich die Grundbausteine dafür in Form von drei computerisierten Leistungsunterstützungssystemen geschaffen, die – vorausgesetzt, sie entwickeln sich zufriedenstellend – nur noch miteinander verbunden werden müssen. Damit eröffnen sich interessante Perspektiven. Zum ersten Mal kann Isom sich einen über PC laufenden Dialog vorstellen, in dem der Schadensbearbeiter den Risikoprüfer um Rat fragt oder der Risikoprüfer sich an den Agenten um Informationen hinsichtlich der Bezahlung eines Entschädigungsanspruchs wendet. Isom träumt von funktionalen Blöcken, die an allen Seiten zerbröseln, von einem integrierten Team, das sich behende die Wertschöpfungskette rauf und runter bewegt.

Doch darin erschöpft sich Isoms Traum noch nicht. Seine *Renewing*-Oper hat noch einen zweiten Akt. Der neuentdeckte Zusammenhang zwischen Risikoprüfung, Schadensbearbeitung und Agenten, der bisher auf die *operative* Verbindung konzentriert war, könnte genausogut für *strategische* Zwecke eingesetzt werden.

Versicherung braucht permanente Innovation, wie Isom nicht müde wird zu betonen. Es geht darum, immer wieder neue Segmente zu erschließen, der Konkurrenz möglichst immer einen Schritt voraus. Dies kann nur gelingen, wenn CIGNA P&C Informationen schneller als die Konkurrenten ansammelt, sie zu verwertbarem Wissen destilliert und das neue Segment „erfindet", ehe dies jemand anderer getan hat. Wenn CIGNA eine Segmentierungschance vor seinen Mitbewerbern erkennt, wird die Firma unter Ausnutzung des Pioniervorteils das Segment für sich in Besitz nehmen und Gewinn daraus ziehen.

Dies stellt für Isom die höchste Form der Spezialisierung dar. Er träumt davon, daß CIGNA P&C eines Tages ein permanenter Innovator sein wird, der unablässig seinen reichen Erfahrungsschatz im Scha-

dens- und Agentenbereich durchforstet und dazu nutzt, neue Geschäftsbereiche vor allen anderen zu erfinden. Gelingt dies, so werden die
Lern- und Innovationskomponenten der Balanced Scorecard auferste-
hen und den Anteil der Prämien aus neuerschlossenen Geschäftsbereichen am Gesamtprämienaufkommen deutlich in die Höhe treiben. Dies
wiederum wird die Verlustrate senken und die Agenten- und Endver-
braucherzufriedenheit erhöhen.

Erst dann, wenn CIGNA P&C ein echter Spezialist geworden ist,
wird Gerry Isom rundum zufrieden sein.

LICHT- UND SCHATTENSEITEN DES UNTERNEHMENS ANNEHMEN

In unserer Zeit, dem Kommunikationszeitalter, haben die Unternehmen
unserer Ansicht nach die Möglichkeit, sich von einer Position der
Macht und Dominanz hin zur Exzellenz weiterzuentwickeln, beliebte
und respektierte Institutionen zu werden. Wie viele andere vor uns,
konstatieren wir eine zunehmend weiter gefaßte soziale Aufgabe der
Unternehmen. Diese werden zwar nach wie vor betrieben, um Gewinne
zu machen, doch sie stellen zunehmend auch fundamental wichtige so-
zioökonomische Knoten in den stets wachsenden und sich verdichten-
den Vernetzungsgeflechten dar, in die der einzelne heute eingebunden
ist. Unternehmen und Netzwerke von Unternehmen haben heute die
Ressourcen und das Know-how, unsere Innenstädte zu revitalisieren,
sich als eine der wichtigsten Aus- und Weiterbildungsinstitutionen zu
etablieren, umfassende Dienste für Familien und Kommunen zu leisten, die von ihnen erzeugten Produkte hinsichtlich ihrer Umweltver-
träglichkeit laufend zu kontrollieren und überhaupt eine Schlüsselrolle
bei der Erhaltung unserer Mutter Erde einzunehmen. In unserer Vorstellung bietet das Unternehmen der Zukunft ein Umfeld, in dem sich
Individuen mit hoher Selbstachtung verwirklichen können und diejenigen, die noch um ihre Identität ringen, sich entwickeln und verbessern
können. Wir sehen das Unternehmen als Vehikel, das mehr Humanität,
mehr Seele in das Wirtschaftsleben einbringt. Und all dies wird nicht
deshalb passieren, weil Gesetze es verlangen, sondern weil die Menschen, aus denen unsere Unternehmen schließlich bestehen, es so *wollen.*

Demgegenüber erwarten wir *keineswegs,* daß Unternehmen den
Platz von Regierungen einnehmen werden, zumal es immer die wich-

tigste Aufgabe der Regierungen bleiben sollte, die Freiheit und die Rechte des einzelnen zu bewahren bzw. ihre Staaten vor fremder Aggression zu schützen. Die Regierung eines Landes unterscheidet sich also grundsätzlich von den Unternehmen und anderen Institutionen und Organisationen eines Landes. Ihre wichtigste Aufgabe ist es, Gewalt zu *verhindern,* und nicht, Wohlstand zu *schaffen.* In der Geschichte hat sich immer wieder die Unfähigkeit des Staates gezeigt, wenn es darum ging, das wirtschaftliche und geistige Wohlergehen der Staatsbürger zu fördern. Dazu sind nur Individuen in der Lage, und die erreichen am meisten in freiwilliger Zusammenarbeit. Das bedeutendste Forum für eine solche Zusammenarbeit in wirtschaftlicher und sozialer Hinsicht könnten daher die Unternehmen sein.

So wäre beispielsweise ein mit den Unternehmen verbundenes Schulsystem vorstellbar, in dem sich die einzelnen Schulen besondere Mühe gäben, ihre Klassen mit Schülern zu füllen und diese zu den Leistungsträgern der Zukunft auszubilden. Anstatt die Kinder durch ein genormtes Pflichtschulsystem zu schleusen, wie das heute in den meisten Ländern geschieht, könnten die Eltern und die Schüler unter konkurrierenden Schulen auswählen, die sowohl Allgemeinbildung als auch Spezialkenntnisse vermitteln würden. Aller Wahrscheinlichkeit nach könnten die Unternehmen ein kostenloses Schulangebot sogar wirtschaftlich rechtfertigen, da Bildung gerade im Kommunikationszeitalter die beste Investition in die Zukunft darstellt.

Netzwerke von Versicherungsgesellschaften könnten den Kommunen bei Brandschutz und Brandbekämpfung behilflich sein, wodurch sie den Schutz der von ihnen versicherten Werte mitfinanzieren und in weiterer Folge ihr eigenes Risiko vermindern würden. Sie könnten sich, aus ähnlichen Gründen, auch an der Finanzierung von Polizeieinheiten beteiligen und damit auf der einen Seite die Steuerlast der Gemeinden verringern und auf der anderen die Schlagkraft der Polizei noch zusätzlich mittels ihrer Informationsnetzwerke steigern.

Der aktuelle Trend zu vernetzten Gesundheitseinrichtungen könnte sich explosionsartig erweitern zu universellen Ausbildungs- und Betreuungseinrichtungen für die gesamte Familie, da die Unternehmen immer mehr erkennen, daß ihr wertvollstes und ertragreichstes Gut gesunde, denkende Menschen sind, nicht Maschinen oder Liegenschaften.

Mehr Leute könnten zu Hause, in der Umgebung von Freunden und Familien arbeiten, wenn das elektronisch verknüpfte, virtuelle Unternehmen Realität wird. Und wenn dann tatsächlich viel mehr Menschen zu Hause arbeiten und die Transaktionskosten mit Hilfe der technischen Wundermittel weiter fallen, könnten die privaten Zustelldienste unverhofft einen neuen Höhenflug erleben und sich als boomendes Nebengewerbe an die großen Netzwerke der Konzerne anhängen.

Die Chemiebetriebe könnten ihren Wirkungsbereich vergrößern und sich etwa durch die begleitende Betreuung der von ihnen erzeugten Giftstoffe eine zusätzliche Einnahmequelle erschließen. Die Erdölindustrie wiederum könnte in gemeinsamen Anstrengungen neue Verfahren zur Säuberung kontaminierter Flüsse, Seen und Bäche entwickeln.

All dies und vieles mehr könnte tatsächlich geschehen – wenn die Dinge sich entsprechend entwickeln.

Wie wünschenswert die Verwirklichung dieses Traumes auch sein mag – sie wird nicht einfach sein. Unternehmen, die eine solche Zukunft anstreben, müssen zunächst vertrauensvolle Beziehungen zu ihren Mitarbeitern, der Kommune, in der sie tätig sind, und zur Gesellschaft als Ganzes aufbauen. Und wenn die Kino- und TV-Programme als Barometer für den kulturellen Zustand unserer Gesellschaft gelten dürfen, dann wird das keine einfache Aufgabe.

Ein kurzes „Channel Surfing" zwischen den angebotenen Fernsehprogrammen ergibt ein hauptsächlich negatives Bild vom modernen Unternehmen, und dies nicht ganz zu Unrecht. Unternehmen und ihre Bosse gehören heute zu den beliebtesten Filmbösewichten. Fernsehfilme präsentieren dem Zuseher gierige Unternehmen, die nichts Besseres zu tun haben, als im Morgengrauen Giftmüll in glasklares Quellwasser zu kippen. Manager, die ihre Arbeiter ausbeuten, werden zu Talkshows eingeladen. In Spielfilmen sieht man geld- und machtgierige Kapitalisten unsichere Atomkraftwerke bauen. Verruchte Manager schmuggeln Drogen in Puppenköpfen oder handeln über Adoptionsagenturen mit kleinen Kindern. Stellen Sie sich irgendeine unternehmerische Schurkerei vor – die Wahrscheinlichkeit ist groß, daß irgend jemand schon einen Film darüber gedreht hat.

Angesichts dieser allgemeinen Unternehmensschelte gerät leicht in Vergessenheit, daß jedes Unternehmen seine eigene, spezifische Identität hat. Unternehmen sind wie wir. Ja, sie *sind* wir in Form von Aktionären oder Mitarbeitern. Sie sind demnach weder Heilige noch Teufel, sondern eine Mischung aus Gut und Böse, aus Schwach und Stark. Unternehmen sind, wie wir Menschen, eine Zusammensetzung aus dem Helden und dem Schurken in uns. Und was für die Mehrzahl der Menschen gilt, trifft auch für sie zu: In den meisten Fällen obsiegt letztlich doch der Held.

Woher kommt also das schlechte Image? Was liegt dem offenbar fundamentalen Mißtrauen der Menschen gegenüber Unternehmen zugrunde? Zum Teil sind falsche Eindrücke dafür verantwortlich. Manches liegt auch an gewissen philosophischen Animositäten: Eine Minderheit von Menschen ist davon überzeugt, daß freies Unternehmertum und Gewinnstreben moralisch verwerflich sind. Doch hauptverantwortlich für die Situation ist das *historische Erbe*. In der Kultur des industriellen Modells wurde der Boden niemals aufbereitet, auf dem Vertrauen zwischen Unternehmen und Gesellschaft hätte wachsen können. Der marxistische Standpunkt, wonach der Mensch den Menschen ausbeutet, ist – lange nach dem Tod von Karl Marx und sogar nach dem Fall der Berliner Mauer – nach wie vor verbreitet.

Was sollen die Unternehmen also tun? Wie schrieb schon der griechische Philosoph Epikur: „Es ist nie zu früh oder zu spät, sich um das Wohlbefinden seiner Seele zu kümmern." Die meisten Psychologen sind sich darüber einig, daß die Wendung zum Besseren mit der Selbstakzeptanz beginnt, mit der Annahme der eigenen Identität in all ihren Aspekten, den positiven wie den negativen. Auf der Ebene des Individuums könnte dieser Gedankengang wie folgt ausgedrückt werden: „Das bin also ich, dazu bin ich also geeignet, und davor habe ich Angst, oder dazu bin ich nicht fähig. Okay, eigentlich ganz in Ordnung – aber ich verdiene Besseres, es ist also höchste Zeit, was zu unternehmen!"

Für ein Unternehmen gilt grundsätzlich dasselbe Prinzip. Die an der Spitze stehenden Verantwortlichen müssen bereit sein, das Erbe anzunehmen, im Guten wie im Schlechten. Es gilt zu erkennen, daß das wirtschaftliche Universum nicht aus Wettbewerb alleine besteht. Daß dazu auch Gemeinschaft gehört und soziale Fragen oder etwa Umweltprobleme. Die Unternehmensführer müssen einsehen, daß es ihnen keine Vorteile bringen wird, wenn sie vor gesellschaftlichen Mißständen die Augen verschließen. Auf der Führungsebene bedeutet das erwähnte Prinzip, daß sowohl der Held als auch der Schurke angenommen werden müssen – die Seele des Unternehmens mitsamt ihren Schattenseiten.

Der Psychologe Dr. Nathaniel Branden bemerkt zu diesem Thema: „Jeder, dem psychologische Zusammenhänge ein wenig vertraut sind, ist sich der Gefahr bewußt, die eine Ablehnung des Mörders in einem selbst mit sich bringt. Wesentlich weniger Leuten ist allerdings bewußt, wie gefährlich es ist, den Helden in sich abzulehnen." Die Tragödie vieler Unternehmen ist, daß sie es niemals geschafft haben, ihren inneren Helden wirklich anzunehmen.

Der Held ist das Individuum, das die Unverletzlichkeit menschlichen Lebens verkörpert. Für diejenigen Unternehmen, die diesem Faktum gebührend Rechnung tragen, besteht begründete Hoffnung auf ein besseres Morgen.

Die Transformation von Woodbridge und Karl: Epilog

Zeit zum Feiern in New Hampshire! Karl hat seit seiner Hochzeit keinen Smoking mehr getragen, und das gute Stück sitzt im Hüftbereich wesentlich knapper als damals. Doch was für ein wunderbarer Tag, dieser zweite Jahrestag der Transformation. Er ist so gerührt, daß er weinen könnte – doch Transformations-Agenten tun das nicht!

Der CEO steht auf dem Podium und äußert sich lobend über alle möglichen Leute, während er insgeheim den Erfolg nur für sich in Anspruch nimmt. Betriebsfremde, die ihm zuhören, mögen glauben, er habe die ganze Aktion alleine durchgezogen. Doch Karls Version von der Geschichte sieht ein klein wenig anders aus. Er kann sich erinnern, daß der CEO dem Transformations-Team nicht gerade energisch den Rücken stärkte, als es sich daranmachte, alte Hausmachten in den Werken aufzubrechen, oder als es sich für ein integriertes Materialmanagement stark machte. Doch an einem Tag wie heute ist Karl großherzig. Es ist ihrer aller Sieg, auch der des CEO. Karl geht von Tisch zu Tisch, schüttelt Hände und umarmt die Frauen. Tief drinnen weiß er, daß es hier um *ihn* geht, und um viele andere, die so sind wie er.

Die Ergebnisse waren phantastisch. Nachdem Woodbridge vier Jahre hintereinander den angepeilten Return on Net Assets verfehlte, wurde er nun zum zweiten Mal hintereinander erreicht, und dies zu einer Zeit der wirtschaftlichen Depression in der Papierindustrie. Der erste Hauptfaktor für diese positive Entwicklung waren Einsparungen in Höhe von 30 Prozent bei allen indirekten Produktionskosten (Planung, Lagerbewirtschaftung, Kosten für fehlerhafte Ware, Materialtransport und Logistik) und von fast zehn Prozent bei den direkten Einkaufs- und Produktionskosten. Karl hat sich die entsprechenden Unterlagen durchgelesen, aber er hätte es nie für möglich gehalten, wenn er die Ergebnisse nicht mit eigenen Augen gesehen hätte. Doch die Kosteneinsparungen verblassen angesichts der Ergebnisse an der Umsatzfront. Der CEO reklamiert einen glatten Sieg über die Konkurrenten, und damit kann er sogar recht haben. Die Programmausweitungsstrategie, kombiniert mit dem Konzept eines Produktionsnetzwerks spezialisierter Werke, hat den Ausschlag gegeben. Mountain View Papers, der Hauptkonkurrent, der die ganze Verwirrung ursprünglich ausgelöst hatte, hat eben bekanntgegeben, man werde sich aus dem Verpackungspapiergeschäft zurückziehen, weil man mit Woodbridge nicht mithalten könne. Ihre zwei großen Vorteile – Lieferfrist und Service – sind inzwischen neutralisiert worden, und dazu fühlt sich der alte Konkurrent allein schon vom Umfang des neuen Woodbridge-Produktprogramms umzingelt. Seine Maschinen werden jetzt zum Kauf angeboten. Man kann sich vorstellen, was für eine ungeheure Genugtuung diese Zerschlagung der gegnerischen Armee für den Strategen, zu dem Karl geworden ist, bedeutet. Er fühlt sich wie ein Mittelding zwischen Julius Cäsar und Alexander dem Großen.

Nachdem man fünf Jahre lang zusehen mußte, wie der Marktanteil in der heißen Sonne dahinschmolz, hat Woodbridge in den letzten zwei Jahren den Spieß umgedreht und fünf Punkte hinzugewonnen, hauptsächlich durch die Verdrängung Mountain Views. Die Auftragsabwicklungszeit liegt nun bei zehn Tagen und geht weiter zurück.

„Also ehrlich gesagt, *uns* möchte ich ja zur Zeit nicht als Konkurrenten haben", sagt Karl schmunzelnd.

Viele Woodbridge-Mitarbeiter laden ihn ein, mit ihnen zu Abend zu essen und ein wenig zu feiern, aber Karl lehnt höflich ab und macht sich ganz diskret aus dem Staub.

„Ich hab' noch eine andere Verpflichtung", erklärt er.

Eine halbe Stunde später wird er an der Tür eines dunklen Gebäudes am Campus der Universität New Hampshire von einem jungen Mann begrüßt, der ihm zum Verwechseln ähnlich sieht: Sein Sohn, Karl junior, ist 22 Jahre alt und studiert hier an der Universität. Beide sehen einander etwas verlegen an und wissen nicht recht, was sie als nächstes machen sollen. Karl jun. winkt den Vater herein.

In dem großen Konferenzzimmer herrscht ohrenbetäubender Lärm. Ein Transparent an der Rückwand gibt den Anlaß der Versammlung bekannt: UNH UMWELTKONFERENZ. Drei Studenten auf dem Podium moderieren eine Diskussion über ökologische Katastrophen in New England. Mit dem Feuer der Jugend geraten die Studenten und andere Teilnehmer im Publikum in Rage über das Verhalten großer Unternehmen, die nicht davor zurückschrecken, chemische Substanzen in die Seen zu schütten und die Wälder Kanadas und New Englands durch sauren Regen zu zerstören. Es werden Farbdias von Fischen gezeigt, die in den Seen New Hampshires verenden – schreiende Beispiele der unendlichen Gier regionaler Unternehmen.

Karl sen. fühlt sich nicht übermäßig wohl in seiner Haut. Vor einer knappen Stunde stand er im Mittelpunkt von Firmenfeierlichkeiten, und jetzt scheint er bereit zum Sprung in Dantes Inferno. Er sieht sich nach potentieller Unterstützung im Publikum um. Ist aber keine auszumachen. Die Teilnehmer, fast nur junge Frauen und Männer, sind sich wortgewaltig darin einig, daß die Unternehmen samt und sonders teuflische Kreaturen sind, die es auf die Zerstörung des Planeten abgesehen haben. Er weiß, daß ein Quentchen Wahrheit in diesen Anschuldigungen steckt, doch gleichzeitig würde Karl ihnen gern ein paar Kollegen vorstellen, damit sie merken, daß diese aus demselben Fleisch und Blut sind wie sie und genausoviel Angst vor dem Leben und dem Sterben haben. Doch inzwischen ist es Zeit geworden, auf das Podium zu steigen.

Die Stimmung gegenüber Karl läßt sich schon daran festmachen, wie er den Diskutanten vorgestellt wird: „Einer der Manager bei Woodbridge Papers, dem großen Papierkonzern, der von der Umweltschutzbehörde als drittgrößter Umweltverschmutzer im gesamten Bundesstaat eingestuft wurde." Ein gigantisches „Buuhhh" schlägt ihm vom Publikum entgegen, untermalt von gelegentlichen Pfiffen.

Karl hält eine vorbereitete Rede in Händen, mit Bemerkungen zur Qualität des Abwassers und der Schadstoffabgaben in die Luft; wie diese berechnet werden und wie Woodbridge Papers es geschafft hat, die Umweltbelastungen in den letzten paar Jahren auf ein Drittel zu reduzieren. Zumindest fängt er so an, aber alle seine Statistiken werden postwendend in Frage gestellt und als Unternehmenslügen gebrandmarkt. Er erkennt, daß er nicht gewinnen kann, also entscheidet er sich für einen Wechsel der Taktik. Er spricht über sein eigenes Leben, als er ein junger Student war, wie seine Zuhörer heute. Er habe sich für die Arbeit in der Papierfabrik entschieden, als es das Wort *Ökologie* noch nicht einmal gab. Die feindseligen Zurufe hören zwar nicht auf, werden aber seltener und etwas leiser. Als er fertig ist, hat Karl das Gefühl, daß zumindest einige seiner Zuhörer verstanden haben, worum es ihm geht. Als er vom Podium runtersteigt, bekommt er sogar verhaltenen Applaus. Karl jun. begleitet seinen Vater über den Parkplatz zu dessen Wagen. Karl sen. weiß, daß es zu keiner Umarmung kommen wird, nicht einmal ein Dankeschön erwartet er – die jungen, radikalen Studenten an der UNH können mit Umarmungen und Dankeschön wenig anfangen. Doch im Schein der Wagenbeleuchtung sieht Karl sen. einen feuchten Schimmer in den Augen seines Sohnes.

Dies war einer der schönsten Tage in seinem Leben.

STICHWORT-VERZEICHNIS

Q

R

S